“十四五”高等职业教育财经商贸类新形态一体化系列教材
面 向 “ 新 商 科 ” 校 企 双 元 规 划 教 材

集客项目管理

王 悦◎主 编
王学俊 颜志博◎副主编

中国铁道出版社有限公司
CHINA RAILWAY PUBLISHING HOUSE CO., LTD.

内 容 简 介

本书针对高职院校教学需要编写，共分为八章：集客视角下的新媒体时代变革、集客视角下的消费行为分析、集客数据挖掘与应用、集客视角下的新媒体技术与应用、品牌推广与数据分析、集客视角下的引流策略、集客视角下的客户价值与服务质量。全书从企业实际运营需求的角度，阐述企业集客引流的手段及新媒体应用工具的使用方法，以实现企业运营中的集客引流为主线，以提炼集客引流标准化工作流程为内容，结合新媒体工具及使用方法，形成数据引领、精准客户引流的内化逻辑关系；从真实集客项目的工作流程出发，通过集客引流与传统销售进行对比，突出先进技术工具手段在集客项目管理中的作用，在此基础上通过细致步骤拆解并结合实训内容设置，帮助读者娴熟掌握数据分析的新技术。

本书适合作为高职院校财经商贸类专业教材，也适合作为大中小型企业中层管理人员的参考书。

图书在版编目（CIP）数据

集客项目管理 / 王悦主编 .—北京 : 中国铁道出版社有限公司 , 2024.8

“十四五”高等职业教育财经商贸类新形态一体化系列教材　面向“新商科”校企双元规划教材

ISBN 978-7-113-30929-9

Ⅰ. ①集… Ⅱ. ①王… Ⅲ. ①企业管理 - 运营管理 - 高等职业教育 - 教材 Ⅳ. ① F273

中国国家版本馆 CIP 数据核字（2024）第 097806 号

书　　名：集客项目管理
作　　者：王　悦

策　　划：潘星泉　　　　**编辑部电话：**（010）51873090
责任编辑：潘星泉　许　璐
封面设计：郑春鹏
责任校对：刘　畅
责任印制：樊启鹏

出版发行：中国铁道出版社有限公司（100054，北京市西城区右安门西街 8 号）
网　　址：https://www.tdpress.com/51eds/
印　　刷：河北燕山印务有限公司
版　　次：2024 年 8 月第 1 版　2024 年 8 月第 1 次印刷
开　　本：787 mm×1 092 mm　1/16　**印张：**16.75　**字数：**403 千
书　　号：ISBN 978-7-113-30929-9
定　　价：52.00 元

前言

在数智时代背景下，政府出台了一系列的政策和举措，鼓励并支持新媒体和互联网行业的发展。同时，国家积极推动相关人才培养和引进政策，鼓励企业和个人合理合规地通过互联网进行营销推广和销售，新职业——互联网营销师也因此应运而生。

在数字经济引导下，消费者在消费习惯、交易方式上发生了根本性的变化。在消费习惯方面，从传统的线下消费向线上线下一体化转变；在交易方式上，从纸币交易方式向网上数字交易转型。在众多方式的变革过程中，如何解决线上精准引流问题成了企业研究的方向。集客作为一种全新的营销策略，逐渐成为企业获取客户、提高销售业绩的重要手段。目前开设集客项目管理专业的院校越来越多，为了满足高职院校教学需要，我们编写了本书。

本书针对高职院校教学需要编写，共分为八章：集客视角下的新媒体时代变革、集客视角下的消费行为分析、集客数据挖掘与应用、集客视角下的新媒体技术与应用、品牌推广与数据分析、集客视角下的引流策略、集客视角下的客户价值与服务质量。全书从企业实际运营需求的角度，阐述企业集客引流的手段及新媒体应用工具的使用方法，以实现企业运营中的集客引流为主线，以提炼集客引流标准化工作流程为内容，结合新媒体工具及使用方法，形成数据引领、精准客户引流的内化逻辑关系；从真实集客项目的工作流程出发，通过集客引流与传统销售进行对比，突出先进技术工具手段在集客项目管理中的作用，在此基础上通过细致步骤拆解并结合实训内容设置，帮助读者娴熟掌握数据分析的新技术。

本书在智慧树网（https://www.zhihuishu.com/）建有数字课程，包括微课、动画、图片、视频等丰富的数字资源，并配有丰富的教学资源，包括课件、教案、习题库等。

本书为校企双元教材，由黑龙江职业学院教师和中粮可口可乐饮料（黑龙江）有限公司人员合作编写。全书由王悦主编，王学俊、颜志博任副主编，韩松男、武斌参与编写。具体分工如下：第一、五、六章由黑龙江职业学院王悦编写；第二、三章由黑龙江职业学院王学俊编写；第四章由黑龙江职业学院韩松男、中粮可口可乐饮料（黑龙江）有限公司武斌编写；第七章由黑龙江职业学院颜志博编写。本书大纲的制订、内容的总体设计，以及最后统稿、定稿由王悦、王学俊完成。

由于集客项目管理涉及的内容具有较强的前瞻性与时效性，加之编写时间及编者水平有限，书中难免存在不足之处，恳请广大读者批评指正，以待日后完善与修订。

编　者

2024 年 5 月

目录

第一章

集客视角下的新媒体时代变革

知识目标

◎了解新媒体产生的背景、发展现状与趋势；

◎掌握新媒体的基本概念与适用类型；

◎掌握新媒体时代的营销理念与方式；

◎熟悉新媒体营销的常用思维；

◎熟悉新媒体营销岗位的成长路径、就业岗位与岗位职责；

◎熟悉集客相关理论；

◎熟悉集客式营销的步骤；

◎熟悉大数据发展规律。

能力目标

◎能够洞察新媒体时代下的营销逻辑；

◎能够编制新媒体岗位群的岗位说明书；

◎能够合理选择集客方式；

◎能够掌握数据分析与集客引流之间的内化关系。

素养目标

◎践行社会主义核心价值观；

◎培养新媒体运营思维，强化创新意识；

◎培养新媒体领域从业人员应具备的法律意识与职业道德；

◎培养文化自信。

案例导入

2020 年 5 月，中央广播电视总台成功进行了国内首次 5G+8K 的超高清内容制作与传输，真正开始在 5G 带动下进行视频内容的迭代升级。2020 年全国两会期间，借助 5G 通信技术和智能高清传输技术，人民日报社推出《两会 5G 云连线》、人民网推出《两会云客厅》、新华社推出《两会云问答》、人民政协报社和光明日报社联合推出“全国两会云访谈”、广州日报社推出“云桌会”等云访谈、云直播，克服了地域空间障碍，创新了报道形式。人工智能推进媒体智能化。同样在 2020 年全国两会期间，人民日报社推出“智能云剪辑师”、中央广播电视总台推出“AI 云剪辑”功能、中国网推出“AI 内容辅助生产平台”等，提高了新闻内容生产的效率。

另外，区块链技术改变了传媒组织机构。2020 年 5 月，国内 12 家省级主流媒体作为首批成员单位组建了全国首个区块链新闻编辑部，通过云端平台实现跨机构、跨地区融合发展的探索。

（案例来源：根据网络资料整理）

案例思考：

1. 通过以上信息，互联网 + 新媒体给新闻传播带来哪些新改变？
2. 新媒体与传统媒体之间的区别有哪些？

课堂互动：

1. 你是否每天都会习惯性地打开微信查看朋友圈？
2. 你是否每天都会打开微博查看今日热点？
3. 你是否每天都会打开各种手机 App 进行查询和消费？

第一节　走进新媒体时代

一、新媒体发展与变革

随着数字经济时代的发展，新媒体在人们的眼中不再陌生。人们因为新媒体的广泛应用而形成了新的价值理念和消费行为，诸多企业紧跟新媒体的发展动向，从传统媒体应用向新媒体应用转型，同样也为市场营销领域带来了更多的商机。

课堂讨论：你认为以下哪些是新媒体？在你认为是新媒体的选项后打“√”，见表1-1。

表 1-1　新媒体与传统媒体辨析

类　　型	选项：√ /×	类　　型	选项：√ /×
门户网站		手机短信	
电子邮件		专业论坛	
个人博客		手机杀毒软件	
微博		个人微信朋友圈	
微信公众号		手机新闻客户端	

从国家层面上看，随着不断出台的政策，新媒体的发展刺激着互联网，产业的升级和创新鼓励传统媒体和新媒体相互融合促进；从个体层面上看，新媒体已经与人们朝夕相伴，深深地影响着人们的工作与生活。

（一）新媒体的概念

国内外学术界以及产业界对新媒体没有统一的定义，只是一个相对的概念。目前所谈及的新媒体包括网络媒体、手机媒体、数字电视等形态。从新媒体的发展变化的角度看，广播相对于报纸是新媒体；电视相对于广播是新媒体；网络相对于电视是新媒体，等等。

新媒体是利用数字技术，通过计算机网络、无线通信网、卫星等渠道，以及计算机、手机、数字电视机等终端，向用户提供信息和服务的传播形态。从空间上来看，新媒体特指当下与传统媒体相对应的，以数字压缩和无线网络技术为支撑，利用其大容量、实时性和交互性，可以跨越地理界线最终得以实现全球化的媒体。

实际上，新媒体可以被视为新技术的产物，数字化、多媒体、网络等最新技术均是新媒体出现的必备条件。新媒体诞生以后，媒介传播的形态就发生了翻天覆地的变化，诸如地铁阅读、写字楼大屏幕等，都是将传统媒体的传播内容移植到了全新的传播空间。这种变化包含如下技术元素：

（1）数字化的出现使大量的传统媒体加入到了新媒体的阵营，这一改变主要呈现为媒体的技术变革，不论是内容存储的数字化，还是传播的数字化，都大幅度提升了媒介的传播效率。

（2）媒介形态也因新技术的诞生而呈现出多样化的特点，网络电视、网络广播、电子阅读器等均将传统媒体的内容移植到了新的媒介平台上。

可以从以下四个层面理解新媒体的概念：

（1）技术层面：利用数字技术、网络技术和移动通信技术。

（2）渠道层面：通过互联网、宽带局域网、无线通信网和卫星等渠道。

（3）终端层面：以电视、计算机和手机等作为主要输出终端。

（4）服务层面：向用户提供视频、音频、语音数据服务，以及连线游戏、远程教育等集成信息和娱乐服务。

案例分析

2013—2022年我国智能手机出货量数据分析

图1-1所示为中国信通院2013—2022年调研数据，体现了中国智能手机出货量呈波动变化，随着中国智能手机市场的日趋饱和，消费者对新设备的需求放缓，出货量自2017年开始持续走低。2021年，我国智能手机出货量为3.43亿部，同比增长15.9%，近五年来首次出现正增长。但2022年上半年，我国智能手机出货量为1.34亿部，较2021年同期下降21.7%。

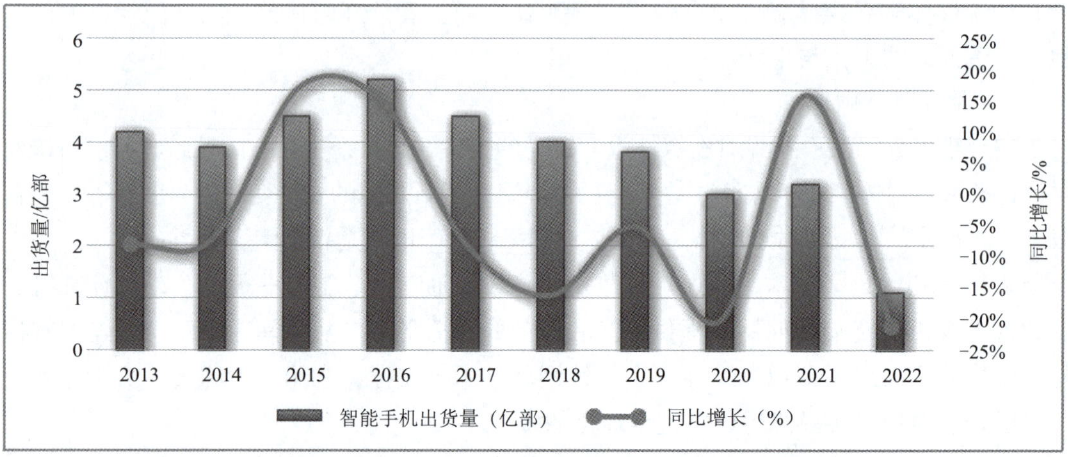

图1-1　2013—2022年中国智能手机出货量

图1-2数据显示，5G手机出货量占全部手机出货量的比例日益提升。2021年，国内手机出货量达3.51亿部，同比增长13.9%，其中5G手机出货量2.66亿部，较2020年12月增长63.5%，占同期手机出货量的75.9%。2022年1—6月，5G手机出货量1.09亿部，同比下降14.5%，占同期手机出货量的80.2%。

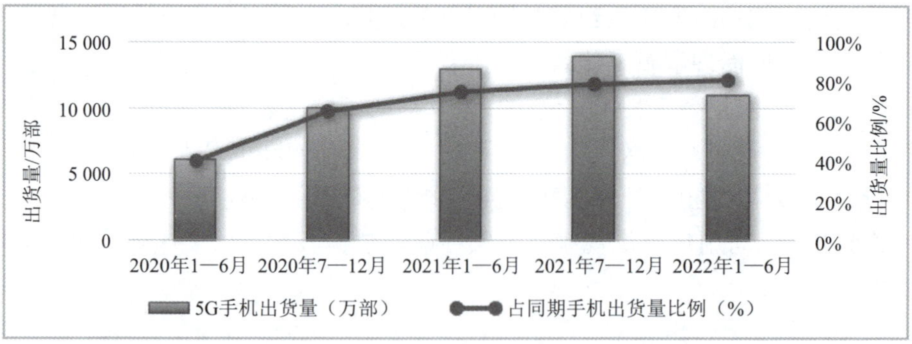

图1-2　2020—2022年中国5G手机出货量及其同期手机出货量比例

（二）新媒体发展的三个阶段

根据新媒体使用主体及受众群体的变化，新媒体的演进历程可划分为精英媒体阶段、大众媒体阶段以及个人媒体阶段。

1. 精英媒体阶段

在新媒体诞生之初的相当一段时间内，仅有为数不多的群体有机会接触新媒体，并使用新媒体传播信息，这部分人多数是媒介领域的专业人士。早期使用新媒体的人群在媒介受众群体中属于少数派团体，他们具有前卫的媒介传播意识，也掌握着更先进、更丰富的媒介资源，是新媒体的第一批受益人群。

2. 大众媒体阶段

当新媒体大规模发展并得到普及时，其发展历程就进入了大众媒体阶段。直至今日，以手机等移动媒体为主的新媒体已为广大受众所享有，利用新媒体传递知识、信息也成为媒介传播的一种常态。

由精英媒体向大众媒体发展，离不开媒介技术进步所带来的传播成本的下降，新媒体以更低廉的传播成本、更便捷的传播方式以及更丰富的信息传播内容成为一种大众媒体，其传播的内容及形式从某种程度上甚至改变了人们的生活方式以及对媒介本质的理解。

3. 个人媒体阶段

伴随着新媒体技术的不断发展及普及，以往没有占据媒体资源的平台，且具备媒介特长的个体，开始逐渐通过网络来发表自己的言论和观点，通过平台展示给受众，这是个人媒体阶段到来的一个标志。

（三）新媒体的特点

以数字技术为代表的新媒体，其最大特点是打破了媒介之间的壁垒，消融了媒体介质之间，地域、行政之间，甚至传播者与接收者之间的边界。新媒体还表现出以下几个特征：

1. 媒体个性化突出

由于技术的原因，以往所有的媒体几乎都是大众化的。而新媒体却可以做到面向更加细分的受众，可以面向个人，个人可以通过新媒体定制自己需要的新闻。也就是说，每个新媒体受众手中最终接收到的信息内容组合可以是一样的，也可以是完全不同的。这与传统媒体受众只能被动地阅读或者观看毫无差别的内容有很大不同。

2. 受众选择面增大

从技术层面上讲，在新媒体那里，人人都可以接受信息，人人也都可以充当信息发布者，用户可以一边看电视节目、一边播放音乐，同时还参与对节目的投票，还可以对信息进行检索。这就打破了只有新闻机构才能发布新闻的局限，充分满足了信息消费者的细分需求。与传统媒体的“主导受众型”不同，新媒体是“受众主导型”。受众有更大的选择，可以自由阅读，可以放大信息。

3. 表现形式多样

新媒体形式多样，各种形式的表现过程比较丰富，可融文字、音频、画面为一体，做到即时地、无限地扩展内容，从而使内容变成“活物”。理论上讲，只要满足计算机条件，一个新媒体即可满足全世界的信息存储需要。除了大容量之外，新媒体还有“易检索性”的特点，可以随时存储内容，查找以前的内容和相关内容非常方便。

4. 信息发布实时

与广播、电视相比，只有新媒体才真正具备无时间限制、随时可以加工发布的特点。新媒体用强大的软件和网页呈现内容，可以轻松地实现24 h在线。

新媒体交互性极强，独特的网络介质使得信息传播者与接收者的关系走向平等，受众不再轻易受媒体“摆布”，而是可以通过新媒体的互动发出更多的声音，影响信息传播者。

（四）新媒体的类型

1. 手机媒体

手机媒体是借助手机进行信息传播的工具。随着通信技术、计算机技术的发展与普及，手机逐渐成为具有通信功能的迷你型计算机。手机媒体是网络媒体的延伸，它除了具有网络媒体的优势之外，还具有携带方便的特点。手机媒体真正跨越了地域和计算机终端的限制，拥有声音和振动的提示，能够做到与新闻同步。它的接收方式由静态向动态演变，受众的自主地位得到提高，可以自主选择和发布信息，信息的及时互动或暂时延宕得以自主实现，使得人际传播与大众传播完满结合。

2. 数字电视

数字电视就是指从演播室到发射、传输、接收的所有环节都是使用数字电视信号，或对该系统所有的信号传播都是通过由0和1数字串所构成的数字流来传播的电视类型。数字信号的传输速率是19.39 Mbit/s，如此大的数据流的传递保证了数字电视的高清晰度，克服了模拟电视的先天不足。

3. 互联网新媒体

互联网新媒体包括网络电视、博客、播客、视频通信、电子杂志等。

（1）网络电视（internet protocol television，IPTV）是以宽带网络为载体，通过电视服务器将传统的卫星电视节目重新编码成流媒体的形式，经网络传输给用户收看的一种视频服务。网络电视具有互动个性化、节目丰富多样、收视方便快捷等特点。

（2）博客是指在虚拟空间中发布文章等各种形式信息的过程。博客有三大主要作用：个人自由表达和出版；知识过滤与积累；深度交流沟通。

（3）播客通常是指把那些自我录制广播节目、通过网络发布的人。

（4）视频通信（video，又翻译为视讯）泛指一种将一系列静态图像以电信号技术加以捕捉、记录、处理、存储、传输与再现的多媒体形式。当这些连续的图像以超过24帧/s变化时，由于视觉暂留原理，人眼无法分辨单个静态画面，因此看上去是平滑连续的视觉效果。视频技术不仅包括静态图像的连续播放，还包含声音元素，使其成为一种综合性的传播工具。

同时，视频也指新兴的交流、沟通工具，是基于互联网的一种设备及软件，用户可通过视频看到对方的仪容、听到对方的声音。视频技术最早是为了电视系统而发展，但是现在已经发展为各种不同的格式，以利于用户将视频记录下来。网络技术的发达也促使视频的纪录片段以流媒体的形式存在于因特网之上并可被计算机接收与播放。

（5）电子杂志一般是指用Flash的方式将音频、视频、图片、文字及动画等集成展示的一种新媒体，因展示形式犹如传统杂志，具有翻页效果，故名电子杂志。一般一本电子杂志的体积都较大，少则几兆，多则几十兆上百兆，因此，一般电子杂志网站都提供客户端订阅器，供杂志的下载与订阅，而订阅器多采用流行的P2P技术，以提高下载速度。电子杂志是Web 2.0的代表性应用之一。它具有发行方便、发行量大等特点。

4. 户外新媒体

户外新媒体是新近产生的，有别于传统的户外媒体形式（广告牌、灯箱、车体等）的新型户外媒体。户外新媒体以液晶电视为载体，如楼宇电视、公交电视、地铁电视、列车电视、航空电视、大型LED屏等，主要是新材料、新技术、新媒体、新设备的应用，或与传统的户外媒体形式相结合，使得传统户外媒体形式发生质的提升。

（五）网络发展现状与新媒体发展趋势

1. 网络技术发展现状

2023年8月28日，中国互联网络信息中心（CNNIC）发布第52次《中国互联网络发展状况统计报告》（以下简称《报告》）。《报告》显示，截至2023年6月，我国网民规模达10.79亿人，较2022年12月增长1 109万人，互联网普及率达76.4%。

《报告》显示，2023年上半年，我国各类互联网应用持续发展，多类应用用户规模获得一定程度的增长。一是即时通信、网络视频、短视频的用户规模仍稳居前三。截至2023年6月，即时通信、网络视频、短视频用户规模分别达10.47亿人、10.44亿人和10.26亿人，用户使用率分别为97.1%、96.8%和95.2%。二是网约车、在线旅行预订、网络文学等用户规模实现较快增长。截至2023年6月，网约车、在线旅行预订、网络文学的用户规模较2022年12月分别增长3 492万人、3 091万人、3 592万人，增长率分别为8.0%、7.3%和7.3%。

作为建设网络强国、数字中国的一项基础性、战略性、先导性工作，提升全民数字素养与技能有助于弥合数字鸿沟，推动数字经济与数字社会高质量发展，增进人民群众的数字化体验感和获得感。CNNIC第52次《报告》以专栏形式重点关注了网民数字技能发展概况，呈现以下两方面特点：

1）网民数字技能水平总体向好

2023年上半年，各类数字化产品及服务加速渗透，促使网民数字技能水平稳步提升。截至2023年6月，至少掌握一种初级数字技能（指能够使用数字化工具获取、存储、传输数字化资源的技能。本次调查中包括复制、粘贴计算机或手机里的信息，用计算机或手机搜索、下载、安装软件，用计算机与手机等其他设备进行文件传输，在计算机上连接和安装外接设备）的网民占网民整体的比例为86.6%；至少掌握一种中级数字技能（指能够使用数字化工具制作、加工、处理数字化资源的技能。本次调查中包括使用文本编辑工具，使用表格或数据工具，使用图片或视频编辑工具）的网民占网民整体的比例为60.4%，较2022年12月增长2.1个百分点。此外，在掌握初级技能的网民中，至少熟练掌握其中一种的网民占比为21.6%，与2022年12月相比实现小幅增长。

2）重点群体逐步掌握数字技能

各地政府多措并举，从环境侧加强政策指导，从需求侧加强宣传教育，从供给侧降低使用门槛，促使重点人群认识、了解、学习并掌握数字技能。截至2023年6月，学生网民中至少掌握一种初级数字技能的比例达98.5%，至少掌握一种中级数字技能的比例达81.0%，较2022年12月分别提升0.6和4.5个百分点；50～59岁网民中至少掌握一种初级数字技能的比例为72.8%，60岁及以上网民中至少掌握一种初级数字技能的比例为54.6%；农村网民中至少掌握一种初级数字技能的比例为75.0%。

2. 新媒体发展趋势

2022年8月16日，《新媒体蓝皮书：中国新媒体发展报告（2022）》对中国新媒体未来的发展提出了展望：

（1）数字化持续赋能“双碳”目标，实现碳达峰、碳中和已成为全球共识，我国从国家战略高度提出了实现“双碳”的具体目标。数字化转型与“双碳”目标具有内在发展一致性，均强调通过技术进步推进生产方式转型，促进经济社会变革。数字化成为实现“双碳”目标的重要手段和现实路径。“双碳”带来互联网行业人才结构优化、产业升级，催生的气候经济将成为数字经济的重要组成部分。

（2）短视频与直播平台更趋日常化、专业化、垂直化，短视频和直播赛道仍是促进网络发展的中坚力量。电商拓展了视频平台的业务类型，成为提升平台经营收入的重要来源。但是，内容建设才是视频平台的核心。短视频平台凭借不断开拓专业化和垂直化内容延长用户停留时间。生活记录类、知识讲解类、行业分析类、治愈解压类等视角更新、互动性更强、参与感更好的内容比例提升。

（3）互联网资本回归理性，互联网资本为产业转型与经济提速提供了资金保障与技术创新支持，是平台经济发展的核心驱动力。但是，资本的无序扩张会引发互联网垄断，破坏网络秩序与网络安全，影响行业发展。2021年以来，我国互联网开展反垄断专项治理，规范企业行为。资本要与“专精特新”企业等结合，发挥好创新先导与资源整合功能，助力开创经济发展新格局。

（4）坚持网络发展和安全并重，以可持续发展促进可持续安全，我国面临的云安全威胁、深度伪造、勒索软件攻击、加密货币威胁等网络安全问题依然严峻。在网络安全领域，我国将坚持发展与安全并举，充分发挥政府、企业与用户力量，奋力推进网络强国建设。

（5）互联网新型人才培育亟待加强，数字经济发展需要加强培养高端技术人才和复合应用型人才。产业互联网的发展使电子通信、机械制造等行业对网络人才需求激增。我国要加强校企联合，集中优势资源培养符合市场需求的专业技术人才。

（6）群体经济与垂直经济成为数字经济发展新兴力量，数字经济发展迈向全面扩展期，其应用不断深化、表现形式越来越多样。

（7）内容创作者经济与网络营销服务机构发展迅猛，内容创作者经济是指内容创作者自主发布网络内容并通过发布的内容获得盈利的经济方式。当前，全球社交媒体创作者市场拥有超千万的用户数量，市场规模更是庞大。用户生产的视频内容正成为创作者上传的热门内容类型。随着数字营销的矩阵化和跨屏化，连接商家和平台的中介服务将越来越多元。

（8）虚拟社会研究与实践不断升级，新传播技术的发展，培养起人们在线办公、学习、生活等数字行为习惯与能力，为虚拟社会的构建打下了坚实基础。虚拟社会探索实践已经展开，例如数字美妆便已引入虚拟妆容促进线上化妆品销售。技术使用户在虚拟世界的体验越来越逼真，而虚拟产品和虚拟世界的入口也是互联网公司发力的下一个方向。

（9）数字文明成果由世界各国人民共享，数字文明新时代是数字化与智能化的新时代，需要全球协同与互动。国际社会需要在数字技术、数据安全与跨境流动、信息保护等方面加强沟通与合作。我国将在提升数字社会的开放度和包容性上不断努力，推动构建人类命运共同体。

（六）新媒体时代变革

在数字经济时代，新媒体的应用趋于普及态势，对消费者的交易、信息获取等方式都产生了重要的影响。同时刺激消费需求多样性呈现，更加倾向于品质化、个性化、服务化等方式的发展。企业逐渐认识到，个性化、植入性能够激发与消费者之间情感共鸣，将消费者接受的优质内容真正塑造进入品牌价值，提升品牌维度。精准的客户画像让营销体系构建逐渐清晰化，对新媒体选用更具有效性。

从消费者、品牌价值到媒介环境，商业环境多维度共同演化升级，伴随着新媒体的动态更新，使传统媒体与新媒体有机结合，提供融媒体功能。

1. 新媒体领域下的新市场理念

这是一个逐渐从企业向消费者中心转变的过程，从企业为主体向以消费者为主体转换。通过新媒体，企业开展多平台的营销互动，一部分消费者可以通过新媒体平台带动其他消费的加入，实现群体互动影响。从而进入全媒体、全参与的新市场。

2. 新媒体领域下的新营销目标

新媒体的问世，对销售渠道与营销方式起到赋能作用，使其趋于多元化。对产品来说，营销不再是单纯的广告，还包括内容营销、话题营销、互动营销，集客引流等新方式；销售不单纯以线下实体店的推销模式为主流，而是融合线上媒介，而新媒体渠道可对产品构建宣传、推广、变现的销售网络。新媒体营销对品牌传播与销售协同实现融合，提升企业商业效率。

3. 新媒体领域下的新传播模式

相较于传统媒介，新媒体最突出的特征是改变单向传播模式，在移动商务技术引领下，创造了传播者和接收者之间即时即地双向互动传播模式，这种传播模式打破了时间性与空间性，通过信息交互提升双方的沟通频率，提高了传播有效性。目前双向互动交互模式被越来越多的企业所重视并采用。通过互动信息的接收与传递，新媒体对消费者的需求把握更加精准，提升了客户满意度。

4. 新媒体领域下的技术驱动

新媒体拓展了人工智能AI及智能问答、虚拟识别系统的应用领域，通过数字营销、标签优化、客户画像、集客引流、量化赋能等方式，打通商品、消费者、渠道、媒介等多层次要素之间的匹配逻辑，实现精准营销，提升了产品流动的能力。

第二节　新媒体领域从业人员的职业素质

一、新媒体技术人才需求量

2023年，中国互联网新媒体行业总收入达到1.75万亿元，同比增长6.8%。其中，互联网广告收入达到1.3万元，同比增长17.5%；互联网广告仍然是互联网新媒体行业的主要收入来源，但其他领域的收入增速也较快，显示出互联网新媒体行业的多元化发展趋势。随着行业蓬勃发展，催生了新媒体运营职位的人才需求量的增加。相关行业人才的薪资水平也普遍较高。

二、新媒体领域从业人员的必备素质

新媒体领域从业人员首先要规范自己的专业主义，立足于坚守人性道德、职业操守和社会责任底线，依法从业，守法经营。下面针对新媒体领域的行业特点，梳理一下新媒体领域从业人员的必备素质。

（一）洞悉新闻热点、捕捉新闻爆点的能力

所谓的洞悉热点与捕捉爆点，是对时下热点消息的网络触感，是对当前趋势的一种判断力。所有新媒体从业人员都要对时政、时事、新闻热点、爆点具有高度的敏感性，在掌握网络动态的同时，了解网友对什么具有关注度，对于新型的网络语言、网络流行趋势了如指掌，为产品推广、集客引流提供重要支撑。

1. 文案撰写能力

新一代的新媒体从业人员需要具备扎实的写作功底、严谨的写作逻辑，能结合营销环境与素材设计不同风格软文文案。

2. 终身学习能力

在新媒体日新月异的发展变化中，新媒体从业人员需具备终身学习能力，对待身边新事物要有一定的触感，同时丰富、充实自己的专业知识，懂得与时俱进，无论是在文字编撰，还是新媒体工具使用方面，需不断挖掘，尝试学习，提升专业技能，通过实践找准职业定位。

3. 审美能力

审美对开展新媒体工作而言是一项重要的从业能力。目前互联网兴起的一些网络用语，如美颜等词语搜索频率高，说明消费者对美这一概念具有高追求度，因此，在产品选购时，除了对产品质量与服务水平有一定的要求外，对产品外观设计、宣传信息的美化度（海报、视频）等都具有较高的要求，这也是产品是否能够销售出去的关键因素。企业目前在对产品包装、宣传设计、文案编排等方面都需要提升品牌与产品在市场的认知度，形成特色的市场定位。

知识拓展

马斯洛是美国当代人本主义心理学家。早期，他根据需要出现的先后及强弱顺序，把需要分成了五个层次，即生理需要、安全需要、归属与爱的需要、尊重需要和自我实现的需要，后来又补充了求知需要和审美需要，即需要由五个层次扩充为七个层次。

4. 创新能力

新媒体领域从业的创新性是在市场中形成定位的重要体现，好的创意能够深入人心，形成长期记忆，在网络上形成聚合力和影响力。好的创意一旦上线，能够快速高效地引起消费者认知上的共鸣，形成口碑效应。这是营销效果达成的根本保证。

（二）数据挖掘与分析能力

互联网技术的快速发展为新媒体提供了技术保障，其中数据的重要性也逐渐凸显出来。企业在新媒体运营中，如何科学、准确地评价线上运营效果？运行数据是最好的呈现结果。通过定时后台阅读量、互动分享频率、留言评论等量化数据结果，从定量向定性转换，形成具有价值的运营结果，及时检查线上运营中存在的问题，并形成解决方案，使企业长期稳定、高效运营。

（三）抗压能力

新媒体工作是一项具有逻辑性、交叉性的综合性工作，需要及时了解、掌握实时热点、选素材、写文案、拍视频、做推广，也需要对数据变化及时做出反应，查漏补缺。这种工作处于一种紧张、高压的状态，为了更好地适应岗位需求，从业人员需要做好心理调试与从业准备，以便更好、更快地适应岗位，履行岗位职责。

（四）质控能力

新媒体的重要工作分为产品推广与价值实现两个方面，在流通过程中，产品交易价值实现为最终结果，也是企业利润生成、实现良性运转的关键环节。新媒体从业人员在进行产品推广与价值实现中，首先需要合理选品，严控产品质量，保障消费者权益，以良性竞争意识为从业准则，将品质过关、消费者需要的好产品通过新媒体媒介推广出去，实现线上销售的良性发展。

三、新媒体从业人员的岗位职责

新媒体工作绝对不是一个简单码字、复制粘贴的过程，其岗位群工作流程为：选题定位、素材选取与匹配、内容编辑、图文混排、版面设计、内容校对、视频拍摄与剪辑、自媒体推送与发布、数据跟踪与检测、客户满意度分析、客户忠诚度测量、复盘、阶段性总结。针对新媒体岗位群工作流程，典型互联网营销师工作岗位职责如下：

（1）依据公司市场战略规划，制定并执行线上线下推广的实施方案。

（2）根据网站或第三方平台App的发展方向，制订推广计划，并争取更多的资源来实现推广计划，提高网站或第三方平台App人气，增加站点流量及注册用户。

（3）负责网站或第三方平台App在线推广，拓展流量和用户。

（4）充分研究比较各种搜索引擎工具，逐步提升搜索引擎对公司网站流量的自然导入比例，为公司网站投放搜索引擎竞价排名广告。

（5）建立并维护重点合作伙伴关系及开拓新的市场合作伙伴。依托公司资源，充分展开与门户、垂直型网站间合作及流量互换，实现互补性、多元化提升公司UV（网站独立访客）、PV（page view，页面浏览量）的目的，进一步提升Alexa全球网站排名查询中的排名。

（6）负责协调公司内容资源，借助外协机构达到提升用户品牌认知度与间接提升公司网站流量的目的；负责对外展开友情互换业务，并具体负责公司网站友情互换广告资源的管理与合理调配；负责其他在线推广资源的探索、尝试与开发利用。

（7）竞争情况收集、分析，密切注意市场动向。

（8）组织推广实施，严格监控实施过程，及时跟踪推广效果。

第三节　集客概论

上门推销、垃圾邮件、电视广告，这些传统的推播式营销因其无孔不入、量大无效而被广泛诟病。如何才能正确地接触你的客户并向他们展示产品或服务的价值呢？答案就是集客式营销，不是一味地跟在客户后面跑，而是吸引客户主动找到你。

一、集客的概念

集客指在一定时期内，市场部门通过一定的广告宣传措施，在某一区域所集揽的顾客或是潜在顾客的总称。顾客加上潜在顾客称为顾客总和。

二、集客与SEO

SEO（search engine optimization，搜索引擎优化）是集客营销能否成功的关键因素。将集客与SEO结合好过只专注两者中的一项，原因就是集客营销是通过新鲜有用的内容吸引客户找到你，将访客转化为客户；SEO是让用户通过搜索引擎找到你的内容。如果将技术与创意应用于数字营销，你的网站就更容易被客户搜索到。

将SEO与集客营销结合主要关注以下几个方面：

（1）分析关键词数据和趋势，创建值得点击的内容。

（2）与开发团队合作，确保网站速度够快且能被爬虫抓取，这样，用户更易浏览你的内容。

（3）与业内有影响力的人建立合作，帮助你增加链接和分享可以测量的结果。

三、集客的重要性——集客与销量

在20世纪80年代的美国，有一家啤酒公司研发出了一款低卡路里的啤酒，口味较普通啤酒稍淡一点，在当时的美国市场无人问津，因为当时美国是以胖为美，健硕的体格才预示着身体健康，而这款低卡路里的啤酒未能得到人们的青睐，很快走完了产品的生命周期。

这个案例告诉我们，再好的产品在市场中如果没有客户群体，都将无法实现流通，利润无法生成。

从集客与销量的关系考虑可以得出：利润=集客量×销量，说明客户群体是现行企业发展的关键因素。

四、集客营销

集客营销（inbound marketing）是一套完整的全渠道数字营销方法体系。

（一）运用多种渠道接触品牌

有潜在需求的客户会利用搜索引擎、社交媒体、官网、新闻、电子邮件、电话、线下活动，甚至登门拜访等各种渠道主动接触品牌。

（二）运用优质内容接触客户

品牌需要在以上接触点通过优质的内容打动客户，以拉动客户访问数字营销平台（官网/活动网站等）上的不同引导页。

（三）甄别客户信息

在引导页对客户身份进行识别，并记录客户的访问行为，适时干预客户访问路径，择机利用表单和在线客服等方式捕获客户需求信息和联系信息，这些信息都被临时储存到大型数据仓库中。

（四）计分卡规则应用

根据计分卡规则把有效数据输出到CRM系统，形成潜在客户的商机列表，开始进入商机培育阶段。在此阶段，销售或电销人员与客户之间频繁通过邮件、短信、电话等方式互动，这些互动记录需要被有序管理，便于计分卡重新为商机打分。销售人员通过计分卡把成熟商机筛选出来，进入实质的销售环节，最终形成销售转化。

所以，和过去不同的是，为了更有效地掌握各种不同渠道的客户的特性，在集客营销中并不是直接到达网站主体，而是先进入达引导页，在其中加注来客者的身份，网站站长便可通过分析软件找寻出适合各种不同来客的营销文案。

如图1-3所示，理论上集客营销并非一种守株待兔的营销策略，而是通过各种不同的渠道做到分众且精准的网络营销。利用付费或是投入人力时间的媒体去加强信息的传播，得到更多的传播机会，并且加强数字资产的优化以及关键字的锁定，达到每个广告以及信息都能切实地导入至目标网站，同时做好SEO（搜索引擎优化）、SMO（搜索媒体优化）、UEO（用户体验优化）的全网站优化，才是切实地做好了集客营销。

图 1-3　集客营销的价值

网络使用者不会不请自来，而是要告诉他们该怎么进来。例如：看完影片，告诉他哪里可以得到更多信息；看完一个电视广告，告诉他要用什么关键字搜索到你的网站；看完一个博客食记，告诉他们怎么去你的餐厅或是怎么上网看更多菜色；创造使用者需求，刺激他上网搜索特定关键字；创造各种不同渠道让使用者进入你的网站，并且做好分众营销策略。

五、集客营销的步骤

（一）建立一个成功的营销战略

（1）我的目的是什么？我的目标是什么？

（2）我的营销现在面临怎样的挑战？

（3）谁是我的理想客户？我该如何吸引他们？

（4）我的潜在客户会在意我的公司的什么？

（5）我应该在营销上投资多少？

（6）我的营销计划会给我带来多少回报？

（二）创建与优化网站

一个高效的网站是进行数字营销与创造销售机会的核心，你的网站需要：

（1）简便的导航。

（2）专业的外观。

（3）优化搜索引擎。

（4）适合在移动终端上浏览。

（5）便于更新。

（三）建立更多流量

如果你可以增加更多的网站流量，也就意味着增加了更多的潜在客户访问你的网站。

（四）把流量转换成销售机会

（1）建立引导页，罗列优惠并且有相关页面可供客户填写信息。

（2）在填写完信息后，用户可以得到优惠及自动回复邮件。你可将潜在客户的信息存入CRM系统。

（3）放置可以唤起用户行动的页面以产生更多的潜在客户。

（五）把销售机会变成真正的销售

（1）销售智能化。

（2）细分你的销售机会。

（3）培养销售机会。

（4）邮箱营销。

（5）客户关系管理（CRM）。

（六）任何步骤都需要衡量

最重要的几点需要衡量的数值如下：

（1）带来销售机会的流量。

（2）销售机会转变成的客户的数量。

（3）建立销售机会的成本。

（4）获得客户的成本。

六、新媒体运营引流方式

新媒体运营引流的主要方式如下：

（1）昵称引流。昵称就是网名。选用有热度的网名引起关注是最简单、最常用的引流方法，把昵称改成吸引客户关注、具有引流影响力的关键词，可达到吸引流量、增加关注度和提高知名度的目的。

（2）头像引流。用户第一眼关注的往往是头像，所以头像最好是用设计过的图片，能代表自身形象或是用品牌特有Logo，这样用户通过头像进一步加深印象。

（3）个性签名引流。签名引流也是非常好的一种方式。例如QQ、微信的个性签名。

（4）软文引流。具有某种目的性的文章就是软文，在常见的网络推广方法中，软文推广的转化率属于上乘。当然这对写作水平有一定的要求。

（5）视频引流。视频引流主要有在线直播、短视频和直播间，每一种方式都有它的魅力。对于直播间引流模式，目前热度较高的几个平台（如腾讯，爱奇艺，搜狐，优酷等），它们共性的特点是观看人数众多，播放量大，具有成熟的客户群体，能形成稳定的集客量。

（6）评论引流。评论引流用在很多平台都合适，如QQ空间、QQ说说，或者其他App的动态，如微博等。最好是借助名人的名气来引流，在名人动态下面评论。

（7）社交引流。目前最受欢迎的社交软件微信，其下载量、活跃数、打开量都非常惊人。微信自身能引流的地方也有很多。有的社交平台同时具备直播或视频功能，这样更利于集客引流，其打开量比微信还高，分析发现主要是红包活动的引流效果较好。

（8）手动添加好友。手动添加精准的意向客户为好友，这个工作持之以恒，也会收到非常好的效果。

（9）新媒体运营：群文件引流。

制作一篇有价值的文章或者文档，附上微信号码，上传到群文件。如果标题设置得足够好，会有很多人下载查看。另外，发出的群的数量尽可能多，就能带来可观的引流效果。

七、集客工作的重点内容

集客工作开展过程中的重点内容如下：

（1）集客信息的真实性。企业通过互联网技术手段实现集客引流，在集客活动中仍存在一定的问题，如集客信息的夸大宣传等情况。企业对外宣传需谨慎，传递的信息要准确，一旦虚假宣传或夸大宣传会使消费者对产品丧失信心，造成负面影响。

（2）集客方式的多样性。企业在集客方式选择上，考虑如何节省成本的前提下，进行集客方式的组合，通过多元化的集客方式，实现集客效果达成。

（3）集客效果的有效性。集客引流的数据说明集客效果是否达成，如出现数据值偏低等情况，应对集客活动与方式进行核查，找出问题，根据问题提出行之有效的解决方案，确保集客效果的有效达成。

八、集客的方式

集客主要包括以下五种方式：

（1）店头集客。在线下实体店内开展的集客方式，如店内促销。

（2）外展集客。通过展销等形式开展具有优惠性质的集客方式，如车展。

（3）互联网集客。以互联网技术为主导，通过线上宣传实现引流的集客方式，如直播带货。

（4）广宣集客。以传统媒体宣传为主导，通过电视、广播等媒介，以信息的单项传递方式实现信息传递的集客方式，如电视购物。

（5）转介绍集客。此类集客方式的信任度最高，通过身边的朋友、亲人、同事、同学作为宣传媒介，传递信息的集客方式，如亲友推荐。

第四节　集客视角下的大数据应用

现代化的技术手段是实现集客引流的重要支撑工具，例如，如何进行数据化的抓取？如何进行数据分析？

一、大数据的含义

麦肯锡全球研究所对大数据给出的定义是：一种规模大到在获取、存储、管理、分析方面大大超出了传统数据库软件工具能力范围的数据集合，具有海量的数据规模、快速的数据流转、多样的数据类型和较低的价值密度四大特征。

二、大数据技术

大数据技术的战略意义不在于掌握庞大的数据信息，而在于对这些含有意义的数据进行专业化处理。换言之，如果把大数据比作一种产业，那么这种产业实现盈利的关键，在于提高对数据的加工能力，通过加工实现数据的“增值”。

从数据引流上看，通过数据筛选与清洗，将数据进行划分，提炼数据结论，精确定位目标顾客的需求特点与消费特征，提供针对性的集客方案。

从技术上看，大数据与云计算的关系就像一枚硬币的正反面一样密不可分。大数据必然无法用单台计算机进行处理，必须采用分布式架构。它的特色在于对海量数据进行分布式数据挖掘。但它必须依托云计算的分布式处理、分布式数据库和云存储、虚拟化技术。

随着云时代的来临，大数据也得到了越来越多的关注。大数据通常用来形容一个公司创造的大量非结构化数据和半结构化数据，这些数据在下载到关系型数据库用于分析时会花费过多时间和金钱。大数据分析常和云计算联系到一起，实时的大型数据集分析常会向数十、数百，甚至数千台计算机分配工作。

适用于大数据的技术，包括大规模并行处理数据库、数据挖掘、分布式文件系统、分布式数据库、云计算平台、互联网和可扩展的存储系统。

三、大数据的价值

大数据的价值体现在多个方面，包括国家治理、企业发展、建筑行业、商业决策、消费者服务、政府公共服务等。

（1）在国家治理方面，大数据能够提高行政效能，充分体现社会主义制度优势，确保国家治理信息与人民群众生活紧密相关，提高信息的客观性。

（2）在企业发展方面，大数据技术可以提高数据分析效率，发掘信息价值，优化物资采购管理，提高采购效率和质量。

（3）在建筑行业方面，大数据有助于提供战略决策依据，进行投资决策、生产决策及市场预测等。

（4）在商业决策方面，大数据的核心价值在于预测，如预测股市、消费者行为等，这有助于企业做出正确决策。

（5）在消费者服务方面，大数据能够提供个性化信息推荐和高阶服务，如智能信息服务和提升用户体验。

（6）在政府公共服务方面，大数据应用于不动产登记、征信体系建设等，推动政府政务公开、服务完善和依法行政。

此外，大数据还形成了科学研究的新范式，推动互联网、物联网、云计算等行业深入发展，成为社会进步的新引擎。

四、大数据的发展趋势

当前，数据正在成为重组全球要素资源、重塑全球经济结构、改变全球竞争格局的关键力量。随着互联网、移动互联网、物联网、5G等信息通信技术及产业的不断发展，全球数据量呈爆发式增长态势。我国数据量亦处于快速增长之中。

（一）数据的资源化

数据的资源化是指大数据成为企业和社会关注的重要战略资源，并已成为大家争相抢夺的新焦点。因此，企业必须提前制订大数据营销战略计划，抢占市场先机。

（二）大数据与云计算的深度结合

大数据离不开云处理，云处理为大数据提供了弹性可拓展的基础设备，是产生大数据的平台之一。自2013年开始，大数据技术已开始和云计算技术紧密结合，预计未来两者关系将更为密切。除此之外，物联网、移动互联网等新兴计算形态，也将一起助力大数据发挥出更大的影响力。

（三）科学理论的突破

随着大数据的快速发展，就像计算机和互联网一样，大数据很有可能掀起新一轮的技术革命。随之兴起的数据挖掘、机器学习和人工智能等相关技术，可能会改变数据世界里的很多算法和基础理论，实现科学技术上的突破。

（四）数据科学和数据联盟的成立

未来，数据科学将成为一门专门的学科，被越来越多的人所认知。各大高校将设立专门的数据科学类专业，也会催生一批与之相关的新的就业岗位。与此同时，基于数据这个基础平台，也将建立起跨领域的数据共享平台，之后，数据共享将扩展到企业层面，并且成为未来产业的核心一环。

（五）数据安全防范的加强

企业需要从新的角度来确保自身以及客户数据安全，所有数据在创建之初便需要获得安全保障，而并非在数据保存的最后一个环节，仅仅加强后者的安全措施已被证明于事无补。

（六）数据管理成为核心竞争力

数据管理成为核心竞争力，直接影响财务表现。当“数据资产是企业核心资产”的概念深入人心之后，企业对于数据管理便有了更清晰的界定，将数据管理作为企业核心竞争力持续发展，战略性规划与运用数据资产，成为企业数据管理的核心。数据资产管理效率与主营业务收入增长率、销售收入增长率显著正相关。此外，对于具有互联网思维的企业而言，数据资产竞争力所占比重为36.8%，数据资产的管理效果将直接影响企业的财务表现。

（七）数据质量是商业智能成功的关键

采用自助式商业智能（BI）工具进行大数据处理的企业将会脱颖而出。其中要面临的一个挑战是，很多数据源会带来大量低质量数据。想要成功，企业需要理解原始数据与数据分析之间的差距，从而消除低质量数据，并通过BI获得更佳决策。

（八）数据生态系统复合化程度加强

大数据的世界不只是一个单一的、巨大的计算机网络，而是一个由大量活动构件与多元参与者元素所构成的生态系统，是终端设备提供商、基础设施提供商、网络服务提供商、网络接入服务提供商、数据服务使能者、数据服务提供商、触点服务、数据服务零售商等一系列参与者共同构建的生态系统。而今，这样一套数据生态系统的雏形已然形成，接下来的发展将趋向于系统内部角色的细分，也就是市场的细分；系统机制的调整，也就是商业模式的创新；系统结构的调整也就是竞争环境的调整，等等，从而使得数据生态系统复合化程度逐渐增强。

六、大数据发展预测

（一）大数据与物联网、人工智能技术深度融合

智能物联网指人工智能技术与物联网技术结合，通过各种信息传感器实时采集各类信息的海量数据，在终端设备、边缘域或云中心通过机器学习对数据进行智能化分析。在技术层面，人工智能使物联网获取感知与识别能力，物联网为人工智能提供训练算法的数据。联网设备的增多必然带来数据量的激增，在此背景下，对数据存储及数据处理，特别是物联设备产生的相关数据的处理能力，将有更高需求。

（二）人工智能技术助力数据要素配置进一步市场化

2020年以来，《关于构建更加完善的要素市场化配置体制机制的意见》《关于新时代加快完善社会主义市场经济体制的意见》等政策相继推出，大力推动数据要素实现市场化配置。在数据要素市场化的过程中，通过人工智能技术的融合应用，能够为数据质量评估、数据安全合规、数据保护等方面提供有效保障。如在数据质量评估方面，基于深度学习、知识图谱等人工智能技术精准评估数据质量，为政企提供高质量、有价值的数据。

素养园地

新职业、新准则——互联网营销师

2020年5月11日，人社部发布《关于对拟发布新职业信息进行公示的公告》，正式将互联网营销师列入中国新十大职业，成为国家认证的新兴职业。

2020年7月6日，人社部、市场监管总局、国家统计局联合发布互联网营销师等9个新职业。其间经过多轮的专家论证、答辩与申报材料的修改和完善，互联网营销师这一职业正式发布。互联网营销师的职业发布，意味着国家层面对该职业的认可，为行业的引导、规范、管理和监督等行为指明了方向。

互联网营销师的职业守则：

（1）遵纪守法，诚实守信。

（2）恪尽职守，勇于创新。

（3）钻研业务，团队协作。

（4）严控质量，服务热情。

实训实战

1. 工作任务及评价标准

将学生分成小组，以新媒体工作流程为主线，考核学生对理论知识的掌握情况。通过抢答、必答、补充答题等方式，形成团队配合。对学生基础知识掌握情况进行量化考核，评价标准见表1-2。

表 1-2 “新媒体基础知识小问答”评价标准

评价项目	A（15～20分）	B（9～14分）	C（4～8分）	D（0～3分）
答题准确率（20分）	规定时间内准确作答，团队回答问题嗓音洪亮，团队合作默契，两人以上回答问题，有良好的礼节	规定时间内准确作答，团队回答问题嗓音洪亮，团队合作存在问题，有良好的礼节	规定时间内准确作答，团队回答问题嗓音不洪亮，团队合作存在问题，礼节欠佳	未在规定时间内准确作答或超时作答

2. 工作流程评价（见表1-3）

表 1-3 “新媒体基础知识小问答”评价表

<table>
<tr><td colspan="4">姓名：　　　　　　　　组别：　　　　　　　　学号：　　　　　　　　学习项目：</td></tr>
<tr><td colspan="4">各位同学：请针对下列评价项目并参照“评价标准”，选择 A、B、C、D 自行评定学习表现，满分 100 分，结合小组评定和老师复评，汇总得到评价成绩。</td></tr>
<tr><th>评价项目</th><th>自　评</th><th>小组评定</th><th>老师复评</th></tr>
<tr><td>1. 团队合作（20分）</td><td></td><td></td><td></td></tr>
<tr><td>2. 回答问题（答对率）（20分）</td><td></td><td></td><td></td></tr>
<tr><td>3. 点评同学汇报（20分）</td><td></td><td></td><td></td></tr>
<tr><td>4. 学习创新——思政目标（20分）</td><td></td><td></td><td></td></tr>
<tr><td>5. 学习成效（20分）</td><td></td><td></td><td></td></tr>
<tr><td>6. 特殊贡献说明（加分最高5分）</td><td colspan="3"></td></tr>
<tr><td colspan="3">总分（教师参考学生自评和小组组长评价给出最终评定）</td><td></td></tr>
</table>

测试与思考

一、单选题

1. 以下（　　）工作不是新媒体文案工作内容。

A. 新媒体渠道的文案写作

B. 为一个海报写宣传主题

C. 根据时事热点撰写品牌借势营销文案

D. 以上都是

2. 新媒体指纸、杂志、（　　）、电视等传统媒体以后发展起来的新的媒体形态。

A. 网站推广　B. 广播　C. 传统媒体　D. 销售渠道

3. 新媒体发展包括精英媒体阶段、（　　）和个人媒体阶段。

A. 精英媒体阶段　B. 大众媒体阶段

C. 传统媒体阶段　D. 融媒体阶段

4. 新媒体运营方式包括：昵称引流、头像引流、个性签名引流、软文引流、（　　）、评论引流和社交引流。

A. 实名引流　B. 媒体引流　C. 视频引流　D. 融媒体引流

二、多选题

1. 通过立法对大众传媒实施控制，其法律主要有（　　）。

A. 新闻法　B. 广告管理法

C. 诽谤罪法　D. 保障隐私权法

E. 证券交易法

2. 新媒体文案的准备工作大致可分为（　　）。

A. 文案目标人群分析　B. 自身优势挖掘

C. 文案竞争对手分析　D. 文案的卖点挖掘

3. 新媒体环境下，广告语更容易被传播的标准有（　　）。

A. 品牌话语有冲击力　B. 品牌话语简洁有力

C. 品牌话语口语化　D. 具有行动力和号召力

4. 文案创意简报主要在于梳理清楚三个问题，即（　　）。

A. 对谁说　B. 说什么　C. 怎么说　D. 在哪说

5. 邮件营销策划的优点包括（　　）。

A. 推广周期短，营销见效快

B. 用户查看不受时空限制，转发传播快

C. 通过发送给事先经过许可的有需求的目标用户，针对性强

D. 可以毫无节制地群发

三、判断题

1. 新媒体就是指传统媒体转型。（　　）
2. 零阶渠道就是指生产企业直接将商品销售给消费者。（　　）
3. 新媒体运营机构不属于营销渠道成员。（　　）
4. 新媒体无法取代传统媒体。（　　）
5. 新媒体的优点是信息发布快，接受面广。（　　）

四、简单题

1. 简述新媒体的发展变革趋势。
2. 简述新媒体发展三阶段。
3. 简述新媒体构成要素。
4. 简述新媒体领域从业人员的职业素养。

五、案例分析题

小米科技有限责任公司（简称“小米”）成立于2010年，是一家致力于研发智能手机与硬件的创新型移动互联网公司。2018年10月，小米手机宣布年出货量已提前突破一亿台；2023年智能手机业务收入为1 575亿元，全球智能手机出货量为1.46亿台。2023年第四季度，智能手机业务收入为442亿元，同比增长20.6%，过去连续7个季度同比下降后重回同比增长。四季度，全球智能手机出货量为4 050万台，同比增长23.9%，显著超过全球市场增速。

小米集团在2023年财报中披露，充沛的现金流是其核心业务以及新业务能够持续发展的重要基础，截至2023年12月31日，其现金储备为人民币1 363亿元，创历史新高。

小米依托于互联网迅速崛起，回顾小米十余年的成长史，不难发现新媒体平台是其开拓市场、吸引消费者的主战场。纵观小米多样的营销模式，其探索的“饥饿营销”“社群营销”“粉丝营销”“口碑营销”“事件营销”“精准营销”“情感营销”“互动营销”等都离不开新媒体各大平台与社区的协同运作。小米运营团队深谙互联网思维，通过创新一系列的新媒体营销活动，快速抢占市场份额，成功地将小米塑造为家喻户晓的品牌企业。独到的新媒体营销策略不仅使小米在激烈的市场竞争中异军突起，而且引发了业界和学术界对“小米模式”的效仿与研究。

多年来，小米不断探索新媒体营销的新意义和新方法，了解消费者的心理需求与“痛点”，针对不同的消费人群与新媒体平台，定制适宜的营销方案，将品牌形象根植于用户内心深处。正是因为小米不采用传统营销模式，而是顺应新媒体时代信息传播技术与环境的变革，凭借高性价比的产品优势、精准的用户定位与不断创新的新媒体营销方式，巧妙地将新媒体传播手段与营销相结合，才能收获人气与口碑，制造出互联网品牌营销的轰动效应。

（案例来源：根据网络资料整理）

案例思考：

1. 小米为什么会选择新媒体平台进行产品的营销与推广？
2. 新媒体营销为小米品牌带来了怎样的显著效果？
3. 小米在未来发展中，还可以从哪些方面保持品牌优势与营销模式创新？

第二章

集客视角下的消费行为分析

知识目标

◎了解五种感官体验如何影响消费者行为；

◎了解消费者个性含义及其构成；

◎掌握对待不同个性消费者的营销策略；

◎掌握开展生活方式营销的方法和技巧；

◎掌握消费者做出购买决策的类型和内容；

◎掌握消费者的购买决策过程；

◎掌握社会环境、消费情景、物流服务、第三方支付方式等对消费者行为的影响。

技能目标

◎能够针对不同个性消费者制定营销策略；

◎能够开展基本的生活方式营销；

◎能够分析消费者购买决策过程，并根据不同消费者决策行为类型进行营销活动；

◎能够根据社会环境、消费情景、物流服务、第三方支付方式等对消费者行为的影响进行营销活动。

素质目标

◎培养正确的消费观念及合理消费的生活方式；

◎培养观察、分析思维，强化团队协作精神；

◎培养正确的市场营销职业观念；

◎了解中国消费国情，培养文化自信。

案例导入

1972年，新加坡航空刚刚成立就面临着其他航空公司从未碰到过的情况：由于没有国内航线，新加坡航空注定与国际航空公司展开竞争，而正是这种艰难的开端迫使新加坡航空从一开始就决定实施差异化战略，将高新科技、高品质和出色的客户服务作为自己的核心竞争力。

可是，在服务等“软件”上建立优势的难度要大得多。正因如此，新加坡航空率先引进了许多飞行体验服务及娱乐创新，并且努力做到行业最佳，其中的一项服务创新就是考虑了乘客的感官体验。

新加坡航空清楚地知道，航空服务是身体浸入式的服务，因此顾客的感官体验与其对服务的评价密切相关。因此，新加坡航空在改善顾客的视觉、听觉、嗅觉、触觉、味觉五感体验上做到了极致。

新加坡航空是实施“感官营销”的成功案例，这家公司强调要全方位地在服务中提升顾客的感官体验。视觉上，空姐制服采用知名设计师设计的马来纱笼服饰，以形成独到的感官印记；触觉上，它是全球首家为顾客提供热毛巾的航空公司；嗅觉上，它专门为空姐和机舱开发了斯蒂芬·佛罗里达香水，还为香水申请了专利，确保嗅觉印记的独特性；味觉上，它聘用国际顶级厨师专门针对人们在机舱气压下的味觉变化设计了飞机餐，让乘客在空中也能享用美食；听觉上，新加坡航空在其枢纽机场——新加坡樟宜机场对行李车进行了降噪处理。

新加坡航空公司多年来，在盈利能力、品牌价值等国际航空业排名中一直处于领先地位，塑造顾客服务知觉和感官体验的卓越能力是它取得品牌优势的最重要的原因之一。

案例思考：

1. 试问新加坡航空是如何赢得消费者认可的？
2. 试问进行消费者行为分析在与顾客建立良好关系的过程中起着怎样的作用？

课堂互动：

1. 生活中你的消费行为是否也在默默地被影响，试举例分析？
2. 一些品牌的哪些营销活动引起了你消费行为？为什么？

第一节　认识集客视角下的“感知与感官”

一、集客视角下的“感知与感官”

集客一词分为“集”与“客”两个层面，“集”是运用有效的营销方式，建立吸引关注的渠道，实现信息发布与信息反馈；“客”是量化引流，吸纳价值高的客户群体。而设计行之有效的营销方式需要按照消费者的需要来进行，但是随着社会的发展与科技的进步，消费者的个性、心理与需求不断地发生变化。在网络和信息技术的影响下，分析消费者行为的特点，探讨在数字经济新环境下消费者行为的规律，满足消费者多样化、个性化的需求，对于集客营销具有十分重要的意义。当下，企业要想在高速发展变化的市场竞争中立于不败之地，就需要深入了解消费者行为的特点和规律，懂得如何分析消费者行为，想方设法地来满足消费者的各种需求。

（一）感觉和知觉

每个人都有五种基本的器官来获得视觉、听觉、触觉、嗅觉和味觉五种感觉。感官体验对许多产品或服务的营销意义非凡。前面提到的新加坡航空是实施感官营销的先驱和典范。其实，即使不是服务型的企业，要想获得独特的、差异化的优势，也必须全方位地提升顾客的感官体验。怎样才能做到这一点呢?

感觉只是消费者知觉的第一阶段。首先，我们需要清晰地区分容易混淆的概念：感觉和知觉。如果在一家餐厅中有一个两岁的孩子突然发出尖叫，无论是他的父母还是在餐厅就餐的其他客人，他们的耳膜都会“感觉”出明显的震动。虽然这个“感觉”对所有人来说是一样的，但是孩子的尖叫，父母可能觉得像是悦耳的音乐，但是陌生人却认为是刺耳的噪声。这是陌生人和父母对同一个“感觉”刺激的截然不同的“知觉”。

感觉和知觉的区别由此而来。经由任意一种感官获取到的信息会首先传至丘脑，这是大脑的中转站。丘脑并不是终点，它仅仅是一个转发站。但是当感官得到的信息到达丘脑，感觉就形成了。你感受到了一段声音或是几束光线，丘脑随后会将信号传递给大脑皮质，皮质是环绕两个大脑半球的、布满神经细胞的褶皱结构。当信息到达皮质，它就被大脑理解为一段特定的音乐或是一种特定的形状，这就是知觉。例如，当一朵玫瑰花出现在你的面前，你的眼睛捕捉到了它的色彩和花瓣的形状，鼻子闻到了它的香气，这些只是直接的“感觉”；当你把视觉、嗅觉等多种感官获取到的信息进行整合加工，再结合以往的经验，你才能够形成“这是一朵玫瑰花”或者“这是爱情的象征”这样的“知觉”。

具体而言，感觉是指我们的感受器（眼、耳、鼻、口、皮肤）对光线、色彩、声音、气味等基本刺激的直接反应。知觉是指对这些感觉进行选择、组织和理解的过程。知觉是一个包含感觉步骤的过程。如图2-1所示，外界环境中的感官刺激被个体的各种感受器感觉到，再通过暴露、注意和解释三个阶段完成知觉过程。

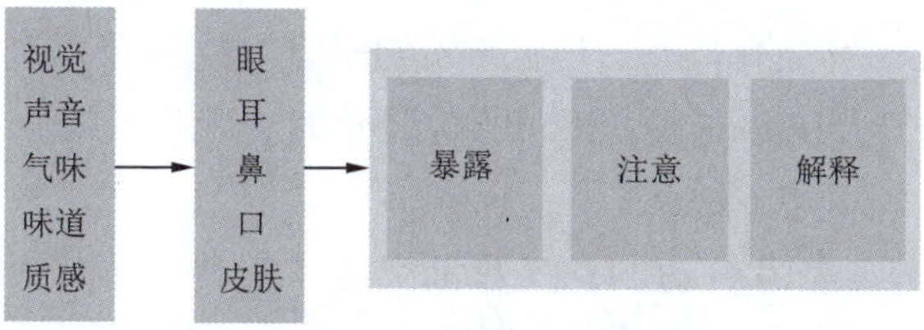

图 2-1　知觉过程示意图

（二）知觉的形成

人类主要依靠视觉、听觉、嗅觉、触觉、味觉五种感官感受周遭环境的物理或化学属性，这五种感官分别对应着眼、耳、鼻、皮肤与口舌五种感受器。每个消费者每天会从环境中接收海量的感官刺激，即使我们只统计那些有营销意图的视觉刺激（例如，广告、产品包装等），平均数量也可达到四位数水平。

我们知道，大脑不可能对环境中所有的光线、颜色、气味或声音刺激都进行详尽的处理，人类已经进化出了一套适合自己的生理和心理机制来面对这个纷繁复杂的世界。生理机制上，人类只有五种感觉器官来感知有限的刺激，例如，人类无法像候鸟一样感受地磁场信息；而人类的每种感觉器官也只能感受到对应刺激中的一小部分，例如，人类的眼睛无法像某些昆虫或爬行类动物那样“看”到红外线。

只有当一个刺激进入个体感觉器官的范围时，暴露才会产生。即使你的感官已经接收到了这些刺激，你还是会选择性地关注某些刺激而忽略另外一些刺激。对特定刺激的投入程度就是注意，注意如何对刺激进行筛选与刺激本身和个体状态有关。暴露和注意与营销信息传播的成效密切相关，例如，当你在浏览网页新闻时，屏幕两侧的广告确实已经暴露在你的视觉范围内，但你完全可以做到对广告“视而不见”。这就是有暴露但是没有注意的典型例子。

暴露和注意像两层过滤器一样将足够重要的感官刺激传送到大脑皮层，消费者需要对这些刺激物赋予意义才能形成知觉的结果，对感官刺激赋予意义这一步被称为解释。消费者对同样的刺激物（如某个产品的标识或价格标签）可能会有完全不同的解释，消费者的固有思维和经验、刺激的背景等都会对消费者的知觉结果产生影响。我们需要对重要的消费者知觉加深了解。

二、感官营销概念模型

人类的感觉主要通过五种感觉器官获得。过去，在相当长的时间里，营销研究者把各种感官获得的外界刺激都当成无感官分别的信息来进行考察，忽略了不同的感觉体验对消费者行为的不同影响。近年来，当研究者分别考察视觉、触觉、味觉、嗅觉和听觉五种感官体验的时候，会特别强调这些感觉刺激来自不同的感觉器官，因此将这个领域称为感官营销。

基于认知心理学对人类认知的计算机假设，不同感官只是输入手段不同，这些输入最终会转化为可以被人脑进行计算的数据。如同用键盘输入还是用鼠标输入并不会影响计算结果一样，感官也不影响认知加工结果。但自20世纪80年代以来，许多心理学研究表明，感觉影响个体对信息的认知加工，甚至可以说“感觉”是认知加工的一部分。在市场实践中，一些卓越的企业通过优化消费者感官体验、丰富产品的感官属性来获得竞争优势。例如苹果公司乔布斯就曾直言:“当你打开iPhone或者iPad的包装盒时，我们希望那种触觉体验可以为你定下感知产品的基调。”

由此，感官对于理解消费者行为的意义日渐突显，消费者感官对于营销实践的意义也愈发重要，“感官营销”已经成为消费者行为研究的一个专业领域。

感官营销是指将消费者的五种感官体验（视觉、触觉、味觉、嗅觉和听觉）融入其中来影响消费者感知、判断和行为的营销方式。感官营销既是一种先进的营销战略，也是一种精细的营销战术。

营销人员可以通过改变消费者的感官体验，影响消费者的潜意识和行为。产品的颜色、气味、开启包装的声音、触摸的舒适感都可以改变消费者的认知与行为，例如消费者对产品质量、新意或品牌个性的感知。事实上，已经有一些国际知名品牌在实施感官营销上取得了成果。例如，英特尔公司长期实施的广告赞助计划，几乎所有采用了英特尔处理器的计算机品牌的广告结尾处，都会出现四个音符组成的著名音乐片段，这一听觉营销手段已经被使用了20多年，英特尔公司也在全球消费者的心中形成了独特的声音识别。

图2-2左侧展现了感官营销研究对消费者认知过程的理论解读，而右侧则表明，感官营销研究与其他消费者行为研究一样，关注的结果变量包括消费者的态度、学习、记忆、行为等。该模型清晰地指出，与基于经典认知心理学的传统营销不同，感官营销研究不仅关注消费者对信息的心智处理过程，而且更加关心消费者的身体如何通过感官与外界进行交互，不同的感官又如何影响其后续的情绪和认知过程。

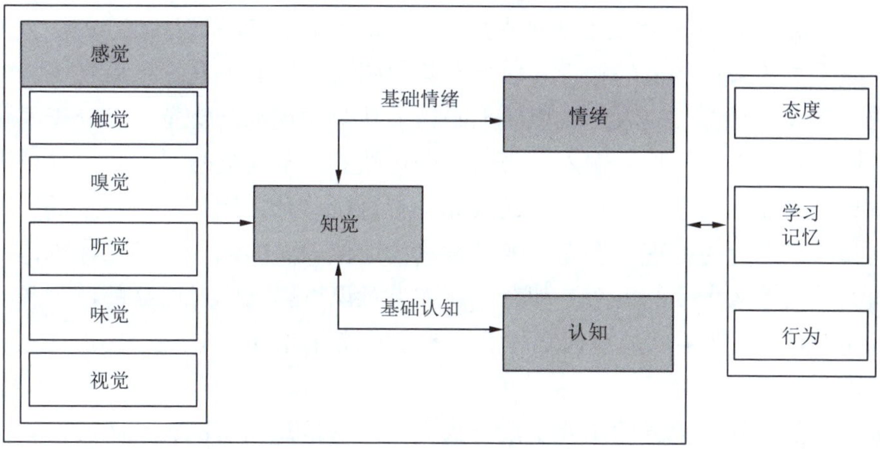

图 2-2　感官营销概念模型

三、感官对行为的影响

近年来，越来越多的感官营销研究以及与感官相关的心理学研究发现，作为消费者，人类个体的情感、判断、认知会被其感官体验所深刻影响。这些研究既大大增进了人们对消费行为背后的心理甚至生理机制的了解，也为营销管理人员拓展了精细化营销的思维和手段。下面我们将具体探讨感官的行为效应。

（一）触觉

触觉的感受器——皮肤占据了人体大部分的表面积，为人类提供了维度丰富的环境物理信息，包括温度、硬度、光滑度、重量等。因此，不同维度、不同对象、不同形式的触觉对包括消费者行为在内的人类行为有不同的影响，可以划分为：人际直接触觉（人-人）、人际间接触觉（人-物-人）、产品触觉（人-产品）、环境触觉（人-环境）。

人际直接触觉影响人际关系。此前的研究已经表明，人与人的皮肤接触对营销结果既有可能产生正面作用，也有可能产生负面作用。皮肤是人体面积最大的社交器官。因此，有一定社交关系基础的（如服务人员和顾客之间）、正面发生的人际触碰有助于拉近人际距离，获得正面效应；而没有社交关系基础的（如陌生人）、从背后发生的人际触碰会引发消费者的警觉，从而带来负面结果。另外，有人会接受并习惯在人际交往中使用身体接触，但有人却很排斥。

除了人和人的直接接触，还可能发生人际的间接接触。这主要发生在日常生活中“需要触摸他人碰过的物体”这样的情形中。由于触觉以物理接触为前提，人类理所当然地认为触摸意味着自己的身体会“沾染”其他物体上的物质。例如有些消费者不喜欢购买摆在货架上被其他人摸过的样品，而是要求店员从仓库里面拿新的。人际间接触摸的传染效应甚至会影响消费者对纸币的使用和对纸币价值的感知。研究发现，人们会因为担心传染、感到厌恶而尽快花掉表面脏的钱。在服装、食品等品类中，被他人触碰过的商品一般会降低消费者对该商品的估值、购买意愿和评价。但是也有例外，如商品被名人触碰过，消费者反而会更愿意购买。

来自产品本身的触觉体验已经得到了大多数营销人员和产品设计者的关注，但他们往往会忽略与产品无关的来自环境的触觉。触觉与其他感官体验的不同之处就在于，触觉不可能存在感官的“零输入状态”，人们可以闭上眼堵上耳朵让视觉和听觉感官处于零输入状态，却不可能悬浮在真空中让触觉零输入，当人们静止站立甚至睡觉时，触觉体验也不会间断。营销情境中有一些环境触觉看似与产品或服务没有直接关系，例如，当你走进一个商场，你可以感觉到脚踩在光滑的大理石表面，或者柔软的地毯表面的触觉，虽然你觉得这种触觉和货架上摆的商品没什么直接的关系，却有可能在潜意识里影响你对商品的评价和购买行为。例如，有研究表明，踩在柔软的地毯上的消费者会比较有耐心等待。

（二）视觉

视觉是人类获取外界信息的主要手段，人类获得的信息超过80%是通过视觉获得的。眼见为实、眼睛是心灵的窗户、眼不见心不烦等耳熟能详的俗语也说明了视觉对于人类感知外部世界的重要性。消费者行为学研究中与信息加工有关的信息刺激绝大多数都是通过视觉传达的，如广告图片、产品属性文字、用于激活情绪的阅读材料等。毋庸置疑，视觉获取的信息内容对消费者行为有重大的影响。但信息呈现的形式，即心理学所说的“刺激物的视知觉特征”，对消费者行为的影响同样不可小觑。

视知觉领域的心理学研究表明，人类视觉对知觉对象的空间特征（如长度、形状或方向）和颜色是最早知觉的。研究表明，个体对形状、方向等视觉特征存在无须意识参与的内隐学习。也就是说，你路过一幅广告牌，在你有意识地去看这幅广告牌上的信息内容之前，你的感官和大脑就已经无意识地捕获了广告牌的大小、形状或者颜色这样的信息。虽然你压根没有意识到这一点，但你可能已经受到这些信息的影响了。接下来，我们将分别探讨空间特征和颜色对消费者行为的影响。

1. 空间特征

空间特征对人类心理的影响主要体现在认知偏差和隐喻认知两方面。

（1）认知偏差是指视觉捕获的形状等空间特征，会使消费者对产品容量、重量等量值的估计产生偏差。例如，消费者会认为长高形的容器比矮胖形的容器能够盛更多的饮料，尽管它们的容量大小是一样的；消费者认为长条形杯子里的冰激凌比正方形杯子里的冰激凌更多，因此价格也给得更高。研究者把这类偏差称为长宽比偏差。另外，同样面积的比萨，消费者会认为圆形更小。这些形状偏差的出现是因为人们并不能有效、准确地计算空间长度与面积和体积之间的关系，人们更多地以视觉捕捉到的突出长度值作为依据来估计面积或体积。形状偏差甚至会影响消费者的实际消费行为，例如，盘子的大小会影响人们的进食量，当食物装在大盘子里的时候，人们不自觉地吃得更多。

（2）隐喻认知。影响消费者认知和行为的不只有形状偏差，空间特征的隐喻意义也会影响消费者行为。空间特征的隐喻意义指消费者对长度、形状、颜色、位置等空间特征或概念赋予空间属性之外的意义。例如，有的消费者可能会说：“我不喜欢某某品牌，它给我一种高高在上的感觉。”这些日常语言反映了空间特征（如位置高低）与抽象概念（如品牌关系）在消费者头脑中的联系。

位置隐喻也影响消费者对品牌关系的认识。例如，有的品牌定位于“做消费者生活的引领者”，即领导者定位；有的品牌则定位于“做消费者的生活伙伴”，即伙伴定位。领导者定位的品牌，其产品在广告中出现的位置应比广告中消费者的位置更靠上，这样更有助于获得好评；而伙伴定位的产品在广告中应和使用者出现在同样高度的位置上。

位置左右与时间先后存在隐喻关系，例如，显示使用前后效果对比的图片，从左到右摆放会令消费者更加信任其效果。另外，个体存在习惯用手的左右偏好，研究表明，右利手的人对位于右边的产品评价更好，而左利手的人则恰好相反。当网页上的产品图片位于网页中央时，品牌标识位于平行于产品的左方和右方最有利于捕获消费者的注意，而品牌标识应当避免放在图片下方。因为人们浏览网页时习惯的起始位置往往在页面的左上角，而图片具有强大的注意捕获能力，所以如果品牌标识放到图片下方，它就很难被注意到。

2. 颜色

颜色在日常生活中无处不在。颜色心理学的有关研究已经表明，颜色承载着意义，并对人们的情感、认知和行为有重要的影响。前文提及的大盘子导致消费者吃得更多的研究还发现，如果降低食物和盘子颜色的对比，可以缓解由盘子大小导致的行为偏差。也就是说，如果盘子和食物是一个颜色的话，就不会出现大盘子使消费者吃得更多的现象了。颜色对人类的某些影响是在进化过程中保留下来的，例如，红色能够吸引更多注意，导致更高的唤醒水平和攻击行为，提高性吸引力，提高竞争表现。

（三）听觉

营销实践对听觉的重视仅次于视觉。对消费者产生影响的声音可以分成两种：非语音和语音。前者主要关注音频、音量、节奏等声音本身的物理属性。后者则关注文字用声音来传递时会有哪些影响。非语音研究可以帮助企业选择广告音乐、购物场景的背景音乐等。而语音研究则可以帮助企业进行品牌名称、广告语等语言文字类设计。

我们主要来看看非语音听觉，包括音乐、产品自身的声音属性和环境噪声等。这些声音讯号的物理属性天然地具有心理影响力。

1. 音乐

尽管有的音乐含有语言成分，这里还是把它当作非语音来看待，因为音乐主要是通过频率、音量、节奏这些非语言属性发挥心理影响的。音乐作为一种声音形态，对人的社会行为有重要影响，澳大利亚和丹麦的一些城镇在夜间的街道上播放古典音乐代替警察巡逻，降低了街头犯罪率。音乐的节奏、音调和音色会影响人们情绪的快乐程度和唤醒程度；商场中令人愉悦的音乐能够让消费者觉得时间过得比实际要快，相反，令人不喜的音乐则让消费者度日如年。商店和餐厅中慢节奏的音乐比快节奏的音乐使消费者停留时间更长、花费更多。因此，超市里面的音乐节奏不适合过快。播放法国风格的音乐能够增加商店中法国红酒的销量，而在同一家商店里面播放德国风格的音乐会增加德国红酒的销量。广告音乐能够改善消费者的情绪，也能让观众对广告更加投入，所以音乐能够增强广告的劝说效果。

2. 产品自身的声音属性

产品本身的声音属性有时会成为消费者判断产品质量的重要指标。有调查显示，部分消费者声称他们可以通过关车门的声音来判断汽车的质量。福特汽车在中国就曾经利用这一点来提升品牌形象，一则电视广告模拟了当时热播电影《闻香识女人》的场景：盲人和他的同伴与一位女性擦肩而过，他通过气味、声音准确地判断出了女性使用的香水和高跟鞋品牌；随后他听到了关车门的声音，他说这一定是奔驰S600，此时镜头一转，展现出一辆刚刚关上门的汽车。消费者咀嚼食品时也会听到声音，咀嚼时听到的声音就可以影响消费者对食物质量的判断。

3. 环境噪声

噪声也会影响人们的认知活动。虽然我们通常觉得噪声会导致人们更无法专心，因此它应该会阻碍人们的认知活动，但是也不总是这样。和非语音相比，语音具有更多的象征意义，这会影响消费者的认知。许多品牌不惜花费重金为广告增加动人的配音。

听觉感官营销研究发现，除了视觉以外，听觉是人类获取信息的另一个重要渠道。但与视觉类似，听觉对消费者的影响远不止信息本身。前文所述的研究表明，广告音乐、产品声音、品牌读音甚至是折扣数字的读音都可能产生意想不到的效应，营销人员在工作中应具有“声音核查”的意识，使营销中的声音与营销目标保持一致。

（四）嗅觉

多数消费者的嗅觉都拥有较高的敏感度，这是因为嗅觉与呼吸密切相关，是维系人类生命的重要感官。嗅觉感官营销的发现主要有三方面：一是与消费者对环境的警觉和评价有关；二是与嗅觉有关的具身认知效应（具身认知为心理学术语，指强调身体参与认知活动）；三是影响消费者的记忆与学习。

嗅觉属于化学感官，具有对环境中的化学物质进行“采样”的功能，因此气味与消费者的购物环境存在交互影响。一方面，商家可以用气味来弥补环境的缺点。例如，研究发现在拥挤的卖场中释放令人感觉空旷的气味（如海滩气味），或者在人少的卖场中释放令人感觉空间密闭的气味（如壁炉气味）都能够让消费者感到舒适并且增加停留时间，这是由于相反的气味能够减缓消费者因为环境过分拥挤或过分空旷而产生的不舒适感。另一方面，商家也需要注意气味和环境的协调性。例如，研究发现，当商场中的气味（安宁的或刺激的）与音乐（舒缓的或激烈的）保持一致的时候，消费者对购物环境的评价更高。

（五）味觉

味觉与嗅觉一样也属于化学感官，但味觉并不纯粹，因为味觉体验的形成除了依赖味蕾，还依赖嗅觉、触觉等其他感官。

通过味觉获得的体验会对人们的一些社会判断产生具身认知效应。例如，喝了苦味饮料的实验参与者比喝了甜味或无味饮的实验参与者表现出更高的厌恶情绪；而甜味的糖果则让人更愿意帮助他人。味觉感官营销的研究一般关注食品、饮料等产品的味道。有研究发现，消费者对自己的味觉体验并没有稳定、清晰的评价。味觉本身非常容易受到其他感官的影响。其他感官如何影响味觉评价呢？这里列举了三方面的研究：①视觉影响味觉。在掩盖了果汁的颜色或给出错误颜色的情况下，消费者对水果口味的识别准确性大幅降低。如果给你喝一杯蓝色的橙汁，你会很难识别出来这是橙汁。②听觉影响味觉。对薯条脆度和口味的评价会受到消费者听到的咀嚼音量的影响。如果你无法听到咀嚼薯片时那种嘎嘣的声音，你一定觉得这薯片没那么脆。③触觉影响味觉。消费者认为装在硬杯子的饮料比装在软杯子的饮料更好喝。

多感官整合。不同感官之间的整合与冲突也是近年来感官营销研究的热点。一方面，有的研究发现了多感官协同一致的正面效应，如商场气味与音乐的协同、品牌名称与其口味预期的协同等；如男性（女性）气味的香水与粗糙（光滑）的产品触感相配合，能够获得消费者较高的评价，因为气味与触感给消费者的预期和感觉是一致的。另一方面，有的研究则发现多感官冲突互补的正面效应。如前文所述的卖场的拥挤程度（触觉）与气味（嗅觉）不一致的积极效果。

案例分析

星巴克的顾客感官管理

即使在一家新营业的星巴克店里，顾客依然可以闻到浓郁的咖啡香味。这种香味是企业实施“顾客感官管理”的结果。星巴克为了营造店内最佳嗅觉体验做了大量工作，例如：尽可能采用非开放空间以隔绝外界的气味，并提高店内咖啡香气的浓度；不供应热食；咖啡豆要烘焙出最佳香气；复杂的清洁程序；全店禁烟并禁止员工使用香水。

顾客感官管理方案必须由各个感官接触涉及的一线人员和公司管理层共同参与制定。实施顾客感官管理需要在企业内部形成两个共识：第一，顾客触点不再仅仅指信息触点（主要是视觉和听觉触点），而是指“五感的触点”；第二，每名与顾客发生互动的员工（如促销员、客服人员）或物质实体的设计者（如产品设计人员、包装设计人员），都需要有管理顾客感官体验的责任意识。

（案例来源：根据网络资料整理）

四、塑造感官印记

感官印记是指如果某种特定的感官体验（如听到了四个音符）能够使消费者想到某个具体的品牌（如Intel），或是从品牌到感官体验的反向联想，那么这个品牌就成功地塑造了一种感官印记。在五感之中，营销人员使用最广泛的感官印记就是视觉印记，其次是听觉。近年来的感官营销研究发现，嗅觉和触觉感官也能使消费者的身体形成有意识或无意识的记忆，而味觉虽然难以形成明确印记但却可以和其他感官相结合发挥作用。视觉和听觉的感官印记设计也有值得改进的空间。

（一）视觉

视觉是消费者最依赖的感官，我们最熟悉的感官印记莫过于被视觉感知的品牌标识。但品牌标识只是打造视觉印记的其中一种途径。珠宝厂商蒂芙尼（Tiffany）就另辟蹊径，在店面设计、包装、网站底色、珠宝衬底等视觉沟通场景中，使用统一的“Tiffany蓝”形成了独特的视觉印记。蒂芙尼还获得了这种颜色的商标权，也就是说只有蒂芙尼才能够在商业场景中使用这种蓝色。还有一些品牌通过其他设计元素打造视觉印记，如博柏利（Burberry）的经典格子纹路等。

对于品牌标识这个最常见的视觉印记，营销人员往往认为品牌标识最重要的功能就是与其他企业或产品形成区隔和识别，主要从美感和记忆度方面来展开标识设计。

（二）听觉

在听觉方面，前文所举的英特尔的例子无疑是最成功的听觉印记之一。除了听觉标识、广告歌曲等听觉印记手段之外，感官营销研究者建议营销人员在为产品起名字时充分考虑它的发音。

（三）触觉

在触觉方面，心理学研究已经发现手掌等没有毛发的皮肤主要负责辨别型触觉，而有毛发的皮肤（如手背、躯干等）则主要负责情感型触觉。除了少部分经验丰富的专家型消费者能够仅凭触觉识别出品牌，大部分消费者并不具备这种能力。因此，建立积极的触觉印记比较困难。但有趣的是，消费者喜欢通过触觉来判断产品的质量和技术含量，因此营销人员还是应当避免让消费者形成消极的触觉印记。乔布斯对产品触觉的一个观点是：“触感能够决定感知产品的基调。”营销人员至少可以从产品设计、产品包装、购物环境等角度重新思考消费者的触觉体验，在形状触感、温度触感、硬度触感、光滑度触感等方面实施改进。

（四）嗅觉

在嗅觉方面，嗅觉信息的运转机制直接与记忆连接，这与其他感官都不相同。许多品牌都在努力开发自己独有的专属香味以形成嗅觉印记，并增加消费者对品牌的嗅觉识别，这些品牌包括新加坡航空、维多利亚的秘密、万豪酒店、凯迪拉克、劳斯莱斯等。前文提及的一项研究发现，有适当气味的产品可以让消费者对产品信息的记忆延续到两周之后。威斯汀酒店会在有可能被客人带走的房间物件（如记事笔）上喷上该酒店专属的香水，这样每当日后消费者使用这支笔的时候，闻到笔上属于该酒店独特的味道会激起他对酒店的记忆和引发对酒店的怀念。

（五）味觉

味觉本身就是综合性感官，味觉体验的形成除了依靠味蕾捕获的刺激，还需要依赖嗅觉和触觉等其他感官。人类对味觉的判断力并不强大，很容易被其他感官的信息所影响。另外，人们的味觉偏好往往是在幼年形成的。因此，有的食品企业打怀旧牌或亲情牌，这是一种聪明的营销手段。“母亲”牌牛肉干的命名就很聪明。尽管每个人的母亲做出来的肉干都不一样，但只要消费者在品尝时不会觉得和儿时记忆相去甚远，这个标签就能获得消费者正面的评价。

综上所述，中国文化向来强调视觉在五感中的重要地位（例如，眼见为实、酒香不怕巷子深等），因此当提到品牌印记时，很多营销人员可能只会想到一个视觉标识，最多加上声音标识。其实，中国企业应进一步考虑对品牌管理实施“多感官印记”策略。品牌经理除了要监管视觉识别系统是否被规范执行，还应该关注这个品牌的产品是如何被聆听、被触摸、被嗅闻的，甚至在某些情况下还要关注这个产品是否会被品尝。视觉信息往往与有意识的认知加工紧密相连，而其他感官则更有可能产生无意识的影响。很多时候，消费者已经具备主动抵抗视觉信息的意识和能力，比如他们会有意识地抵抗自己看到的电视广告，但是消费者对于嗅觉、味觉、听觉等感官的抵抗力却没有那么强，这些感觉默默影响着消费者的行为和决策，所以营销工作者不能轻易忽视对这些感官的调动。

案例分析

2023年“双十一”全网交易额为11 386亿元，根据已公开及第三方数据显示，较2022年的11 154亿元增长了2.1%，增速放缓。这个始自2009年的活动，如今消费者的反应却越来越平静，甚至有些无感了。“双十一”的疯狂购物过程其实伴随着大面积的“感官缺位”与体验质量的不足，消费者不仅根本无法在做出购买决策前触摸商品或感受它的气味，甚至在时间压力下连精美的图片给予视觉细细品咂的机会也要让位于抢单的速度，更不用说随后而至的快递延迟和服务质量下降了。

移动互联网的普及引致网购的迅猛发展，中国可能已经在感官营销尚未充分发展的时候，就早早进入了一个“感官缺位的时代”。

网购的便利性和低价促销驱使着大量消费者放弃了购物过程中的感官体验。乍看之下，感官缺位的购物环境会让感官营销无计可施。但情况真的如此吗？

2016年11月2日晚11点，成都有些降温了，著名商圈春熙路上的H&M品牌专卖店已经打烊，但就在店铺门口，有一群年轻消费者坐在自带的塑料小板凳上蜷缩着排起了长队，他们将在这里通宵过夜。原因是H&M将在第二天早上8点开售与知名品牌KENZO合作推出的限量版服饰。这组服装具有极强的视觉冲击力，识别度很高。为了能够获得这款视觉体验极佳又能赢得艳羡目光的产品，他们宁可牺牲一晚的睡眠，而且他们今后一定会对这个备受煎熬的晚上津津乐道。

可见，只要能够提供独特又足够高的顾客感官价值，消费者就愿意付出金钱与时间，甚至连负面的感官体验（如受冻排队）也有可能转换为正面的、与品牌有关联的记忆。“感官缺位”的当下，正是中国企业实施感官营销战略的机会窗口。

（案例来源：根据网络资料整理）

第二节　认识集客视角下消费者的个性与行为

集客非常重要的一个阶段是吸引消费者，而不同的消费者有着不同的个性，不同个性的消费者对产品或服务有着不同的需求，不同的性格和生活环境决定着每个消费者都有自己独特的生活方式。个性、自我概念和生活方式之间有着密切的联系，它们是构成消费者千差万别、各具特色的购买行为的心理基础。通过学习消费者的个性以及它们对消费者行为的影响，企业不仅可以解释当前的消费者行为，还可以在一定限度上预测未来的消费趋向。

一、消费者的个性

随着经济的发展与社会的进步，人们拥有更多的张扬个性、宣扬自由的机会。很多消费者通过外在的衣着打扮、言行举止及内在的价值观、审美观来展示自己的个性风格。而在消费活动中，每个消费者都具有鲜明的个人特色。例如：有的人喜欢货比三家；有的人却干脆利索，看中就买。这种差异很大限度上是由消费者的个性决定的。

（一）消费者个性的特征

个性也称人格或个性心理特征，是指个体独有的并与其他个体区别开来的整体特性。个性是在个体生理素质的基础上经由外界环境的作用逐步形成的，是个人在适应环境的过程中所表现出来的系统的、独特的反应方式，是由个人在其遗传、环境、成熟、学习等因素交互作用下形成的，具有很大的稳定性。

消费者的个性是在不同场合通过自己的行为表现出来的，构成个性的心理特征不仅对产品的选择产生影响，还会影响消费者对促销活动的反应，以及何时、何地、如何消费某种产品或服务，因此它是消费者行为研究的重要内容。

消费者的个性心理特征包括气质、性格、能力等诸多方面，研究与了解消费者的个性心理特征有利于企业采取相应的营销策略，有助于揭示不同消费者行为的内部原因，预见与引导消费者的购买行为。

消费者个性具有以下特征。

（1）稳定性：消费者经常表现出的某种心理倾向和心理特征具有稳定不变的倾向。

（2）整体性：消费者各种心理特征错综复杂地交互、制约、协调地联系在一起。

（3）独特性：消费者体现的个性心理特征都具有独特的个性倾向。

（4）倾向性：消费者在实践活动中对客观事物所持有的一定看法、态度和感情倾向。

（5）可塑性：个性会随着生活经历的变化而发生不同程度的变化，在不同的年龄阶段呈现出不同的个性特征。

（二）消费者个性的内容

消费者个性主要包括消费者的气质、性格与能力，下面从气质、性格与能力三个方面来分析消费者的个性。

1. 气质

气质是指在人的认识、情感、言语、行动中，心理活动发生时力量的强弱、变化的快慢和均衡程度等稳定的动力特征。它是消费者个性特征之一，对消费者的购买行为有着重要的影响。心理学把气质分为四种类型：多血质、胆汁质、黏液质和抑郁质。不同气质类型消费者的特征见表2-1。

表 2-1　不同气质类型消费者的特征

气质类型	情感活动强度	情感发生速度	情感表现	情感平衡度	活动灵活度	情感行为特征	高级神经类型
多血质	强烈	迅速	明显	平衡	高	不稳定	活泼型
胆汁质	强烈	迅速	明显	不平衡	一般	易怒	兴奋型
黏液质	强烈	迟缓	不明显	平衡	低	冷酷	安静型
抑郁质	微弱	迟缓	不明显	一般	低	悲观	抑郁型

2. 性格

性格是个体对现实的稳定态度和在习惯化的行为方式中所表现出来的个性特征。性格与气质既有区别，又有共同之处。性格带有更多的社会因素，气质则带有更多的生理色彩，性格更能反映消费者的心理特征。

消费者的性格类型可以根据不同的标准进行分类，见表2-2。

表 2-2　消费者的不同性格类型

消费者性格类型分类标准	消费者类型
根据消费者心理活动的特点分类	理智型、意志型和情绪型
根据消费者心理活动的倾向性分类	内向型、外向型
根据消费者的态度分类	节俭型、自由型、顺应型、保守型
根据消费者的购买方式分类	习惯性、慎重型、挑剔型、被动型、冲动型

3. 能力

能力是个体成功完成某种活动所必须具备的个性心理特征，是个性心理特征的综合表现，也是个体顺利完成某种行为的主观条件。消费者在购买商品时，需要注意、记忆、分析、比较、检验、鉴别和决策等各种能力。由于个人素质、社会实践、文化教育程度不同，每个人的能力存在着很大的差别。

消费者的能力根据不同的标准划分为不同的类型，如图2-3所示。

图 2-3　消费者能力的划分类型

能力较强者在购买活动中表现得比较自信，能够迅速对商品做出评价，从而做出相应的决策；能力较弱者通常缺乏主见，在购买活动中表现得犹豫不决。

（三）消费者个性的构成

消费者个性是由个性倾向性、个性心理特征和自我意识构成的。

1. 个性倾向性

个性倾向性是指人对社会环境的态度和行为的积极特征，是个性结构中最活跃的因素。

个性倾向性是一个人进行活动的基本动力，决定着人对现实的态度，同时也决定着人对认识活动对象的趋向和选择。它是个性系统的动力结构，较少受生理、遗传等先天因素的影响，主要是在后天培养和社会化过程中形成的。

个性倾向性的积极特征包括需要、动机、兴趣、理想、信念、世界观等。其中，需要是个性倾向性的源泉，只有在需要的推动下，个性才能形成和发展；动机、兴趣、理想和信念等都是需要的表现形式；世界观占有最高的指导地位，它指引和制约着人的思想倾向和整个心理面貌，是人的言行的总动力和总动机。

2. 个性心理特征

个性心理特征是指人的多种心理特点的一种独特结合，是个体在其心理活动中经常地、稳定地表现出来的特征，包括能力、气质和性格，反映了人的心理活动差异与行为，突出了人的心理特点的独特性和个别性。能力、气质和性格三个方面的个性心理特征彼此紧密联系，有机地组合在一起，形成一个整体的个性结构，如图2-4所示。

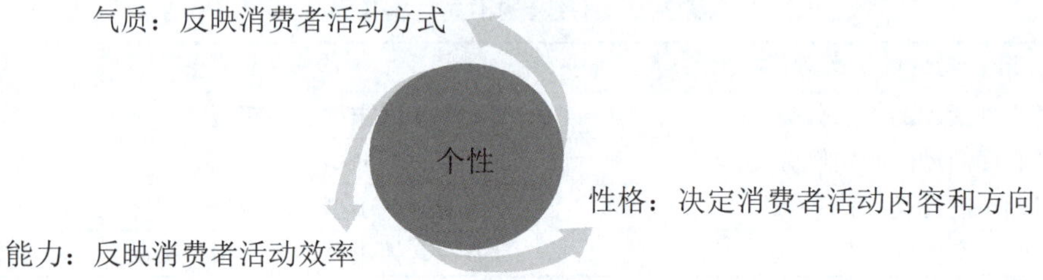

图 2-4 消费者个性结构

3. 自我意识

自我意识是指人对所有属于自己身心状况的意识，包括自我认识、自我体验和自我调控等方面，如自尊心、自信心等。自我意识是个性系统的自动调节结构，也被研究者称为自我调控系统。

组成个性结构的这些要素会因时间、地点、人物、环境的不同而重新排列组合，形成不同的人具有千差万别的个性特征，以及同一个人在不同的时间、地点、环境中的个性特征的变化。

案例分析

茶π“自成一派”，张扬青春个性，放飞心中梦想

茶π是农夫山泉旗下一款面向年轻人的茶饮品，其名称独具一格，包装俏皮清新、缤纷多彩，而口感更是清新爽利，符合年轻人的口味。图2-5所示为茶π广告。

包装换新：符合年轻人对美和刺激的追求。茶π在包装和插画上追求多变，迎合了年轻消费者不断变化的审美偏好，选择想象力更丰富、线条色彩更明快的手绘插画，呈现了茶在世界各地的起源和传统文化中的小故事，趣味性更强，也更“吸睛”。新包装的设计风格建立在对年轻人喜好的洞察之上，因此受到广大年轻消费者的喜爱，而且不断推陈出新，持续给消费者带来新鲜感。

图 2-5　茶 π 广告

口味升级：多种口味，拥抱年轻市场。柚子绿茶，夏天冰凉爽口；西柚茉莉花，酸甜飘香；柠檬红茶，茶感纯正，茶香四溢，茶味、果味完美融合。热情外放的口味更加符合年轻人群的喜好，给其带来全新的感官体验。

明星代言：代表青春的态度与文化。青春代表个性，不循规蹈矩，坚持做自己喜欢的事情，努力追逐梦想。年轻消费者为了确立自己与众不同的风格，突出自己的个性特点，为此不惜付出艰辛与努力。正如茶 π 作为年轻茶饮的主力代表，在前行的道路上一直在努力探索。

（案例来源：根据网络资料整理）

二、消费者的个性与行为差异

消费者个性与消费者行为之间存在着一定的关系，不同的个性对消费者行为有着不同方面和不同程度的影响。在激烈的市场竞争中，企业需要对消费者的个性特点有充分的认识和了解，才能据此制订有针对性的集客营销策略。

（一）个性与品牌选择

消费者在选购商品时，通常会选择那些能够反映和体现自我形象的品牌。当某个品牌的个性与消费者的个性一致时，这个品牌就会特别受欢迎。品牌个性是指消费者认知的品牌所具有的人格特质。品牌个性是品牌形象的一部分，是品牌人格化后所显示出来的独特性。

品牌个性具有一定的主观性，一旦形成，就会与其他刺激共同作用于信息处理过程，使消费者得出这一品牌适合自己或不适合自己的判断。品牌个性不仅使某一品牌与其他品牌相区别，还具有激发情绪和情感、促进消费者采取购买行为的作用。

（二）个性与信息搜寻行为

不同个性的消费者在进行信息搜寻时会表现出不同的行为。例如，有较强求知欲的消费者会表现出爱思考的倾向，在搜寻信息时会比较细致，并有一定的深度，而且善于筛选，重视信息的质量；而那些求知欲比较弱的消费者总表现出不爱思考的倾向，在搜寻信息时只是浮于表面，更容易受广告、模特之类的边缘刺激的影响。企业在制订信息提供方面的营销策略时，应基于消费者的个性特征进行有效的投放，并使这些信息发挥出最大的效用。

（三）个性与新产品选择

不同个性的消费者在不同的产品领域会形成各自的偏好，从而在特定产品的使用程度上表现出明显的行为差异。消费者采用新产品通常是有先有后的，有些人是新产品的率先采用者，也被称为创新采用者。创新性反映消费者对新事物的接受倾向和态度，有些人对新生事物采取开放和乐于接受的态度，而另外一些人则对新生事物采取排斥和怀疑的态度，这部分人则是落后采用者。

新产品的选择还受消费者自身个性特征的内在指向性和他人指向性的影响。内在指向性的消费者在评价新产品时，往往依靠自己内在的价值和标准，所以更可能成为新产品的购买者；而他人指向性的消费者对正确和错误的判断往往依赖他人的指导，所以他们通常是新产品的落后采用者。产品的新异程度越大，越可能被内在指向性的消费者购买，而他人指向性的消费者则可能越排斥。

内在指向性的消费者比较偏好强调产品特征和产品对个人价值影响的广告，这使他们能够运用自己的价值和标准来评价商品；而他人指向性的消费者更喜欢一些表明环境或社会接受性的广告，因为这可以作为他们判断的依据。

（四）个性与购买决策

由于消费者个性的不同，有些消费者可以迅速做出购买决策，有些消费者却犹豫不决，徘徊不定；有些消费者比较理智，善于思考，通常反复权衡各种利弊因素后才会做出购买决策，不易受广告和他人的影响；而有些情绪型消费者往往会受外界诱因的影响，容易做出冲动性的购买决策。

三、对待不同个性消费者的营销策略

为了使消费者能够愉快、顺利地完成购买行为，营销人员必须根据消费者的不同个性特征采取合适的、行之有效的营销策略。这里所说的个性特征主要是从性格方面来分析的，具体包括以下五个方面。

（一）对待不同选购速度的消费者的营销策略

不同的消费者，其性格不同，选购商品的速度也不同。一般来说，对于做事慢性子的消费者（他们从选购商品到做出购买决策需要的时间可能较长），营销人员要有足够的耐心，沉得住气，千万不能急躁，更不能显露出不耐烦的表情；对于做事急性子的消费者（他们选购商品的速度一般较快，可能没有经过充分考虑就匆忙做出购买决策），营销人员一定要及时提醒他们仔细挑选商品，尽量避免因后悔出现退货的情况发生。

（二）对待言谈多寡的消费者的营销策略

在购买活动中，有的消费者爱说话，有的则沉默寡言。爱说话的消费者一般性格比较开朗，营销人员要稳重接待，掌握分寸，多用纯业务性的语言与其进行沟通，态度一定要热情；而对于沉默寡言的消费者，营销人员要注意观察其面部表情和目光注视的方向，以便摸清其购买意图，用比较客观的语言来介绍商品，并尽快找到共同语言，促使消费者的购买行为尽快完成。

（三）对待疑虑型和随意型消费者的营销策略

疑虑型的消费者对商品的性能和特点往往不太了解，在选购商品时常常拿不定主意，营销人员要主动帮助其尽快做出决定，挑选出适合他们的商品；而对于随意型的消费者，最好的办法是让他们自己去观察和选择商品，如果他们有疑问，营销人员要用真诚和客观的语言

进行解释或介绍，帮助其打消对商品的疑虑。

（四）对待购买行为积极或消极的消费者的营销策略

购买行为积极的消费者，其购买目标明确，购买计划清晰，在购买过程中的举止和语言表达比较流畅，营销人员在了解他们的意图后要主动配合，使其尽快做出购买决策；购买行为消极的消费者常常没有明确的购买目标和意图，营销人员要积极、热情、主动地接待，激发他们的购买热情，最终促使其做出购买决策。

（五）对待不同个性消费者的营销策略

在购买过程中，由于受各种因素的影响，不同性格的消费者会有不同的情绪表现。对待情绪容易激动的消费者，营销人员要特别注意语言艺术，要冷静、耐心地接待，不能随便开玩笑，否则容易引起消费者情绪激动；对待情绪温和的消费者，营销人员应主动、热情地向其介绍商品，帮助他们选择适合自己的商品。

第三节　认识集客视角下的“自我概念与消费者行为”

我是谁？对这个问题的回答体现了消费者的自我概念。消费者的自我概念与消费者行为之间的关联非常密切。拥有不同自我概念的消费者会表现出完全不同的消费者行为，同时也会通过观察自身购买和使用的产品或服务，进一步认识自己并获取自我概念的相关知识。

一、消费者的自我概念

自我概念是一个人对自身存在的体验，包括一个人通过经验、反省和他人的反馈，逐步加深对自身的了解。

消费者的自我概念可以从不同层面来分析，见表2-3。

表 2-3　自我概念的不同层面

自我概念层面	个体的	社会的
实际的自我概念	消费者实际上如何看待自己	消费者感到别人实际上如何看待自己
理想的自我概念	消费者希望如何看待自己	消费者期望别人如何看待自己

另外，自我又可分为独立型自我和依存型自我。独立型自我强调个人的目标、特性、成就和意愿，比较倾向于利己主义、与他人的差异性，以及自我管理；而依存型自我强调家庭、团体、职业和社会联系，认为人们之间应当相互联系与依存，更倾向于利他主义、服务，以及注重整体与协同。

消费者的自我概念不是天生的，其形成过程漫长而复杂。自我概念是个人在社会生活中通过与他人交往，以及与环境发生联系，对自己的行为反观自照形成的。自我概念实际上是在综合自己、他人或社会评价的基础上形成和发展起来的。

通常情况下，人们都具有从实际的自我概念向理想的自我概念转化的意愿和内在冲动，这种冲动成为人们不断修正自身行为、以求自我完善的基本动力。不仅如此，人们还力求使自己的形象符合他人或社会的理想要求，并为此努力按照社会的理想标准从事行为活动。

一般来说，消费者的自我概念不同，表现在购买行为上的特点也不同。消费者倾向于选择与自我概念一致的产品或服务，避免选择与自我概念相抵触的产品或服务。

消费者的自我概念在消费者行为中起着一定的作用。消费者的任何购买行为都是为了满足自己的某种需要：一是满足功能的需要，如购买洗衣机就是用来洗衣服的，这类消费者对功能性价值的追求体现了购买行为的功能一致性；二是满足形象的需要，即消费者的购买行为受自我概念的制约，需要通过某种产品的使用来表现自己的个性形象。

在产品日益同质化的今天，消费者在进行购买决策时，更多地依赖于产品与自我概念之间的相关联程度，而不单纯是产品的功能性物理特征，这正是自我概念在消费者行为中的反映。

大量实践证明，消费者在选购产品时不仅以质量、价格、实用性为依据，还把产品品牌特性是否符合自我概念作为重要的选择标准，即判断产品是否有助于“使我成为我想象或期望的人”，以及“我希望别人如何看待我”。如果消费者能够从产品中找到与自我印象或评价一致或相似之处，就会倾向于购买该产品。

研究发现，某些产品对于消费者而言具有特别丰富的含义，它们能向他人传递关于自我很重要的信息，可以用延伸自我来说明这类产品与自我概念之间的关系。延伸自我是指由于与产品之间的情感联结，消费者把产品作为自我的一部分。延伸自我由自我和拥有的产品两部分构成。通常而言，人们所珍视的物品或对自己有特殊意义的物品都可能成为延伸自我。除了传统意义上的个人物品外，很多人还会把住房、家乡等视为延伸自我。

人们往往倾向于根据自己的拥有物来界定自我，因为某些拥有物不仅是自我概念的外在显示，同时也是自我身份的有机组成部分。

产品的形象性价值与消费者自我概念的关系如图2-6所示。

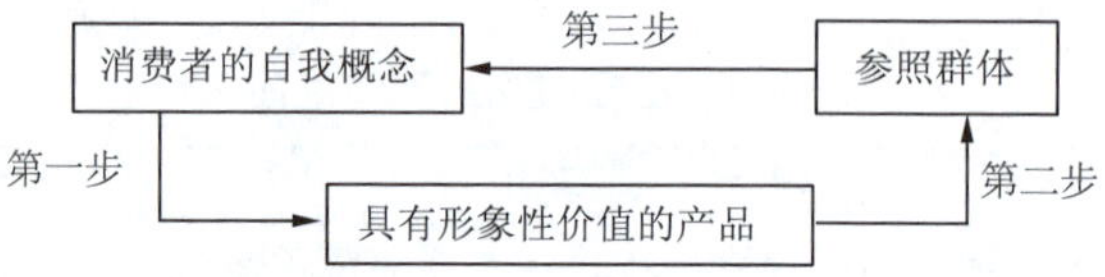

图 2-6　产品的形象性价值与消费者自我概念的关系

产品的形象性价值在消费者行为中的地位是通过消费者的自我概念、参照群体和具有形象性价值的产品来体现的。消费者首先会购买能体现自我一致性的具有某种能够向别人传递其自我概念的产品，然后将具有形象性价值的产品作用于参照群体，并使参照群体产生某种体验，最后参照群体根据自己的体验将产品所具有的形象性价值看作其人格或自我的一部分。

这个过程会对消费者的购买行为循环地产生影响，而且最后一步对于消费者的作用无疑是一种强化，进一步坚定了其对自我的认识，导致消费者再次购买能体现这一形象的产品，这实质上反映了自我概念在消费者行为中的地位。

案例分析

士力架是美国玛氏集团旗下能量型巧克力的主打品牌，以“运动”“能量”“横扫饥饿”为产品定位。如今，士力架已经成为“运动”“能量”的代名词。

在士力架系列“横扫饥饿，做回自己”的广告宣传中，一一展现了在足球场上出现的柔弱女士、在橄榄球场上出现的白发老人、在篮球场上出现的身高只及队友肩膀的弱小运动员、在龙舟赛上敲木鱼的僧人，通过这些与场景违和的角色，告诉消费者：你饿的时候就不是你了（You are not you when you are hungry），但士力架能够帮你找回自己、做回自己。每则广告都突出了一个人的能力、表现、在队友眼中的价值会因为饥饿而下降，同时又告诉人们吃一口士力架，就能恢复体力，找回自己、找回自信，让场下的观众和队友为自己欢呼。

士力架充分利用了产品的价值，使消费者的自我概念更加丰满、更加完整。

（案例来源：根据网络资料整理）

二、自我概念对消费者行为的影响

消费者的自我概念是影响个体行为的深层个性因素，人们的自我概念和行为通常是统一的。自我概念存在于消费者的心理活动中，并制约和影响着消费者的消费心理和购买行为。自我概念涉及个人的理想追求和社会存在价值，通过消费者行为的不同特征体现出来，并直接影响着消费者对商品的偏好、对价格的认同以及对广告的接受程度等。

（一）自我概念影响消费者对商品的偏好

在现实生活中，每个人都有自己想拥有的事物和喜爱的活动，尽管有时是不自觉的和无意识的，但都在一定程度上反映了自己希望表达的某些追求和情感，即消费者旨在通过购买的商品表现自我意象。

消费者一旦形成了某种自我概念，就会在这种自我概念的支配下产生一定的购买行为。自我概念影响消费者从自我象征性意义的角度来知觉和选择购买想要得到的商品。消费者的自我概念与产品形象之间一致性很强的商品有汽车、服装、食品、家具、手机等。

（二）自我概念影响消费者对商品价格的认同

商品的价格往往在一定程度上能够反映商品拥有者的社会经济地位，因此消费者对商品价格的认同通常受已经形成的自我概念的制约。消费者在购买行为中会根据自己的真实自我概念和理想自我概念对商品的价格加以认同。例如，收入不太高的消费者或者具有勤俭节约传统的消费者，大都希望能够买到价格合理又实用的商品，所以他们对商品的价格比较敏感，一般会专门选购同类商品中价格较低的商品；而收入较高的消费者则正好相反，他们可能会专门选购价格高昂的商品，以彰显自己的实力与地位。

（三）自我概念影响消费者对广告的接受程度

对消费者自我概念的研究对于企业而言具有重要的指导意义。

首先，由于自我概念的差异性，消费者对各种商品的知觉不尽相同，这会使他们对特定的商品产生偏好，最后导致购买行为上的差异，即在购买过程中，消费者的自我概念会自然而然地成为其评价广告信息的对照标准。

其次，按照自我概念的鲜明性和独立性程度，可以把消费者分为两类：一类是自我概念鲜明、独立性强的消费者；另一类是自我概念较模糊、依赖性较强的消费者。前一类消费者一般是按照自己的标准进行购物和消费的，他们很难受广告宣传和社会潮流的影响，很少顾及他人的评价，也不追求迎合他人的心理；而后一类消费者易受广告宣传和社会流行观念的影响，他们自我独立性差，往往会随波逐流，成为模仿者或追随者。

三、运用自我概念的营销策略

在购买决策中，消费者对品牌的偏好往往会受到自我概念与品牌个性一致性的显著影响。企业应致力于提高自身产品或服务的质量、性价比、形象等品牌属性，将消费者自我概念和品牌个性相结合，制订合理的营销策略。企业可以通过提高消费者的真实自我概念、理想自我概念及社会自我概念，加强消费者对品牌的认可程度和选择意向。

消费者真实自我是指消费者如何看待自己，是对客观存在的自我的认知。倾向于真实自我的消费者更倾向于客观、独立地评价产品的特性和功能，消费者决策时更多考虑自我的现实需求，注重产品的实用性，购买动机以求实动机为主。

消费者理想自我是指消费者希望自己成为什么样子，这是对理想自我状态的一种想象。倾向于理想自我的消费者更注重产品或品牌表现理想自我的象征意义，更多地考虑自我的内在需求，注重产品的独特性。

消费者社会自我是指他人对消费者的看法。倾向于社会自我的消费者更容易受到参照群体影响，更加注重考虑产品的群体合群性，注意产品的社会性象征意义及其社会影响，以及如何有利于建立维护消费者与集体和他人的关系。

（一）市场细分

企业可以针对消费者自我概念对消费者群体进行市场细分，把自我概念相似的消费者看作一个子市场。例如，可以将消费者细分为保守型消费者和现代型消费者，以此进行品牌定位，塑造与消费者自我概念一致的品牌个性。当品牌个性与消费者内心期望的自我形象相吻合时，能够有效地增强其自尊与自我实现。

企业要相信品牌个性具有强大的情感感召力，一个品牌的价值观能够反映消费者不同的自尊感和自我形象，所以企业应抓住目标消费者的兴趣，努力吸引同一价值观的细分市场中的消费者，制订正确的品牌营销策略，占领有利的市场地位。

（二）寻找共鸣点

品牌个性所倡导的生活方式既要与产品的特色相适应，又要能够引发符合目标消费者个性欲求的、心理及情感上的联想，这样才能激起消费者的购买欲望，正所谓“谁占据了消费者的心，谁就是市场的领导者”。

在确认了目标消费群体的自我概念后，通过广告诉求等多种沟通手段，将这些目标消费者的理想个性特征塑造为产品本身具有的品牌个性，或者引导目标消费者转变其自我概念，使产品的品牌个性与目标消费者的理想自我概念相互匹配，从而激发消费者更强烈的情感体验，赢得消费者的认可，建立起消费者与品牌之间千丝万缕的情感联系，促使消费者产生购买欲望。

企业既要充分挖掘出产品使用人群的潜意识需要和自我概念，并为品牌的个性进行定位和塑造，又要挖掘目标消费者的价值观、需要、欲望和渴望，挖掘使消费者产生共鸣的、有情感说服力的信息来进行广告宣传。

（三）提升消费者自我形象

在现实社会中，每个人都有自尊，维护自尊是人的本能和天性。人们总希望保持或增强自我形象，并把购买行为作为表现自我形象的重要方式。消费者行为学家研究认为，消费者不仅消费实际的产品本身，还消费产品的象征意义，即通过产品的使用表现出一定的自我形象或生活方式。人们通过被其他人见到的购买行为及消费品来构建自己的身份，因此消费者一般倾向于选择符合或者能够改善其自我形象的产品或服务。

企业品牌营销人员要认识到品牌内隐特质对品牌营销的重要性，要迎合或超越消费者对品牌的心理体验，从增加消费者心理体验的角度出发，不断地丰富品牌形象，更重要的是提升消费者的自尊心和自我形象，向他们承诺这个产品能够帮助其实现某种理想或者产生更强的自尊感与自我实现。

第四节 认识集客视角下的“消费者购买决策过程”

消费者在了解购买决策的内容以后，可以做出更加理性的消费决策，最大限度地满足自身需要。企业在集客营销活动中也可以通过研究和分析消费者的购买决策过程，清晰地认识到影响消费者购买行为的各种因素，从而有针对性地制订合理的集客营销策略，达到促进销售的目的。

消费者购买决策是消费者为了满足某种需要，在一定的动机下，对需求满足方案进行整理、分析、评价和选择，然后实施选择的方案并进行购后评价的过程。消费者购买决策是一个非常复杂的过程，既是一个认知过程，也是一个行动过程。

一、消费者购买决策的要素

消费者购买决策包含以下三个要素：

（1）有明确的目标。消费者要做出某种购买行为，首先会有一个行动目标，而行动目标的产生源于其自身的需求。只有消费者有了强烈的需求，才会产生购买动机。例如，当人们感到口渴时，就会有解渴的需求，这时会购买饮料来解渴。

（2）做出选择。消费者要在可供选择的两个或两个以上的购买方案中进行整理和分析，根据各种信息来进行选择。可供选择的影响因素包括消费者的个人偏好，以及产品的价格、包装、品质等。例如，消费者在购买衣服时，会根据自身的经济水平、喜欢的款式或颜色、服装的品牌等因素来选择。

（3）付出行动并评价。在确定自己的选择以后，消费者就会付诸实施，完成购买行为，并在使用产品以后对使用体验进行评价。例如，消费者购买了一瓶饮料，喝了一口发现味道不好，就会产生对该饮料的负面评价，可能会在社交媒体上抱怨，以发泄自己的不满。

案例分析

很多成年人在实现财务自由以后，会购买童年时期求而不得的玩具，来弥补童年时期的遗憾。很多“80后”和“90后”童年时期喜欢的复古玩具销量一直不错，如小霸王游戏机、发条青蛙、套圈圈水机、滚铁圈、爬墙粘人、泡泡机等。

（案例来源：根据网络资料整理）

二、消费者做出购买决策遵循的原则

消费者做出购买决策主要遵循四项原则，如图2-7所示。

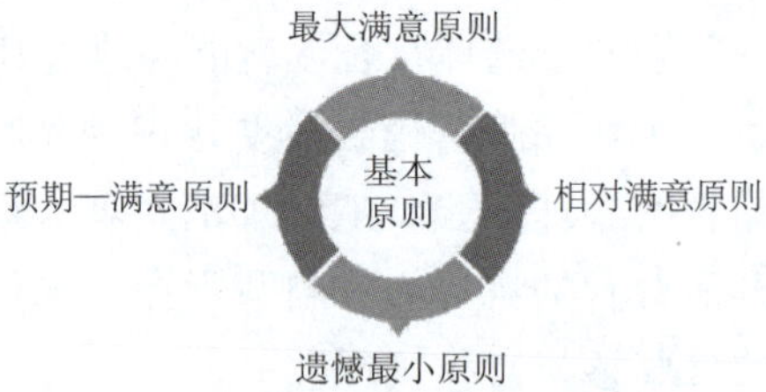

图 2-7　消费者做出购买决策的原则

（一）最大满意原则

一般情况下，消费者总会通过选择并实施决策方案来获得最大的效用，最大限度地满足自己的需要。最大满意原则就是根据这种思想来进行决策的，不惜代价地追求决策方案和效果的完美，直至达到目标。不过，最大满意原则只是一种理想化的原则，在实际生活中只能以其他原则代替。

（二）相对满意原则

面对复杂多变的市场信息，产品种类也数不胜数，消费者不大可能花费大量的时间、精力和金钱去收集制订最佳决策所需要的全部信息，即使这么做了，花费的代价也太大，根本没有必要。因此，消费者在制订购买决策时，只要做出相对合理的选择，达到相对满意即可，这就是相对满意原则。例如，消费者在购买鞋子时，只需进行有限次数的比较与选择，买到质量、款式和价格都比较合适的鞋子，自己称心如意即可，而没必要花费大量的时间跑遍所有商场或浏览所有网店，把每一双鞋子都挑一遍。

（三）遗憾最小原则

由于做出任何购买决策都不可能达到绝对满意，会存在不同程度的遗憾，因此要以产生的遗憾最小作为决策的依据，这就是遗憾最小原则。消费者通常要估计各种方案可能产生的不良后果，并比较其严重程度，从中选择情形较轻微的作为最终决策方案。例如，因为各种皮鞋的价格高低而犹豫不决时，有些消费者会选择价格最低的那一种，这样一来自己的遗憾就会降到最小。这一原则主要用来减少风险损失，缓解消费者可能因对产品不满意而产生的心理失衡。

（四）预期—满意原则

有些消费者预先形成了对产品价格、质量、样式等方面的心理预期，在购买时会将备选方案与自己的预期标准进行比较，而与预期标准最为吻合的方案就是最终决策方案，这就是预期—满意原则。这一原则的优点在于可以缩小消费者的决策范围，加快决策进程，帮助消费者快速、准确地做出最终的购买决策。

三、消费者购买决策的类型

消费者购买决策有很多类型，区分的维度不同，划分的类型也不一样。下面将重点介绍两种消费者购买决策的分类方法。

（一）按照消费者参与度与品牌差异大小分类

消费者参与度，指消费者在搜索、处理产品相关信息所花的时间和消费者有意识地处理产品相关信息所花的精力。它决定消费者对信息类别的遴选和做出购买决策的过程。

按照消费者参与度与品牌差异大小两个维度分类，消费者购买决策可以分为四类，见表2-4。

表 2-4　消费者购买决策类型

品牌差异	消费者参与度高	消费者参与度低
大	复杂型购买决策	多变型购买决策
小	协调型购买决策	习惯型购买决策

1. 复杂型购买决策

复杂型购买决策是指消费者在参与度高且品牌差异大的情况下所做出的购买决策。消费者在购买功能复杂、价格昂贵、风险较大、购买频率较低的产品时，一般采取这类购买决策。总体来看，消费者对这类产品的了解较少，需要收集大量信息，特别慎重地对购买方案进行整理和对比，从而降低购买风险，所以决策的时间较长。房产、汽车、复杂的电子产品、奢侈品、出国旅游等购买决策都属于复杂型购买决策。

对于消费者的复杂型购买决策，企业应当了解消费者获取信息的渠道，通过广告、公关等营销手段及时、准确地向消费者传递产品信息，帮助其了解和熟悉产品的性能与特色。

案例分析

在很长一段时间里，运动型多用途汽车（sport utility vehicle，SUV）在我国汽车市场上可谓出尽风头，销量不断攀升。各大车企在发现人们都喜欢大而实用的车型后，不管是自主品牌还是合资品牌，都大力推广旗下的 SUV 产品，SUV 销量甚至一度与轿车不相上下。

然而，到了 2019 年，SUV 销量下滑严重，与前几年相比下滑 50% 甚至更多。哈弗 H6 曾一发布就火爆市场，如今的销量也下滑严重，以前与轿车平起平坐的局面恐怕再也看不到了。

为什么 SUV 销量下滑如此严重？原因在于需求过度饱和。在前几年的火爆之后，SUV 的需求量已经达到饱和。很多人购买 SUV 是因为其实用性、空间宽敞、比较适合家用。如果某个家庭想再购买一辆车，基本上不会再考虑其实用性，因此轿车可能会成为不二之选。再加上交通拥堵与油价上涨，SUV 较大的车身让其经济性显得更低，这也让更多准备买车的消费者推迟购买，甚至干脆不买 SUV。

另外，SUV 的整体质量也停滞不前。许多 SUV 车型为了迎合市场，会将车型设计得非常豪华，有全景天窗、液晶大屏和道路辅助等高级配置，但后期改款或者更新换代时亮点不足，技术提升不大，只是稍微修改一些细节或者外观，消费者很快就会产生审美上的疲劳感。

（案例来源：根据网络资料整理）

2. 多变型购买决策

多变型购买决策是指消费者在参与度低且品牌差异大的情况下所做出的购买决策。如果消费者购买的产品品牌有很大的差异，价格都很低，而且消费者可以选择的品牌非常多，他们就不会花太多的时间选择品牌，专注于某一类产品，而是经常变换产品。例如购买饼干，消费者这一次购买的是巧克力夹心饼干，下一次可能会购买奶油夹心饼干。消费者变换品牌或产品品种，并非出于对产品或品牌的不满意，而是喜欢尝鲜。大多数小包装食品、文具、普通的日化用品等购买决策属于多变型购买决策。

对于消费者的这种购买决策，市场领导者与挑战者的营销策略是不一样的。市场领导者会想方设法避免消费者更换品牌，通过占有货架、增加库存和持续性广告宣传来鼓励和提醒消费者形成习惯性的购买行为；市场挑战者则通过降价，提供各种优惠券、折扣、免费赠送或宣传新产品特色等来刺激消费者更换品牌。

3. 协调型购买决策

协调型购买决策是指消费者在参与度高且品牌差异小的情况下所做出的购买决策。在这种情况下，消费者会购买那些不经常购买且购买风险很大的产品。尽管消费者在做出购买决策时有很多考量，但更关注价格、购买时间、购买地点等因素，而不是比较不同品牌的差异，所以在产生购买动机后会很快付诸购买行动。

消费者在购买产品一段时间之后，尤其是在使用产品以后，可能会觉得与预想的不同，或许是产品的某个特征不够称心，或许是突然觉得其他品牌更好，从而产生后悔购买该产品的心理。为了减轻心理上的不平衡感，消费者会积极、主动地了解更多关于已购产品的有利信息，以证明自己的决策是正确的。

对于消费者的这种购买决策，企业可以通过价格调整、售货地点的选择、售后服务、提供有利信息等方式消除其不平衡心理，坚定其购买某种产品的信心。

4. 习惯型购买决策

习惯型购买决策是指消费者在参与度低且品牌差异小的情况下所做出的购买决策。在这种情况下，消费者会购买价格低廉、购买频率高、同质化严重的产品。虽然经常购买，但消费者并不会对某一品牌形成偏好，他们选择某一品牌只因为这是自己熟悉的，不用深入收集信息并评估品牌，只要去经常购买的地方购买，或者采取就近原则购买产品即可，如油盐酱醋、日常使用的便利品等。

对于消费者的这种购买决策，企业要力求在消费者心中留下深刻的印象，可以采用价格优惠和广告促销手段，在广告中强调产品的主要特点，突出其视觉标志与形象，并多次重复广告信息，以加深消费者对产品的熟悉程度。

（二）按照消费者是否拥有产品所有权分类

对于消费者来说，只要拥有了产品所有权，就意味着消费者可以永久使用该产品，而只拥有产品的使用权，就意味着消费者只能在允许的时间段内使用该产品，超出规定的时间段后就无法继续使用。

根据消费者是否拥有产品所有权，可以把消费者购买决策分为流动性消费与实体性消费。

1. 流动性消费

流动性消费是指消费者没有产品所有权的消费，其强调产品使用权的短暂转移，如数字音乐、电子书、租赁经济、共享经济等。流动性消费的对象不一定是虚拟产品，如共享单车、共享汽车、共享充电宝等都具备流动性消费的特点。

选择流动性消费的消费者进行购买决策的主要标准是产品的灵活性、可适应性、流动性和轻便性。在他们看来，获取产品的使用权比获取产品的所有权更有价值，他们通过短暂获取产品的使用权来摆脱获取产品所有权带来的巨大负担。

流动性消费更多意义上是信息时代的产物，其灵活性的特点使消费者能够通过互联网渠道快速实现交易。例如，购买QQ音乐或网易云音乐的数字音乐，购买优酷视频、腾讯视频或爱奇艺上的付费电影，在支付宝上扫码支付骑哈罗单车等。消费者在做决策时会在网上收集相关信息，特别是口碑评价，而且会在使用产品后积极分享使用体验。

另外，由于流动性消费用时较短，消费者很难与产品或品牌产生紧密的联系，因此也很难对品牌产生忠诚度，不过可以使消费者的选择更加多样化。

案例分析

信用觉醒下的租赁经济，只为使用付费

随着“90后”甚至“00后”开始成为新的消费主力，社会上开始悄然出现新的消费理念。他们的个性更张扬，消费意愿更强烈，服装、饰品、手机、计算机等产品成为其必不可少的消费品。他们易于接受新鲜事物，不管是什么产品，只要趣味十足，符合其个性，又能满足社交需求，使用起来也非常方便，就能很快风靡。

现在年轻人的消费理念也变得越来越理性，对一些相对低频的使用场景，他们不再强调产品的所有权，而更强调使用权。当消费者只希望暂时拥有使用权而不再关注是否拥有所有权时，其消费方式也会彻底发生改变。

不过，传统租赁并不能打动这类消费群体，因为传统租赁的押金太多，再加上地域局限，所以他们即使想尝试新事物，也不会考虑传统租赁。而移动互联网环境下的租赁经济可以真正打动他们，成为这类消费群体中的主流消费方式之一，这主要得益于信用觉醒。

很多年轻人在社交场合会问同伴同一个问题：“你的信用分多少了？”人们早已习惯芝麻信用分、京东小白分带来的生活便利，这意味着我国的信用社会正在到来，信用租赁的风口已经来临。

随着信用体系和风控体系不断完善，很多需要押金的租赁场景正变得越来越便利。消费者只要信用良好，就可以免押金享受租赁服务，这极大地减轻了消费者在做消费决策时的经济压力。与传统租赁相比，信用觉醒下的租赁经济使消费者能够以更少的成本享受租赁服务，消费变得轻盈化，真正实现了“只为使用付费”。

（案例来源：根据网络资料整理）

2. 实体性消费

实体性消费强调产品所有权的转移，如购买房产、汽车等。消费者在进行实体性消费

时，会更关注产品的大小、质量、稳定性和安全性等属性信息。消费者在进行实体性消费时，一般会选择线下渠道，这也是其传统形式。不过，随着电商的快速发展，选择互联网渠道的消费者也越来越多，但消费结果是相同的，那就是消费者可以永久拥有实体性的产品。

对于同一类产品，实体性消费要比流动性消费的价格更高。例如，纸质书的价格比电子书更高。因此，消费者在选择实体性消费时，会投入更多的时间和精力来处理产品信息，也更容易对实体性产品产生品牌忠诚。

当然，流动性消费与实体性消费并不是割裂和相互排斥的，而是连续且相互融合的。也就是说，消费既可以是流动性的，也可以是实体性的，这在互联网时代下体现得尤为明显。例如，亚马逊开发的电子阅读器Kindle，消费者在购买实体的阅读器以后，要想阅读书籍，还需购买电子书才行。

四、消费者购买决策的内容

消费者购买决策的内容大致可以归纳为七个方面（5W2H），即Who（谁来购买）、Why（为什么买）、What（买什么）、How many（买多少）、When（何时买）、Where（何处买），以及How（如何买）。

（一）Who：谁来购买

在消费过程中，消费者可能会扮演提议者、影响者、决策者、购买者和使用者等角色。提议者是指首先提出或有意购买某一产品或服务的人；影响者是指提出的看法或建议会对最终决策产生影响的人；决策者是指做出购买决定的人；购买者是指实际付出购买行动的人；使用者是指实际消费或使用产品或服务的人。

不同的购买决策可能有不同的人参与，而同一购买决策也可能有不同的人参与。企业应当找到目标消费者群体中的提议者、影响者和决策者，对其进行广告宣传，激发他们的购买欲望，促使其尽快下定购买决心。

案例分析

潮流玩具已成年轻人的新时尚

随着时代的发展，玩具早已不再是儿童的专属，多样化的生活方式让年轻人也成为玩具的主要消费群体。同时，由于多样化的消费需求，年轻人喜欢的玩具产品类型也十分丰富。其中，潮流玩具可谓是专门为年轻人量身打造的一种消费品。

对于“90后”和“00后”消费者而言，潮流玩具没有固定的形态，可以是一个噘着嘴的搪胶娃娃；也可以是一个漫画英雄雕像；还可以是一个造型别致的玩偶。这些玩具成为消费者自身情感的寄托和展现个性的载体。

与传统玩具不同的是，潮流玩具更注重外观设计，其实际功能被弱化，设计师或艺术家只需呈现心中所勾勒的艺术形象即可。潮流玩具的这种设计理念完美地契合了年轻消费群体“我喜欢就买”的消费理念，所以才能在市场上大受欢迎。

10 年前，潮流玩具还很小众，而现在潮流玩具已经产生了生命力强大的潮流文化，渗透到我们所熟悉的艺术、品牌乃至娱乐等领域。潮流玩具融合了设计者的创意和想象，其设计感、艺术性和时尚感使消费者将其作为心头之好，他们喜欢带着自己喜爱的潮流玩具去旅行、工作，而这也是时下年轻人的一种新流行风尚。

（案例来源：根据网络资料整理）

（二）Why：为什么买

了解为什么买，也就是确定购买背后的需要与动机是什么。影响消费者购买的需要与动机是很复杂的，即使是同一购买行为，可能也存在多种动机。例如，消费者购买巧克力的动机可能是补充能量，也可能是送礼品等社交需要，还可能是追赶流行时尚等彰显自我的需要，或者是不想错过巧克力打折的时机，又或者是通过吃巧克力打发时间等。这些动机有时并不会单独出现，消费者可能既想补充能量，又想赶时髦吃“网红”巧克力；既想打发时间吃点零食，又不想错过巧克力的打折时机。

正是因为消费动机的复杂性，很多时候消费者也不一定明白自己为什么要买。虽然消费者认为自己的动机很清晰，知道自己为什么要买某个产品，但是在考虑不同品牌或不同产品型号之间的选择时会发现自己的动机非常复杂。例如，消费者知道自己是因为想补充体力而购买巧克力，但货架上的各种巧克力都能满足其需求，为什么会选择其中的某一个品牌呢？消费者未必知道驱使自己做出购买决策的真正原因，但营销人员十分有必要了解消费者购买本公司或竞争对手产品的原因。只有清楚购买原因，营销人员才能更好地调整产品品类结构，有计划地进行产品开发，并利用对消费者的动机洞察来设计营销传播信息。

案例分析

电动牙刷是由瑞士的伍格博士于 1954 年发明的，本来是为了方便手部功能有问题的人士自动刷牙，但随着电动牙刷行业的发展及“懒人”文化的日益盛行，电动牙刷的便利性和实用性也逐渐受到普通消费者的认可。

随着消费者对健康和品质生活的需求不断增强，美健（个护）电器在家电产业中拥有不错的发展前景。其中，与口腔健康有关的电动牙刷在 2019 年上半年表现出强劲的增长势头。2019 年 1 ~ 4 月，在淘宝和天猫购买电动牙刷的消费者人数同比增长 175%。人们非常看好电动牙刷的市场前景。

（案例来源：根据网络资料整理）

（三）What：买什么

了解购买什么，是指确定购买的目标和对象。在决定购买什么时，消费者首先要选择产品品类。例如，消费者想要使自己的业余生活更丰富多彩，那么到底是购买一把吉他，还是买一台平板计算机，又或者是买一本小说？在选择产品品类以后，消费者还要选择产品的品牌。例如，如果消费者选择购买平板计算机，那么是购买苹果公司的iPad，还是小米平板，又或者是华为平板？

消费者在选择产品时，除了要考虑产品品类和品牌外，还要考虑产地、等级、规格、款式、包装、价格和售后服务等因素。

激烈的市场竞争导致产品属性不断增加，各大品牌都在针对产品的属性实行差异化策略，这让消费者决定“买什么”成为一个十分复杂的决策过程。企业在进行市场营销时，要善于发现消费者购买产品背后的动机，找到其追求的利益，在宣传时努力从品牌、款式、规格、色彩和价格等方面增强对消费者的吸引力，从而降低消费者决策的复杂程度，促使其产生购买行为。

（四）How many：买多少

了解买多少，是指确定购买的数量，既包括单次购买量，也包括购买频率。购买数量会受到个人支付能力、运输和存储能力，以及市场供应能力的影响。当消费者的经济实力较强，产品方便运输和存储，且市场供应量较大时，消费者对某种产品的购买数量就会增加。

消费者在评估购买方案时，除了受以上因素的影响外，还会评估产品一系列的属性，对其进行先后排序。在购买日常产品时，如果消费者先考虑替代性较低的属性，再考虑替代性较高的属性，其购买数量就会增加。例如，消费者购买酸奶时，会对酸奶的各种属性进行先后排序，包括品牌、脂肪含量、口味、净含量、产品形态等。在这些属性中，酸奶的脂肪含量替代性很低，因为酸奶是脱脂、低脂还是全脂对消费者来说有很大的差别，不能互相替代，而口味属性的替代性就稍微高一些。因此，如果消费者先考虑脂肪含量，后考虑口味，其购买数量会大于先考虑口味再考虑脂肪含量时的购买数量。

当某产品有促销活动时，消费者的购买数量也会相应增加。例如，网购如果不包邮，消费者买得越多，运费越高，就会导致消费者不会买太多；而卖家推出“满××元包邮”以后，消费者就有了增加购买数量的动力。

另外，使用量与购买数量是相互促进的关系。购买数量增加，使用量就相应增加，而使用量增加，反过来也会推动购买数量增加，前提是消费者对某产品的品牌忠诚度要高，或者已经形成了购买习惯。

案例分析

难抵促销诱惑，“囤货族”为省钱花费不菲

不管是临近年关，还是“双十一”，网购平台、大型商场总会有各种打折促销活动，而这时“囤货族”就会受到优惠的诱惑，按捺不住地趁机囤货。

很多“囤货族”会在家里囤上一堆洗发水、湿巾、抽纸、洗衣液、洗衣粉、洗碗抹布等，如果有孩子的，还会给孩子囤大量的奶粉，往往囤的货物够用好几年。但是囤的这些东西不但占用空间，而且长期放置会过保质期，得不偿失。

“囤货族”一般喜欢日常消耗品，除奶粉以外，卫生纸、食用油和牙膏也备受青睐。某消费者发现家附近的超市搞促销活动，手提袋装卫生纸降了20元，便赶到超市一次性购买了好几袋。她又看到某品牌的食用油搞特价，又忍不住买了好几桶。这位消费者说：“这油平时卖80元，现在促销优惠，只用60元就能买到，多买点儿留着吃，反正也坏不了。”

当然，消费者囤货时一定要选择熟知的品牌产品，这样一来，如果实在用不完还可以转让变现，假设之前买得便宜，不仅不会亏，可能还会小赚一笔；最好不要囤一些保质期短、不常用、体积过大、没有什么实际用处的产品。

（资料来源：根据网络资料整理）

（五）When：何时买

何时买是指确定购买时间。购买时间主要受四个方面因素的影响，如图2-8所示。

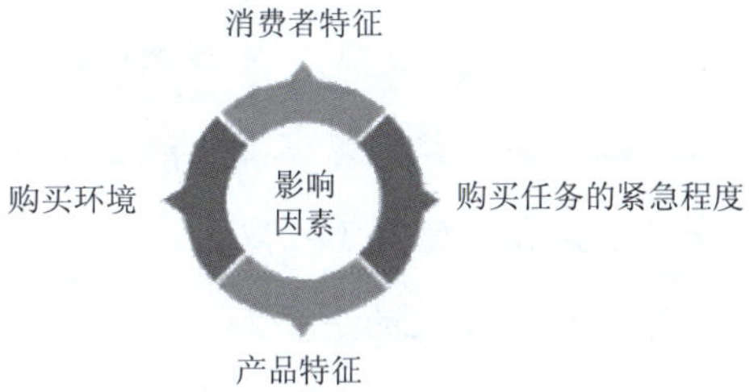

图 2-8　购买时间的影响因素

1. 消费者特征

消费者特征既包括社会经济特征，也包括消费者个体特征。

在社会经济特征中，可支配收入是一个重要的影响因素。如果消费者的收入不高，经济拮据，可能会推迟购买贵重物品的时间。

在消费者个体特征中，冲动购买特质是一个重要的影响因素。所谓冲动购买，是指消费者自发地、不假思索地、立即付诸购买行为。高冲动购买特质的消费者一般无法抑制被激发的购买意向，十分容易产生冲动消费，购买时间很短。

2. 购买任务的紧急程度

购买任务的紧急程度决定了消费者有无充裕的时间对购买方案进行评估。如果购买任务非常紧急，消费者在毫无预料的情境下必须在短时间内购买某种重要产品，其购买时间会很短。例如走在大街上，突然遇到倾盆大雨，就急需买一把雨伞。

紧急购买情境的特征主要体现在：一是紧急购买情境与产生的需求是消费者毫无预料的；二是紧急购买情境对消费者有时间限制，消费者必须在短时间内做出决策；三是产品对消费者来说十分重要，时间拖延不得，必须快速购买该产品。

3. 产品特征

产品的众多特征都会对消费者的购买时间产生影响。例如，产品是日常用品还是耐用品，日常用品的购买大多属于习惯型购买决策，产品同质化严重，消费者在购买时大多不会深入了解产品信息，而是按照习惯购买自己熟悉的品牌，或者就近购买，所以购买频率较高，购买时间较为随意；耐用品的购买需要消费者投入大量时间和精力做出购买决策，所以购买时间较长。

另外，是否为全新产品也对购买时间有很大影响。一般来说，创新的扩散需要一个过程，大多数消费者对新产品持观望态度，所以可能会推迟购买时间。

4. 购买环境

购买环境包括购买地点的远近、卖方的经营时间，以及各种营销活动等客观因素。营销活动所营造出来的稀缺感与产品的体验感都会刺激消费者的购买欲望，从而增加其做出即时购买决定的概率。

案例分析

瑞幸联名茅台，实现品牌双赢

“年轻人的第一杯酱香（茅台）”“美酒加咖啡，就爱这一杯”，这两句占领社交媒体的文案出自两个国货之光的品牌瑞幸和茅台联名的“酱香拿铁”。该文案在全国门店一经发布，迅速火爆全网，社交媒体上呈现出全民微醺的状态，这场教科书级别的联名也引发了不少争议和多方声音，登上了微博热搜。

作为中国公认的奢侈品，“茅台”此次联名瑞幸，也令人重新审视起“Fendix 喜茶”等案例，可以说品牌联名未来一段时间将作为流量密码被各大品牌争相采用。

这场教科书式的联名在当下经济形势下，除了实现影响力破圈，助力品牌实现品效合一，还能引起奢侈品经营的反思。

（案例来源：根据网络资料整理）

（六）Where：何处买

消费者要确定到哪里买需要的产品，包括购物地点与商家，这一决策直接对应消费品营销策略中的渠道策略，要满足消费者的核心诉求——可到达性。可到达性包括两个维度，即可得性与便利性。

消费者对可到达性的极致要求是“随时随地”，这种需求在移动互联网时代获得了极大的满足，在线下主要受商家的营业时间和营业地点距离的影响。从一站式购物需求来看，可到达性还受商家的集聚度与搜索便利的影响。

在移动互联网时代，商家集聚度和搜索便利也得到很大提升，但在对即时性要求非常高的临时需求、高人际接触需求、体验需求的满足上，线下商业仍占据一定的优势。

当然，不管是在线上还是线下，消费者在选择购物的商家时还会受商家本身形象的影响。线下商家的形象主要由装潢、商品摆放、销售人员的着装与专业知识等因素形成，而线上商家的形象主要受网店装修与客服的影响。

案例分析

与线下购物相比，线上购物的优势很明显：价格更低，时间灵活，足不出户就能买到喜欢的产品。随着电商的崛起，线下实体店的生存压力逐渐增大。因此，线下商圈纷纷加入“双十一”竞争。

在开展“双十一”活动方面，线下商圈能更好地解决消费者电商购物的痛点，如无法触摸实际物品、质量参差不齐、退换货难度大、需要等待快递。为了对标电商购物价格更便宜的优点，线下商圈也开始线上线下同价。因此，线下实体店购物的吸引力有了一定程度的增加。另外，线下实体店有体验优势，消费者可以更直观地看到和触摸产品，还可以与店员实时交流，并体验产品，及时了解产品的各种特征，确定是否适合自己。这一波操作让不少原本准备“双十一”时在电商平台囤货的消费者走入线下，也带动了一波消费热潮。

一位消费者这样说：“本来准备在网上买一套护肤品，已经加入购物车，但在逛商场时看到同款产品在搞活动，算下来优惠力度和网上差不多，我就直接在线下买了。”在她看来，如今“双十一”的折扣算法越来越复杂，再加上等快递要花不少时间，在实体店可以仔细挑选，而且能体验一下，买了就可以立即带走，如果价格相差不大，实体店的体验感会更好。

（案例来源：根据网络资料整理）

（七）How：如何买

如何买包括三个维度，见表2-5。

表 2-5　如何买的三个维度

维　度	举　例
购买方式	网购、托人代购、亲自前往商店购买
支付方式	现金支付、信用卡支付、第三方支付
付清方式	预付加尾款付清、一次性付清、分期付款

消费者如何购买会对企业的产品设计、价格政策、渠道选择和促销策略产生影响，而企业也可以利用互联网创新影响消费者的购买方式。例如，企业通过实施概率销售价格，可以更好地调整库存。

概率销售价格是指不确定的价格。假设某产品有红色和白色两种颜色，红色的销量不佳，而白色的销量很好。以往，企业会提供明确的折扣来消耗红色产品的库存，而现在可以利用概率销售价格做到这一点：当白色产品库存尚够时，假如消费者明确地提出购买红色或白色产品，即以100%的概率获得产品，产品的价格就是A元；假如消费者同意以某个小于100%的概率获得红色产品，价格就会是B元（$B<A$）。

也就是说，消费者在确定如何购买时，还可以选择价格的决定方式，而概率销售价格会帮助企业在应对不确定性需求的情况下更好地优化库存。

案例分析

近年来，网络消费者的付费方式出现了明显的变化，分期付款渐渐成为重要的选项，其中尤以“95后”为主力军。

一提起分期付款，很多人首先想到的是大额消费，但从2019年开始，很多小额商品也纷纷加入分期付款的行列，这让很多上班族直呼“花钱不心疼了”。

例如，某消费者在“6·18”活动期间，采用分期付款购买了一双价格为438元的鞋子，她选择了分6期付款，每期还款70多元，服务费3元。

根据一家分期电商平台的工作人员透露，2022年“6·18”活动期间，该平台的下单额比平时增长了5倍，与2021年“6·18”相比增长了60%，参与人数则增长了90%。而在这一支分期队伍中，仅“6·18”当天，“95后”用户占比就接近70%，成为电商分期的消费主力军。

（案例来源：根据网络资料整理）

五、消费者购买决策基本环节

消费者在购买产品或服务的过程中，一般要经历五个基本环节，如图2-9所示。

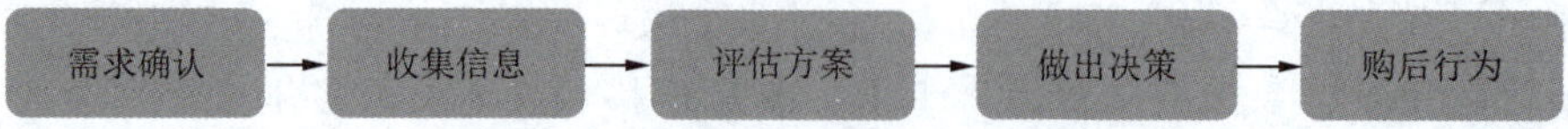

图 2-9　消费者购买决策基本环节

（一）需求确认

需求确认来源于因消费者理想状态与实际状态之间的差距而产生的需要不满足心理。当然，并非所有被确认的需求都会激发购买动机。

购买动机的激发取决于以下两个因素。

1. 理想状态与实际状态之间差距的大小

理想状态与实际状态之间的差距必须达到一定的程度，才可以激发消费者的购买动机。假如消费者希望自己的汽车每100 km的耗油量为7 L，但现在为每100 km耗油量8 L，尽管理想状态与实际状态存在差距，但差距不太大，并没有达到促使消费者购买新车的地步。

2. 问题的相对重要性

即使理想状态与实际状态的差距很大，假如问题的重要性相对来说不大，消费者也不一定会解决这个问题。例如，某消费者拥有一辆开了6年的普通轿车，他希望能入手一辆新款高级轿车，尽管这两者之间差距很大，但与购房、送孩子上大学相比，购买新轿车的重要性要相对小得多，所以该消费者可能会放弃购买新轿车。

营销人员可以在这一环节创造消费者的需要，使消费者了解到其目前状态与理想状态之间的不平衡。例如，改变消费者的理想状态或对实际状态的认识，以此来扩大两者之间的差距，或者影响消费者对现有问题重要性的认识等。

（二）收集信息

消费者在确认需求以后就开始收集信息，主要是为了获取可以解决问题的产品信息。根据信息来源，消费者收集信息的过程可以划分为两种类型——内部信息收集与外部信息收集，具体内容如图2-10所示。

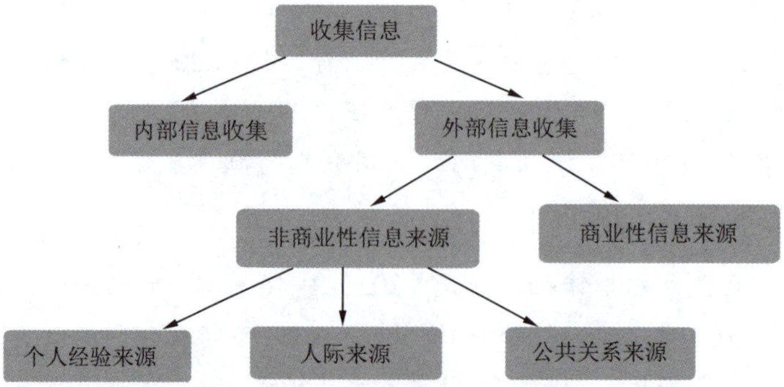

图 2-10　消费者收集信息的类型

1. 内部信息收集

内部信息收集是指消费者从长期记忆中提取可以帮助解决问题的产品信息。一般来说，当消费者认识到自己的需求以后会先进行内部信息收集，很多需求是可以通过这种方法得到满足的。当消费者回忆起某个可以满足需求的品牌或商店时，就会购买该品牌产品，或者去该商店消费，也就不再进一步收集信息。

2. 外部信息收集

外部信息收集主要有两个来源，即非商业性信息来源与商业性信息来源。

1）非商业性信息来源

非商业性信息来源是指与企业意图无关的产品信息来源，主要包括个人经验来源、人际来源和公共关系来源。

（1）个人经验来源：个人亲自到商场观察、操作或实际使用产品所获取的经验或产生的认知。由于这些信息通常来源于消费者实际购买产品之前，因此一般是消费者在进行购买决策之前的最后一个信息来源。

（2）人际来源：消费者的人际关系网络，主要包括亲朋好友、同事、同学、邻居等。人际来源信息的影响力大小与消费者对这些群体的信任程度有关，消费者越信任他们，其给消费者决策带来的影响就越大。意见领袖也是人际来源之一，他们在某一特定产品类别上有着丰富的知识储备，消费者经常向其询问，参考其意见或建议。

（3）公共关系来源：主要包括大众传播媒体、第三方产品评审组织等。这一来源的信息通常因为具有很高的客观性与权威性而受到消费者的信赖。

2）商业性消息来源

商业性消息来源的背后有强烈的商业动机，主要包括广告、经销商、推销员、产品包装、展览会等。尽管商业性消息来源的信息量很大，但由于其强烈的商业动机，消费者往往会非常警惕和怀疑。

（三）评估方案

通过收集信息，消费者获得的各种有关信息有可能是重复或互相矛盾的，因此要加以整理和分析才能得到可供选择的方案，这是评估方案的前提条件。

消费者在整理和分析信息时，主要是对考虑集的解析。所谓考虑集，就是指消费者会把市场上的品牌以某种方式组织成一个集合，其前提是消费者知晓品牌的存在。

考虑集分为三个集合，分别是参考集合、不满意集合与惰性集合，见表2-6。

表 2-6　考虑集的三个集合

考虑集的集合	说　明
参考集合	消费者在某一特定产品大类中进行购买选择时所考虑的所有品牌的集合，意味着集合内的品牌属性均大于竞争对手
不满意集合	消费者知晓但不大可能去购买的品牌集合
惰性集合	即无所谓集合，指消费者认为没有突出特色，既无好感也无恶意的品牌集合

接下来消费者要评估方案，即建立评估标准，对考虑集内的品牌进行比较。评估方案主要取决于以下几个方面的因素。

（1）产品属性。产品属性是指产品能够满足消费者需要的特性，如果果汁的甜度、外包装的颜色和样式、果肉的含量、果肉的加工工艺流程、水果种植与采摘工艺等。

（2）属性权重。属性权重是指消费者对产品有关属性所赋予的不同重要性权数。消费者赋予产品属性的权重并非一成不变的，其会受到消费者所具备知识的影响。因此，当企业觉得现有产品属性无法与竞争对手相抗衡时，往往会开发新的属性，并通过营销活动增加其在消费者心目中的重要程度。有时受到某些特殊事件的影响，消费者也会新建或提高某种属性的权重。

尽管企业可以通过开发新的产品属性来建立优势，但产品属性并非越多越好。假如产品不断迭代，在原有产品上叠加功能会导致消费者降低对产品可用性的评价，甚至停止使用或转移到功能数量更少的产品上。

（3）品牌可信度。消费者越信任某品牌，就越有可能将其产品纳入考虑集。品牌可信度是指消费者对于包含在品牌中的产品定位信息的相信程度。品牌可信度一般包含两个维度：诚信与专门技能。诚信是指企业履行承诺的意愿，专门技能是企业履行承诺的能力。也就是说，企业要想让消费者信赖品牌，就应当持续让消费者感知到自己自愿履行承诺的态度且有能力履行承诺的信心。

通过提升品牌可信度，企业能够帮助消费者减少环境中的不确定性，影响消费者决策及消费者对品牌的忠诚度。

（四）做出决策

经过评估方案以后，消费者便形成了对某个品牌的偏好与购买意向。但是，即使消费者有了购买意向，也不一定会做出购买行为，有三类因素会对消费者最终购买决策产生影响，如图2-11所示。

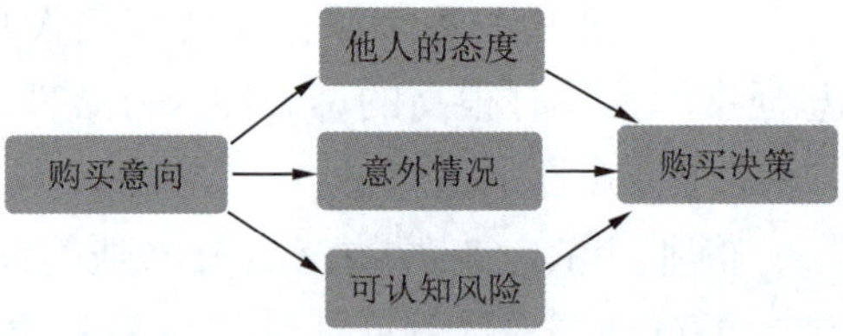

图 2-11　影响消费者做出最终购买决策的因素

1. 他人的态度

消费者的很多购买决策并不是单独制订的，而是受到他人（包括家人、亲戚、朋友、同学或同事等）的态度影响而制订的，或者征求他人意见，或者在他人参与的情况下共同制订。他人的态度对消费者是否会购买有着重要的影响。一般来说，他人对消费者所偏爱品牌的否定态度越强烈，与消费者的关系越密切，消费者就越有可能改变自己的购买意向。

2. 意外情况

消费者遭遇的某些突发事件会使其改变购买意向。例如，消费者突然失业，失去稳定收入来源，就可能推迟或取消购买；或者消费者家中突然有人生重病，需要支出大额的治疗费用，原有的购买意向也可能会发生改变。

3. 可认知风险

消费者的可认知风险也会促使其改变、推迟或取消购买决定。可认知风险是指消费者购买某一产品不仅会带来满足感，还会带来一些他们不愿意接受的潜在危害或损失。可认知风险的大小随支出费用的多少、产品属性不确定的程度与自信程度而变化，当消费者对可认知风险的认识达到一定程度时，就有可能改变之前的购买意向。

（五）购后行为

在消费者购买产品以后，整个购买过程并没有完全结束，而是进入购后行为环节。消费者在这一环节会使用或消费购买的产品，并对其进行评价，传递自己对产品的认可或不满。另外，当消费者不再使用该产品以后，还面临着产品处置的问题。

消费者购后行为对企业有着至关重要的影响。

首先，购后行为会影响消费者的重复购买。如果消费者对产品很满意，重复购买的可能性就很大；如果不满意，就很有可能停止购买该品牌的产品。

其次，购后行为对其他消费者的购买行为也会产生重要影响。如果消费者对购买的产品非常满意，就会自愿充当口碑宣传员，向其他消费者称赞该品牌产品，提升品牌的美誉度；如果消费者对购买的产品不满意，不但自己会停止购买，而且会向其他消费者表达自己的不满，使企业或品牌的信誉受损。

因此，企业应当采取各种有效的措施，尽最大努力提升消费者的满意度。企业不仅要如实地宣传产品，还要耐心听取消费者的意见，提升售后服务的质量，并时刻跟进消费者，在发现其表达不满时及时采取补救措施。

六、网络消费者的购买决策过程

如今，网络消费已经成为人们生活的一种常态，国内的网络消费水平也在不断提高。网络消费打破了传统消费的局限性，让消费变得更加便捷，而消费群体的特点及消费习惯也随之发生了变化。

（一）网络消费与传统消费的购买决策过程的区别

不管是互联网时代的线上消费，还是传统的线下消费，消费者的购买决策过程都包括五个基本环节：需求确认、收集信息、评估方案、做出决策和购后行为。不过，由于网络消费使用了互联网工具，这些环节中的某些细节还是有很大区别的。

1. 需求确认

在传统消费过程中，消费者大多是由身边熟人的刺激而对某产品产生购买欲望。在互联网时代，信息传播速度空前加快，一个局部的潮流能够很快地传遍社会的每个角落，这使消费者产生了更多的需求，购买欲望更加强烈，因此更能刺激其消费。

2. 收集信息

在传统消费过程中，消费者更多是接受亲朋好友的推荐或者从电视广告中获得产品信息，收集信息的范围较窄，具有一定的局限性和被动性；而在网络消费过程中，消费者收集信息的渠道更多，成本大大降低，而且消费者会更主动、更有针对性地收集信息。

3. 评估方案

在传统消费过程中，消费者大多是通过试用来评估产品的使用价值等信息；而在网络消费过程中，消费者更在乎多元化与个性化。

4. 做出决策

在传统消费过程中，消费者做购买决策时更多地受到商家宣传的影响；而在网络消费过程中，消费者在做购买决策时更依赖他人的观点。例如，很多人会在下单之前查看他人对产品的评价，如果差评太多，就很可能放弃购买。另外，消费者还会主动浏览社交媒体上关于某种产品的讨论，寻找对自己有利的信息，以帮助自己做出正确的决策。

5. 购后行为

在传统消费过程中，消费者在购买并使用产品后，一般很少做出正面评价，即使产品有很好的口碑，其传播速度也很慢，一旦消费者对产品不满，电话投诉比较多；而在网络消费过程中，消费者在购买产品后能够更快捷地表达自己的意见，即时性和分享性较强，当自身利益受到损害时，可以找到更多的维权方式。

（二）网络消费者购买决策模式

现在越来越多的消费者使用互联网购买产品或服务。这已经成为消费者的一种普遍行为，对于企业来说是一个巨大的挑战。企业在进行网络营销时，需要特别注意消费者的购买决策模式。

1. 从AIDA到AISAS、SIPS

传统的消费者研究将消费者购买决策总结为AIDA模型。AIDA分别指引起关注（attention）、产生兴趣（interest）、产生欲望（desire）和采取行动（action）。在该模型中，企业是营销信息的传播主体，可以通过广告等方式吸引消费者的关注，使其产生兴趣和欲望，并促使其采取行动，做出购买行为。

在互联网普及以后，传播环境发生了巨大的变化，受众与媒介信息的关系产生变革，受众承担了信息接收者和信息发布者的双重角色。针对网络带来的变化，日本电通公司提出了消费者行为的AISAS模式。这是对传统的AIDA模型的改造，出现了两个具备互联网特质的“S”，即搜索（search）与分享（share），突出了消费者主动行为的重要性，说明消费者成为营销信息的积极参与者与传播者，而不再单纯地作为信息的被动接受者。

后来，日本电通公司在AISAS的基础上又提出了SIPS分析模式，进一步强调了消费者的传播与分享所带来的重要影响。该模式分为四个阶段，分别是共鸣（sympathize）、确认（identify）、参与（participate）和分享与扩散（share&spread），就是指消费者会关注能够引起共鸣的信息，并通过各种手段确认该信息与自己的价值观相符，然后参与到与这一信息有关的分享活动中，使该信息得到大规模的扩散。

其实，“搜索”和“分享”也存在于传统消费过程中。例如，“搜索”存在于“收集信息”环节，而“分享”存在于“购后行为”环节。不过，由于受到技术限制，消费者在这两方面做的事情极为有限，对传统购买决策并没有产生太大的影响。

2. 从漏斗模型到消费者决策圈模型

传统的漏斗模型是指消费者的头脑中本来有很多可能购买的品牌（就像是一个漏斗上部较宽的部分），当他们系统地筛选候选产品时（在漏斗中向下挪动），备选品牌被一个个地“漏掉”，逐渐变少，直到最后消费者选择购买某一个特定的品牌产品（漏斗的底部非常窄），如图2-12所示。

如今，漏斗模型已经难以清楚地描述消费者更复杂的购买决策路径。潜在的消费者可能会从AIDA模型四个阶段中的任意一个阶段进入，甚至会跳过中间的一个或多个过程。因此，研究人员提出了一些更复杂的模型来描述消费者的决策过程。例如，麦肯锡公司的研究人员提出了消费者决策圈模型，又称消费者决策旅程，如图2-13所示。

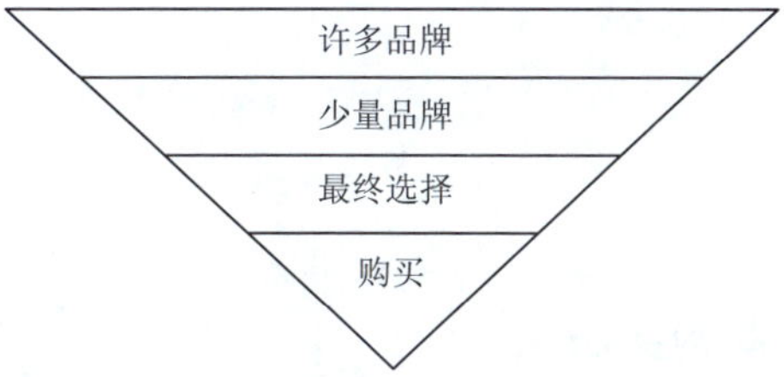

图 2-12　消费者漏斗模型

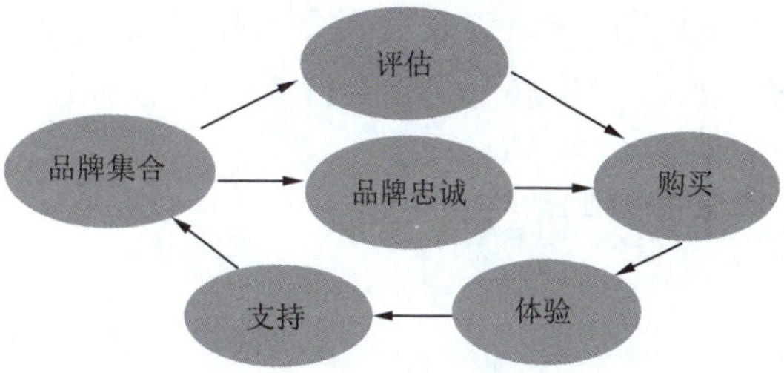

图 2-13　消费者决策圈模型

消费者决策圈模型是指消费者会初步考虑一定数量的品牌，在品牌认知和品牌接触中确定初始的品牌集合，然后在评估自己的需求时在品牌集合中加入或删除一些品牌，最后做出购买决策，选择某个品牌，在购买后进行体验，依据体验进行下一个决策。该模型说明购后体验能够对消费者决策过程产生影响，良好的购后体验会让消费者形成品牌忠诚度，从而跳过前期的考虑阶段，直接进入购买阶段。

将传统消费者购买决策模型与消费者决策圈模型相结合，可以得出互联网环境下的消费者购买决策综合模型，如图2-14所示。

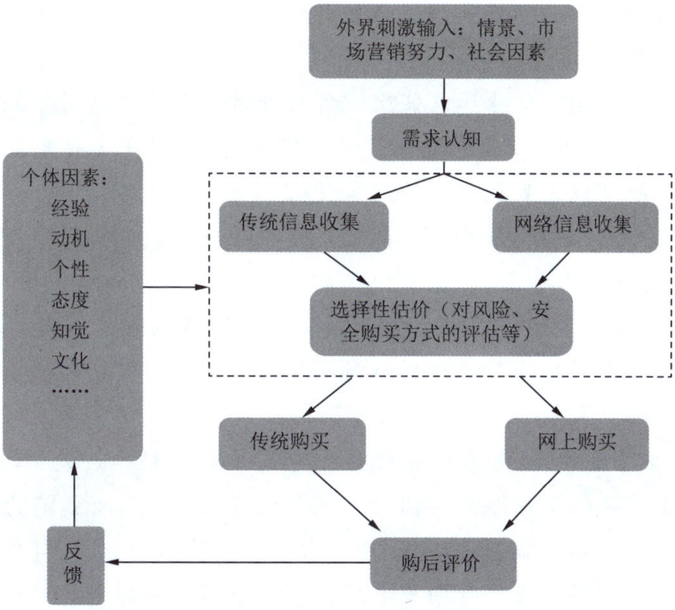

图 2-14　互联网环境下消费者购买决策综合模型

该模型将购买方式的选择纳入消费者决策需要考虑的范围内，从而适用于传统购物方式、网络购物方式，以及介于两者之间的网上搜索信息而线下购买的方式，弥补了传统与网络购买决策模型在考虑购买决策时购物方式单一的不足。

不过，该模型也存在一些缺陷：消费者对于购物方式的选择可能发生在信息搜索之前，并且对于消费者的重复购买行为来说，并不需要付出太多认知上的努力。因此，该模型更适用于购买介入程度中等、信息搜索有限、决策规则简单、备选方案少、购后评价不多的“有限型”购买行为，以及购买介入程度高、大量信息搜索、决策规则复杂、备选方案多、购后评价全面的“扩展型”购买行为。

案例分析

“网红”食品的消费者购买决策

随着电商行业的不断发展及消费升级，我国的零食行业正在以前所未有的速度爆发。很多之前在街头、炒货摊上卖的零食，经过产品与工艺升级、进行品牌化运作、包装精美的礼盒以后，在各大电商平台上热销。由于消费者对零食外观设计的重视程度不断加深，礼盒装零食的销量尤为突出，呈现出高端化的趋势。

此外，零食的健康化趋势也在不断上升，“天然”“粗粮”“无糖”“无添加”已经成为零食的热门标签。

零食的主要消费群体是 20 ~ 30 岁的年轻人，他们对于零食不再单纯地要求好吃，还要求健康。例如，“低烘焙、无添加”的每日坚果系列，果蔬干、有机水果干等产品的销售规模呈现出大幅度增加的趋势。很多之前以口感为卖点的饮料也想方设法与健康建立联系，就连瓶身的设计也模仿哑铃的形状，就是为了与健身产生关联。在全民健身的热潮下，少糖、无糖食品的销量也大幅度增加。

很多零食在外观、结构、口味和包装上设计得非常有新意，这对年轻消费者具有巨大的吸引力，能够满足他们的尝鲜心理。例如“考古巧克力”，消费者要先敲开巧克力外壳，除去中层的巧克力粉，就可以看到最里边的恐龙骨架。外壳和骨架是能直接食用的巧克力，中层的巧克力粉则可以冲泡饮用。另外，“CD 唱片水果巧克力”也曾因出众的外观成为热门的“网红”零食，但味道并没有特色。

在看到“网红”零食的巨大影响力之后，很多老品牌也通过推出“网红”零食焕发出新的活力。例如，旺旺集团推出了一系列针对年轻人的产品，包括邦德咖啡、冰品“冻痴”、法式布蕾等；好利来推出了半熟芝士、冰激凌等。

当然，“网红”零食的规模化爆发也得益于电商平台的助力。天猫相关负责人曾表示，当工作人员发现某类产品销量增速非常快时，就会向有供应链和营销能力的头部企业做出反馈，使其尽快开发同类产品，从而带动整个市场的快速发展。例如，自热小火锅最开始是由较小的腰部企业做出的新品，在销量增长之后，平台推荐给头部企业，从而使这一新品实现了大规模生产。

阅读以上材料，结合本章所学的知识，分析消费者购买“网红”零食在消费者购买决策基本环节中的具体体现。

（案例来源：根据网络资料整理）

第五节　认识影响消费者购买行为的社会因素

消费者行为总会受到外部环境的影响，如社会环境、消费情景、物流服务和支付方式等。在不同的环境下，消费者会产生不同的消费行为。了解各种外部环境对消费者行为的影响是企业进行成功集客营销的前提。

一、社会环境与消费者行为

消费者总是处于一定的社会环境中，所以消费者行为会受到社会环境的影响。

（一）文化对消费者行为的影响

"现代营销学之父"菲利普·科特勒曾经说过，文化是影响人的欲望和行为的基本决定因素，对消费者行为的影响最为广泛和深刻。文化具有一种强大的力量，不仅塑造我们身边的物品、建筑和食物的形态，还影响我们如何解释自我、自然和社会，决定我们购买什么、受到什么广告的影响以及被哪些品牌所吸引。

文化有广义和狭义之分。广义上的文化是指人类创造的一切物质财富和精神财富的总和。狭义上的文化是指人类精神活动所创造的成果，如科学、艺术、哲学、道德、风俗、法律等。在研究消费者行为时，我们所谈论的文化通常是指狭义的文化。

总结起来，文化具有以下特点，如图2-15所示。

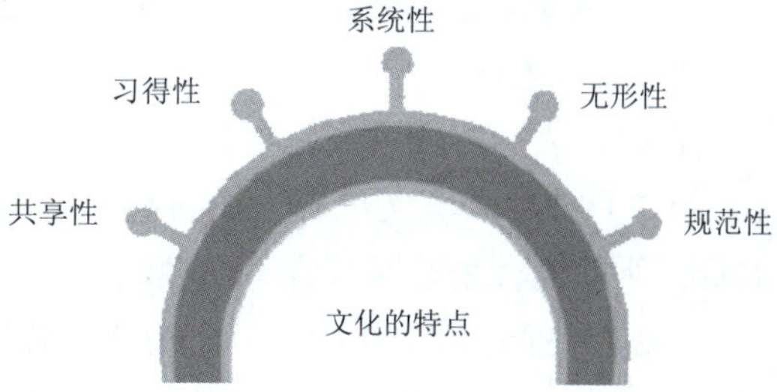

图 2-15　文化的特点

（1）共享性。共享性是指文化不属于个人现象，而是集体现象，即文化由特定社会群体的成员所共享。假如一种观念或行为方式只由某个体拥有，就不能称之为文化，而称之为个性或习惯。例如，一个人喜欢摇滚音乐，这不足以成为文化现象，只有当摇滚音乐在社会上风行起来、被众多人所喜欢，才能形成摇滚文化。

从这一方面来看，文化是社会成员联系在一起的群体习俗，处于同一文化下的人们往往有着相同的价值观、信念和生活方式。

（2）习得性。文化并非与生俱来，而是可以习得的。我们从小就生活在某种社会环境中，并从中习得了一系列的信念、价值和风俗。文化的习得性主要分为两种类型——文化继承和文化移入。

① 文化继承是指继承本民族或群体历史积淀下来的价值观、风俗、习惯等，包括受到父母教育和言行举止的影响而形成与之相似的观念，也包括学校正规教育中推崇的或者一直被社会群体接受的价值观。例如，儒家文化是中国传统文化的主流，其影响深远。受儒家文化的影响，中庸、谦恭、礼让等文化内涵成为重要的民族文化形态。我们自幼被长辈教导要学会谦恭礼让，在学校中这样做的学生会受到老师和同学们的赞扬，并且老师也一直在课堂上传授这种思想，所以在这种环境中长大的学生会逐渐具备这种素质。

② 文化移入是指学习外来文化。一个民族或群体在其文化演变过程中不可避免地会学习和融入其他民族或群体的文化，甚至内化成为本民族或群体的文化典型特征。

（3）系统性。一个文化系统中存在不同的要素，既有物质文化，也有精神文化，这些要素之间并非互相独立的，而是相互联系、共同变化的。例如，随着市场经济的快速发展，物质越来越丰富，这是物质文化层面的变化；同时，人们的消费观念也在发生巨大的变化，更加看重通过消费来表达个性和喜好，这是精神文化层面的变化。当然，这一特点也体现了文化的动态性，也就是说，文化不是一成不变的，而是不断变化的。

（4）无形性。文化对人们行为的影响是自然而然的，它就像一只“看不见的手”，自动调节着人们的行为。人们根据文化所采取的行动往往被看作是理所应当的，只有当我们接触具有不同文化价值观和习惯的人们时，才能真正体会到文化对行为的巨大影响。

（5）规范性。文化主要通过为个体设置规范，以影响家庭、大众媒体等为手段来发挥其作用。规范源于社会价值观，是对人们在特定情境下是否应当做某些行为所制定的规则，可以防范社会成员发生偏差行为，对其产生某种程度的约束力，一旦其违反规范，就要受到惩罚。

（二）文化与消费者行为

文化与消费者行为之间的关系是一种双向影响的关系。某种产品与消费者所处的文化越相容，就越有可能被消费者接受，同时产品还可以塑造文化。有些新产品的上市引发了新的生活方式，产生了新的文化形态。例如，智能手机的发明和普遍使用给人们的生活方式带来了巨大的转变，在文化形态等方面也发生了翻天覆地的改变。

文化包罗万象，无处不在，其对消费者行为的影响主要体现在以下几个方面。

1. 语言表达

在语言表达层面，文化可以分为高语境文化与低语境文化。

（1）在高语境文化中，语言交际信息的创造主要依靠语言交流的场合，而非依赖语言本身，所以语言表达通常含蓄而模糊。

（2）在低语境文化中，信息沟通主要通过清晰编码的语言来实现，很少依赖外在环境。

由于高语境文化中的消费者更容易捕捉语言之外的信息，对背景的细微差异十分敏感，因此在设计广告时除了注重语言设计外，还要注意使用的形象、图片和符号等是否具有不合理的文化含义，否则很有可能步入文化的“雷区”而惨遭失败。

2. 价值观

价值观是指一个人对于周围的客观事物（包括人、事、物）的意义和重要性的总评价和总看法。荷兰学者霍夫斯泰德提出了文化维度理论，将不同文化之间的差异归纳为五个基本的文化价值观维度，如图2-16所示。

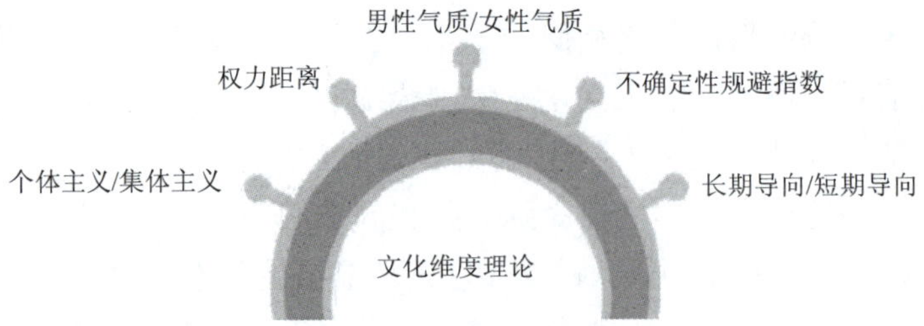

图 2-16　文化维度理论

（1）个体主义/集体主义。在个体主义文化中，人们关注自己的个人目标，强调个人的权利和取得的成就，十分重视个人与核心家庭的利益。处于这种文化中的个体强调要对自己负责，独立性更强，其社会鼓励竞争和追求个人成就，注重个人隐私。

在集体主义文化中，人们更关注集体目标，强调个人对群体的义务、服从与忠诚。集体主义的成员努力使自己融入组织之中，对组织存在情感依赖，他们往往关系紧密，实行资源共享，公私界限较为模糊。

那么，个体主义/集体主义价值观对消费者行为会有什么影响呢?

由于个体主义强调个人的独立价值，集体主义强调个人与他人的相互依赖，因此品牌在个体主义国家进行营销时，要多强调品牌对于个体自身的利益，品牌必须足够独特，有个性，能够突出消费者与他人的差异；在集体主义国家中进行营销时，品牌应当强调其对家庭和群体的有利之处，使个体强化自己与群体内其他成员之间的关系，增加认同感。

个体主义文化风格的广告一般强调个人感受，有一种我行我素的感觉，如麦当劳的“我就喜欢”、可口可乐的“要爽由自己”等；而集体主义文化风格的广告多强调分享、陪伴、亲情乃至民族情感，如麦氏咖啡的“好东西要与好朋友分享”、好迪洗发水的“大家好才是真的好”、海尔的“海尔，中国造”等。

案例分析

百事可乐新年广告，“把乐带回家”

2012 年，百事可乐策划了一支暖心的广告，讲述了一个好心人帮助一位老父亲一家团圆的故事。故事中最令人动容的是孩子们放下手中的事情，回家陪父亲过年的画面。百事可乐用亲情作为主题，把观众带入预设的情节，让观众在暖心的故事中不知不觉地接收了广告信息。

2016 年，百事可乐策划的广告触发了人们的集体回忆，这支广告片讲述的是猴王世家的真实故事。另外，百事公司还推出了猴年生肖品牌包装形象，更加深了人们对中国春节传统文化的印象，让百事品牌更深入地印记在每一个人的心中。

2017 年，百事可乐邀请《家有儿女》全班人马，以“把乐带回家”为主题，将“团圆饭”与众多消费者的回忆结合在一起，使人感动万分。

经过多年的打造，百事可乐的“把乐带回家”已经成为其品牌符号之一，公司通过亲情、团圆、回忆等元素为中国消费者营造了浓郁的情感氛围，使其产生情感共鸣，有力地提升了百事可乐的品牌形象，加深了消费者的品牌记忆度。

（案例来源：根据网络资料整理）

（2）权力距离。权力距离是指人们对组织中权力分配不平等情况的接受程度。

在低权力距离文化中，人们大多不接受上级因为等级地位较高而拥有更多的权力和权威，社会成员不管职位高低，都具有相对平等的决策权。在家庭和学校环境中，父母与子女、教师与学生之间的关系也更加平等。

在高权力距离文化中，人们大多接受人与人之间权力的不同。在职场上，下级一般习惯服从上级的命令；在家庭中，该文化强调孩子对家长的顺从，不能顶撞父母；在学校里，教师具有权威性，学生要尊敬教师。

（3）男性气质/女性气质。男性气质/女性气质是指社会中居于主体地位的价值观是更看重事业成功还是生活质量。

男性一般气质阳刚，充满自信，有很强的进取心，勇猛好胜，追求事业成功和财富地位，所以男性气质文化更推崇成就、物质和权力。处于这种文化中的人们普遍向往成功，往往会为了获得事业上的成功而忽略家庭生活。在这种文化下，性别的社会分工非常明确，男性负责外出工作，女性负责照顾家庭。

女性一般气质温柔，关怀他人，所以女性气质文化更注重生活品质，维护社会关系。处于这种文化中的个体对生活质量有更高的要求，认为工作是为了生活，而非生活是为了工作。在这种文化下，社会性别分工不太明显，女性普遍出去工作，做“家庭主夫”的男性也很多。

男性气质/女性气质直接影响着家庭消费角色的分配。在男性气质文化的社会中，日用品购物基本是女性负责的，男性参与的购物决策基本上是买房、买车等大件物品消费；而在女性气质文化的社会中，家庭消费角色的差异不太明显。

（4）不确定性规避指数。不确定性规避是指社会成员对于模棱两可或风险等不确定情境的容忍程度。

在不确定性规避指数较高的文化中，人们一般很难忍受不确定性，认为不确定性是一种威胁，需要规避。这种社会通过形成比较严密的组织和秩序，建立详细、明确的规范来规避风险，社会成员普遍拥有一种较强的紧迫感和进取心。

在不确定性规避指数较低的文化中，人们往往有很高的安全感，可以接受生活中的风险和不确定性，乐于冒险、勇于创新，对待生活持放松的积极态度。这种文化下的社会组织比较松散、灵活，规范和原则也较为宽松，整个社会鼓励多样化的生活方式。

不确定性规避指数对消费者行为的影响在于在不确定性规避指数较高的文化中，人们遵循具体的规则，办事讲究正式性，这导致他们在购物时会搜索更多的信息，并相信权威专家的话，但对新产品的接受度低；而在不确定性规避指数较低的文化中，消费者会迅速购买新产品，乐于尝试新产品。

（5）长期导向/短期导向。在长期导向的文化中，人们不仅重视传统，还会未雨绸缪，为将来做打算。处于这种文化下的人们通常意志坚韧，具有勤劳的品质，愿意为实现长远目标而努力奋斗，甘愿牺牲眼前的物质享受。在短期导向的文化中，人们更注重目前的生活，强调消费和享受当下，追求短期结果。

在长期导向文化中的人们注重节俭，所以储蓄率更高，消费水平较低。与之相反，在短期导向文化中的人们通常追求短期的快乐，不会为未来储蓄，而是即时享乐，即使借钱也要消费，所以这种文化下的人们往往借贷消费比例很高，冲动消费较为普遍。

3. 规范

规范是指社会或文化群体中所共享的关于个体行为的规则和标准。规范与价值观是密切相关的，社会中的大多数成员所遵循的文化价值观促使人们形成了社会规范，如果违反规范，就会受到惩罚。不过，规范与文化价值观又不完全相同，价值观属于主观心理过程，而规范属于相对客观的因素。也就是说，价值观存在于人们的内心，不同的人会持有不同的价值观；但规范存在于社会情境中，被整个群体所共享，即使人们所持的价值观不同，也可能遵守同样的规范。

规范对人们行为的影响在于大多数人所做的事情并非出自内心意愿，而是出于规范的压力而做出内心并不认可的行为。社会心理学中的“合理行动理论”指出：影响个体行为的因素有两个，一是人们对该行为的真实态度，二是他们感知到的他人对该行为的看法。

那么，是不是所有文化中的人们都会同样程度地受到规范的影响呢？其实并非如此。有些文化具有十分严格的规范，严格制约着人们的行为；有些文化中的规范并没有那么严格，对人们的行为所产生的影响并不太明显。基于社会中规范的严格程度，我们可以把文化分为松文化与紧文化。

（1）松文化：社会规范程度较低，对违规行为的制裁也相对轻得多。处于松文化下的人们，其价值观或真实态度往往决定着他们的行为。

（2）紧文化：社会规范程度较高，对违规行为有严厉的惩罚。处于紧文化下的人们，其行为会更受规范的影响。

紧文化中的消费者更多地为了与他人保持一致而购物，而松文化中的消费者更多地为了标新立异而购物。因此，在紧文化中开展营销活动时，品牌商应当强调产品的质量、信誉、稳定等一致性的标准；而在松文化中开展营销活动时，更应当强调个性、独特性与定制化。

4. 思维方式

思维方式是人们用来处理信息和感知世界的基础，是一种文化在长期历史发展中形成的较为固定的基础认知模式，不同文化中的个体在思维方式上有着显著的差异。

思维方式的差异对消费者行为会产生巨大的影响。与具有分析性思维方式的消费者相比，具有整体性思维方式的消费者对远距离的品牌延伸更容易接受。

二、经济对消费者行为的影响

经济因素与文化因素都是社会环境因素的一部分，属于影响消费者行为的基本因素。经济因素可以分为外在经济因素与内在经济因素。

（一）外在经济因素

外在经济因素是指消费者需求对象的经济特征与消费者所处的外在经济状态，包括商品价格、需求价格弹性、经济周期等因素。

1. 商品价格

消费者对某种商品的购买行为会受到该商品价格的影响。按照经济学原理，一般来说，消费者对某种商品的需求量与其价格呈反向变化关系，即假设其他条件不变，当商品价格上涨时，消费者购买该商品的意愿就会降低，会减少购买商品的数量，有时会选择替代品；当商品价格下降时，消费者购买商品的意愿就会提高，会增加购买商品的数量。

当然，如果其他条件发生了变化，这种反向变化关系不一定会成立。一般来说，其他条件有表2-7所示的几个方面。

表 2-7　影响消费者购买行为的其他条件

其他条件	具 体 说 明
消费者收入	当消费者收入明显增加时，即使商品价格上涨，消费者需求量仍然会保持不变，甚至还会增加
消费者偏好	当消费者提高对某种商品的兴趣时，即使该商品价格上涨，其需求量仍然有可能增加
互补商品价格	有些商品之间存在互补关系，如轿车与轮胎，如果轿车价格下降，轮胎价格上涨，消费者对轮胎的需求量仍然可能会增加，因为轿车价格下降会促使轿车销量增加，虽然轮胎价格上涨，但是由于轿车维修等需要，轮胎的销量仍然会增加

在生活中存在一种特殊商品，其价格与需求量之间呈同向变化关系，这种商品被称为吉芬商品。吉芬是19世纪英国的经济学家，他在研究爱尔兰的土豆销售情况时发现，由于爱尔兰发生灾荒，土豆价格急剧上涨，但人们对土豆的需求量却随之增加。这是因为灾荒使爱尔兰人的收入急剧减少，而土豆作为一种低档的生活必需品，人们不得不增加购买量，以替代其他消费品。当人们度过灾荒以后，土豆生产步入正轨，供给量增加，其价格下降，而人们的收入增加了，可以购买价格更高的替代品，所以土豆的需求量就降低了。

2. 需求价格弹性

需求价格弹性是指市场商品需求量对于价格变动做出反应的敏感程度。电力、医疗和日常生活必需品的价格即使产生大幅度变化，消费者的需求量也不会出现太大的变化，也就是说，这些商品的需求价格弹性很小；而非生活必需品、旅游服务等，即使价格产生很小幅度的变化，也会使需求量出现大幅度变化，这说明这些商品的需求价格弹性很大。

影响需求价格弹性的因素主要包括四个方面，见表2-8。

表 2-8　影响需求价格弹性的因素

影响需求价格弹性的因素	具 体 说 明
商品的可替代性	商品的可替代品越多，相近程度越高，其需求价格弹性就越大，反之则越小
商品用途的广泛性	商品的用途越广泛，需求价格弹性就越大，反之则越小。如果某种商品的用途广泛，当其价格上涨时，消费者只购买少量该商品用于其主要用途；而在价格下降时，才会增加购买量，以用于多种用途
商品对消费者生活的重要程度	生活必需品的需求价格弹性较小，非生活必需品的需求价格弹性较大，如粮食和食盐的需求价格弹性较小，而电影票的需求价格弹性较大
商品的消费支出占预算总支出的比重	比重越大，需求价格弹性就越大，反之则越小

另外，当目标消费者不同时，同样的商品或服务也会具有不同的需求价格弹性。例如航空服务业，对于出门旅游的人来说，机票有较大的需求价格弹性；而对于出差的商务人员来说，其需求价格弹性较小。

案例分析

2019 年，在距离“十一”黄金周还有十余天时，某旅游网站发布了《2019 年“十一”黄金周趋势预测报告》。该报告显示，预计在“十一”期间出行的人数大幅增长，不过机票价格较往年同期出现了不同程度的下降。

随着我国高铁、高速公路网络日渐完善，高铁游、自驾游等周边休闲游快速增长。从火车票的预售数据来看，2019 年国庆节同比增长 45%，这可能是 2019 年国庆机票价格下降的主要原因。

（案例来源：根据网络资料整理）

3. 经济周期

一个国家的经济周期与消费者行为之间存在着相互作用和相互影响的关系，消费者行为会影响经济周期阶段的发展，而在不同的经济周期阶段，消费者行为也呈现出不同的状态。

一个国家的经济周期可以分为四个阶段，即繁荣期、衰退期、萧条期和复苏期，如图2-17所示。

在这四个阶段中，消费需求与消费者信心方面表现出不同的特征，见表2-9。

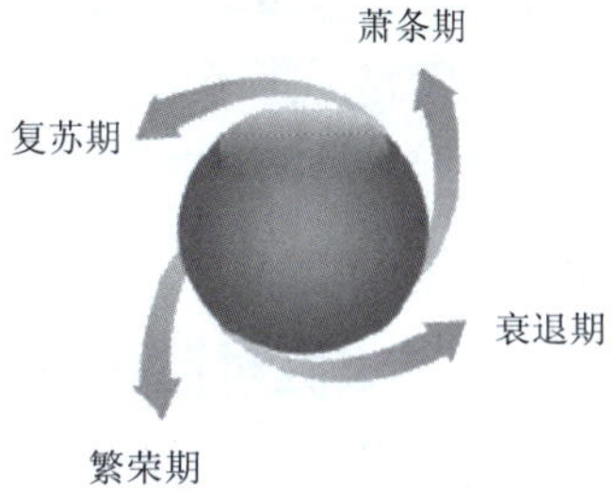

图 2-17　经济周期

表 2-9　经济周期与消费者行为的关系

经济周期消费者行为	繁荣期	衰退期	萧条期	复苏期
非必需品消费	高	开始降低	很低	开始增长
必需品消费	趋向平稳	稍低	稍低	稍微提高
服务消费	趋向平稳	稍微降低	稍低	稍微提高
消费者信心	开始降低	快速降低	开始提高	快速增长

营销人员很有必要理解并掌握经济周期对消费者行为的影响，特别是在衰退期来临时，如果不能做好充分准备加以应对，企业就会遭受重大损失。

（二）内在经济因素

内在经济因素主要是指消费者收入，消费者的购买力直接取决于其收入的高低或变化，这主要体现在以下四个方面。

1. 绝对收入的变化

引起消费者绝对收入变化的主要原因有工资收入变化，得到他人赠送、接受遗产、彩票中奖、蒙受灾害或盗窃等意外损失之类的财产价值意外变化，政府税收政策变化、企业经营状况好坏等造成的个人收入变化等，这些都会影响消费者的消费品种、数量、结构及方式。

2. 相对收入的变化

有时消费者的绝对收入没有发生变化，但由于他人的收入发生变化，带来的相对收入变化也会影响消费者的消费行为。例如，当自己与他人相比收入较少时，可能会尽量减少消费，或者改变消费结构；有时消费者也会模仿收入提高的人而提高自己的消费层次，引发超前消费。

3. 实际收入的变化

有时消费者的绝对收入没有发生变化，但由于物价上涨、商品价格提高，随之带来的是消费者实际收入的减少，这会导致消费者实际购买的商品数量、品种、结构和方式发生相应的变化。

4. 预期收入的变化

消费者会对未来的收入情况做出预估，假如预期收入会增加，就会增加现期消费支出，甚至增加借贷消费；假如预期收入会减少，就会减少现期消费支出，增加储蓄。

当然，消费者的收入也会影响消费者的支出结构。根据恩格尔定律，一个家庭的收入越少，家庭总支出中用来购买食物的支出所占的比例就越大；而随着家庭收入的增加，家庭总支出中用来购买食物的支出份额则会下降，而在其他方面（如服装、交通、娱乐、教育、医疗等）的支出份额会提高。

衡量食品消费支出占总支出比重的指标被称为恩格尔系数，当消费者的总收入增加时，其比重会逐渐降低，所以可以说明消费者的生活富裕程度。例如，随着我国经济的高速发展，城乡居民的收入水平不断提高，恩格尔系数也显著下降。

三、家庭对消费者行为的影响

家庭是社会的基本单位，是构成社会有机体的基本细胞。一般情况下，人的一生是在家庭中度过的。家庭对个体性格和价值观的形成，个体消费与决策模式的产生都有十分重要的影响。

（一）家庭概述

家庭是以婚姻关系、血缘关系或收养关系为纽带而组成的一种社会生活组织形式或社会基本单位。具体来说，家庭包括以下几个要素：

（1）婚姻是家庭的起点、基础和依据，通过缔结婚姻关系而形成的夫妻是家庭中的核心，是维系家庭的第一纽带。

（2）血缘关系是家庭的另一个依据，以父母子女关系、兄弟姐妹关系为主要内容的血缘关系是家庭的第二纽带。

（3）收养关系也是家庭关系。

（4）家庭可以是婚姻、血缘关系的合理延伸。合理延伸是指不能脱离血亲和姻亲关系的延伸，一般是指除夫妻关系、亲子关系之外的其他直系或旁系亲属。

（5）家庭要以共同生活为条件，家人应在较长时间内共同生活，相互照顾，分享资源、情感、决策、价值和利益。

常见的家庭结构类型见表2-10。

表 2-10 常见的家庭结构类型

家庭结构类型	解　释
核心家庭	夫妻和未婚子女组成的家庭，也包括夫妻二人家庭或者单亲家庭
主干家庭	夫妻与一对已婚子女组成的家庭
扩展家庭	核心家庭成员与其他亲属（如祖父母、叔伯婶母、堂兄妹等）组成的家庭，如三代同堂或四代同堂的大家庭
联合家庭	父母与多对已婚子女共同居住生活，或者婚后兄弟姐妹不分家的家庭
其他家庭	未婚兄弟姐妹组成的家庭、隔代家庭等

（二）家庭的功能

作为社会的基本单位，家庭具有多重功能，与消费者行为研究联系较为密切的功能主要有经济功能、情感交流功能、赡养与抚养功能以及家庭成员的社会化功能。

1. 经济功能

家庭作为一个群体，是社会的细胞，是社会生活的基本单位，发挥着其固有的功能，而经济功能是家庭的重要基础，包括家庭的各种经济活动，如生产、分配、消费、理财等。

家庭的经济状况受到收入的影响，家庭生活必须有经济条件的支持。经济条件包括三个方面：一是经济收入的绝对量；二是与这一绝对量相关的主观判断；三是经济支出的安排方式。

影响幸福感的直接因素是对收入的主观判断。对自己的收入评价较高的家庭，一般幸福程度更高。经济开支和安排与幸福程度有很大的关系，夫妻在开支意见上越一致，特别是在结婚伊始就一致的，幸福程度就越高。

2. 情感交流功能

家庭是人们思想、情感交流最充分的场所，亲缘关系是家庭成员之间进行亲密交往和情感交流的基础。当遇到困难、挫折和问题时，人们可以从家庭中获得安慰、鼓励和支持。在竞争越来越激烈的当今社会，人们对获得家庭关爱有着更强烈的需求。

3. 赡养与抚养功能

在子女还没有独立生活能力的时候，父母有责任和义务抚养他们，这是人类繁衍的需要。同样，当父母年老体衰、丧失了劳动能力后，子女也有赡养老人的义务。这一类家庭功能将随着社会保障制度的不断完善而转移到社会，但不可能完全外移。

4. 家庭成员的社会化功能

家庭成员的社会化功能分为两点：一是儿童的社会化；二是成年人的社会化。

儿童的社会化是家庭的核心功能。每个人从刚出生时的一无所知，到慢慢获得与社会文化相一致的价值观和行为模式，这一过程大部分是在家庭中完成的。通过模仿父母的行为，接受父母的教育，孩子逐渐获得了待人接物、适应社会的各种观念、技巧、规范和行为方式，而这些行为或观念会对孩子的一生产生深刻的影响，所以家庭的社会化功能是个人成长的关键。

成年人的社会化也十分重要，居住环境的变迁、生产条件的改变，都迫使成年人不得不重新学习新的事物，而且在生活中要扮演不同的社会角色，如丈夫或妻子、父亲或母亲、职员或领导，承担多方面的社会责任。成年人必须通过学习和实践慢慢熟悉和胜任自己的角色。老年人在退休之后也要学会适应社会的发展，用新的眼光观察新生事物，进行社会化再教育，逐步适应新的生活方式。

（三）家庭生命周期

家庭生命周期是一个家庭形成、发展直至消亡的过程，可以反映家庭从形成到解体呈循环运动的变化规律，最初由美国人类学家格里克于1947年提出，在市场营销学中特指消费者作为家庭成员所经历家庭各个阶段形态的变化，用于分析和揭示消费者在不同阶段消费的形式、内容和特征等，从而作为市场细分的变量。

家庭生命周期可以分为以下五个阶段。

1. 单身阶段

很多单身者离开父母独立生活，或者在大学读书，或者毕业之后开始工作。目前，推迟结婚年龄的群体数量正在不断增加，这些单身者拥有较高的可自由支配收入，倾向于旅行、娱乐、服装和饰品等方面的消费。

2. 新婚阶段

新婚阶段是指从夫妻组建家庭到第一个孩子出生为止的这一段时期。在这一阶段，夫妻双方都要做出调整，以适应婚后的家庭生活。由于双方都有工作，其共同收入可以支撑他们寻求一种愉快的生活方式。例如，他们是演出门票、昂贵服饰、高档家具、餐饮、度假旅游等产品或服务的重要目标消费群体。由于刚组建家庭，因此他们也是很多生活用品、家居用品的主要购买者。例如，他们会购买大小家电、家具、床上用品、地毯、装饰品、厨具等。

3. 满巢阶段

满巢阶段是指从第一个孩子出生到所有孩子离开父母生活为止的这一段时期。满巢阶段持续时间很长，一般超过20年。相关研究人员将这一阶段细分为满巢一期、满巢二期和满巢三期。

（1）满巢一期：6岁以下的孩子与父母组成家庭的时期。第一个孩子的出生通常会使家庭生活方式和消费方式发生巨大的变化。例如，这一时期的家庭需要为孩子购买婴儿食品、婴儿服装、玩具等物品，同时还要在用餐和家居布置方面为孩子充分考虑。假如一方停止工作，在家照看孩子，家庭收入就会减少很多。假如请家中长辈帮忙照看孩子，或者雇佣保姆，住户成员就会增加，在生活起居和家庭购买方面也会产生相应的变化。

（2）满巢二期：孩子已经在小学或中学读书的时期。由于孩子上学，原本应专门在家照看孩子的一方也重新参加工作，使家庭收入得到改善。在这一时期中，家庭的消费活动仍然以孩子为中心，为其准备衣、食、住、行等方面的物品，还要培养孩子的兴趣爱好，参加各种兴趣班。

（3）满巢三期：夫妇年龄较大，但孩子尚未完全独立的时期。在这一时期中，夫妻双方都在工作，而孩子虽然没有离开父母，但找到了工作，这使家庭财务压力进一步减轻，夫妻双方会增加在健身、体育器材、餐饮等方面的消费。

4. 空巢阶段

空巢阶段开始于孩子不再与父母共同居住，这一阶段的延续时间比较长。有的父母会因为孩子不在身边而感到落寞、伤感，而有的父母则释放了抚养孩子的压力，做一些之前想做但没有精力去做的事情。在这个阶段，夫妻双方可能会共同旅游和娱乐，重新装修居室等。由于他们拥有的可支配收入较多，因此他们是奢侈品、汽车、高档家具及度假旅游等产品或服务的重要消费群体。

5. 解体阶段

解体阶段开始于夫妻双方的一方过世。假如在世的一方身体健康，有工作或者有足够的储蓄，并且有朋友和亲戚与之来往，对其有所关照，家庭生活的调整就会容易许多。由于收入来源减少，因此在世的一方会变得节俭，而且会从家庭之外寻求朋友关系，或者开始下一段婚姻。

（四）家庭购买决策

家庭购买决策是家庭成员做出购买决定的过程。要理解家庭购买决策，就必须分析家庭成员在购买决策中的相互作用关系。广告与消费心理学家戴维斯等人研究并识别了家庭购买决策的四种方式（见表2-11）。

表 2-11　家庭购买决策方式

方　式	说　明	举　例
自主决策	对于不太重要的物品，妻子或丈夫独立做出购买决定	饮料
丈夫主导决策	在决定购买什么的问题上，丈夫起主导作用	保险
妻子主导决策	在决定购买什么的问题上，妻子起主导作用	清洁用品、厨房用品和食品
共同决策	丈夫和妻子共同做出购买决定	度假、供孩子上学、购买和装修住宅

研究发现，越是进入购买决策的后期，家庭成员越倾向于共同决策。也就是说，家庭成员在具体产品的购买上存在一定的分工，某个家庭成员负责收集信息并进行评价与比较，而最终决策要由所有的家庭成员一起做出。

家庭购买决策方式也会因产品的不同而有所区别。如果某种产品对整个家庭非常重要，且购买风险很高，家庭成员就倾向于共同决策；如果某种产品为个人所用，或者购买风险很小，则自主决策居多。

案例分析

随着我国生育政策的放开，孩子的增加带动了婴儿产品的销售。2017 年是新生育政策实施的第二年，也是政策效果完整显现的第一年。这一年，快速消费品整体销售增长率为 4.3%，而婴儿产品（0 ~ 3 岁婴儿奶粉、纸尿裤、洗护、辅食等快速消费品）的年度消费金额增长率高达 9%。

有了二孩、三孩的家庭，其消费模式与只生一个孩子时有什么显著区别吗？某研究机构根据调查有如下发现。

1. 提高效率的小家电销量大增

很多父母觉得属于自己的时间越来越少，但现代育儿观又让这些父母非常重视陪伴孩子，因此他们购买了可以节约时间、帮助处理琐碎家务的工具，如扫地机器人、洗碗机等。

2. 注重购物效率

由于更加忙碌，闲暇时间变少，父母在购物时更加注重效率。很多父母喜欢囤货，他们会一次性大量购买质量好的商品，放在家中慢慢使用，这样可以随时取用，十分方便；他们更喜欢购买大宝使用过的品牌，因为这样的品牌早已经过检验，质量过关，也可以为他们节省选择商品的精力。

3. 兼顾孩子的需求

父母也要经常关注大孩的心理感受，所以很多父母为二孩、三孩购买商品以后，也会给大宝买些商品。

可以看出，二孩、三孩出生以后，一个家庭的消费支出会明显增加，很多消费会围绕婴儿展开，家庭消费结构会发生巨大的变化。

（案例来源：根据网络资料整理）

四、消费情景与消费者行为

在消费者的消费过程中，消费行为会受到情景的影响。面对相同的营销刺激，如同样的商品、服务或广告，同一个消费者在不同的消费情景下会有不同的行为表现。

（一）消费情景的分类

消费情景是指消费者所面临的能够引起其生理和心理反应的内外部刺激因素。消费情景主要分为以下四种类型：

1. 传播情景

传播情景是指消费者在与人沟通或接触某些物体时所处的状况，是对消费者行为产生影响的信息接收情景，也称信息沟通情景，可以决定消费者是否留意、理解和记忆信息。有三类情景可能影响消费者反应，即暴露情景、信息沟通环境和消费者接收到信息时的心境状态。

2. 购买情景

购买情景是指消费者在购买商品时所处的状态，可以将其细分为商场内部情景、礼物赠送情景和不可预期情景。

（1）商场内部情景。商场内部情景包括商品可获得性、货架位置、价格促销、商品陈列和购物舒适性等，这对消费者的购买决策，尤其是非计划购买有着重要的影响。因此，营销人员要学会辨别不同的商场内部情景，调查消费者做出何种反应。

（2）礼物赠送情景。由于礼物不仅是产品实体，也包含着重要的象征性信息，因此消费者在为他人购买礼物时往往比为自己购买商品还要用心，会花费更多的时间和精力，使用不同的品牌评估标准，选择不同的品牌。

（3）不可预期情景。购买情景有时是无法预料的，如价格突然变化、朋友突然到访、没有时间购物等，这就打乱了消费节奏，消费者不得不临时作出决定，因此他们会犹豫再三，直到最后一分钟才做出最终决策，选择是否购买。

3. 使用情景

使用情景是指消费者使用商品的时机或状态，营销人员要了解其商品适合哪些使用情景，在做出详细的了解之后，才能向消费者传递适合消费者需求的商品信息。例如，营销人员在广告中向消费者传递某品牌的葡萄酒适合休闲时饮用，而另一品牌的葡萄酒适合在商务场合饮用的信息。

4. 处置情景

处置情景是指商品使用前或使用后消费者必须处置商品或商品的包装。在消费者看来，处置方便是商品本身应该具有的一种属性，消费者更倾向于购买易于处置的商品。例如，商品在使用时包装是否容易打开、使用完以后是否易于回收等。

（二）消费情景如何影响消费者购买行为

我们不仅要分清消费情景的类型，还要了解消费情景的五个维度（物质环境、人际环境、时间压力、购买任务和短期状态），然后从这五个维度来分析消费情景对消费者购买行为的影响。

1. 物质环境

物质环境是指那些以实物形式存在的、能够唤起人的感觉的环境因素，以及与物质有关的设备设施环境。物质环境能够为消费者提供一种体验价值，在购物过程中满足其娱乐和幻想的需求，因此消费者在井然有序的环境中购物要比在杂乱无章的环境中购物更满意。

物质环境可以分为颜色、气味、音乐和拥挤状态等。

（1）颜色。颜色对人们的心理有着很大的影响，所以消费者行为也会受到颜色的影响。很多消费者或许认为自己不会受到外界的影响，但事实并非如此。科学研究早已证明，颜色会触发大脑响应。消费者对视觉线索的依赖性远大于其他感觉器官，在购买决策的影响因素中，产品质地只占6%，气味或声音只占1%，但产品外观占93%，而在购买某件特定商品时，85%的消费者承认是受到其颜色的影响。

（2）气味。气味对消费者购买行为的影响得到越来越多的证据证明。一项研究发现，如果购买环境有香味，会让人产生再次前来购买的想法，能够提高消费者购买某种产品的意愿，使其对购买时间减少敏感度。

当然，香味偏好是很个人化的，某些人愉悦的香味可能会让其他人厌恶，而有的人还会对某些香味过敏，这都会影响到消费者的购买行为。

（3）音乐。在购物环境中，音乐是影响消费者购物感受的一个重要因素。商场对音乐的合理编排与设计不但可以给消费者带来听觉上的享受，营造轻松的购物氛围，而且音乐的格调也直接体现了商家的文化品位，会对消费者的情感产生直接影响，从而影响其购买行为。

（4）拥挤状态。拥挤既可以被看作一种高密度的物理状态，也可以被看作个人心理的状态。如果商场中的人太多，过于拥挤，就会影响商场的氛围，使消费者产生压抑感，有一种行为受限或者私人空间被侵占的心理提示，所以他们会减少购买时间，只购买主要的商品，而放弃购买次要的商品。这样一来，消费者就会产生不愉快的购物体验，满意度就会降低，再次前往同一家商场的可能性也会降低。

2. 人际环境

人际环境是指那些对人的心理与行为具有直接或间接影响的社会情景，如朋友的意见、孩子的索要等。

消费心理学研究表明，人在社会情景下受到他人影响而产生的消费行为与在个人情景下有显著的区别。在社会情景下，人们的消费心理有明显的从众性，总是会相互模仿。很多消费者在做出购买决策之前会询问亲朋好友的意见，或者向专业人士咨询。因此，对于消费者来说，销售人员是一个非常重要的人际环境因素，如果消费者认为销售人员的态度、能力很差，对其不信任，一般就会提高警惕，放弃购买；反之，则会增强购买意愿。

3．时间压力

时间对消费者购买决策有着非常重要的影响。一般情况下，可用的时间越少，搜索到并能运用的信息就越少，就会压缩决策时间，消费者可能会因为信息不充分而做出不合理的决策，或者降低标准，或者按照自己的直觉思维进行决策，购买以后产生后悔情绪的可能性较大。

很多人因为工作繁忙，业余时间较少，所以在购物过程中非常仓促。由于存在时间压力，很多消费者会减少购物浏览的时间，在购物之前做好采购计划，或者只购买自己熟悉的商品，就会相应地减少冲动购物的行为。

由于时间压力的影响，越来越多的消费者倾向于在网上购物，但由于网上购物支付便捷、浏览方便、商品种类繁多，再加上很多人自制力差，因此在网上容易产生冲动消费。

4．购买任务

购买任务是指消费者购买商品或服务的理由或目的，分为自用购买和送礼购买。

（1）自用购买。在自用购买方面，消费者购买决策会受到多种因素的影响和制约，包括消费者的性格、气质、兴趣爱好、生活习惯、收入水平等个人因素，以及消费者所处的空间环境、社会文化环境和经济环境等刺激因素。这些因素之间存在复杂的相互作用，会对消费者的决策内容、方式和结果产生很大的影响。这种影响是带有不确定性的，因为影响消费者购买决策的各种因素会随着时间、地点和环境的变化而不断变化。

对于同一个消费者来说，其购买决策具有明显的情景性，其决策方式会依据所处的不同情景而有所变化。由于不同消费者的收入水平、购买习惯、消费心理和家庭环境等因素不同，因此不同消费者对同一种商品的购买决策也会有所不同。

（2）送礼购买。对于消费者来说，送礼购买与自用购买的购物策略和选择标准有很大的差异。礼品包含着很多象征性意义，传递着送礼者对受礼者的重视和尊重，而礼品的形象与功能也隐含着送礼者对受礼者形象和个性的印象。礼品的性质不同，意味着送礼者与受礼者想要建立的关系也有所不同。例如，送给他人一套餐具做礼物与送一瓶香水做礼物，送礼者与受礼者想要建立的关系明显有所不同。

5．短期状态

短期状态是指消费者在消费过程中的短期心理状态或条件，分为心情和暂时性条件两个方面。

（1）心情。心情是一种暂时性的情感状态，人们通常用“高兴、悲哀、压抑、忧伤”等词语来描述心情。心情既对消费过程产生影响，又会受到消费过程的影响，所以营销人员不仅要对因为某种心情而引发的消费者行为做出得体的反应，还要想办法影响消费者，使其拥有积极的心情，从而有利于营销。例如，在餐馆、酒吧、购物中心等场所，商家可以通过播放背景音乐来刺激消费者产生积极的心情。

（2）暂时性条件。暂时性条件是指疲倦、生病、突然增加收入或破产等暂时性状态。这些状态并不是经常性的，也不会与个体长时间伴随，所以对消费者行为的影响也是暂时的。例如，一个总是经济拮据的人与暂时缺钱的人的消费行为有显著的差别，总是经济拮据的人会想尽办法节省钱财，消费水平会很差，而暂时缺钱的人只是暂时性地收紧“钱包”，会随着收入的增加提高消费水平，甚至预期自己的收入可以弥补透支额度，从而产生超前消费。

案例分析

以西西弗书店为代表的新业态书店以“咖啡＋生活方式＋第三空间＋书店”的概念迅速发展，不仅拥有超高的“颜值”与“‘网红’打卡地”的标签，还营造了舒适的空间体验。

在西西弗书店，读者既可以看书，也可以闲逛，还可以待上一整天，甚至可以趴在书店的桌子上睡觉，没有人会苛责不买单。书店为了让读者获得愉悦的阅读体验而竭尽全力，例如，书店用柔和的木质地板取代了容易反光的大理石地板砖；为想要翻看书中内容的读者拆掉书封，让人们尽情阅读。

可以这样说，新业态书店不再是一个传统意义上的书店，而是具有文化气息、包含丰富内容的消费空间。书只是增添了它的文化气息，增加了它获取流量的途径。新业态书店卖的不是书，而是场景体验。

（案例来源：根据网络资料整理）

五、新零售消费情景的塑造

新零售经过两年多的发展，已经开始趋于稳定，目前我们理解的新零售就是建立在新技术的基础上改造传统零售业态，提高行业效率，进而为消费者提供更优化的消费体验的过程。

从零售本质来说，企业获得竞争优势主要源于价格和消费者体验。按照零售业发展的一般规律来看，当零售技术有了重大发展时，价格变化会非常明显，创造出更加良好的消费者体验成为更重要的任务，而消费者体验就来源于消费情景。

要想塑造新零售消费情景，零售企业应建立在对目标消费者生活方式的准确洞察和全面研究基础上，构建出一种新零售商品表现形式。

零售企业首先要转变观念，即由多年前的以商品和品类为中心、以自我为中心的经营理念转变为以消费者为中心、以消费者的生活场景为中心的经营理念。这是一个比较大的转变，尤其是对企业的管理者、采购人员、营销人员是一个较大的考验，只有更懂消费者，才能更好地塑造出打动消费者的消费情景。

在塑造新零售消费情景时，零售企业可以从以下几个方面入手。

（一）重构供应链体系

塑造新零售消费情景，需要新的供应链体系做支撑，以消费者的生活方式需求为中心，打破以往的品类理念。例如，零售企业可以运用大数据、移动互联网、智能物联网、自动化技术及先进设备，实现人、货、场之间的最优化匹配，从供应链、仓储到配送，构建自己完整的物流体系，实现原料采购供应链协同。

企业可以利用大数据平台深度挖掘消费者数据，并反向导入平台化体系，进而分析数据与数据之间的交叉点，充分理解消费者的具体诉求，利用前端的销售数据去影响后端的供应链生产，形成闭环后可以有效地控制成本。

（二）跨界融合

随着消费者的需求越来越复杂，消费者行为呈现出碎片化的特点，单一的零售模式越来越难满足消费者的需求，因此跨界融合是零售业发展的趋势。融合不仅局限在零售产业内的不同业态，零售业和其他产业的融合也有很大可能。例如，零售业和交通、旅游、文化产业的融合，零售和消费者工作场所的融合，零售和医疗、保险、金融等生活服务行业的融合。

（三）向次级消费区域下沉

在新零售发展的早期，由于受到成本、技术和消费者接受程度的制约，其开展范围一般在一二线城市，消费者受众十分有限。随着新零售发展、模式成熟和成本降低，越来越多的消费者开始接受新零售模式，于是新零售向次级消费区域下沉就成为必然。

不过，一二线成熟的零售模式不能完全照搬到三四线城市，因为三四线城市消费者的消费习惯与一二线城市消费者的消费习惯有着巨大的差异，所以零售企业要根据区域消费特征对已有模式进行改造，从而创造出更符合次级消费区域消费者需求的消费情景。

（四）打造沉浸式购物情景

传统的购物情景一般是在现实环境中塑造出来的，如装潢、颜色设计、音乐、气味等，但在网络购物渠道中无法利用这些，因为消费者无法现场体验。不过，随着技术的成熟，VR、AR和裸眼3D等能够帮助消费者在购买商品前直接看到自己使用商品的情景，如服装穿在身上的效果、手提包与服装的搭配效果等，这种沉浸式的购物情景可以提升消费者的购物体验。

案例分析

生鲜市场的时效性比较短，所以对供应链的要求非常高。我国的生鲜产品生产集中程度和产品标准化程度比较低，而零售商想要销售的是高标准化的生鲜产品，所以这就要求庞大的生鲜流通环节来对生鲜产品进行集散和分销。不过，流通环节众多，而且冷链仓储物流建设较为落后，会导致流通环节的高损耗和高成本，再加上品类不全，很难满足消费者对生鲜产品的即时性需求，这是我国生鲜行业的最大痛点。

盒马鲜生在很大程度上攻破了生鲜市场的痛点，从一开始就大力度打造前端供应链能力、商品自采能力、物流配送能力、智能库存管理能力、消费终端数据分析能力、果蔬基地建设能力，以及自有品牌开发能力，这也成为其制胜法宝。

盒马鲜生打造的新零售从供应链、仓储到配送都有自己完整的物流体系，实现了原料采购供应链协同，而且利用大数据平台，深度挖掘消费者数据，发现消费者的具体诉求，再去影响后端的供应链生产，形成能够有效控制成本的生产闭环。

除了运用大数据以外，盒马鲜生的另一个制胜利器就是对供应链充分赋能。盒马鲜生组建了专业的供应链团队，会和门店所在地的供应商建立联盟，甚至直接组织农户生产生鲜原材料。盒马鲜生在生产基地采购果蔬时会把大部分生鲜进行包装，从而最大限度地减少运输、门店运营和客户挑选等环节中的损耗。

整合了上游供应链后，生鲜产品的价格非常实惠，这让盒马鲜生的生鲜产品有了很高的性价比，既新鲜又好吃。

（案例来源：根据网络资料整理）

六、物流服务与消费者行为

如今网购消费成为消费者普遍喜欢的购物方式，消费者对物流配送服务质量的期望也日益提高。网购市场消费特征逐步升级，用户越来越偏好新品类、智能化和高品质消费。

中国互联网络信息中心（China Internet Network Information Center，CNNIC）网购市场研究数据显示，网络口碑、价格、网店/商家信誉成为消费者网购决策的关键因素，其中关于物流快递服务的关注度分别表现在快递配送速度、快递公司信誉、快递费用高低等，这表明消费者在网购过程中，物流配送服务对其决策具有重要的影响作用。

在消费者投诉方面，配送延迟、地点或时间错误和商品损坏或丢失等投诉内容较多。网购过程是消费者接受商家服务的过程，物流服务质量在很大程度上影响着消费者的购物体验，如果商家的物流服务质量较低，消费者就会产生不满，甚至产生退货投诉和负面口碑，最终阻碍商家和物流公司的品牌效应及其运营发展。

作为电商与消费者的唯一实体接触环节，物流服务质量已经成为制约商家发展的一块短板，是商家进行品牌建设与维护的焦点。

物流服务质量主要体现在四个方面，如图2-18所示。

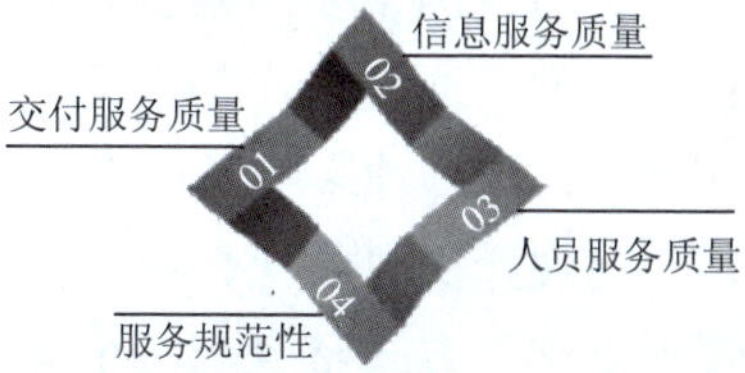

图 2-18　物流服务质量的四个方面

（1）交付服务质量。交付服务是物流服务的核心，是指按照约定的时间和地点，将包装完好、数量和规格与订单一致的商品交付消费者，包括对即时性、货物完好程度和订单精确性的要求。交付服务是网络购物中实现商品所有权转移的必要条件，所以交付服务质量越高，消费者的满意度越高，抱怨或投诉就会相应地减少，重购率才会相应地提高。

（2）信息服务质量。作为现代物流的重要组成部分，物流的信息服务主要提供货物的即时信息，包括地理位置、物流路径、物流跟踪及追溯、订单状态、到货提醒等。

物流信息服务是企业赢得竞争力的重要因素，假如企业可以提供完备的物流即时信息，消费者就可以增强对所购商品的控制感，其购物体验也会更好，相应地其购物满意度也会得到提高。

（3）人员服务质量。人员服务是指与网购消费者接触的物流服务人员的直接服务，包括物流服务人员的知识水平、服务态度等。

人员服务要以消费者为导向，在交付商品时，物流服务人员要与消费者及时、有效地沟通，其服务态度和语言或行为会直接影响到消费者的后续消费行为。因此，物流服务人员要充分理解消费者的需求，做到礼貌、尊敬、热情和周到，这样才能提高消费者的购物满意度，减少其抱怨的机会。

（4）服务规范性。服务规范性是指提供物流服务的规范程度，主要包括服务流程的规范性、设施的规范性，以及标识的规范性等。消费者在接收商品时就可以体验到物流服务的规范程度，例如是否需要身份验证、包装是否规范、是否有终端扫描设备、物品摆放是否整齐、物流服务人员着装是否正规等。

如果物流服务人员的操作不规范，着装不正规，不允许消费者验货，不需要身份验证，商品随意摆放，那么消费者可能会对商品的安全性和保护性有所担忧，对本次消费也会产生不满情绪。物流服务越规范，消费者的购物满意度就会越高。

七、第三方支付方式与消费者行为

随着移动通信技术和互联网通信技术的迅速发展，以及移动终端设备的普及，人们的消费方式和支付方式已经发生了巨大的改变。尽管传统的商业模式和格局仍旧占据很大的市场份额，但电子商务对人们的消费理念和消费行为产生了不容小觑的影响力。

对于广大消费者而言，电子支付几乎发生在他们生活中的每一天，满足着他们不同的需求。电子支付是指单位、个人直接或授权他人通过电子终端发出支付指令，实现货币支付或资金转移的行为。按照支付指令发起方式，电子支付可以分为网上支付、电话支付、移动支付、销售点终端交易、自动柜员机交易等，而第三方支付则属于网上支付的一种。

目前我国主要的第三方支付机构有阿里巴巴的支付宝与腾讯公司的微信支付。这两种支付方式的开通和操作都很简易，已经不局限于网购领域，也与餐饮、线下零售和出行等领域相结合，深入地影响了广大消费者的消费习惯。

与现金支付相比，第三方支付具有便利性和安全性等优势。第三方支付平台可以将多种银行卡支付方式整合到一个界面，使购物更加快捷和便利。消费者使用第三方支付可以规避收不到货物的风险，能够增强其交易的信心。由于第三方支付在消费者购买活动中起到媒介的作用，因此消费者的购买行为与自己财产之间的联系变弱，即支付透明度降低，消费者会对所花费的金额表现出“视而不见”的特点。

另外，随着移动互联网时代的到来，第三方支付具有移动化的特点，使支付交易行为可以随时随地发生。

第三方支付之所以能对消费产生如此巨大的影响，除了便捷性和安全性外，还在于其影响了消费者心理，其中心理账户和双通道心理账户是关键因素。

案例分析

2019年1月，支付宝发布了2018年账单，之后一个词语流行起来：账单式小康。账单式小康是指明明已经穷到举步维艰，但一看账单感觉自己过去一年过得还挺凑合。

在细分账单中，支付宝统计了九大子账单，包含生活费用、饮食、交通出行、通信物流、住房缴费、运动健康、文教娱乐、服饰美容与其他消费。消费少的有3万多元，多的达到40多万元，其中生活日用和服饰美容的消费占比最高。

很多消费者在看完自己的账单以后被吓坏了，都表示不知道自己有这么多钱，普遍感觉收入与花费不成正比，甚至有卸载支付宝的冲动。其实，花费超出心中预期与目前的超前消费潮流有着密不可分的关系，而且随着二维码付款方式的普及，消费者已经习惯了扫码支付，而这种电子支付的方式缺少了纸币支付所产生的珍惜感，无形中促使人们增加消费。

（案例来源：根据网络资料整理）

素养园地

直播带货与助农

新东方选择成立“东方甄选”进军直播带货的二次创业，有人认为是新东方在受到“双减”政策巨大影响下不得已的自救，也有人认为东方甄选是一次绝好的创业机会。下面我们从两个方面进行分析：

首先，直播带货的市场发展迅速，坐拥10亿用户的抖音平台更是直播带货第一大平台，选择进军直播带货市场，选择抖音平台，就是乘风而起、顺势而为，选择强大的市场，势必会带来丰厚的利润回报。

其次，目前很多直播带货公司重交易、轻体验，关心利润多过关注消费者需求。而东方甄选推出双语直播带货，老师们依旧用着那套新东方式讲课风格，一场直播带货，更像场情景教学，不仅能学英文单词，了解中华文化，还能听鸡汤，有感悟，给观众带来了高质量的体验。比如小董老师在直播过程中的一句“谷贱伤农”，让不少人深切体会了农民的不易，毫不犹豫为大米等农产品下单。可以说东方甄选的直播带货成功地将“有趣 + 有用 + 有感”三要素结合起来，无形之中扩大了目标客群，提高了转化率，实现了真正意义上的集客。而且东方甄选助力农产品，推广优良的素质教育产品，也体现了东方甄选的经营理念，不只是追求利润，也担负起了助农和素质教育的责任！

总之，无论购物形式如何演化、发展，感官体验在大多数情况下既是我们消费的目的和结果，又是我们消费的过程。现今的消费者已经开始对网购的效率至上主义有所反思。

（案例来源：根据网络资料整理）

实训实战

1. 工作任务及评价标准

以小组为单位，各小组选择一个知名品牌，并在品牌中选择一款产品，以短期集客引流为目的，进行消费者行为分析，并设计营销策划方案，评价标准见表2-12。

表 2-12 “营销策划方案”评价标准

评价项目		A（40～50 分）	B（30～39 分）	C（0～29 分）
营销策划方案的可行性和预期成效	消费者行为分析是否准确、全面，集客策划案的可行性如何（50 分）	消费者行为分析准确、全面，集客策划案完全可行	消费者行为分析较准确、较全面，集客策划案可行性一般	消费者行为分析不准确、不全面，集客策划案不具备可行性
	预期成效（50 分）	可以达到预期成效	预期成效不明显	没有达到预期成效

2. 工作流程评价（见表2-13）

表 2-13 “营销策划方案”评价表

<table>
<tr><td colspan="5">姓名：　　　　　　　　　组别：　　　　　　　　　学号：</td></tr>
<tr><td colspan="5">各位同学：请针对下列评价项目并参照“评价标准”，选择“A、B、C”自行评定学习表现，满分 100 分，结合小组评定和老师复评，汇总得到评价成绩</td></tr>
<tr><td>评价项目</td><td>检核重点</td><td>自　评</td><td>小组评定</td><td>老师复评</td></tr>
<tr><td rowspan="2">1. 营销策划方案的可行性和预期成效</td><td>消费者行为分析是否准确、全面，策划方案可行性如何（50 分）</td><td></td><td></td><td></td></tr>
<tr><td>预期成效（50 分）</td><td></td><td></td><td></td></tr>
<tr><td>2. 奖励</td><td colspan="4"></td></tr>
</table>

注：如有某组学生某一方面表现特别突出，或有被老师和同学认可的创新性内容，可以视情况奖励，奖励分不超过 5 分。

测试与思考

一、单选题

1. 比较适合做营销人员的是（　　）。

A. 多血质　　B. 胆汁质　　C. 黏液质　　D. 抑郁质

2. 在你同事中，有人对服装购买行为特别有影响力，该人物称为（　　）。

A. 意见领袖　　B. 道德领袖　　C. 精神领袖　　D. 经济领导者

3. 在消费者行为研究中，通常倾向于把消费者视为问题的解决者或（　　）。

A. 制造者　　B. 决策者　　C. 分析者　　D. 搜集者

4. 购买介入程度高，品牌差异程度小的购买行为是（　　）。

A. 习惯型购买行为　　B. 多变型购买行为

C. 协调型购买决策　　D. 复杂型购买决策

5. 消费者会购买价格低廉、购买频率高、同质化严重的产品。这种购买行为属于（　　）。

A. 习惯型购买行为　　B. 多变型购买行为

C. 协调型购买决策　　D. 复杂型购买决策

二、多选题

1. 人类主要依靠视觉、（　　）等五种感官感受周遭环境的物理或化学属性。

A. 听觉　　B. 嗅觉　　C. 触觉　　D.味觉

2. 消费者的个性心理特征，包括（　　）

A. 气质　　B. 性格　　C. 能力　　D. 脾气

3. 按照消费者参与度与品牌差异大小两个维度，消费者购买决策可分为（　　）。

A. 复杂型购买决策　　B. 协调型购买决策

C. 多变型购买决策　　D. 习惯型购买决策

4. 消费者在购买产品或服务过程中，一般要经历五个基本环节，即：需求确认、(　　)、购后行为。

A. 收集信息　　B. 评估方案　　C. 做出决策　　D. 售后服务

5. 社会环境主要包括(　　)。

A. 文化因素　　B. 经济因素　　C. 家庭因素　　D. 政治因素

三、判断题

1. 个性是在个体生理素质的基础上经由外界环境的作用逐步形成的，是由个人在其遗传、环境、成熟、学习等因素交互作用下形成的，具有很大的稳定性。(　　)

2. 不同的消费者，其性格不同，选购商品的速度也不尽相同。(　　)

3. 黏液质和抑郁质的人从个性角度出发不适合做营销工作。(　　)

4. 一般情况下，消费者总会通过选择并实施决策方案来获得最大的效用，最大限度地满足自己的需要。(　　)

5. 需求确认来源于因消费者理想状态与实际状态之间的差距而产生的需要不满足心理。(　　)

四、简答题

1. 什么是感官营销?

2. 什么是个性，消费者个性的特征有哪些?

3. 简述消费者购买决策的类型和内容。

4. 简述家庭消费决策的四种方式。

五、案例分析题

案例一：2019年1月7日，良品铺子在深圳举行“匠心12年，引领高端”的高端零食成果发布会，宣称“成为消费者心智中高端零食的代名词”将是该公司在战略聚焦后的自我定位。在良品铺子创始人杨红春看来，良品铺子的“高端零食”战略指向的并非高价格，而是高价值的理念。

良品铺子自2006年成立以来，一直坚持高品质标准开发零食，选用优质的原料，采用严格的品控标准和供应链审核机制。良品铺子提出“高端零食”战略，是为了提炼以前的经验和成果，并在企业内部形成战略聚焦，并升级产业链，以满足消费者对零食不断提升的期待和需求。

关于什么是高端零食，良品铺子有四个维度的考量，即高品质、高颜值、高体验及精神层面的满足。高品质是指严控零食质量；高颜值是指产品的包装和质感让人心情愉悦；高体验是指便于消费者购买、携带和食用；精神层面的满足是指良品铺子除了日常食用，还有奖励自我、馈赠他人、社交分享等精神价值层面的功能。用杨红春的话说，对于消费者而言，良品铺子“可信、好吃、购买或交付极简，以及‘有面儿’”。

在2019年春节期间，良品铺子推出“拾贰经典”高端礼盒，这是良品铺子高端零食的代表产品，消费者在食用时，其体验感、形态感、手感和口感都突破了传统，在价值对接、互动感受上形成了综合高级感。这种豪华零食礼盒经过精美打造和设计，可以让消费者欲罢不能，在视觉和食用体验上给消费者提供情感互动，迅速占据消费者内心，激发其购买欲望，促成消费。

良品铺子顺应消费者的情感诉求，打造出高端零食，从而进一步拉开与其他品牌产品的差距。

（案例来源：根据网络资料整理）

阅读以上材料，结合本章所学的知识，分析自我概念是如何影响消费者对良品铺子高端零食的购买行为的。

案例二：随着互联网的深入发展，零售市场现在呈现出大型商超越来越难开、便利店越来越火的现象。中国连锁经营协会发布《2023年便利店业态发展情况概览》，其中提到，2023年，样本便利店企业新开门店13 148家，净增门店9 072家。其中，1 500家门店以上规模的样本企业净增门店近7 000家，占净增门店近八成的份额。相较于2022年，头部企业拓店的速度有所加快。

另外，2023年，81.4%的便利店企业销售总额同比实现增长，相较于2022年，便利店行业整体销售向好。

便利店的火爆在年轻消费者中体现得更为突出。调查数据显示，年轻人更偏爱便利店，一天可能会去几次，而大型商超可能一整年都不去。

这是为什么呢?

首先，去家里楼下或办公楼下的便利店买东西，主要是买应急性的物品。例如，早上出门买早点；或者周末在家打游戏，蓝牙鼠标没电了，暂停游戏，急急忙忙地买电池后再继续玩耍。其次，去大型商超买的东西，大部分是可以通过电商渠道购买的。

可以这样说，年轻人关注效率胜过关注价格。有的年轻消费者在接受采访时说："便利店的空间看上去更加舒服，装修也干净，一进去很快就能找到想要的东西。超市太大了，想要找到自己想要的东西需要花费很长时间。虽然有时同样的一个东西在超市的价格比在便利店的价格低一些，但我还是喜欢在便利店买，毕竟也多花不了多少钱，不想专门再跑一趟超市。"

（案例来源：根据网络资料整理）

案例思考：

1. 阅读以上材料，结合本章所学的知识，分析年轻消费者为何更喜欢去便利店购物。
2. 通过以上分析，对于企业开展集客营销活动，你有哪些建议?

第三章

集客数据挖掘与应用

知识目标

◎理解数据挖掘的基础知识；

◎掌握客户画像基础知识；

◎掌握客户画像数据的基本来源与方法；

◎掌握预测客户行为的基本方法。

技能目标

◎能够进行简单的商业数据挖掘与分析；

◎能够在数据挖掘的基础上进行客户画像；

◎能够在客户画像的基础上预测客户行为。

素质目标

◎树立正确的客户观；

◎培养勤于思考，勇于创新的精神；

◎树立正确的市场营销职业观；

◎传承中华商文化，诚信营销。

案例导入

近几年来，颇受欢迎的年度账单和年度歌曲可以在年底为用户生成专属的个人报告，展示他们在一年中的应用程序使用情况。这类详细的个人报告实际上是使用大数据技术，利用海量数据技术，对用户的个人行为数据进行分类、计算。

例如，网易云的年度歌曲列表会收集用户聆听的信息和数据。每一位用户听得最多的歌曲、发送的评论、收听时间、收听习惯都会出现在这张列表上。该软件清晰地列出了每个用户的收听偏好，分析了用户的情绪和个性，为用户定制了一个大概的标签，添加了更多的个性化情绪内容。

（案例来源：根据网络资料整理）

案例思考：

网易云是如何借助大数据实现营销成功的？

课堂互动：

1. 你是哪些品牌的客户？
2. 你关注过这些品牌的营销数据吗？营销数据对集客营销活动有何意义？

第一节　认识数据挖掘及其应用

随着计算机技术、网络技术、通信技术和Internet技术的发展，以及各行各业业务操作流程的自动化，企业内积累了大量业务数据。这些数据和由此产生的信息是企业的财富，它如实地记录着企业运作的状况。面对大量的数据，人们不断寻找新的工具，来对企业的运营规律进行探索，为商业决策提供有价值的信息，使企业获得利润。能满足企业这一迫切需求的有力工具就是数据挖掘。对于企业而言，数据挖掘有助于发现业务的趋势，揭示已知的事实，预测未知的结果。从这个意义上讲，知识是力量，数据挖掘是财富。

一、数据挖掘的概念

数据挖掘在技术角度和商业角度分别定义如下：

（一）技术角度的定义

数据挖掘（data mining）就是从大量的、不完全的、有噪声的、模糊的、随机的实际应用数据中，提取隐含在其中的，人们事先不知道的，但又是潜在有用的信息和知识的过程。这个定义包括好几层含义：数据源必须是真实的、大量的、含噪声的；发现的是用户感兴趣的知识；发现的知识要可接受、可理解、可运用；并不要求发现放之四海皆准的知识，仅支持特定的问题。

数据挖掘又称为数据库中的知识发现（knowledge discover in database，KDD）。何为知识?从广义上理解，数据、信息也是知识的表现形式，但是人们更把概念、规则、模式、规律和约束等看作知识。人们把数据看作形成知识的源泉，好像从矿石中采矿或淘金一样。原始数据可以是结构化的，如关系数据库中的数据；也可以是半结构化的，如文本、图形和图像数据；甚至是分布在网络上的异构型数据。发现知识的方法可以是数学的，也可以是非数学的；可以是演绎的，也可以是归纳的。发现的知识可以被用于信息管理、查询优化、决策支持和过程控制等，还可以用于数据自身的维护。因此，数据挖掘是一门交叉学科，它把人们对数据的应用从低层次的简单查询，提升到从数据中挖掘知识，提供决策支持。在这种需求牵引下，汇聚了不同领域的研究者，尤其是数据库技术、人工智能技术、数理统计、可视化技术、并行计算等方面的学者和工程技术人员，投身到数据挖掘这一新兴的研究领域，形成新的技术热点。

这里所说的知识发现，不是要求发现放之四海而皆准的真理，也不是要去发现崭新的自然科学定理和纯数学公式，更不是什么机器定理证明。实际上，所有发现的知识都是相对的，是有特定前提和约束条件，面向特定领域的，同时还要能够易于被用户理解。最好能用自然语言表达所发现的结果。

（二）商业角度的定义

数据挖掘是一种新的商业信息处理技术，其主要特点是对商业数据库中的大量业务数据进行抽取、转换、分析和其他模型化处理，从中提取辅助商业决策的关键性数据。

简而言之，数据挖掘其实是一类深层次的数据分析方法。数据分析本身已经有很多年的历史，只不过在过去，数据收集和分析的目的是用于科学研究，另外，由于当时计算能力的限制，对大数据量进行分析的复杂数据分析方法受到很大限制。现在，由于各行业业务自动化的实现，商业领域产生了大量的业务数据，这些数据不再是为了分析的目的而收集的，而是由于纯机会的（opportunistic）商业运作而产生。分析这些数据也不再是单纯为了研究的需要，更主要是为商业决策提供真正有价值的信息，进而获得利润。但所有企业面临的一个共同问题是：企业数据量非常大，而其中真正有价值的信息却很少，因此从大量的数据中经过深层分析，获得有利于商业运作、提高竞争力的信息，就像从矿石中淘金一样，数据挖掘也因此而得名。

因此，数据挖掘可以描述为：按企业既定业务目标，对大量的企业数据进行探索和分析，揭示隐藏的、未知的或验证已知的规律性，并进一步将其模型化的先进有效的方法。

二、数据挖掘常用的方法

利用数据挖掘进行数据分析常用的方法主要有分类、回归分析、聚类、关联规则、特征、变化和偏差分析、Web页挖掘等， 它们分别从不同的角度对数据进行挖掘。

（一）分类

分类是找出数据库中一组数据对象的共同特点并按照分类模式将其划分为不同的类，其目的是通过分类模型，将数据库中的数据项映射到某个给定的类别。它可以应用到客户的分类、客户的属性和特征分析、客户满意度分析、客户的购买趋势预测等，如一个汽车零售商将客户按照对汽车的喜好划分成不同的类，这样营销人员就可以将新型汽车的广告手册直接邮寄给有这种喜好的客户，从而大大增加了商业机会。

（二）回归分析

回归分析方法反映的是事务数据库中属性值在时间上的特征，产生一个将数据项映射到一个实值预测变量的函数，发现变量或属性间的依赖关系，其主要研究问题包括数据序列的趋势特征、数据序列的预测以及数据间的相关关系等。它可以应用到市场营销的各个方面，如客户寻求、保持和预防客户流失活动、产品生命周期分析、销售趋势预测及有针对性的促销活动等。

（三）聚类

聚类分析是把一组数据按照相似性和差异性分为几个类别，其目的是使得属于同一类别的数据间的相似性尽可能大，不同类别中的数据间的相似性尽可能小。它可以应用到客户群体的分类、客户背景分析、客户购买趋势预测、市场的细分等。

（四）关联规则

关联规则是描述数据库中数据项之间所存在的关系的规则，即根据一个事务中某些项的出现可导出另一些项在同一事务中也出现，即隐藏在数据间的关联或相互关系。在客户关系管理中，通过对企业的客户数据库里的大量数据进行挖掘，可以从大量的记录中发现有趣的关联关系，找出影响市场营销效果的关键因素，为产品定位、定价，定制客户群，客户寻求，细分与保持，市场营销与推销，营销风险评估和诈骗预测等决策支持提供参考依据。

（五）特征

特征分析是从数据库中的一组数据中提取出关于这些数据的特征式，这些特征式表达了该数据集的总体特征。如营销人员通过对客户流失因素的特征提取，可以得到导致客户流失的一系列原因和主要特征，利用这些特征可以有效地预防客户的流失。

（六）变化和偏差分析

偏差包括很大一类潜在有趣的知识，如分类中的反常实例、模式的例外、观察结果对期望的偏差等，其目的是寻找观察结果与参照量之间有意义的差别。在企业危机管理及其预警中，管理者更感兴趣的是那些意外规则。意外规则的挖掘可以应用到各种异常信息的发现、分析、识别、评价和预警等方面。

（七）Web 页挖掘

随着Internet的迅速发展及Web 的全球普及，Web上的信息量变得无比丰富，通过对Web的挖掘，可以利用Web 的海量数据进行分析，收集政治、经济、政策、科技、金融、各种市场、竞争对手、供求信息、客户等有关的信息，集中精力分析和处理那些对企业有重大或潜在重大影响的外部环境信息和内部经营信息，并根据分析结果找出企业管理过程中出现的各种问题和可能引起危机的先兆，对这些信息进行分析和处理，以便识别、分析、评价和管理危机。

三、数据挖掘的功能

数据挖掘通过预测未来趋势及行为，做出前瞻的、基于知识的决策。数据挖掘的目标是从数据库中发现隐含的、有意义的知识，主要有以下五类功能：

（一）自动预测趋势和行为

数据挖掘自动在大型数据库中寻找预测性信息，以往需要进行大量手工分析的问题，如今可以迅速直接地由数据本身得出结论。一个典型的例子是市场预测问题，数据挖掘使用过去有关促销的数据来寻找未来投资中回报最大的用户，其他可预测的问题包括预报破产以及认定对指定事件最可能作出反应的群体。

（二）关联分析

数据关联是数据库中存在的一类重要的可被发现的知识。若两个或多个变量的取值之间存在某种规律性，就称为关联。关联可分为简单关联、时序关联、因果关联。关联分析的目的是找出数据库中隐藏的关联网。有时并不知道数据库中数据的关联函数，即使知道也是不确定的，因此关联分析生成的规则带有可信度。

（三）聚类

数据库中的记录可被划分为一系列有意义的子集，即聚类。聚类增强了人们对客观现实的认识，是概念描述和偏差分析的先决条件。聚类技术主要包括传统的模式识别方法和数学分类学。20世纪80年代初，Mchalski提出了概念聚类技术，其要点是，在划分对象时不仅考虑对象之间的距离，还要求划分出的类具有某种内涵描述，从而避免了传统技术的某些片面性。

（四）概念描述

概念描述就是对某类对象的内涵进行描述，并概括这类对象的有关特征。概念描述分为特征性描述和区别性描述，前者描述某类对象的共同特征，后者描述不同类对象之间的区别。生成一个类的特征性描述只涉及该类对象中所有对象的共性。生成区别性描述的方法很多，如决策树方法、遗传算法等。

（五）偏差检测

数据库中的数据常有一些异常记录，从数据库中检测这些偏差很有意义。偏差包括很多潜在的知识，如分类中的反常实例、不满足规则的特例、观测结果与模型预测值的偏差、量值随时间的变化等。偏差检测的基本方法是，寻找观测结果与参照值之间有意义的差别。

四、数据挖掘的流程

数据挖掘是指一个完整的过程，该过程从大型数据库中挖掘先前未知的、有效的、可实用的信息，并使用这些信息做出决策或丰富知识。

图3-1描述了数据挖掘的基本过程和主要步骤。

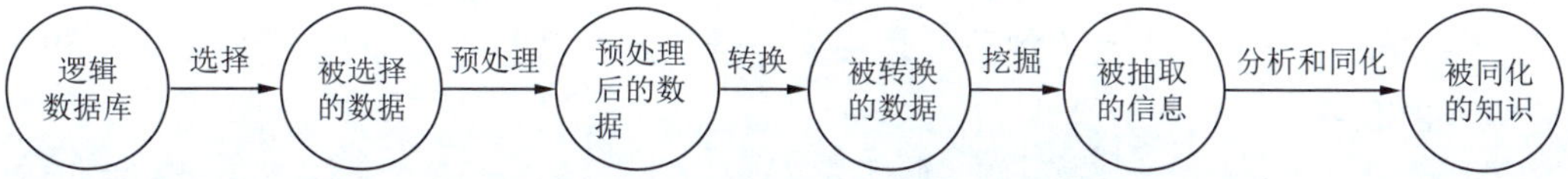

图 3-1　数据挖掘的基本过程和主要步骤

过程中各步骤的大体内容如下：

（1）确定业务对象。清晰地定义出业务问题，认清数据挖掘的目的是数据挖掘的重要一步。挖掘的最终结果是不可预测的，但要探索的问题应是有预见的，为了数据挖掘而数据挖掘则带有盲目性，是不会成功的。

（2）数据准备。

① 数据的选择。搜索所有与业务对象有关的内部和外部数据信息，并从中选择出适用于数据挖掘应用的数据。

② 数据的预处理。研究数据的质量，为进一步的分析做准备，并确定将要进行的挖掘操作的类型。

③ 数据的转换。将数据转换成一个分析模型，这个分析模型是针对挖掘算法建立的，建立一个真正适合挖掘算法的分析模型是数据挖掘成功的关键。

（3）数据挖掘。对所得到的经过转换的数据进行挖掘，除了完善和选择合适的挖掘算法外，其余一切工作都能自动地完成。

（4）结果分析。解释并评估结果，其使用的分析方法一般应视数据挖掘操作而定，通常会用到可视化技术。

（5）知识的同化。将分析所得到的知识集成到业务信息系统的组织结构中去。

五、数据挖掘需要的人员

数据挖掘不同的步骤需要不同专长的人员，大体分为以下三类：

（1）业务分析人员。要求精通业务，能够解释业务对象，并根据各业务对象确定出用于数据定义和挖掘算法的业务需求。

（2）数据分析人员。精通数据分析技术，并熟练掌握统计学，有能力把业务需求转化为数据挖掘的各步操作，并为每步操作选择合适的技术。

（3）数据管理人员。精通数据管理技术，并从数据库或数据仓库中收集数据。

可见，数据挖掘是一个多种专家合作的过程，也是一个在资金和技术上高投入的过程。这一过程要反复进行，在反复过程中，不断地趋近事物的本质，不断地优化问题的解决方案。

六、数据挖掘与传统分析方法的区别

数据挖掘与传统的数据分析（如查询、报表、联机应用分析）的本质区别是数据挖掘是在没有明确假设的前提下去挖掘信息、发现知识。数据挖掘所得到的信息应具有先前未知、有效和可实用三个特征。

先前未知的信息是指该信息是预先未曾预料到的，既数据挖掘是要发现那些不能靠直觉发现的信息或知识，甚至是违背直觉的信息或知识，挖掘出的信息越是出乎意料，就可能越有价值。在商业应用中最典型的例子就是一家连锁店通过数据挖掘发现了小孩尿布和啤酒之间有着惊人的联系。

七、数据挖掘应用

（一）数据挖掘解决的典型商业问题

需要强调的是，数据挖掘技术从一开始就是面向应用的。目前在很多领域，数据挖掘都是一个很时髦的词，尤其是在如银行、电信、保险、交通、零售（如超级市场）等商业领域。数据挖掘所能解决的典型商业问题包括：数据库营销（database marketing）、客户群体划分（customer segmentation & classification）、背景分析（profile analysis）、交叉销售（cross-selling）等市场分析行为，以及客户流失性分析（churn analysis）、客户信用记分（credit scoring）、欺诈发现（fraud detection）等。

（二）数据挖掘在市场营销中的应用

数据挖掘技术在企业市场营销中得到了比较普遍的应用，它是以市场营销学的市场细分原理为基础，其基本假定是“消费者过去的行为是其今后消费倾向的最好说明”。

通过收集、加工和处理涉及消费者消费行为的大量信息，确定特定消费群体或个体的兴趣、消费习惯、消费倾向和消费需求，进行用户画像，进而推断出相应消费群体或个体下一步的消费行为，然后以此为基础，对所识别出来的消费群体进行特定内容的定向营销，这与传统的不区分消费者对象特征的大规模营销手段相比，大大节省了营销成本，提高了营销效果，从而为企业带来更多的利润。

商业消费信息来自市场中的各种渠道。例如，每当我们用信用卡消费时，商业企业就可以在信用卡结算过程收集商业消费信息，记录下我们进行消费的时间、地点、感兴趣的商品或服务、愿意接受的价格水平和支付能力等数据；当我们在申办信用卡、办理汽车驾驶执照、填写商品保修单等其他需要填写表格的场合时，我们的个人信息就存入了相应的业务数据库。

这些来自各种渠道的数据信息被组合，应用超级计算机、并行处理、神经元网络、模型化算法和其他技术手段进行处理，从中得到商家用于向特定消费群体或个体进行定向营销的决策信息。这种数据信息是如何应用的呢？举一个简单的例子，当银行通过对业务数据进行挖掘后，发现一个银行账户持有者突然要求申请双人联合账户时，并且确认该消费者是第一次申请联合账户，银行会推断该用户可能要结婚了，它就会向该用户定向推销用于购买房屋、支付子女学费等长期投资业务。

案例分析

数据挖掘影响消费行为

当前，许多公司都开始在原有信息系统的基础上通过数据挖掘对业务信息进行深加工，以构筑自己的竞争优势，扩大营业额。美国运通公司有一个用于记录信用卡业务的数据库，数据量达到 54 亿字符，并仍在随着业务进展不断更新。运通公司通过对这些数据进行挖掘，制定了“关联结算优惠”的促销策略，即如果一个顾客在一个商店用运通卡购买一套时装，那么在同一个商店再买一双鞋，就可以得到比较大的折扣，这样既可以增加商店的销售量，也可以增加运通卡在该商店的使用率。再如，居住在伦敦的持卡消费者如果最近刚刚乘英国航空公司的航班去过巴黎，他可能会得到一个周末前往纽约的机票打折优惠卡。

基于数据挖掘的营销，常常可以向消费者发出与其以前的消费行为相关的推销材料。卡夫食品公司建立了一个拥有3 000万客户资料的数据库，数据库是通过收集对公司发出的优惠券等其他促销手段作出积极反应的客户和销售记录而建立起来的，卡夫公司通过数据挖掘了解特定客户的兴趣和口味，以此为基础向他们发送特定产品的优惠券，并为他们推荐符合客户口味和健康状况的卡夫产品食谱。美国的读者文摘出版公司运行着一个积累了40年的业务数据库，其中容纳了遍布全球的一亿多个订户的资料，数据库每天24 h连续运行，保证数据不断得到实时的更新，正是基于对客户资料数据库进行数据挖掘的优势，使读者文摘出版公司能够从通俗杂志扩展到专业杂志、书刊和声像制品的出版和发行业务，极大地扩展了自己的业务。

（案例来源：根据网络资料整理）

（三）数据挖掘在企业危机管理中的应用

危机管理是管理领域新出现的一个热点研究领域，它是以市场竞争中危机的出现为研究起点，分析企业危机产生的原因和过程，研究企业预防危机、应对危机、解决危机的手段和策略，以增强企业的免疫力、应变力和竞争力，使管理者能够及时、准确地获取所需要的信息，迅速捕捉到企业可能发生危机的一切可能事件和先兆，进而采取有效的规避措施，在危机发生之前对其进行控制，趋利避害，从而使企业能够适应迅速变化的市场环境，保持长久的竞争优势。但是由于危机产生的原因复杂，种类繁多，许多因素难以量化，而且危机管理中带有大量不确定因素的半结构化问题和非结构化问题，很多因素由于没有历史数据和相应的统计资料，很难进行科学的计算和评估，因此需要应用其他技术和方法来加强企业的危机管理工作。

数据挖掘在企业危机管理中得到了比较普遍的应用，具体可以应用到以下几个方面：

1. 利用Web页挖掘搜集外部环境信息

信息是危机管理的关键因素。在危机管理过程中，可以利用Web 页挖掘技术对企业外部环境信息进行收集、整理和分析，尽可能地收集政治、经济、政策、科技、金融、各种市场、竞争对手、供求信息、消费者等与企业发展有关的信息，集中精力分析处理那些对企业发展有重大或潜在重大影响的外部环境信息，抓住转瞬即逝的市场机遇，获得企业危机的先兆信息，采取有效措施规避危机，促使企业健康、持续地发展。

2. 利用数据挖掘分析企业经营信息

利用数据挖掘技术、数据仓库技术和联机分析技术，管理者能够充分利用企业数据仓库中的海量数据进行分析，并根据分析结果找出企业经营过程中出现的各种问题和可能引起危机的先兆，如经营不善、观念滞后、产品失败、战略决策失误、财务危机等内部因素引起企业人、财、物、产、供、销的相对和谐平衡体遭到重大破坏，对企业的生存、发展构成严重威胁的信息，及时做出正确的决策，调整经营战略，以适应不断变化的市场需求。

3. 利用数据挖掘识别、分析和预防危机

危机管理的精髓在于预防。利用数据挖掘技术对企业经营的各方面的风险、威胁和危险进行识别和分析，如产品质量和责任、环境、健康和人身安全、财务、营销、自然灾害、经营欺诈、人员及计算机故障等，对每一种风险进行分类，并决定如何管理各类风险；准确地预测企业所面临的各种风险，并对每一种风险、威胁和危险的大小及发生概率进行评价，建立各类风险管理的优先次序，以有限的资源、时间和资金来管理最严重的一种或某几类风险；制定危机管理的策略和方法，拟定危机应急计划和危机管理队伍，做好危机预防工作。

4. 利用数据挖掘技术改善客户关系管理

客户满意度历来就是衡量一个企业服务质量好坏的重要尺度，特别是当客户的反馈意见具有广泛效应的时候更是如此。目前很多企业利用营销中心、新闻组、 BBS以及呼叫中心等收集客户的投诉和意见，并对这些投诉和意见进行分析，以发现客户关系管理中存在的问题，如果有足够多的客户都在抱怨同一个问题，管理者就有理由对其展开调查，为企业及时捕捉到发生危机的一切可能事件和先兆，从而挽救客户关系，避免经营危机。

5. 利用数据挖掘进行信用风险分析和欺诈甄别

客户信用风险分析和欺诈行为预测对企业的财务安全是非常重要的，使用企业信息系统中数据库的数据，利用数据挖掘中的变化和偏差分析技术进行客户信用风险分析和欺诈行为预测，分析这些风险为什么会发生？哪些因素会导致这些风险？这些风险主要来自何处？如何预测到可能发生的风险？采取何种措施减少风险的发生？通过评价这些风险的严重性、发生的可能性及控制这些风险的成本，汇总对各种风险的评价结果，进而建立一套信用风险管理的战略和监督体系，设计并完善信用风险管理能力，准确、及时地对各种信用风险进行监视、评价、预警和管理，进而采取有效的规避和监督措施，在信用风险发生之前对其进行预警和控制，趋利避害，做好信用风险的防范工作。

6. 利用数据挖掘控制危机

危机一旦爆发，来势迅猛、损失严重，因此危机发生以后，要采取有力的措施控制危机，管理者可以利用先进的信息技术如基于Web 的挖掘技术、各种搜索引擎工具、E-mail自动处理工具、基于人工智能的信息内容的自动分类、聚类以及基于深层次自然语言理解的知识检索、问答式知识检索系统等快速地获取危机管理所需要的各种信息，以便向客户、社区、新闻界发布有关的危机管理信息，并在各种媒体尤其是公司的网站上公布企业的详细风险防御和危机管理计划，使全体员工能够及时获取危机管理信息及危机最新的进展情况。这样企业的高层管理人员、公关人员、危机管理人员和全体员工就能随时有准备地应付任何复杂情况和危急形势的压力，对出现的危机立即做出反应，使危机的损失降到最低。

危机就是危险和机遇，企业的每一次危机既包含了导致失败的根源，又蕴藏着成功的种子，发现、培育，进而收获潜在的成功机会，就是危机管理的精髓；而错误地估计形势，并令事态进一步恶化，则是不良危机管理的典型特征。企业应加强危机管理工作，利用先进的数据挖掘技术加强企业的危机管理工作，以便准确及时地获取所需要的危机信息，迅速捕捉到企业可能发生危机的一切事件和征兆，进而采取有效的规避措施，在危机发生之前对其进行控制，趋利避害，从而使企业能够适应迅速变化的市场环境，保持长久的竞争优势，实现可持续发展战略。

第二节　建立客户画像

客户画像，即用户信息标签化，通过收集用户的社会属性、消费习惯、偏好特征等各个维度的数据，对用户特征属性进行刻画，并对这些特征进行分析、统计，挖掘潜在价值信息，从而抽象出用户的信息全貌。对于集客营销活动来说，进行精准的客户画像可以说是非常重要的一个环节。

一、客户画像的意义

大众营销时代，无论是实体营业网点、现场销售服务人员还是远程呼叫中心，企业与消费者之间的沟通主要基于人与人接触的方式。在数据稀缺的营销环境下，客户画像的信息颗粒度较粗，画像应用主要定位于营销价值比较高的目标客户群，如会员忠诚计划。

互联网发展带来了内容传播的革命，互联网络成为企业与消费者之间建立信息沟通的重要渠道。移动互联网发展带来了更频繁的用户互动接触，由此产生的数据呈指数级增长，准确快速识别用户身份成为数字化环境下服务与营销过程的关键挑战。

（一）用户画像在数字化营销环境下变得更加重要

在数字化环境下，企业和消费者之间的营销接触方式发生了巨大变化，消费者掌握了接触的主动权，在更多情况下通过移动应用、互联网工具和数字化渠道发起交互，企业与消费者之间发生人际接触的机会有所减少。在这种情况下，企业需要更准确的用户画像信息来识别用户的接触并持续优化营销互动策略。

（二）对数字化客户画像的要求比以前更加精细化

移动互联网的发展带来了数字化用户数量的快速增长和消费者决策行为的持续分化，使用智能设备的消费者保持实时在线，他们获取信息和交易决策的行为发生了很大分化，有的更注重便利和体验，有的更注重实惠的价格，有的更注重产品的品牌，营销方式也可因人而异。企业比以前更难接触到客户，为了让营销和服务策略更加有效，营销人员依赖准确的信息来理解用户的需求和偏好，希望知道什么人会来店面购买产品，以及他们如何在线做出购买决策等，这些都对客户画像提出了更加精细的要求。

调查显示，有39%的营销主管认为客户画像是数据应用最大的挑战。在数据变得丰富的营销时代，有更多的数据信息和维度变量增加到客户画像模式中，客户画像和细分描述也变得更加精细化和体系化。

二、如何为客户画像

为客户画像需要利用所有自有和第三方可以收集和利用的数据信息，通过信息综合和特征分析，形成对该客户整体特征的全面认识。客户画像包括面向企业、组织的机构客户画像和面向消费者的个人客户画像。客户画像面向的对象不同，需要利用的信息基础也不同。下面主要讨论以消费者为对象的个人客户画像。

一般来说，商业应用中的个人信息主要有以下四种类型，如图3-2所示。

图 3-2　个人客户画像的信息类型

（一）人口属性信息

人口属性信息是用来识别自然人身份和描述背景处境特征的信息，包括身份信息、联络信息、背景信息、地理信息、信用信息等，以及与时间相关联的历史记录。

常用的人口属性信息包括：

（1）身份信息。可以识别身份唯一性的描述信息，如姓名、性别、年龄、国籍、证件号码等与个人身份识别相关的信息。

（2）联络信息。例如电话号码、电子邮箱、社交账号、邮寄地址等信息。

（3）背景信息。与家庭、职业、教育、宗教信仰等相关的信息。

（4）地理信息。例如工作地点、家庭住所等与区域地理位置相关的信息。

（5）信用信息。例如信用评分、资信等级、收入水平、信用记录等信息。

（6）历史信息。上述这些信息在不同时期的历史记录和状态变化情况。

一般来说，多数企业只能收集到一小部分与企业业务经营相关的人口属性信息。提供信贷类服务的金融机构出于风险控制的考虑，能够收集到的人口属性信息更加丰富。与人们社会生活息息相关的政府和公共服务部门往往是人口属性信息最全面的记录和收集者，如户籍政务信息、社会保障信息、住房登记信息、医疗记录信息等。

人口属性信息多为短时间内不会改变的静态信息，常常用来描述人们的背景或用于对处境的理解，由于易于直接应用，因此在用户画像中应用得最为普遍。

由于人口属性信息涉及许多与个人身份识别、个人联络、家庭住所、职业收入等相关的个人隐私信息，因此人们对于这类信息的收集和使用非常敏感，这类个人隐私信息也是黑客的重要攻击目标之一，这类信息的泄露可能带来巨大的潜在风险和社会影响，

企业和政府都在设法限制和保护这类信息的收集、存储和使用。

（二）行为特征信息

行为特征信息是记录用户行为和描述用户行为特征相关的信息，包括使用的设备信息、联络信息、浏览点击、内容偏好、位置记录、兴趣爱好、生活方式等与个人行为相关的信息。

传统营销时代稀缺的行为特征数据在数字化时代得到了极大的丰富。人们浏览网站内

容、在线购买商品、使用移动社交工具或观看在线视频的行为都被系统以数据化的方式记录了下来。此外，一些用户的人体生物运动信息也通过可穿戴智能设备实现了数据采集。

经常用来描述行为特征的信息包括：

（1）设备信息。使用的设备类型、品牌型号、使用频率等信息。

（2）联络信息。用户与呼叫中心等进行的互动联络与服务信息记录。

（3）浏览点击。在线登录时间、浏览页面、访问深度等信息。

（4）内容偏好。内容类型、点击内容偏好、停留时间等信息。

（5）位置记录。登录网络IP地址、所处的地理位置等信息。

（6）兴趣爱好。经常关注和收藏的内容、评论互动偏好等信息。

（7）生活方式。生活阶段、习惯方式、态度品位等相关的信息。

营销人员总是希望获得尽可能全面的客户行为特征信息，以期更全面地理解目标客户，理解什么在影响他们，什么会刺激他们，什么能吸引他们，理解为什么他们比其他人更偏爱某个品类，为什么他们对某种类型的广告响应更加强烈。

以生活方式信息为例，营销人员可以将用户的购买行为与标准的消费者画像结合起来，形成不同层级的生活阶段、生活态度和行为特征。基于这些客户知识，营销人员能够更好地理解客户对不同类型的信息如何响应，针对具有相同行为分类但有差异化服务需求的客户进一步细分，改进针对每类客户提供产品的相关性和服务的个性化。

（三）旅程轨迹信息

旅程轨迹信息是用户在线上或线下发生的跨平台、跨渠道的交互行动路径与行为轨迹信息。在数字化时代，用户的每一个行为都能在系统上留下信息记录，这些信息整合起来就构成了用户的轨迹。

一位线下购物者可能在决定到店面购买之前已经在线上进行了多次比较，然后选择了最方便的店铺，最终在线下实体店面完成购买。这些信息可能发生和记录在不同的系统里，在数字化时代可以被全面记录下来，并通过技术手段整合起来。

用来描述旅程轨迹的数据信息包括：

（1）浏览路径。跨平台、跨渠道、跨应用的用户轨迹信息。

（2）社交偏好。社交范围、朋友类型、分享内容类型等。

（3）互动内容。在线评论、讨论话题、分享内容、收藏信息等。

（4）社交表现。粉丝数量、登录记录、点赞行动、转发记录等。

（5）触发原因。引发用户行为的触发原因，如促销奖励、新品登录等。

（6）位置轨迹。基于用户位置和位置变化轨迹的地理围栏信息等。

（四）交易消费信息

交易消费信息用于记录客户购买产品和使用服务的交易、消费或使用记录。客户画像中应用的交易消费信息主要是指静态的交易信息和行为记录，深度的预测分析需要更加完备和连续的记录。

（1）交易数据的内容：

① 消费记录。用户购买产品或使用服务的记录信息。

② 支付信息。用户使用的支付方式、支付条款等。

③ 消费特征。基于用户消费记录的消费特征信息。

④ 忠诚奖励。用户积累积分或兑换奖励的记录信息。

⑤ 服务记录。用户对产品或服务的故障报修或申诉的记录。

⑥ 服务交互。用户联络客户服务中心或在线服务的记录。

（2）交易数据的作用：

① 建立对客户消费行为的理解。

② 评估客户在整体客户群中的价值。

③ 预测客户后续的消费行为。

④ 改进对客户需求的理解。

⑤ 预测客户未来可能购买的产品。

交易数据通常是由企业的业务系统记录的信息，是企业最重要和最有价值的信息资产。

从上述内容中可以发现，用户画像所需的人口属性信息、行为特征信息、轨迹旅程信息和交易消费信息非常丰富，一些信息收集和应用的难度较高，企业通常不太可能收集到所有所需的信息。与此同时，即使你能够收集到看似丰富的信息，在客户画像应用中仍然可能面临以下三个挑战：

（1）信息聚合的挑战。用户行为按时间的维度是连续的，但相应的信息往往分别记录在不同的系统中，要将同一用户的行为记录按照目的、接触方式和时间分布等汇总在一起并进行聚合分析不仅有一定的技术难度，还经常面临着管理挑战。

（2）信息关联的挑战。将用户的行为信息、轨迹旅程与人口属性信息关联起来也不是一件容易的事情，这是因为用户虽然在互联网上发生了大量的行为，但是并非每次行为都是可以识别的，实现与人口属性信息的关联有非常大的挑战。

（3）个性化描述的挑战。尽管用户生活方式画像提供了包含行为偏好在内的各种信息，不过实际情况下，企业受可提供产品和服务有限性的限制，多是消费者群体的共性属性的再现，在描述他们作为一个品牌特定分类的态度、动机和行为方面的作用仍然十分有限。

三、你在客户眼中的画像

企业画像是企业的品牌、产品和服务在用户眼中的形象。你已经知道了用户画像的意义，从另一方面来说，了解企业在用户心目中的画像也非常有意义。

每一个消费者都有偏好的品牌形象，年轻人更偏爱充满活力和时尚气质的品牌；女性更偏好展现出精致和细腻的品牌；成熟的人士更喜欢选择低调、有品质感、内涵丰富的品牌。品牌画像的做法在传统的大众营销时代就已经开始了，受益于数字化媒体的强大传播力，企业品牌形象对用户的影响也变得更为直接和快速，企业画像在数字化时代变得愈发重要。

小米最初的品牌定位也很好地迎合了移动互联网时代的用户需求特征，年轻、时尚、张扬，这些极为彰显个性和年轻的词语都能从小米数量庞大的粉丝群中找到印证。这样的形象定位帮助小米在发展初期的短短几年时间里吸引了数量庞大的年轻消费者群体，帮助小米手机以较高的性价比快速成长为智能手机市场的有力挑战者。

四、客户画像数据的来源

客户画像数据根据来源方式的不同划分为以下三种类型：

（一）直接收集的第一方数据

第一方数据是企业或组织在经营管理或向客户提供服务的过程中直接记录和获得的数据信息，例如：

（1）开立账户时提交的身份信息。

（2）在线注册时输入的用户信息。

（3）登录浏览网站的点击行为记录。

（4）在线购物的商品交易支付记录。

（5）联络呼叫中心的通话交互记录。

（6）参与调查的直接响应反馈记录。

金融、航空、教育等服务行业的企业通常拥有较为丰富的一手数据。这是因为这些行业的服务以身份识别或签约服务为基础，因而在人口统计属性信息上的记录相对完整和准确，在行为交易数据的积累上更加全面和连续。

一些大型企业或组织积累了非常丰富的一手数据，但是往往由于内部存在着各种各样的部门壁垒或业务割裂的限制，这些数据没有实现很好的整合，没能得到很好的利用。

（二）间接收集的第二方数据

第二方数据是企业、组织在经营管理或业务合作过程中间接获得的，比如通过协议可以获得来自合作伙伴收集和管理的第一方数据，或者与合作伙伴共同收集和共享的数据信息，例如：

（1）多方联合发起的用户调查。

（2）系统接口产生的交换数据。

（3）与合作伙伴交换的数据信息。

（4）与监管机构交换的数据信息。

这类数据虽然不是企业直接产生的，但是往往也是在经营或服务过程中与客户发生直接或间接接触的过程中产生或收集的，如银行信用审核部门向征信服务机构提交贷款申请者身份资料而获得的信用风险评分等信息。联盟中的企业成员也可以通过联盟协议共享信息，比如中国国航与加拿大航空公司都是星空联盟的成员，通过协议互认的方式为符合联盟贵宾会员要求的伙伴航空公司会员提供联盟成员共享的贵宾会员服务。

（三）来自外部的第三方数据

每一个企业和组织都有一定的数据收集能力，不同的企业或组织之间的数据收集能力差异很大，一些特别的数据必须由专门的机构收集才能完成。

对于商业机构来说，常见的第三方数据有：

（1）登记的房产信息。

（2）工商登记注册的信息。

（3）第三方征信公司的信用信息。

（4）社会化技术公司收集的数据。

（5）相关行业积累的数据信息。

企业或组织为了弥补自身数据积累的不足，经常需要通过查询、租用、交换或购买等方式利用第三方数据信息。利用第三方数据通常会有一定的成本，往往优先用于能够创造潜在价值的营销活动，如用于市场营销活动的潜在目标客户列表选择；或者用于经营风险较高的需要风险控制的业务领域，如信用卡审批时对信用卡申请人进行第三方信用评分，或者银行进行信贷审批时对申请贷款的企业进行信用风险评估等。

五、客户画像数据收集的原则

你需要设定与经营目标和资源情况相适应的数据收集原则。这些原则包括需要多少数据、数据的来源、收集的频率、处理的成本、存储的方式以及安全的策略等。例如，在考虑需要收集多少数据的问题上，不仅需要考虑所需收集数据的价值，还需要考虑数据收集的成本和难易程度。

下面是在数据收集中需要考虑的一些基本原则：

（1）收集频率。虽然从理论上来说在数字化环境下可以实现实时的数据收集，但是在实际中不同的更新频率和数据采集频率对于系统设计运行维护要求和数据采集成本的影响极大。

（2）溯源性。是否需要记录和跟踪数据产生的过程，比如是否需要将在线收集到的用户信息与用户的线下购物行为和交易记录整合在一起。

（3）分析目标。收集的数据往往会决定分析和洞察的可实现性。如果数据分析用于预测客户的价值潜力，那么客户购买的产品种类、购买的频率、每次支付的金额以及住所的地理位置等都是相关的信息。

（4）精确性。有时定性的准确性就已经足够满足分析目标，不一定需要量化的精确数字。例如，要想知道用户的收入水平，并不需要精确到用户收入的准确数字，有许多可以替代的信息来匹配用户的收入水平。

（5）存储策略。数据存储的方式、计划存储的时间以及需要采取的安全防护措施等都会影响数据的收集、存储、管理和安全防范的成本。

（6）可执行性。数据的收集应当具有直接或间接的可操作性。例如，服务点评网站能够通过跟踪用户的浏览点击记录收集用户偏好的饮食口味。

（7）可获得性。数据应该易于收集并适合进行分析。在一些产品导向的企业中，大量数据分散在按产品设置的不同应用系统中，或者由于业务组织的部门各自为政，造成数据无法有效地获得和利用。

六、客户画像数据收集的渠道

在数字化时代，企业与客户之间的接触渠道变得多样化，客户使用的数字化工具和数字化设备也越来越多，能够收集用户信息的渠道和工具变得越来越丰富。个人客户画像数据收集的主要渠道如图3-3所示。

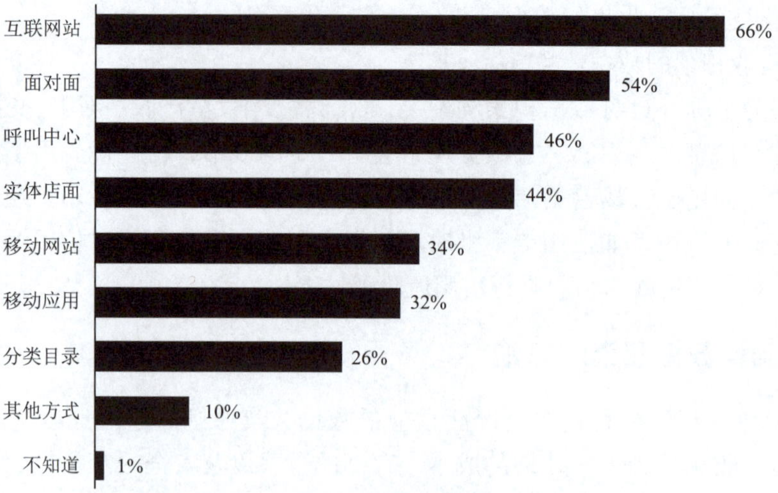

图 3-3　个人客户画像数据收集的主要渠道

企业平均通过三个渠道来收集各类用户信息。受益于信息收集的便利性和低成本特性，互联网站是最为常用的数据收集渠道，其次是以面对面接触的方式收集的客户信息，排在第三位的是通过呼叫中心收集的信息。随着智能移动终端的普及和移动应用的快速渗透，来自移动应用的数据正在成为增长最快的数据收集渠道之一，越来越多的企业和组织增加了对移动端的数据关注和项目投资。

七、个人数据隐私管理

在数字化时代，如果个人信息安全得不到有效保障，用户就不敢选择你的产品和服务，也不会再信任你。企业在符合道德规划和法律约束的情况下，需要遵循信息安全管理的规范和原则，仅仅收集有限、必要的信息。

（一）数据隐私管理需遵循的十项基本原则：

（1）数据质量原则。明确数据质量的相关性、准确性，并包含最新的信息。

（2）用户知情原则。有限、合法和公平地收集信息，事先征得用户同意或让用户知晓。

（3）特定目标原则。收集信息时要具有明确、特定的目的，遵循平等交换的准则。

（4）主体参与原则。收集信息时需提醒用户具有的权利和收集目的，让个人享有选择权。

（5）有限披露原则。数据使用和披露仅限于特定或相关的目的，并公开明确承诺。

（6）合理防护原则。采用有效的信息安全防护技术和机制，防止信息泄露和被篡改。

（7）开放实践原则。开放有关个人数据管理的实践，总是应用最新的有效实践。

（8）用户授权原则。个人有查看用户信息的权利，并且只有在获得用户授权的情况下才可以使用用户的相关信息。

（9）用户更改原则。个人保留对信息进行更改和删除的权利。

（10）安全责任原则。承担起与信息收集任务相符的数据安全和传输管控的责任。

（二）个人数据隐私的自我保护

对网络环境的信息安全感到担忧的人越来越多，普通消费者既不了解专业的数据安全法规和复杂的数据管理规则，又难以掌握数据保护的基本技能。不妨试试以下几个小技巧：

（1）将个人信息资料与互联网络进行隔离。

（2）不要轻易在网络上留下任何个人信息。

（3）在网络上选择值得信任的企业或商户。

（4）在输入或传输重要信息时使用加密技术。

（5）使用最新的信息安全技术保护隐私信息。

（6）仅下载和安装值得信任的组织提供的应用。

（7）不要轻信网络广告，不打开不值得信任的链接。

总之，在数字化时代，不断丰富的信息在为社会和商业赋能的同时，个人信息隐私保护也越来越重要。

第三节　预测客户行为

通过数据挖掘，进行客户画像，最终目的是预测客户行为，进而采取行之有效的集客营销活动实现营销目标。大数据时代的到来激发了许多营销人员的兴奋点，以为数据盈余的时代就要来临了。事实上，首先到来的是数据量的爆炸式增长，而非高价值信息质量的增长。在大众营销时代，数据采集和存储的成本较高，企业只能有限投资于相对有价值的数据，数据积累的质量密度也较高，数字化营销时代迎来了海量数据，企业往往将所有可以获得的数据都记录和存储下来，这带来了低价值密度数据的大量泛滥。数据的价值密度并没有随着数据量的增长而提升，反而有所下降。

著名研究机构IDC在2018年发布的一项数字化研究指出：在过去几年里，只有30%左右的客户信息具有分析价值，而实际上只有15%被分析过；预计到2030年，将有45%的信息可用于分析，将有20%的信息被分析过。IDC的研究指出这样两个现实：一方面，并非所有数据信息都具有分析价值；另一方面，只有少量有价值的信息被分析过。

与其让越来越多的数据沉睡在投资高昂的数据中心里，不如优先对现有的有价值的数据进行分析，应用数据分析发现的价值通过优化管理和营销策略来获得收益。

一、客户洞察分析的 SMART 方法

通过前面的描述，我们已经知道了常用的客户画像的应用，也理解了只有少量的数据具有分析价值，那么如何对客户数据进行洞察分析呢？

接下来介绍一个系统化的数据洞察分析方法——SMART方法，如图3-4所示。

图 3-4　洞察分析的 SMART 方法

第一步：定义洞察策略。

首先定义洞察策略。客户是企业重要的资产，每一个有效的客户策略都应从基础的客户定义出发，如忠诚客户、新增客户、活跃客户、流失客户等，在此基础上明确定义期望达到的业务目标，比如忠诚客户的价值分群、新增客户的渠道来源、活跃客户的行为偏好、流失客户的原因倾向等。

然后设定目标范围。尽可能明确分析的范围，这样能够有效聚焦于需要分析的数据，将宝贵的时间和精力集中在最有可能产生价值的分析上。跳过这一环节，盲目地对全量数据进行分析和挖掘的做法并不可取，这不仅会使数据分析的工作量倍增，还会产生不相关的客户分析结果，分析结果成功应用的可能性也不高。

第二步：衡量指标和数据。

首先梳理特征变量。客户分群模型在微观层面上进行数据分析和挖掘，用来描述客户的特征变量往往会达到数百个，有时甚至有数千个之多。

然后构建衡量指标。面对众多可用的分析变量，分析时设计有效衡量目标的指标体系尤为重要。可以结合客户属性和业务属性设计二维衡量指标，一个维度以客户的类型为主，可以应用客户画像或已经定义好的客户分群；另一个维度基于业务场景，可以是产品的组合或产品生命周期，也可以是服务的过程或服务生命周期。

接下来进行数据准备。从原始数据记录的提取开始，通过数据清洗、有效性验证和排错形成清洗后的数据，再经过数据排重和归并操作形成可供分析使用的数据集。

善于利用工具提升数据准备过程的效率至关重要。做过数据分析的人都知道，准备数据的过程往往是分析过程中最为费时的一个环节，耗费70%以上的时间在数据准备上是常有的事。在准备数据的过程中尽可能地应用自动化数据处理工具或数据管理软件来提高效率，从而将更多精力投入在其他更加增值的环节。应用自动化的数据处理工具有助于减少人为差错，减少这类在数据处理过程中经常导致模型失败的根源性因素。

第三步：分析可用的数据，形成洞察。

首先建立对数据的全面理解。在应用数据分析和挖掘模型方法之前，应该通过基本的综合分析获得对数据的全面理解，比如数据的质量、分布特征和可追溯性等。这些理解不仅有助于为后续的数据建模分析提供极具意义的洞察，还有机会发现数据中存在的数据异常、不一致性或奇异分布，这类异常情况在形成可信赖的稳定分群结果前都需要被剔除。

然后应用分析工具和模型算法开发客户分群模型。客户分群的结果与输入的数据和选择的算法高度相关。要找到在统计上具有一致性意义且具有商业价值的静态细分，重要的任务是对不同的模型变量组合进行测试和学习。这一过程不能忽略的是，要将业务输入和用户细分输入在数据挖掘任务中视为一个整体来进行分析。

第四步：报告结果可视化。

制定报告展示策略。对分析、洞察、发现进行结果展示，并进行业务解释至关重要。报告分析结果展示的过程不仅有助于基于结果回顾分析洞察的过程是否正确和完整，还是促进将重要的发现转变成后续业务改进行动的关键环节。

运用适合的可视化展示工具。强大的可视化工具不仅能够展示文本信息分析、页面点击分布、社交关系联结、地理位置围栏等特殊的数据特征和变化趋势，还有助于着重突出重要的洞察发现，最大化洞察展示的效果，能够帮助其他人员更直观、快速地建立对分析洞察结果的全面理解。

第五步：转变业务的决策。

接下来基于洞察结果形成策略。对于识别出的每一类客户细分，运用人口统计属性、流失倾向、潜在风险、交叉产品使用情况等维度变量对客户群的定位、忠诚度、信用和产品偏好等给出解释和详细的描述。每一个微观分群模型都能用来实现一个这样的目标，这些分群模型的组合或交叉能够提供更多的业务机会来对客户进行定义和选择。

最后制定带来转变的行动计划。到了这一步，分析、洞察的任务就基本完成了，接下来是在业务中应用这些发现。对于营销者来说，最重要的工作就是优化每一类客户的终身价值，将对客户的价值、风险监控或营销机会转化成相应业务策略和可行的业务行动。例如，对于识别出有潜在流失倾向的客户，主动发起体验关怀行动，唤醒他们对于产品和服务的认知，或者向他们提供高性价比的产品，从而降低这些客户的流失可能性。

此外，理解客户分群结果的稳定性非常重要。客户分群结果并非一成不变，而是会随着时间等因素的变化而改变。例如，在数据可以支撑的情况下，对信用卡客户分群的变化和迁移情况进行连续的跟踪分析，掌握信用卡客户在一个信用评分周期中的消费还款行为和信用风险水平变化，这些洞察可以用来进行临时信用额度的调整，以及推荐适合的信用卡产品。

二、客户分群：管理客户的组合

有效的客户分群策略往往从管理客户的组合开始。虽然客户行为信息的数据化从理论上为实现一对一的客户分析提供了可能，但是在大多数情况下，实现基于客户分析的一对一营销仍是不切实际的想法，管理客户的组合是更可行的选择。客户分群通常从代表客户属性的数据标签分析开始，对具有相同特性的客户进行组合和归类，针对同一客户分群采取相近的营销或服务策略。

在客户营销应用上，常用的客户分群维度有人口属性、交易历史、生命周期、客户个性、行为特征、内容互动，如图3-5所示。

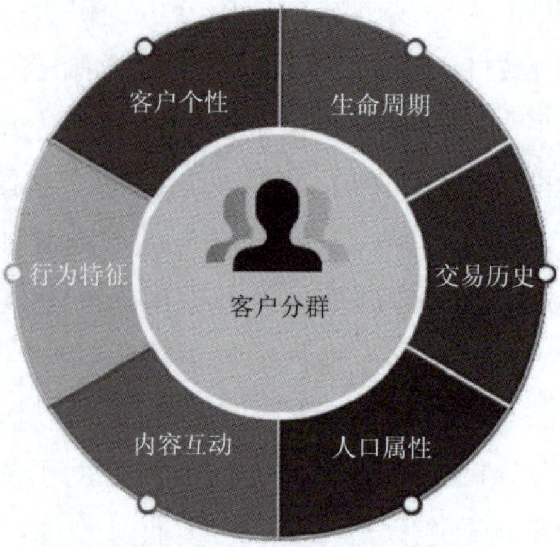

图 3-5　客户营销中常用的分群维度

（一）人口属性分群

基于人口属性分群是应用最普遍的客户分群方法。对于大多数产品型企业来说，产品的型号和服务的类型是有限的，这意味着可用的营销策略也是有限的，只需要将有限的产品和服务与目标客户群按照一定的策略规则进行适当的匹配，就能显著改善产品的营销效率。

人口属性分群主要依据的变量有性别、年龄、职业、地理区域、支付能力以及教育水平。

对于面向消费者的产品营销来说，基本的人口属性分群常常能够起到很好的效果。例如，一个定位于年轻女性使用的中档美妆产品，只要能够相对准确地定位城市中年轻白领女性群体，应用对这类客户群偏好的媒体选择适合的营销沟通媒介，就能够在确保预期销售转化的情况下，在产品营销上节省可观的推广费用。

（二）交易历史分群

企业通常能够连续记录客户的交易并保存完整的历史交易信息，对这些信息的汇总和分析能够获得相对完整的客户交易价值和连续的客户交易行为洞察。

客户购买历史分群主要依据的变量有：

（1）购买频率。

（2）购买周期。

（3）平均订单金额。

（4）产品偏好。

（5）钱包份额。

（6）交易渠道选择。

（7）线下与在线偏好。

从用户的产品交易和服务交互的历史记录中获得洞察，将目标客户按交易行为习惯进行分群能够获得对目标客户的历史贡献、购买行为特征和渠道互动偏好的理解，有助于策划个性化的目标产品推荐。

例如，从系统中挑选出具有周期性购买行为的客户，主动邀请他们加入专门设计的忠诚会员计划，向他们提供普通消费者不能享受的特殊权益，增加高贡献客户群的体验和价值感知，促进他们持续地贡献，提升这些客户群的忠诚度。

（三）生命周期分群

生命周期是最常用与最有效的客户管理工具之一。生命周期分群就是识别目标客户在生命周期中的位置和状态，从而结合生命周期不同阶段的需求策划针对性的产品和服务，最大化客户生命周期的价值贡献。

生命周期分群通常将客户划分为这样的类型：

（1）潜在客户。

（2）新购买者。

（3）重复购买者。

（4）忠诚的客户。

（5）将要流失的客户。

（6）已经流失的客户。

生命周期分群用于指导客户导向的管理策略和营销行动，向不同生命周期阶段的客户提供差异化的互动策略，优化现有忠诚客户的营销绩效，重新激活有流失倾向的客户，以及赢回已经流失的客户。

（四）内容互动分群

内容是网络数字化环境下最重要的产物之一。网络上不断创造出富有价值的数字化内容，这些形式多样的内容吸引着不同类型的客户群体。

内容互动分群考虑的主要因素有：

（1）内容互动类型。

（2）内容标题偏好。

（3）内容风格偏好。

（4）内容频率偏好。

（5）内容类型偏好。

（6）内容分享偏好。

通过分析你的客户与不同类型内容之间的互动特征和群体差异，理解哪些内容对于客户提供的利益和吸引力最大，理解客户的内容偏好并洞察客户的内容交互特征，用于指导设计客户互动的内容发布和营销传播策略，以实现更高的内容响应率和营销转化率。

（五）行为特征分群

基于客户行为特征分群是最有效的客户分群方法之一，在数字化营销环境下连续记录用户的行为成为可能，这也使得客户行为特征分群成为越来越重要的应用。

以在线购物的客户为例，可以用于行为分群的因素有：

（1）放弃的购物车。

（2）购买商品组合。

（3）在线参与度。

（4）渠道选择偏好。

（5）设备使用偏好。

（6）电子邮件阅读率。

（7）社交互动参与度。

（8）促销活动参与度。

电子商务企业通过分析在线购物消费者的购买行为偏好、渠道接触行为和社交互动行为对消费者进行分群，从而获得有助于进一步优化营销策略和销售绩效的客户洞察。

（六）客户个性分群

通过对用户消费的内容、产品和服务的相关性分析，能够洞察目标客户的个性特征，运用这些个性特征有助于准确定位潜在目标客户，从而策划高转化率的客户化营销活动。

例如，可以将零售消费者划分为：

（1）节俭型顾客；

（2）砍价高手；

（3）大宗买家；

（4）卓越的顾客；

（5）高互动的不经常购物者。

需要注意的是，客户的个性特征在不同的行业或不同类型的产品之间差异很大。一个在日常生活消费上的节俭型购物者在证券投资行为上表现得非常激进的情况并不少见。

三、三种典型的分析模型

企业通过数据分析建立的客户洞察设计更有效的客户管理策略，优化面向目标客户发起的营销活动和互动行动。数据是对状态、事件和行为的记录，蕴藏着大量有意义和有商业价值的信息。

如图3-6所示，聚类、预测和推荐是最常应用的三种分析模型。

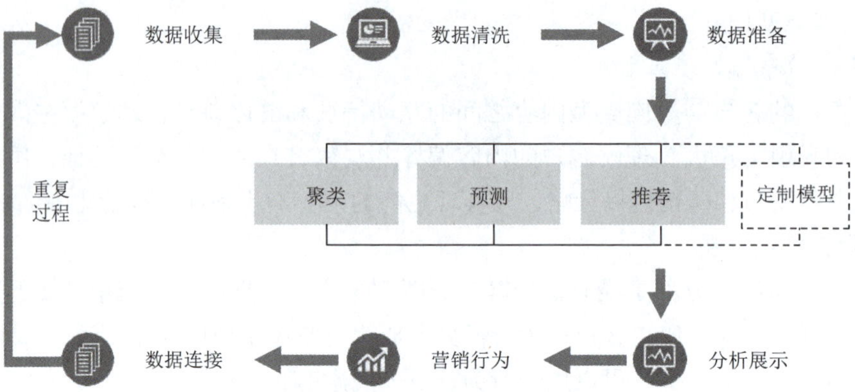

图 3-6　分析过程示意

（一）聚类分析：发现数据中蕴藏的价值

聚类是一种应用机器学习算法的自动化数据分析技术，目的是从大量数据中发现可能的关联。如果说客户分群是基于相似的数据标签对客户进行划分，那么客户聚类就是应用机器学习的方法从大量数据中发现客户之间的相似性并实现自动归类的过程。聚类是一种强大的分析方法，在数据完备的理想情况下，能够对包含成百上千个标签属性的数据集进行编程计算和分析，从数据中发现具有相近个性特征和社群特征的客户族群。

面向产品、品牌和行为的聚类是最常见的聚类分析应用。聚类模型发现的客户分群常用于指导针对性的营销策略设计。例如，从客户群体中找出谁最有可能购买你的新产品，或者发现对特定品牌感兴趣的群体，或者找出喜欢长跑等有某些运动习惯的群体。

1. 基于产品的聚类

使用产品聚类模型能够发现客户偏好购买的产品或产品组合。产品聚类模型既可以很宽泛地发现不同产品品类之间可能存在的关联性，也可以很具体地研究某个特定产品与其他产品销量之间的关联性，从而帮助商家发现某类客户群与产品组合之间的购买关联性，帮助商家设计适合的产品推荐策略。例如，一个经营运动商品的在线零售商发现一些女性在购买儿童运动衣的时候也会给自己购买瑜伽服，这一发现有助于设计适合的产品组合促销。

2. 基于品牌的聚类

使用品牌聚类模型能发现客户更愿意购买的品牌的特征。品牌聚类模型通过算法自动聚合出偏好某一特定品牌的客户族群，或者聚合出哪些客户对于特定品牌的新产品更感兴趣，或者识别出哪些客户群对于某个品牌具有更强的忠诚度。品牌聚类模型能够识别出那些对于品牌的偏好要强于对产品型号的偏好的客户群体，尽管同类产品的其他品牌推出了功能更强或款式更时尚的新品，他们也愿意等到自己偏好的品牌推出类似的新产品时再购买。

3. 基于行为的聚类

行为聚类模型能够发现客户购买的行为表现差异，比如对于购买渠道的偏好。有些客户只在实体店面购买，有的客户偏好使用电话中心，有的客户喜欢在线购买，有的客户会在社交网络里先问问朋友圈的意见。行为聚类还经常用于发现客户对于促销刺激的行为反应，找出哪些客户只有在价格促销的刺激下才会购买，哪些客户对于价格刺激并不敏感。行为聚类模型算法经常能够发现一些人们以前并不了解的新族群，从而帮助人们改进客户识别和营销定位，结合特别设计的营销场景，策划相应的产品营销和服务策略。

案例分析

聚类应用：信用卡客户的洞察应用

“信用卡不是银行业，是信息业”。

第一资本银行创始人 Richard Fairbank 曾经这样一针见血地指出数据对于信用卡业务的重要性。

1. 信用卡客户细分的需求

信用卡公司对于持卡人的分析出于两个最基本的应用需求：

（1）发起营销活动。一个大型信用卡公司每年会执行成百上千次营销活动，每次营销活动会根据产品定位和促销政策筛选目标客户群。应用聚类算法识别出的客户分群对于快速匹配营销活动的目标客户以及基于营销目标优化筛选目标营销客户列表提供快速和有效的支撑。

（2）改善风险监控。风险管理是信用卡业务运营的核心，无论是向合格申请人评定信用等级、确定授信额度并发放信用卡，还是评估持卡人的信用交易风险，风险监控都是信用卡公司最重要的核心能力之一。风险监控对于计算的实时性要求较高，往往需要对风险程度进行评分和聚类分群，以缩小适用不同级别风险监控的客户群范围，从而进行实时监控。

2. 信用卡公司也会出于以下目标对持卡人进行分析

（1）识别高消费潜力的客户，通过增加钱包份额让卡片成为首选信用卡。

（2）更深入地理解客户，向他们交叉销售第二张信用卡或银行的其他产品。

（3）选择性提升客户的信用卡额度或信用卡等级，最大化客户风险回报。

（4）精确评估客户的价值和流失风险，采取策略来维系最有价值的客户。

（5）将客户迁移到更具效率的还款方式和互动渠道，最大化客户利益。

（6）增加与客户的沟通和产品推荐的相关性，赢得客户长期的满意和忠诚。

（7）对用户交易行为和消费偏好进行预测，以实现更精细的客户细分需求。

3. 对信用卡持卡人的行为分群

信用卡公司积累了持卡人消费购物的交易记录和支付还款行为信息，拥有数据量庞大、维度丰富的高质量密度的数据。

信用卡持卡人行为分群是典型的行为聚类分析应用，构建基于银行视角的持卡用户行为信息视图，包括对银行资产偏好、信用风险程度以及对其他金融资产的偏好，以实现更加细分的行为分群。

信用卡公司对持卡人行为细分的数据主要来源于：

（1）生活方式。消费能够反映出持卡人的生活方式。

（2）持卡数量。拥有多少张不同类型的信用卡。

（3）消费频次。信用卡消费的次数、频度和金额等。

（4）取现频次。使用现金的次数、频度和金额等。

（5）用卡时间。通常在什么时间使用信用卡。

（6）用卡场景。在哪些场景使用信用卡，场景越多，行为越丰富。

（7）循环信用。使用信用卡循环信用额度的行为。

（8）分期还款。有些持卡人在小额消费上也喜欢使用分期。

不同于传统零售行业更依赖于人口统计属性和消费价值细分，信用卡这类高频交易往往需要运用更加微观的分群方法，应用更多的行为细分数据标签来描述持卡人的属性特征和行为偏好。

4. 洞察驱动针对性的营销策略

信用卡公司识别和分析持卡人的行为和交易特征，形成针对持卡人行为的聚类分群，对于不同特征的持卡人群体采用不同的营销策略。

（1）针对“循环族”及时调整信用额度。“循环族”在还款到期日时并不全额还款，他们利用信用额度提供的融资功能持续进行消费，循环信用适用于较高的贷款利率，为信用卡公司贡献了高额的利息收入。对这类“循环族”持卡人中还款信用记录良好的优质客户群，及时调整他们的信用额度，策划更多鼓励信用消费的营销活动，在控制还款违约风险的同时提升他们的持续贡献。

（2）刺激“消费族”增加用卡消费意愿。“消费族”利用信用卡公司提供的交易便利性进行消费，往往在还款日全额还款，他们具有较好的消费信用和较强的还款支付能力，多是社会地位较高、消费能力较强的社会群体。看起来这类持卡人并不经常使用信用卡的循环信用融资功能，更多使用信用卡提供的便利支付功能，但是他们一方面贡献了交易市场份额，另一方面也代表着良好的社会主流形象，对于信用卡公司发展新客户产生了正面的促进作用。这类持卡人是商家最喜欢的目标客户，信用卡公司向“消费族”提供更具吸引力的消费刺激奖励政策，同时利用商家对于这批客户群的依赖，拓展更多有利可图的合作商户，从帮助商户带来的消费引导和营销促进中分得更多的收益。

（案例来源：根据网络资料整理）

4. 聚类应用：在线零售行为洞察应用

基于客户的态度、行为和动机对消费者进行细分，经常能够发现一些令人惊奇的洞察，从而促进客户营销策略的优化。

在线零售商以低价策略吸引客户的竞争无处不在。许多零售商在网站上对所有访客都提供相同的折扣和优惠，他们认为绝大多数客户都会为低价格所动。深入的零售消费者行为洞察研究表明，并非所有消费者都会为优惠所动，消费者寻求优惠购买的行为分布是连续的。

具体来说，在面对价格优惠刺激的零售购买行为上，对消费者面对优惠时的购买倾向性行为进行划分，可以得到连续分布的六类消费群体，如图3-7所示。

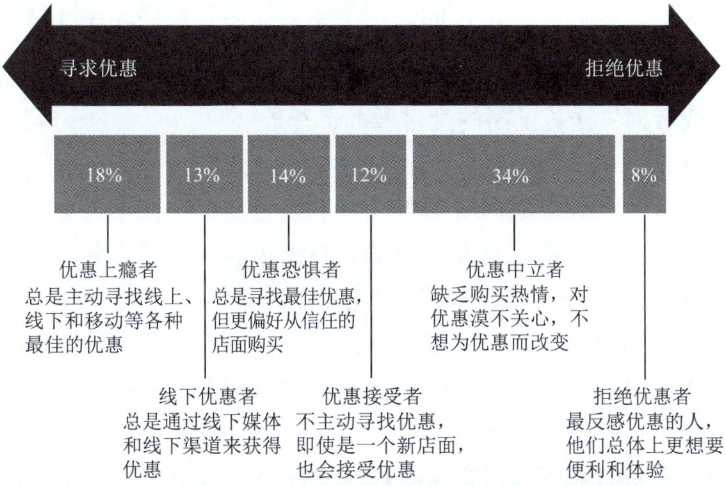

图 3-7　在线零售客户的行为分群

我们对其中两个最有代表性的消费者群体进行解读。

（1）优惠上瘾者。优惠上瘾者群体喜欢购物，对于获得最佳的优惠机会非常感兴趣，他们几乎100%都认同：“我就是沉浸在产品和服务的最佳优惠中”。

在数字化时代，优惠上瘾群体往往是伴随着团购网站的发展而成长起来的一批年轻用户，他们不仅喜欢代金券和各种降价促销，还会在购物时主动寻找各种优惠机会。统计显示，优惠上瘾群体中年轻人居多，在线购物者中年轻人的占比更高，他们比其他群体更频繁地访问团购网站和点评网站。

这一群体在互联网络和社会化媒体上非常活跃，在社交网络上浏览到他们喜爱的品牌或产品的帖子时表现得更为活跃。他们更容易受到优惠促销广告的影响，在社交网络上看到产品和服务的促销后会购买的概率是平均水平的2.5倍。当他们收到朋友们给出的产品和服务推荐时，无论是以面对面还是在线的方式，他们最终购买的转化率比平均水平高出两倍。

想要覆盖这类主动寻求优惠的消费群体，代金券或降价促销的营销活动会非常有效，可以通过社会化媒体平台向他们发送特别的优惠促销方案，以大力度的折扣鼓励他们将活动信息分享给朋友和家人。

（2）拒绝优惠者。与优惠上瘾者相比，拒绝优惠者是另一端的消费者群体。拒绝优惠者不仅对优惠无动于衷，而且还会主动避开那些优惠刺激，与简单的折扣优惠相比，他们更加认可便利、服务和品牌的价值。他们不怎么喜欢购物，有26%的拒绝优惠者在购物时购买到需要的东西之后就会离开。他们使用社交网络的频率和时间也低于平均水平，有59%的拒绝优惠者不相信在社会化媒体上收到的广告信息，也不太喜欢与品牌在社交网络上发生互动。

也许你能猜到，不同于优惠上瘾者中以年轻女性为主体，拒绝优惠者群体中以男性占比居多。统计显示，男性占比达58%之多，他们的平均年龄也偏大。这类消费群体值得关注的重要原因在于，与平均水平相比，他们具有更高的收入水平和消费自由度。他们对价格不太敏感，更愿意选择能提供快速和便利体验的产品和品牌进行消费。

理解了这些，你就知道为什么不能以优惠刺激覆盖这类客户群了，不要浪费资源向他们提供优惠折扣或代金券，事实上这样的做法反而有可能会把他们吓住。你需要转变营销方式才行，比如考虑提升支付的便利性和整体的购物体验，提供特别的“快速通道”避免消费结账时的排队等待，或者提供送货上门的交付服务选择等。

5. 洞察改进营销策略

显而易见，运用大众营销渠道同时覆盖优惠上瘾者和拒绝优惠者这两类群体的做法很难同时取悦他们。事实上，向拒绝优惠者和漠不关心优惠者提供优惠刺激只会拉低销售价格，如果是为了更高的收益，不提供价格优惠反而是正确的策略。

重要的是，你需要知道哪些消费者是想要优惠的，哪些消费者是完全拒绝优惠的。这样的营销观念并不限于针对主动寻求优惠的消费者，没有两个消费者是完全一样的，同样对待他们并没有什么益处。

通过更加智慧的消费者洞察可以更策略性地实现客户分群，制定更佳的营销策略，决定谁应该收到哪些促销信息或产品推荐。获得消费者群体之间差异化的洞察能够指导设计特别的优惠活动和折扣方案来满足那些对优惠敏感的消费者的需求。

（二）预测分析：洞察客户未来的倾向性

预测分析是通过对消费者过去的行为学习来预测他们未来的行为倾向性表现。预测分析经常用来支撑营销策略的设计，通过对历史数据的建模分析、训练优化和营销测试对客户未来的行为倾向性进行预测，指导设计更适合的营销策略。

以下这些客户营销决策的过程经常用到预测分析：

（1）客户下一个最想购买的产品。

（2）客户对于某个营销渠道的偏好。

（3）客户对特定产品的购买倾向性。

（4）客户未来的价值贡献潜力。

（5）客户最有可能向谁推荐。

（6）客户最希望看到哪些内容主题。

常用的预测分析应用会用到RFM预测、营销响应预测和产品组合预测模型。

1. RFM 模型

RFM是在预测分析广泛应用之前普遍采用的分析方法，用来对客户未来可能的价值进行判断和分群。RFM模型基于这样的出发点：如果客户从你这里购买产品的时间更近、频率更高或花费更多的费用，这样的客户更有可能再次向你购买。RFM模型记录客户最近的购买时间间隔、最近一段时间的购买频率和平均购买的金额，基于这些信息建立模型分析和预测客户未来再次购买的可能性。

2. 营销响应预测模型

营销响应预测模型用于分析和预测不同的客户群对于不同的营销要素的响应情况。营销响应模型可以用于分析和预测客户对于不同互动方式的营销响应情况，也可以用于分析和预测对于不同产品偏好的营销响应情况。对于电子邮件营销来说，营销人员应用响应模型来预测向不同类型的客户群体发送电子邮件的打开率和转化率等营销响应情况。

3. 产品组合预测模型

产品组合预测模型是基于产品的特性向潜在目标客户提供组合式的产品选购建议。大多数电子商务网站在产品页面上应用产品组合预测模型向浏览用户推荐相关的其他产品。随着数字营销时代的到来，越来越多的电商平台的产品组合预测模型更加精细，能够根据登录用户的购买历史和行为偏好在同一个产品展示页面上给出更加个性化的产品组合选购建议。其中，京东商城、阿里巴巴、唯品会等电商平台的预测分析算法都比较科学和精准，能够传递给用户的体验也更好，同时对历史数据基础和预测分析算法的要求也更高。

4. 预测应用：应用预测促进客户转化

“看起来像”是一项用来找出与种子用户相近的客户群体的预测分析技术。你可以用“看起来像”的方法发起数字广告营销，自动化筛选适合的目标客户发起互动，节省营销传播成本，提升营销绩效。

“看起来像”的群体更可能具有相近的特征，例如：

（1）毕业于同一所学校。

（2）在相近的区域活动。

（3）使用相同的品牌。

（4）喜欢同一位明星。

（5）喜爱相同的运动项目。

（6）拥有相近的观点主张。

（7）“看起来像”模型是一项强有力的营销工具，营销人员可借助这样的模型方法从网站访客或其他数据源中识别与现有客户群体具有相似行为特征的潜在目标客户群。

许多数字广告商应用“看起来像”的预测技术优化营销目标受众的筛选。例如，微信、推特都在应用类似的预测技术设计用户互动策略并发起用户互动营销行动。

案例分析

微信的数据营销

在当今数字化时代，微信已经成为人们日常生活中不可或缺的一部分。微信朋友圈广告作为微信广告的一种形式，也成为许多商家进行营销的重要渠道。那么，微信朋友圈广告的推送逻辑是怎样的呢？

在微信朋友圈广告推送的过程中，大数据分析起着至关重要的作用。微信作为一个拥有庞大用户基数的社交平台，每天都会产生大量的用户数据。这些数据包括用户的个人信息、社交行为、兴趣爱好、地理位置等。通过对这些数据的分析，微信可以深入了解用户的喜好和需求，从而为广告推送提供精准的定位和定向。在大数据分析中，标签是一种重要的分类方式。通过对用户数据的挖掘和分析，微信可以将用户划分为不同的标签群体。例如，有的用户可能被归为“男性”“90后”“体育爱好者”等标签；有的用户可能被归为“女性”“80后”“美食爱好者”等标签。通过给用户打上合适的标签，微信可以更好地理解用户的需求和喜好，从而为不同标签的用户推送相应的广告。同时，微信还会根据用户的反馈和行为对广告进行优化和调整，以提升广告的效果和用户体验。当用户看到自己感兴趣的广告时，他们可以进行点赞、评论等互动操作。这些互动数据将再次被记录和分析，以帮助微信更好地了解用户的兴趣和需求。同时，这些互动数据也将被用来优化广告的推荐算法，以提升广告的效果和精准度。

为了不断提升广告的效果和用户体验，微信会对广告推送过程进行实时监控和效果评估。通过对点击率、曝光量、转化率等数据的分析，商家可以了解广告的效果和受众的反应，从而进行及时的优化和调整。同时，微信也会根据用户的反馈和行为不断改进自己的广告推荐算法，以更好地满足用户的需求和商家的营销目标。

（案例来源：根据网络资料整理）

（三）推荐分析：促进客户营销收入增长

“喜欢这个产品的客户可能也喜欢……”亚马逊在网站上应用的这一著名范式让推荐模型变得人人皆知。推荐模型通过主动推荐客户可能感兴趣的相关产品、服务或内容成为促进产品购买转化、维系客户关系忠诚、增加客户价值贡献的有效方式。

数字化环境下的推荐可以是产品和服务的推荐，也可以是内容和知识的推荐。向客户成功推荐相关的产品能够带来直接的收入增长，向客户推荐相关的内容会增加客户与品牌的互动机会，给客户带来更好的体验，间接地提升品牌的忠诚度和未来的购买转化率。

从技术上来看，推荐模型应用贝叶斯网络、频繁项目集等机器学习算法构建协同过滤模型，实现向客户推荐相关的产品、服务、内容或其他选择。

1. 推荐应用：向客户推荐适合的产品

交叉销售和向上销售是最常见的两类推荐应用，都有助于增加平均订单金额。“套餐加大吗？”麦当劳这一经典的向上销售语录在各个行业都有不同的应用版本。与向上销售不同，交叉销售并不是向客户推荐购买更多或更高版本的产品，而是推荐特别的其他产品。

推荐可以是基于客户的应用，也可以是基于产品、服务和内容的应用。虽然最好的推荐一定基于客户的个性特征和行为偏好的相关性，但在实际营销实践中，受限于对客户全面理解的程度和产品品类的可选择性，多数的交叉销售推荐还是与产品、服务和内容相关，只有少数能做到与客户相关。

推荐系统的应用机制如图3-8所示。

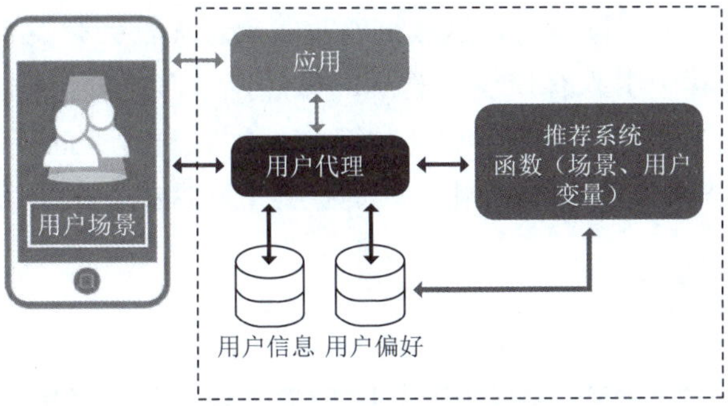

图 3-8　推荐系统的应用机制

2. 在购买时推荐相关的产品组合

电子商务网站经常在客户购买的场景里设计交叉销售的推荐，有时在购物网站的产品展示页面推荐，有时在结账前的购物车确认页面推荐，有时在支付完成后的响应页面推荐。例如，向选购喷墨打印机的客户推荐与打印机规格相匹配的专用墨盒，或者向选购手机的客户推荐配套的手机保护壳。

当然，推荐并不只应用在产品页面，也可以结合客户购买过程的浏览行为进行推荐。例如，在客户结账的时候，再次推荐客户在购物过程中曾经浏览过的商品，有可能再次唤起客户的购买兴趣，增加结账时购买的转化率。

3. 结合客户的生命周期进行推荐

客户在生命周期的不同阶段有不同的特征和需求，这些洞察发现可以用来改进向客户的推荐。商家能够根据客户购买的一些特定产品组合的历史记录准确地判断他们所处的家庭生命周期阶段，并据此进行相关的产品和服务推荐。

一些特殊品类的生活消费产品有着明显的生命周期属性特征。例如，商家根据用户购买的婴儿产品规格能够准确判断出某个家庭拥有的孩子数量、性别、年龄、身高、体重等特征。有孩子的家庭总是需要其他一些特定的商品和服务，商家基于这些洞察能够设计更加准确的推荐，比如推荐适龄儿童的生活用品或玩具，或者预先植入下一成长阶段的产品品牌，引导这些家庭的关注或试用，提升后续选购。

4. 相关产品和服务的转化率

对于媒体内容的关注也可以用来预测客户的生命周期阶段。人们往往在计划的时候就会开始关注一些特定的内容资讯，对特定的商品和服务产生搜索和内容学习的需求。通过在分析算法中加入这些内容相关的行为信息能够更精准地判断客户对于产品和服务的需求。

5. 让客户自主选择和管理推荐

电子商务网站可以应用先进的数据分析技术预测客户的产品购买需求，向客户推荐相关性较高的产品和服务，同时还提供让客户主动管理推荐的选择。网站的注册用户能够对不感兴趣的推荐或推荐的不适合的产品进行标注和设置，其推荐算法能够根据用户的选择进行学习和优化。

推荐很难做到百分之百的准确，适时地引入客户的参与对于改进推荐的体验和最终转化效果帮助很大。在客户看来，商家的推荐中有些是客户根本不感兴趣的产品，有些推荐的产品是客户已经在其他地方购买过了的，这些推荐重复出现无疑会影响客户的体验。

电子商务网站在推荐中引入客户主动管理的做法有许多好处，一方面，这样的交互能够改善客户浏览网站和购买过程的推荐体验；另一方面，客户对于推荐产品的标注和设置帮助网站的推荐算法实现客户化的学习和优化，进而提升下一次推荐的准确性和个性化体验。

素养园地

数据挖掘中的个人信息安全与隐私保护

个人信息是身份可以被识别到自然人的相关信息，包括以任何方式记录的姓名、出生日期、身份证件号码、个人生物识别信息、职业、住址、电话号码、电子邮件地址、照片、个人账号、医疗信息、个人设备识别信息或计算机 IP 地址等，以及其他单独或与其他信息关联能够识别到自然人身份的信息。

在实践中，最大化利用数据和有效保护用户隐私之间往往存在一个需要平衡的矛盾。一方面，企业希望加强与新兴数字消费族群的互动，需要从数据中了解用户的偏好，在业务运作中有效应用这些洞察来改进服务和体验；另一方面，企业要想与用户建立更长久的关系，不仅需要迎合和尊重用户的偏好，还需要合法处理和保护用户的隐私。

1. 个人数据信息安全

在互联网时代，人们会因为各种社会生活需要在网络上留下个人信息和行为轨迹。无论是就医、求学、求职、购车、购房、购买保险、支付交易还是办理会员卡，都有可能留下各种个人信息。互联网服务发展的同时也带来了数据收集和使用的泛滥，这些个人信息如果没有得到适当的处理和有效的保护，就有可能导致不慎泄露或被恶意使用，个人数据信息安全已经成为每一个人都不得不重视的敏感问题。

国内外发生过多起社会影响极大的大规模个人信息泄露事件。在这些事件中，网络通信、医疗保险、银行资料、教育信息等商业信息泄露带来的潜在威胁最大。

（1）2016 年 9 月，雅虎宣称至少 5 亿用户账户信息在 2014 年底被黑客盗取。泄露的信息包括用户姓名、电子邮件地址、电话号码、出生日期等常规信息，也包括密码问题的答案和一些个人专门设立的毫无规律可循的二次加密密码。

（2）2016 年 3 月，美国通信运营商 Verizon 宣布他们成为数据泄露的受害者。黑客收集到大约 150 万企业客户的信息，包括联系信息。

（3）2015 年 10 月 1 日，美国移动电话服务公司 T-Mobile 发出通告说，为 T-Mobile 公司处理信用申请业务的益百利（Experian）公司因遭受黑客入侵，导致 1 500 万用户的个人信息泄露，包括姓名、出生日期、地址、社会安全号、身份证件号码以及用户用于信用评估的申请资料等附加信息。

2. 关于数据安全的保护

大规模的信息泄露事件频发加剧了人们对于个人信息安全的担忧。泄露的信息主要被用于盗取身份信息、财务资料、数字账号和保密数据。越来越多的机构、学者和法律人士呼吁尽快制定和颁布相关的个人信息保护法，对公民个人信息的采集、处理、使用、安全和隐私保护问题做出详细规定。

（1）欧盟在网络信息安全体系建设上有许多实践，在立法、战略和实践上都建立了完善的监管要求。欧盟颁布了《数据保留指令》，要求电信公司将欧盟公民的通信数据保留6个月到两年。但2014年4月8日，欧洲法院裁定《数据保留指令》无效，理由是该项指令允许电信公司对使用者的日常生活习惯进行跟踪，侵犯了公民人权。

（2）日本于2014年11月6日通过了《网络安全基本法》，规定电力、金融等重要社会基础设施运营商、网络相关企业、地方自治体等有义务配合网络安全相关举措或提供相关情报。

（3）新加坡于2012年10月通过了《个人信息保护法》，保护个人信息不被盗用或滥用于市场营销等途径。该法案规定，机构或个人在收集、使用或披露个人资料时必须征得同意，必须为个人提供可以接触或修改其信息的渠道。手机软件等应用服务平台也属于该法案的管控范围，法案规定禁止向个人发送市场推广类短信，用网络发送信息的软件也同样受到该法案的管制。

（4）我国于2016年11月7日，第十二届全国人民代表大会常务委员会第二十四次会议通过《中华人民共和国网络安全法》，自2017年6月1日起施行。

数据的所有权是数据信息安全立法的一个关键问题。一个相对公认的原则是：用户使用服务产生的数据虽然存储在厂商的服务器上，但是个人应当具有管理自己数据的权利。这一原则虽然仍存在一定争议，但是以保护用户利益为基础出发点的原则正是数据安全立法时考虑的重要因素。

（案例来源：根据网络资料整理）

实训实战

1. 工作任务及评价标准

以小组为单位，各小组选择一个知名品牌，并在品牌中选择一款爆品，以短期集客引流为目的，进行数据挖掘并客户画像，评价标准见表3-1。

表 3-1 “数据挖掘与客户画像”评价标准

评价项目		A（20～25分）	B（14～19分）	C（0～13分）
数据挖掘的翔实情况和客户画像的准确性和完整性	数据挖掘得是否翔实（25分）	数据挖掘得翔实	数据挖掘不尽翔实	数据挖掘不翔实，不足以支撑用户画像
	客户画像是否准确和完整（25分）	客户画像准确和完整	客户画像较准确和较完整	客户画像不准确和不完整

2. 工作流程评价（见表3-2）

表 3-2 “数据挖掘与客户画像”评价表

姓名：	组别：		学号：	
各位同学：请针对下列评价项目并参照“评价标准”，选择“A、B、C”自行评定学习表现，满分 50 分，结合小组评定和老师复评，汇总得到实作评价成绩。				
评价项目	检核重点	自评	小组评定	老师复评
1. 数据挖掘的翔实情况和客户画像的准确性和完整性	数据挖掘的翔实情况（25 分）			
	客户画像的准确性和完整性（25 分）			
2. 奖励				

注：如有某组学生某一方面表现特别突出，或有被老师和同学认可的创新性内容，可以视情况奖励，奖励分不超过 5 分。

测试与思考

一、单选题

1.（　　）就是从大量的、不完全的、有噪声的、模糊的、随机的实际应用数据中，提取隐含在其中的人们事先不知道的但又是潜在有用的信息和知识的过程。

A. 调查分析　B. 数据分析　C. 数据挖掘　D. 信息共享

2.（　　）是把一组数据按照相似性和差异性分为几个类别，其目的是使得属于同一类别的数据间的相似性尽可能大，不同类别中的数据间的相似性尽可能小。

A. 分类　B. 聚类分析　C. 回归分析　D. 特征分析

3.（　　）即用户信息标签化，通过收集用户的社会属性、消费习惯、偏好特征等各个维度的数据，对用户特征属性进行刻画，并对这些特征进行分析、统计，挖掘潜在价值信息，从而抽象出用户的信息全貌。

A. 消费者行为分析　B. 数据分析

C. 数据挖掘　D. 客户画像

4.（　　）能够发现客户偏好购买的产品或产品组合。

A. 品牌聚类模型　B. 产品聚类模型　C. 行为聚类模型　D. 数据挖掘

5.（　　）是找出数据库中一组数据对象的共同特点并按照分类模式将其划分为不同的类，其目的是通过分类模型，将数据库中的数据项映射到某个给定的类别。

A. 关联　B. 回归分析　C. 分类　D. 数据分析

二、多选题

1. 利用数据挖掘进行数据分析常用的方法主要有（　　）、特征、变化和偏差分析、Web 页挖掘等，它们分别从不同的角度对数据进行挖掘。

A. 分类　　B. 回归分析　　C. 聚类　　D. 关联规则

2. 数据挖掘需要的人员包括（　　）。

A. 业务分析人员　B. 数据分析人员　C. 数据管理人员　D. 营销员

3. 以消费者为对象的个人客户画像内容一般包括（　　）。

A. 人口属性信息　B. 行为特征信息　C. 轨迹旅程信息　D. 交易消费信息

4. 客户画像数据根据来源方式的不同划分为（　　）。

A. 直接收集的第一方数据　　B. 间接收集的第二方数据

C. 来自外部的第三方数据　　D. 产品销售信息

5. 常用的预测分析模型一般包括（　　）。

A. RFM 预测　　B. 营销响应预测　C. 产品组合预测　D. 回归分析

三、判断题

1. 数据挖掘是为了提取有用信息和形成结论而对数据加以详细研究和概括总结的过程。（　　）

2. 客户画像包括面向企业、组织的机构客户画像和面向消费者的个人客户画像。（　　）

3. 在数字化时代，如果个人信息安全得不到有效保障，用户就不敢选择你的产品和服务，也不会再信任你。（　　）

4. 客户画像中应用的交易消费信息主要是指静态的交易信息和行为记录，深度的预测分析需要更加完备和连续的记录。（　　）

5. 聚类是一种应用机器学习算法的自动化数据分析技术，目的是从大量数据中发现可能的关联。（　　）

四、简答题

1. 数据挖掘的概念和基本方法。
2. 数据挖掘的过程。
3. 用户画像的基本内容。
4. 预测客户行为的基本方法。

五、案例分析题

淘宝“双十一”：群众运动式营销

2009 年，淘宝发起了“双十一”促销活动，即在 11 月 11 日，淘宝平台的许多商铺发起了促销活动，当天吸引了大量消费者参与购买。2009 年 11 月 11 日这一天，销售额达到 5 000 万，在当时极少有购物平台能达到这么高的单日交易额。2010 年，“双十一”当日交易额达到 9.36 亿；而在 2021 年 11 月 11 日，淘宝销售额达到 5 403 亿元。如图 3-9 所示。时至今日，让全国网民疯狂的“双十一”活动不仅在淘宝网络购物平台上进行，更是拓展到京东、苏宁易购等其他重要的电商购物平台，还有众多线下零售商参与其中。

这是一种典型的“群众运动式营销”的案例，指营销人员在一定时期内，为完成一定的任务而开展的有组织、有领导、有众多员工或目标顾客广泛参与的、实现相关利益者利益的活动。群众运动式营销的优点包括：其一，快速地、大规模地占领市场；其二，增强企业内部、经销商和顾客的品牌信心。

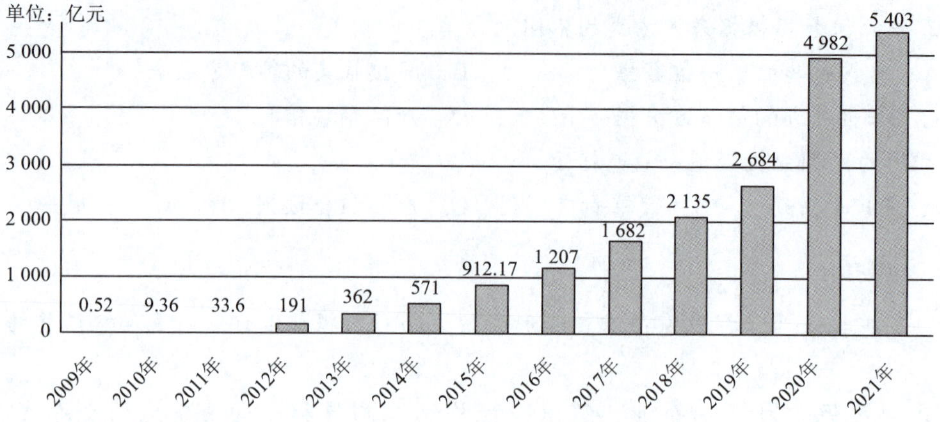

图 3-9 淘宝“双十一”销售额（2009—2021 年）

当下，“双十一”抢购已经成为一种节日文化，个体在收到群体的暗示或提示后，有意识或无意识地做出“群体”所暗示、期许的行为，购买大量的商品。这种跟风、从众消费心理导致消费者的后悔率也较高，“双十一”过后，很多消费者在社交媒体中自嘲“剁手”，同时在网购平台也出现了极高的退货率。

那么为什么退货率那么高？通过数据挖掘主要有以下几点：

（1）图片过度美化。

（2）卖点过度夸大。

（3）无效承诺。

（4）运费险。运费险是商家为消费者提供的一个保障，也是对自己店铺商品的自信，以及对于服务的一个升级。但是在大的竞争行情之下，很多不适合“运费险”的店铺，也只好被迫增加了运费险，好在用户下单之时，提供更大的竞争力。

（案例来源：根据网络资料整理）

案例思考：

1. 根据以上数据，如何减少“双十一”的退货率，请给出建议？
2. 数据挖掘对于企业有哪些重要的意义？

第四章

集客视角下的新媒体技术与应用

知识目标

◎了解新媒体技术的相关理论基础；

◎辨析传统媒体与现代新媒体的差异；

◎掌握新媒体技术在营销中的应用；

◎掌握传统媒体与现代新媒体的应用；

◎掌握传统媒体与新媒体集客引流方法；

◎掌握媒体矩阵的应用。

能力目标

◎能够运用新媒体技术进行营销引流活动；

◎能够合理选用媒体进行产品宣传；

◎能够合理构建媒体矩阵，实现产品推广。

素质目标

◎培养新媒体运营思维，强化创新意识；

◎培养从业人员正确的职业观；

◎传承中华商文化。

案例导入

在20世纪80年代，偶像团体“小虎队”风靡一时，一出道就在亚洲崭露头角，创下了20多场演唱会场场爆满的纪录，仅《逍遥游》和《爱》两张专辑销量就近1 500万张，成为当时最令人瞩目的歌坛新人。他们的歌曲作品还有《青苹果乐园》《叫你一声My Love》《红蜻蜓》等。但当时是传统媒介为主导的时代，粉丝们只能通过报纸、杂志接收信息，时效性未能得到满足。进入21世纪，随着互联网技术、信息化技术的快速发展变革，抖音、快手等新媒体出现，使粉丝可以通过新媒体实时了解偶像的动态，极大地提升了信息发布的时效性。新媒体技术应用得到了人们的认可。

（案例来源：根据网络资料整理）

案例思考：

1. 传统媒体在现阶段是否还在应用？
2. 传统媒体与新媒体在集客引流中的优势有哪些？

课堂互动：

请结合自身消费经验，举例说明哪些产品目前以传统媒体作为宣传渠道？

第一节　新媒体技术与应用

一、走进新媒体技术

（一）新媒体技术概述

新媒体技术是指基于互联网技术下的新媒体具有先天的技术优势与作为媒体的信息服务功能，是网络经济与传媒产业实现对接的最佳选择。

具有社会和经济双重属性的新媒体既负有传播先进文化的责任，又有盈利的需要。在新媒体迅速发展的情况下，中央电视台如何将传统媒体中的平台优势在网络新媒体的传播中继续发挥，并获得延续与突破，唯一能做的就是创新。经过十多年探索与实践，中央电视台在新媒体发展创新方面取得了历史性的重要转变：以图文为主向以视频为主的转变；从单向传播向互动传播转变；从PC单终端向PC、手机、IP电视、车载电视多终端转变；从探索性经营向大规模正规经营转变；从覆盖国内为主向覆盖全球转变。

（二）新媒体技术构成

新媒体主要包括以下技术：

1. 图像信息处理技术

图像信息处理又称影像处理，一般指数字图像处理，可对从现实世界中通过数字化设备获取的图像，实时进行信息采集、抽取、挖掘、处理。

2. 声音信息处理技术

声音的本质是一种机械振动。声音信息处理技术就是把在时间和幅度上都是连续的声音信号进行采样、量化、编码的技术。

3. 视频信息处理技术

视频信息处理技术包括将客观的活动图像进行采样、量化、编码，也包括对计算机动画创作的视频进行处理的技术。技术内容主要包含视频的获取、编辑处理、压缩技术等。

4. 流媒体技术

流媒体（streaming media）是指将媒体文件（如音频、视频或多媒体文件）经过网络分段发送数据，在网上即时传输、即时播放的一种技术与过程。流式媒体在播放前并不下载整个文件，只将开始部分内容存入内存，通过流媒体技术达到随时传送、随时播放的效果。

5. 新媒体信息显示技术

新媒体信息显示技术是指在新媒体平台中展示信息内容的相关技术。新媒体信息显示技术主要应用在信息内容的接收和展示阶段，是用户获得新媒体内容最直观的阶段。新媒体显示技术发展迅速，如立体眼镜、自动立体智能显示、三维显示和全息技术都已经进入实际应用阶段。

6. 新媒体信息存储技术

新媒体信息存储技术指长时间保存信息内容的技术。新媒体信息存储技术主要包括磁存储、光盘存储和网络存储等。

7. 新媒体信息安全技术

新媒体信息安全技术是指保障新媒体内容安全性的技术，面对安全性破坏行为，可预防、可预警、可提供基于软硬件的应急反应与信息安全保障。

8. 新媒体的新技术

新技术是新媒体行业发展中重要的制胜因素，如人工智能、大数据和云计算等新技术蓬勃发展，为新媒体行业的未来发展提供了更多的可能。

（三）新媒体技术在营销中的应用

在互联网和数字技术手段支持下，新媒体技术在营销中得到广泛应用，通过媒介将企业品牌和产品信息传递给潜在目标客户。新媒体技术是当前企业宣传推广中不可或缺的一部分，其效果非常显著。

1. 提高曝光率

通过微博、微信、抖音等渠道传播品牌形象和产品信息，这种方式可以迅速提高企业曝光率。通过制作具有品牌代表性的形象视频、组织非常让人心动的文字和图片等营销组件，可以帮助企业吸引新的目标客户，并提高企业品牌知名度。

案例分析

奥运会作为世界顶级体育赛事，聚焦了全民目光，当中国选手登上领奖台，升国旗、奏国歌的时刻更是瞬间点燃大众热情，在网络上掀起刷屏式讨论热潮。对于体育品牌来说，夺得奥运官方赞助商资格，是引爆大众注意力以及推进品牌国际化的重中之重。

2020 年东京奥运会，安踏拿到了中国体育代表团领奖装备，并成为举重、游泳、摔跤、拳击、体操等传统优势项目比赛装备的提供商。在奥运健儿的高光时刻，身着安踏“冠军龙服”登上领奖台，无疑使安踏得到了最多的曝光，也因此形成了强势输出，成为奥运赛场曝光量最高的品牌。

此外，安踏利用微博等社交媒体，发起“爱运动中国有安踏”“安踏东京奥运装备发布”等热门话题，并邀请该届奥运会首金获得者杨倩成为品牌挚友，由此借助奥运明星的影响力，引发大量关注，成为奥运期间吸睛最多的品牌。

（案例来源：根据网络资料整理）

2. 提升品牌口碑

能够传递企业的企业文化和产品信息，这有助于客户了解企业的价值理念、产品特点和优势，促进企业品牌口碑的提升。在社交网络上，用户之间的互动和分享也为企业的口碑推广提供了良好的渠道，传播速度很快，并且口碑引导的推荐也更加可靠。

案例分析

借势提升品牌口碑

2019 年，中国女排以 11 战全胜且只丢 3 局的成绩成功卫冕世界杯冠军，载誉归国的中国女排在新中国成立 70 周年大庆中登上了“祖国万岁”花车。2020 年 9 月 25 日，讲述中国女排奋斗故事的电影《夺冠》上映，中国女排自此成为品牌主眼中的“香饽饽”。

据媒体报道，中国女排出征东京奥运会之前，已与包括手机、电动车、牛奶、教育等超 20 个品牌建立合作，且价格基本都是千万级别起。其中联想中国在中国女排打完该届奥运会最后一场比赛后，发布了一支以“拼搏”为主题的广告片，并凭借该广告片在众多品牌中脱颖而出，实现出圈，提升了品牌口碑。

（案例来源：根据网络资料整理）

3. 增加销售量

新媒体技术应用于营销领域，能够通过精准的用户定位和精心设计的推广，吸引大量优质用户到企业产品的销售页面。并且，不仅能增加客户关注度，还有着较为庞大的覆盖面，网络社交营销率高、投资回报率高，这也是其受企业欢迎的原因之一。

案例分析

新媒体引流——恒源祥助力奥运

2020 年东京奥运会，在服装品牌领域，中国服装品牌恒源祥收获了大量的关注，并登上了抖音与微博热搜榜，其出圈的原因是为本届奥运会难民代表团提供了服装赞助。

恒源祥透露，为了让难民代表团的每一位体育健儿都能穿上更合身的服装，恒源祥的工作人员在东京奥运会现场“挑灯夜战”，经常工作到凌晨，累了只能找个角落休息一会儿。他们只希望通过自己的默默服务，向运动员传递爱与鼓励，给他们的心灵带来归属感。

恒源祥温暖的做法得到了广大网友的称赞，众多网友也成为恒源祥的支持者，“难民代表团衣服赞助是恒源祥”这一话题在微博收到了1.3亿次的阅读，在抖音平台，一条主题为“难民代表团衣服是恒源祥提供”的短视频收获了超62万个点赞。

（案例来源：根据网络资料整理）

4. 与客户建立长期关系

新媒体技术建立在社会化媒体平台之上，这使得企业和客户之间建立了更加紧密的联系。通过这种方式，企业可以与客户进行多次互动，并有机会利用这种互动建立起长期稳健的客户关系来改进营销策略。

综上所述，新媒体技术应用于营销领域之中，效果显著。它可以使企业迅速提高品牌曝光率，提升品牌口碑，增加销售量，与客户建立长期关系。这些都是通过传统营销手段所无法实现的优点。随着数字技术的发展，新媒体技术应用将成为企业获得市场优势的重要方式之一。

二、传统媒体与现代新媒体的差异

（一）传统媒体的含义

传统媒体是相对于近几年兴起的网络媒体而言的，传统的大众传播方式，即通过某种机械装置定期向社会公众发布信息或提供教育娱乐平台的媒体，主要包括报刊、户外、通信、广播、电视以及自媒体以外的网络等传统意义上的媒体。日常作为消费者接触最多的是：报纸、杂志、广播、电视。

（二）传统媒体的优缺点

1. 报纸的优缺点

报纸是通过纸张传播文字资料的一种工具，它能起到解释、宣传等作用，也可以维护一种形象。平面静态方式表现的传播媒体，对消费者的文化水平有一定要求，能过滤掉一部分社会群体，内容偏向理性，但整体表现能力不高。

（1）报纸宣传的优点如下：

① 版面大、篇幅多，广告主可充分选择。从报纸宣传角度来说，报纸出版周期短，信息传递较为及时。在产品宣传过程中，一些时效性强的产品广告就可利用报纸来及时地将信息传播给客户。

② 信息量大、说明性强。报纸作为综合性内容的媒介，以文字符号为主，图片为辅来传递信息，因此说明性很强，可以详尽地描述产品的特性与功能，利用报纸的说明性可详细告知消费者有关产品的特点。

③ 易保存、可重复，由于报纸的特殊材质，报纸具有较好的保存性，并且也十分方便携带。很多人在读报过程中还学习了剪报小技巧，根据自己的想法分门别类地收集和剪裁信息。这样，无形中又强化了报纸信息的保存性及重复阅读率。加强产品宣传曝光度。

④ 阅读主动性。报纸把许多产品信息呈现在消费者眼前，增加了消费者的认知主动性。消费者可以自由地选择阅读，识别报纸中文字中的重点，加强消费者对产品的分析与比对，也可以采用浏览、快速阅读或详细阅读，同时也可以决定自己的认知程度。

⑤ 影响力与权威性。基于报纸宣传具有悠久的历史，消费者熟悉、了解报刊宣传方式，且报纸由党政机关部门主办，在市场宣传媒介中具较高影响力与权威性。其宣传消息的准确可靠是报纸获得信誉的重要条件，因此，在报纸上刊登的广告往往使消费者产生信任感。

（2）报纸宣传的缺点如下：

① 高认知卷入。报纸广告多以文字符号为主，要了解广告内容，就会要求消费者在阅读时集中精力，排除其他干扰。一般而言，除非广告信息与消费者有密切的关系，否则消费者在主观上不会花费精力来阅读广告，消费者的这种惰性心理往往会减少他们详细阅读广告内容的可能性，不过当消费者愿意选择阅读时，对广告内容的了解就会比较全面、彻底。

② 注意度不高。在一份报纸中，有很多栏目，也有很多广告，它们竞相吸引注意。这样，就考验产品宣传的主题、内容是否具有吸引力，需引起人们的注意。否则，消费者可能视而不见，起不到集客引流的根本作用。

③ 印刷难以完美。表现形式单一。报纸的印刷技术最近几年在新科技的支持下，不断得到突破与完善。但到目前为止，报纸仍是印刷成本最低的媒体。受材质与技术的影响，报纸的印刷品质不如专业杂志广告、招贴海报等媒体的效果。报纸仍需以文字为主要传达元素，表现形式相对于电视的立体、其他印刷媒体的斑斓丰富，显然要单调得多。

2. 杂志的优缺点

杂志的功能特点同报纸一样，作为印刷广告媒介。其有固定刊名，以期、卷、号或年、月为序，定期或不定期连续出版的印刷读物。它根据一定的编辑方针，将众多作者的作品汇集成册，定期出版，又称期刊。

（1）杂志宣传的优点如下：

① 宣传集中稳定、针对性强。不管是专业性杂志还是一般性杂志，都有相对集中稳定的目标对象。其目标对象对他们选择的杂志往往有一种亲切感，具有较高的关注度，阅读时也容易注意到杂志上的广告，这使杂志广告更有的放矢。特别是一些专业性杂志，由于具有固定的目标对象，可以使广告宣传深入某一专业行业。目前，杂志的专业化倾向也发展得很快，如医学杂志、科普杂志、各种技术杂志等，其发行对象是特定的社会阶层或群体。因此，对特定消费阶层的商品而言，在专业杂志上做广告具有突出的针对性，适合于广告对象的理解力，能产生深入的宣传效果，而很少有广告浪费。

② 可以反复阅读，有效期长。杂志具有比报纸优越得多的可保存性，没有阅读时间的限制，可以反复、经常、仔细阅读，因而有效时间长。同时，杂志常常被传阅，信息传递率也比较高。这些特点使得杂志广告在时间上得以延伸，在空间上得以拓展。

③ 杂志编排精细，印刷精美。杂志广告的编排极少不规则地划分面积，力求整齐统一，这样可以争取阅读量，提高其阅读兴趣。同时，由于杂志应用优良的印刷技术进行印刷，用纸也很讲究，一般为高档印纸，因此，杂志广告具有精良、高级的特色，不论是绘画、照片还是图案，都能真实地反映商品形象，用较好的表现手段来突出商品的色彩、质感等，具有较强的艺术感染力，使目标对象在阅读时感到是一种高尚的艺术享受，视觉冲击力较强，因而广告效果较好。

④ 杂志的发行量大，发行面广。许多杂志具有全国性影响，有的甚至有世界性影响，经

常在大范围内发行和销售。例如，《读者》的发行量达到每月500多万份，这是报纸的媒介不能相比的。运用这一优势，对全国性的商品或服务进行广告宣传，杂志广告无疑占有优势。

⑤ 广告对象的理解度高。订阅杂志的读者一般文化水平较高，对杂志的内容有专门的研究，家庭的消费能力也普遍较强，对新产品反应敏感，易于接受杂志的广告宣传。由于杂志读者大都具有专业知识，对杂志上专业性强的广告也能够理解，这也有利于广告主有针对性地选择广告对象和进行广告效果测定。

（2）杂志宣传的缺点如下：

杂志具有可同报纸相比的优越性，但在实际中，杂志广告的刊发量远远小于报纸，主要是因为杂志存在许多缺陷。

① 出版周期长，时效性不强。因为其出版周期长，少则七八天，多则半年，因此，不能刊载具有时间性要求的广告。同时，杂志在编辑方面具有截稿日期早的特点，这也使杂志难以接受有时间性要求的广告。大多数杂志的截稿日期大约要提前一个月，即使是周刊，截稿日期也要提前一两个星期，因此，杂志不能像报纸那样争取有时间性要求的广告。

② 杂志篇幅少，广告运用受限制。杂志广告受杂志篇幅大小、页码多少等的限制，广告运用受到影响。杂志的插页广告，因为杂志的页码多而容易被忽视。通常封面和封底的广告效果较好，但是费用昂贵，刊登受到一定限制。

③ 专业性较强，阅读范围受到限制。不少综合性杂志由于缺少专业化特色，又缺乏广泛的影响力，因而为广告主所忽视。而由于专业杂志的读者通常是特定的，接触对象比较单一，一些具有全民性消费习惯或适应面广的商品，一般不适合选用杂志媒介，广告刊登选择面小。另外，如果广告内容与杂志的性质不同，也会降低广告宣传效果。这使得杂志在与其他广告媒介进行竞争时，缺乏竞争力，难以揽到广告客户。

④ 制作复杂，成本较高。杂志一般运用优良的印刷技术进行印刷，为了吸引目标对象的关注，在选用纸张上比较讲究，一般为高档印纸，印刷制作成本比较高。为了使杂志广告具有精良、高级的表现，往往采用绘画、照片或图案的表现手法，设计制作上比较复杂，具有一定难度。

案例分析

适应数字时代发展，“杂志”向“杂志媒体”转型

为了适应数字时代的迅猛发展，美国杂志出版商协会（The Association of Magazine Publishers）早在2009年就已更名为“美国杂志媒体协会”（The Association of Magazine Media）。从“杂志”到“杂志媒体”的转变，表明杂志所聚合的同一内容可以采用通过计算机、iPad、智能手机等多种媒体形式发布多样化的版本，这不仅反映了杂志本身对数字新技术的主动适应，也体现了美国大众杂志广告商和美国杂志受众的强烈需求。

美国杂志出版业呈现出很强的“广告驱动”特征，即广告收入是大众杂志的主要收入或者盈利来源。每个杂志的生存法则就是如何通过生产的内容去吸引有购买力的受众，以换取广告商的广告投放。2000年，美国杂志广告页总数占到总页数的50.3%，这是至今占比最高的一年。

2007年，美国杂志广告额达到255.02亿美元，这是至今广告收入最多的一年，以后呈逐年下降的态势。到了2019年，美国杂志广告页总数只占总页数的36%，比如21世纪的头一年减少了14.3个百分点。如果把广告视为美国杂志出版业的血液，那么与21世纪初期的“黄金时代”相比，美国杂志出版业风光不再，呈现日益“失血”的态势。如果美国读者不再那么喜欢翻阅纸质杂志的话，那么作为输血者的广告商就会越来越看轻美国纸质杂志的广告价值。

基于此，美国杂志媒体协会从2014年9月开始，发布了全新的杂志受众评估体系，即“杂志媒体360度品牌受众报告”，采用“纸质＋数字”版、互联网（网络、PC机或者笔记本）版、移动互联网版、视频版四个统计指标来统计美国杂志受众的数量，以替代旧有的纸质杂志发行量统计方式。杂志受众评估体系的转变意味着杂志媒体行业的生态环境、呈现形式、盈利模式等方面的变化与调整，其中杂志媒体受众统计转型背后的产业逻辑最值得深究。而从2016—2020年美国杂志媒体协会发布的“杂志媒体360度品牌受众报告”来看，表现出减少纸本发行量、全方位拥抱网络、开发视频版等诸多特征，值得我们充分关注和思考。

（案例来源：根据网络资料整理）

3. 广播的优缺点

广播是指通过无线电波或导线传送声音的新闻传播工具。通过无线电波传送节目的称为无线广播，通过导线传送节目的称为有线广播。

（1）广播宣传的优点如下：

① 覆盖广泛目标对象，广播是一种成熟、稳定的传统媒介，积累了广泛的目标对象，广播覆盖了广泛的地区。这使得广播成为传递信息和知识的重要渠道，能够使更多的人受益。

② 传播的实时性，与其他媒体相比，广播的传播速度快，能够迅速传递新闻和紧急信息。在突发事件和紧急情况下，广播可以及时通知公众，帮助人们做出正确的反应。

③ 低成本的优势，与电视和报纸相比，广播的制作和传播成本相对较低。这使得广播可以为更多的目标对象提供信息和娱乐。

④ 呈现多样化的内容，广播涵盖了各种各样的内容，包括新闻、音乐、文化、教育等。人们可以通过广播获取丰富多样的信息，满足不同人群的需求。

⑤ 便携性，目标对象可以通过收音机、手机等设备随时随地收听广播节目。这使得广播成为人们日常生活中接受信息的重要渠道，并且为人们提供便利和娱乐。

（2）广播宣传的缺点如下：

① 信息容量有限，由于广播的传输方式和频率限制，广播的信息容量相对较小。这使得广播无法传递大量的细节信息和复杂的知识。

② 缺乏互动性，与电视和互联网相比，广播的互动性较差。听众只能被动地接收广播节目，无法直接参与到节目中。这使得广播缺乏与听众的直接互动和反馈。

③ 容易受到干扰，由于广播使用的是无线电波传输，容易受到电磁干扰和天气等因素的影响。这可能导致广播信号的质量下降，影响听众的收听体验。

④ 缺乏图像和视觉效果，相比于电视和互联网，广播缺乏图像和视觉效果，无法给人们带来更直观和丰富的感官体验。这使得广播在某些场景下无法满足人们对视觉内容的需求。

⑤ 节目选择有限，尽管广播涵盖了各种内容，但节目的选择相对有限。人们可能无法找

到自己感兴趣的特定节目，这使得广播在一定程度上无法满足人们的个性化需求。

广播作为一种传播媒介方式，具有广泛覆盖、实时性、低成本、多样化内容和便携性等优点。然而，广播的信息容量有限、缺乏互动性、易受干扰、缺乏图像效果和节目选择有限等不足也不可忽视。在未来的发展中，可以通过技术创新和内容创新来弥补广播的不足，使其更好地适应人们的需求和期望。

4. 电视的优缺点

电视（television、TV）指使用电子技术传送活动的图像画面和音频信号的设备，即电视接收机，也是重要的广播和视频通信工具。

（1）电视宣传的优点：

① 视听兼备，声画并茂。电视的最大特点是兼备了视觉与听觉的作用。视听是人类接受外界信息的主要渠道。据科学家考察，人对外界的感受，60%来自视觉。视觉在我们的感官中是最重要的。眼耳并用，便在人脑中录下了事物的基本特征。从记忆效果看，听到的能记住20%，视听并举则能记住50%。声画并茂、视听兼备的综合传播，顺应人的生理特点，是电视得天独厚的优势。

② 现场感强，可信度高。电视可以逼真地再现信息源的多种情景。电视荧屏上所展示的是信息源所发出的真人、真事、真情、真景。受众通过自己的眼睛和耳朵直接了解、感受信息，其现场感大大提高了信息的可信度。

③ 近距离观赏，亲切自由。电视普及到家庭，受传者大多在业余时间接受信息，特别是与家人一起收看。这种近距离的收视形式和家庭氛围的收视环境，与传播内容的声画并茂和现场感相结合，便产生一种面对面直接交流的亲切感，受传者容易受到即时感染并引起共鸣。

④ 传播内容的兼容性、开放性。电视是一门综合艺术，可同时刺激受传者的听觉、视觉，展示各种信息。这种兼容性和开放性决定了其受众的多层次性，因为它对受众的文化程度和艺术修养几乎没有限制，其受众数量之多，传播效果之好，颇受公共关系人员的重视。

（2）电视宣传的缺点如下：

① 反映信息的表面性。电视最突出的优势在于其声画并茂，可信度高，但其信息传播的深度较印刷媒体会浅很多。因此，在告知信息方面它可能会先声夺人，且因生动形象会使人印象持久，但在信息的具体细节上，它的展示可能会差一些。

② 反映的不可再现性。电视传播缺乏记录性，不易查找和记录。且其信息传播需动用复杂的设备，诸种因素的制约使得它的灵活性不如报刊、广播，在遇到突发事件时往往优势无从发挥。

③ 费用较高。由于电视节目的制作、接收、传送和保存的成本较高，对经济的支付能力要求相应也高，社会组织在运用电视媒体进行信息的传递时所需要费用也很高。

（三）传统媒体与新媒体的差异

传统媒体具有专业化运作、内容的剖析力度强、学术价值高等特点，而新媒体相对于传统媒体而言，第一个特点是它的消解力量——消解传统媒体之间的边界，消解社群之间、产业之间的边界，消解信息发送者与接收者之间的边界。新媒体打破了传统媒体对信息的垄断。新媒体以它的开放、它的无处不在和不受约束的表达，改变了传媒的秩序，改变了全球人类的生活方式。新媒体为观众带来了更为丰富的收视选择和多元化的信息服务，具有交互性的特点，受众的主动性大大增强。在新媒体时代，个性化的收视需求不必要再顺从群体收视选择，观众可以根据媒介形态的不同，选择自己所喜爱的节目内容。观众从一定程度上成为传播者，在内容选择方面拥有了更大的自主权，并能通过双向互动和交流，直接影响电视台的节目选择和编排。新媒体具有跨时空的特点。网络电视为传统电视频道和新兴电视业务开辟了通达观众的新途径；当数字电视和网络电视技术应用到手机电视、车载移动电视和楼宇电视等新型媒介形态中后，观众的收视行为再也不用限制于室内。新媒体打破了空间限制，帮助媒体和广告商锁定传统电视难以把握的年轻人和高收入群体。新媒体还具有大众传播的“小众化”特点。网络电视利用网络强大的双向交互功能和丰富的网络资源，让使用者能够完全按照自己的意愿制定个性化节目单。

传统媒体与新媒体技术两者之间的差别在于八个方面，具体如下：

（1）市场的差异。传统媒体目前具有垄断性的特点，而互联网却是没有垄断保护的，互联网一产生，它就处在激烈的市场竞争中，传统媒体受国家监管，其监管力度大，传播内容需过审，传播方式具有一定的限制，影响力与权威性高；而新媒体传播内容具有一定的自主性和宽泛性。

（2）受众的差异。传统媒体是“主导受众型”，而网络媒体是“受众主导型”的。在网络媒体里，受众有更大的选择权。传统媒体的信息交互过程中，是以单向传递的方式进行发布，充分发挥主导受众的作用，而新媒体在信息传递的过程中，以双向互动方式呈现，更加注重受众主导地位。也是在受众接受信息上的明显差异。

（3）写作的差异。传统媒体领域内，写作具有一定的规范性，内容具有深度与文学功底，具有一定的权威性，以传递真实、准确的信息为准则。进而实现信息推广。新媒体写作显著的特点是信息发布速度快，文章短小精悍。写作的标题与内容多为白话，主要体现在直截了当，突出重点，进而扩大阅读群体数量，提升推广效果。综上所述，两者在信息定位与推广上具有一定的差异。

（4）内容的差异。传统媒体分级管理，新媒体的编辑职权相对大于传统媒体的编辑。网站编辑的职权大，也要求他有更强的把关意识。

（5）版面差异。如报纸有版面的规律，如报纸版面的轻重、主次，标题的处理，版面区域的安排等。网络媒体是以时间流分配信息的。没有平面布局的概念。网络媒体还没有形成像报纸一样成熟的版面语言。

（6）采访的差异。新媒体基本是编辑为主，少量的采访新闻，少量的原创。而传统媒体是以自采为主。

（7）管理的差异。传统媒体发展至今已经有非常清晰的管理机制和结构。编辑至上，轻视市场。而网络媒体的管理机制相对模糊。对技术的重视也有区别，在网站决策层中技术人员的分量重，而传统媒体则不然。

（8）时效的差异。传统媒体有明确的发布时效、时段，定时定量。这种传播时效决定了受众的关注也有了时段性。而网络媒体24 h在滚动，每天必须关注很多次，才不会漏掉重要新闻。

（四）传统媒体与新媒体的应用

企业在选择媒体引流，提升知名度这个环节上，总是在传统媒体与新媒体之间徘徊，无从下手。有时候会延误“战机”。因此，如何能实现投入少、时间快、宣传好这一结果就成为企业有待解决的难题。

1. 分析客户群体的消费习惯

为解决企业的难题，探析传统媒体与新媒体应如何合理选择并加以应用，首先需要根据产品和行业特征进行深入分析，对客户群体进行划分，按年龄、收入水平、职业等因素对客户进行画像，分析客户的需求特点与接收信息的主要渠道，根据数据信息选取客户可接触到的媒体，引入融媒体概念，选择传统媒体与新媒体的组合，实现信息发布。建立信息交互机制。掌握客户信息的接收情况。

2. 运用MAN法则细分客户层级

按客户层级的不同，设计投放比重。通过MAN法则细分客户，可分为一类客户，二类客户，三类客户。按客户层级的划分，一类客户也称为大客户，为企业提供最大价值的客户群体，因此，企业重视大客户接受信息的渠道，而一类客户接受信息的渠道也被定义为“主渠道”，通过有效的信息传递，使目标受众能够接收有效信息，完成交易，实现利润最大化这一终极目标。而对于二类、三类客户则采取广泛、易行的媒体影响加以配合。通过信息输出，对潜在客户进行培养，促进其对产品的深入认知，实现交易。因此，结合一、二、三类客户的信息接受渠道，建立行之有效的媒体组合。

以上所述，可以合理地回答：传统媒体在现阶段是否还在应用这一问题。传统媒体在现行阶段还是主要的宣传途径，新媒体对传统媒体赋能后，相互补充，为产品宣传、精准引流提供了重要的保障。

扩展知识

MAN 法则

一是该潜在客户是否有购买资金 M（Money），即是否有钱，是否具有消费此产品或服务的经济能力，也就是有没有购买力或筹措资金的能力。

二是该潜在客户是否有购买决策权 A（Authority），即你所极力说服的对象是否有购买决定权，在成功的销售过程中，能否准确地了解真正的购买决策人是销售的关键。

三是该潜在客户是否有购买需要 N（Need），在这里还包括需求。需要是指存在于人们内心的对某种目标的渴求或欲望，它由内在的或外在的、精神的或物质的刺激所引发。另一方面客户需求具有层次性、复杂性、无限性、多样性和动态性等特点，它能够反复地激发每一次的购买决策，而且具有接收信息和重组客户需要结构并修正下一次购买决策的功能。

只有同时具备购买力、购买决策权和购买需求这三要素才是合格的顾客。现代推销学中把对某特定对象是否具备上述三要素的研究称为顾客资格鉴定。顾客资格鉴定的目的在于发现真正的推销对象，避免推销时间的浪费，提高整个推销的工作效率。

（案例来源：根据网络资料整理）

（五）传统媒体和新媒体在集客引流中的优势

1. 传统媒体在集客引流方面的优势

传统媒体在人们心目中有着根深蒂固、不可磨灭的印记，人们对传统媒体所传播的信息认知度较高，传统媒体的信息发布形式简单，内容全面，往往借助于电视、广播、报纸、杂志。客户便于获取。

2. 新媒体在集客引流方面的优势

新媒体具有个性化、及时性特点，表现形式多元化，在吸引关注的时候，总会推陈出新，不拘一格，给客户留下深刻印象，唤起消费欲望，新媒体的集客引流速度更快，效果更显著。

三、传统媒体与新媒体集客引流方法

（一）内容引流法

内容引流法是通过发布有吸引力的文章、设计有趣的图片和视频，吸引用户点击。除此之外，资料引流和互推也是常用的引流方式。资料引流是通过整理资料，节省时间，吸引关注；互推则是通过寻找同样级别的人互推，交换粉丝。其他引流方式还包括编写有吸引力的文章、设计有趣的图片和视频，发布在垂直领域的网站、社区论坛和知名媒体平台等。

（二）视频评论引流法

视频评论引流法是一种通过短视频分享好的信息，吸引粉丝的方式。用户可以在抖音、快手等平台上发表评论，也有人会寻求电影、歌曲的名称。只要热衷于回复此类问题，就能吸引更多的粉丝。除了直接购买头条号，还可以通过发布创意、有意义的视频来引流。现在很多用户为了投放视频引流，都会在抖音上发布分享面膜产品的干货和体验心得，配合语言呈现内容。

（三）好评返现卡

好评返现卡是一种常见的引流方式，通过在用户购买的快递或包裹中带上一张红包二维码的卡片，完成订单后可以获取几块钱的现金红包或者小礼品。在电商和外卖平台中，这种卡片是比较常见的，可以吸引更多的用户下单并获取好评和返现。同时，好评返现卡也可以作为一种奖励方式，让消费者更加愿意尝试其他产品或服务。

（四）直播引流法

直播引流法是通过直播吸引流量的一种方式，只要有基础流量，直播平台就会有人看。直播平台包括抖音、快手等，微信视频号也是后起之秀。直播内容合适、质量好，就会吸引更多的关注和消费。

（五）社群引流法

例如，派发免费资料、分享干货和红包等方式，吸引用户加入社群，提高引流效果。适合初学者，这种引流的方式，称为社群引流法。同时，微信群引流是社群引流的一种方式，其需要有资源可以帮忙分享和拉群。其他引流方式如免费听课、拉新福利等也适合不同类型的人群。引流方式的选择要根据自己的目标和策略来决定。

案例分析

微信引流营销——Burberry

在 2016 年的微信引流营销活动中，Burberry 通过该应用程序向其微信关注者发送了一个精美的圆柱状礼品盒的照片。粉丝们必须遵循指示“摇一摇，轻按并滑动即可尝试打开礼物”，以查明里面的物品。这种有趣的小互动是独特的，并使其在竞争者中脱颖而出。打开礼物后，用户将收到 Burberry 的问候信，粉丝可以对其进行个性化设置以向亲人发送问候。这是使用 HTML5 创造独特的用户体验并与社交媒体用户建立正面品牌形象的绝佳示例。

（案例来源：根据网络资料整理）

（六）淘宝商品评论引流

淘宝商品评论引流是通过在图片和文字里面留下优惠券或App，进行导流来引流淘宝客。这种方法已经被严禁，但在前几年却有很多人通过这种方式实现日引流数千。引流的方式有很多种，可以根据自己的需求和情况选择合适的方法。

（七）头条引流

头条引流是一种常见的引流方式，门槛低、留言互动效果好，也可以私信。但长期沉淀需要耐心经营。

（八）搜索引擎优化

搜索引擎优化是一种通过优化网站结构和内容、提高关键词排名等方式，提升网站在搜索引擎结果页中的排名，从而获得更多流量的方法。搜索引擎优化是引流的重要方式之一，可以通过选择合适的关键词、进行关键词分析、对网站的代码、图片和页面进行优化等方式，让搜索引擎更容易地爬行网站，提升排名。

（九）知乎引流

知乎引流是一种通过知乎平台引流的方式。虽然引流过程可能比较漫长，但作为高权重的问答平台，知乎的粉丝质量非常高，更重要的是所选择的领域一定要垂直。引流的方式有很多种，可以根据个人情况选择适合自己的方式。但无论哪种方式，都需要耐心沉淀，提高领域水平，才能获得更好的引流效果。

（十）微博引流

微博引流是一种流行的方式，用户众多，只要有用心，就能取得不错的效果。微博用户基数大，昵称要简单易记，增加存在感。引流的方式有很多种，可以根据自己的需求选择。除了微博，还可以使用其他社交平台引流，如抖音等。引流关键是用心，要关注每一个细节，利用各种工具吸引更多人。

（十一）软文引流

软文引流是一种零成本、高质量的引流方式。通过巧妙地加入自己的微信号和二维码，发布到微信公众平台和各大与产品相关的论坛和贴吧，文章标题要达到消费者主动转发的效果。软文推广最大的优势在于保留时间长，对品牌曝光有非常大的好处。但是，软文推广需要放置推广信息的话，也尽量放在文末。此外，通过自媒体引流也是一种比较常用的引流方式。

案例分析

软文引流——关于“如何选择旅游线路”

A 旅游公司为了更好地为客户推荐出行路线，运用旅游资讯类网站发布了一篇关于“如何选择旅游线路”的软文。其中，该公司详细介绍了自己的旅游线路，以及针对不同人群的旅游方案。最后，该公司在文章结尾处，附上了联系方式和企业官网的链接。通过此举，该公司吸引了大量的潜在客户，提升了品牌知名度和销售额。

通过以上案例，可以看出，软文引流是一种非常有效的网络营销手段。企业可以通过发布软文，在各大门户网站上引流，吸引更多的潜在客户。但是，要想做好软文引流，企业需要注意以下几点：

（1）主题鲜明。软文的主题要与企业的业务相符，要突出企业的特色和优势。

（2）内容丰富。软文的内容要有价值，要让读者能够从中获得一些有用的信息。

（3）形式多样。企业可以通过不同形式的软文（如新闻稿、专题报道、知识分享等）来吸引不同类型的读者。

（4）联系方式醒目。企业在软文结尾处，一定要附上联系方式和企业官网的链接，便于读者进一步了解企业。

（案例来源：根据网络资料整理）

（十二）写文章引流

引流的方式有写文章、拍短视频和写博客等。写文章是最传统的方式，但也是最推崇的方式。好的文章能让人产生共鸣，从而增加粉丝量。现在可以在头条、微博等地方发布文章。只要文章主题明确，留言和粉丝互动有效，就能吸引更多人。写文章的技巧也很重要，要用心写出自己的深意。

第二节　自媒体矩阵应用

一、自媒体矩阵概述

自媒体矩阵是指一个自媒体平台通过多种渠道、多种账号形式，在不同的平台和受众之间进行分发和传播，从而构建的一种多元化的自媒体生态体系。

在自媒体矩阵中，每个自媒体账号都会在不同的平台注册并拥有独立的身份和声誉。这些账号可以是同一个作者的不同作品，也可以是不同作者的混合形式。通过自媒体矩阵，自媒体平台可以将内容在不同的平台和受众之间进行分发，从而实现更广泛的传播和影响力。

二、自媒体矩阵应用的优势

（1）让同一平台注册不同账号，可以在不同平台注册多个账号，发布内容有利于提升账号权重。

（2）增加账号曝光度，可以同时管理多个账号，发布内容的频率也是比较重要的。

（3）根据目标受众对媒体接受程度，有效聚合使用频率高的媒体形成自媒体矩阵。

（4）对账号进行聚合性运营，一方面吸引粉丝，另一方面让账号有价值。

（5）降低管理成本，可以同时管理两百多个自媒体账号，每个账号可以关联一百个账号形成矩阵效应，借助易媒来管理，可统一多平台发布文章。

（6）突破时间和空间的限制，通过自媒体平台进行跨平台发送，实现多账号管理。

（7）提高账号的曝光度，通过多平台多账号发布，可以保证内容被搜索引擎收录，提高品牌的曝光度，从而提升自身品牌形象。

（8）布局显著，整体覆盖用户群体比较广，作为矩阵运营者，要在原有营销基础上形成矩阵。

案例分析

彩妆品牌 Benefit Cosmetics 媒体矩阵

彩妆品牌 Benefit Cosmetics 连续多年举办了以眉部美妆产品为营销重点的 TikTok 活动。

2022 年，该品牌选择在其 TikTok 活动中更进一步：为 2 100 名网红博主寄送了产品，并与其中 17 名博主达成付费合作以推广话题标签挑战。2022 年 9 月 15 日至 9 月 29 日，展示眉毛并使用标签 #BenefitOfBrows 的用户将有机会赢得 1.5 万美元和一年份的眉部产品，最终根据参赛作品的创意程度选出三名获奖者。另外还有 25 个名额可获得一年份的眉部产品。

Benefit Cosmetics 由于与 TikTok 合作，成为第一个创造“3D 游戏化品牌效应”的美容品牌。

Benefit Cosmetics 美国营销副总裁 Jenn Whipple 表示，从本质上看，该活动充分发挥了 TikTok 的平台特性，让用户通过 AR 体验“眉毛轮盘”，并通过一系列富有趣味与创意的眉毛造型展示带动了非常可观的平台参与量，同时也塑造了强烈的品牌效应。

结合上述案例，为彩妆品牌 Benefit Cosmetic 建立了有效的媒体矩阵方案。随着互联网的快速发展，自媒体已经成为一种非常重要的传播方式。而新媒体矩阵则是自媒体运营中必不可少的一种工具。新媒体矩阵能够帮助自媒体人更好地管理自己的账号，提高账号曝光度和关注度。

（案例来源：根据网络资料整理）

三、短视频矩阵概述

企业通过在短视频平台上运营不同的账号，比如在抖音短视频平台上使用多个账号进行品牌宣传，让每个账号之间都相互关联，进行流量互推，从而获得海量曝光和流量转化，为企业带来不错的收益。

短视频矩阵一般分为两种：横向矩阵和纵向矩阵。横向矩阵是使用多个不同平台的短视频账号进行矩阵化，比如主流的百家号+B站+头条+西瓜视频+抖音+快手等；而纵向矩阵的意思就是在同一平台下使用多个账号进行矩阵化，例如抖音矩阵，在抖音短视频平台下使用不同的抖音账号实现360度的品牌展现。

四、短视频矩阵应用的优势

（一）收益倍增

短视频矩阵可以短期内快速形成收益，例如，一个博主号，拥有10万粉丝，平均每天带来的稳定盈利是500元，如果具有十个同等条件的账号，那么运营十个账号的成本会有所增加，但比起所获的收益来看，就尤为可观，形成矩阵优势。

（二）增加爆款概率

抖音运营规律是涨粉靠爆款，存留看日常。爆款对一个账号的价值，是毋庸置疑的。而同一个成功模式下，例如，一个博主的作品质量相近，但一个视频点赞超过1万比较难，还是五个视频点赞超过两千难呢？显而易见，单个作品点赞1万对视频的质量要求远比两千高，所以运营发布多个作品，发布在不同的短视频账号，可以实现点击率增加，实现有效引流。

（三）降低账号风险

“违规”“限流”对于抖音创作者来说可谓司空见惯。不要把鸡蛋放到同一个篮子里，经济学上著名的“组合投资理论”同样适合抖音运营。

（四）做用户人群细分

在任何一个平台，评判一个账号的价值，除了它本身的粉丝数量，还要看转化效果。用户越细分垂直，账号的价值越高。

五、小红书矩阵概述

矩阵打法是一种通过多个账号并行运作、互相配合的方式，将不同的推广内容有机结合，形成整体的推广网络的方法。这种打法可以让企业在短期内实现大范围的曝光，提高用户黏性和转化率，从而达到快速增长的目标。

在小红书平台上进行矩阵打法引流，首先需要建立一个庞大的账号矩阵。企业可以通过自有账号、明星账号合作或者购买其他账号等方式来建立起一个庞大而多样的账号矩阵。账号矩阵的规模和多元化程度决定了整体推广效果的好坏。同时，账号的质量和内容的独特性也是决定推广效果的关键因素。

例如，兰蔻在小红书上举办了一次名为“肌活度计划”的品牌宣传活动。活动中，兰蔻邀请了几位知名博主为品牌代言，并开设了专属的品牌主页和话题标签。同时，兰蔻还为用户提供了定制化的护肤方案和产品推荐，吸引了大量的用户参与活动。通过该活动，兰蔻成功地提高了品牌的曝光率和影响力，并促进了产品的销售。

六、小红书矩阵应用的优势

小红书矩阵打法引流工具的优势在于其强大的推广效果和灵活的营销方式。通过矩阵打法，企业可以在短期内迅速扩大品牌影响力，吸引更多的目标用户。与传统的推广方式相比，矩阵打法具有更强的针对性和更高的传播效率。此外，矩阵打法可以根据不同的推广目标和推广内容进行灵活组合和调整，从而提高整体的推广效果和转化率。

小红书矩阵打法引流工具是一种非常有效的推广工具，通过精心组织的矩阵布局和有效的引流策略，可以帮助企业快速吸引目标用户，并提升品牌知名度。矩阵打法具有强大的推广效果和灵活的引流方式，在实际运作中需要企业进行合理规划和有效执行，才能达到预期的推广效果。希望企业可以充分利用小红书矩阵打法引流工具开拓市场，实现业务增长。

七、抖音矩阵概述

抖音矩阵是指抖音平台上的一种营销手段，通过粉丝传播、用户互动、内容露出和数据分析等多方面的因素相互配合，形成一种影响力的传递和扩大，进而实现产品宣传、销售推广等目的。

抖音矩阵实际上是针对抖音平台的一种全新的流量工具，利用好抖音平台的受众基础和社交性质，从而达到较好的引流效果。抖音矩阵的运营需要有一定的技巧和经验，需要在娱乐性和推广性之间找到平衡点，既要满足用户需求和期望，又要促进品牌推广。

搭建矩阵结构，包括多个粉丝号、达人号、明星资源等，利用内容创意和策略，进行多方位推广，拉动用户互动和分享，提高品牌知晓度和实现宣传效果；同时，还需要时刻关注矩阵的数据分析和反馈，进行实时调整和优化。

例如，MAC是一家知名的化妆品品牌，它在抖音上的成功运营得益于他们的创意视频和有趣的挑战赛。MAC利用其品牌的特点和产品功能，不断发布宣传视频，吸引了大量的关注者。同时，MAC也利用抖音平台的挑战功能，在粉丝中举办化妆挑战，提高了品牌的知名度和客户忠诚度。利用抖音这个平台推广品牌和营销产品是非常值得尝试的。尤其是在年轻人中的影响力越来越大的今天，利用抖音来达到品牌宣传和推广的目的是非常有效的。

八、抖音矩阵应用的优势

（一）提升品牌曝光度

通过建立多个抖音账号，可以覆盖更广泛的用户群体，提高品牌的知名度和曝光度。每个账号可以针对不同的受众群体发布相关内容，吸引更多的用户关注和互动。

（二）增加用户互动和参与度

抖音矩阵可以增加用户与品牌之间的互动和参与度。通过发布不同类型的内容，吸引更多用户的关注、点赞、评论和分享，增加用户与品牌的互动，提高用户忠诚度和转化率。

（三）便于实施精准营销策略

每个抖音账号可以针对不同的目标受众制定独特的内容策略，并根据用户反馈进行调整和优化。这样可以更加精准地满足不同用户的需求，提供个性化的内容和服务，增强用户的购买意愿和忠诚度。

（四）多样化内容和跨平台推广

通过在不同的抖音账号上发布多样化的内容，吸引不同类型的用户关注。同时，这些内容还可以在其他社交媒体平台上进行推广和分享，扩大品牌的影响力和用户群体。

素养园地

两会报道——广播媒介传播力量

2023年3月5日至3月13日，全国两会在北京举行。两会宣传报道中，以中国之声和央广网为代表的广播频率和广播融媒体平台发挥全媒体效应，多平台发力，矩阵式传播，最大化传递两会精神。CSM 数据显示，广播线上直播流和新媒体端都发挥了巨大的作用，产生了良好的传播效果。

CSM 全媒体视听同源数据显示，中央广播电视总台中国之声在 2023 年两会期间：线上直播流收听增幅高达 37.1%；市场占有率增幅达 5.5%。2023 年 3 月 5 日上午 8:00，中国之声《代表通道》节目伊始收听率便一路飙升，一直持续到 13:40 特别节目《两会你我他》结束，形成了全天收听的第一波高峰。其间 12:00 左右播出的《新闻进行时》成为全天收听的顶峰。18:30 播出的《新闻联播》拉起中国之声当天第二波收听高峰，峰值高度与午间顶峰的《新闻进行时》较为接近。

广播充分利用好两会丰富的素材，传播全国两会精神，坚守政治思想不动摇，运用广播媒介讲好中国故事、传递中国声音，提升国人的文化自信与民族自豪感。

（案例来源：根据网络资料整理）

实训实战

1. 工作任务及评价标准

以小组为单位，各小组选择一个彩妆品牌Benefit Cosmetics，建立一个合理的媒体矩阵方案，目的：（1）实现产品推广；（2）提升产品知名度与美誉度。评价标准见表4-1。

表 4-1 “媒体矩阵方案”评价标准

评价项目	A（15～20 分）	B（9～14 分）	C（4～8 分）	D（0～3 分）
产品分析（20 分）	产品现状分析（产品属性、产品定位、目前媒体应用情况等）	产品现状分析（产品属性、产品定位、目前媒体应用情况等）（缺一项）	产品现状分析（产品属性、产品定位、目前媒体应用情况等）（缺两项）	产品现状分析（产品属性、产品定位、目前媒体应用情况等）（缺三项以上）
客户画像分析（20 分）	分析调查对象年龄结构、需求特征、可接受价格、其他情况分析	分析调查对象年龄结构、需求特征、可接受价格、其他情况分析（缺一项）	分析调查对象年龄结构、需求特征、可接受价格、其他情况分析（缺两项）	分析调查对象年龄结构、需求特征、可接受汽车价格、其他情况分析（缺三项以上）
产品活动设计（20 分）	阐述方案设计的思路清晰，明确设计亮点	阐述方案设计的思路较清晰，明确设计亮点	阐述方案设计的思路较不清晰，说明设计理念	方案设计的思路阐述不清晰，无设计理念
媒体聚合合理性（20 分）	媒体矩阵选择合理，表现形式包括图片、视频、音频、软文等；有效聚合	媒体矩阵选择比较合理，表现形式包括图片、视频、音频、软文等；具有一定聚合性	媒体矩阵选择比较合理，表现形式包括图片、视频、音频、软文等；具有聚合性（缺两项）	媒体矩阵选择比较合理，表现形式包括图片、视频、音频、软文等；具有聚合性（缺三项以上）
媒体矩阵方案的达成度分析（20 分）	媒体矩阵设计具有较强的逻辑性，具有商业价值，可行性高	媒体矩阵设计具有一定的逻辑性，具有一定的商业价值，可行性较高	媒体矩阵设计结构不完整，不具有逻辑性，未具有商业价值，可行性不高	媒体矩阵设计逻辑性差，不具有商业价值，无可行性

2. 工作流程评价（见表4-2）

表 4-2 “媒体矩阵方案”评价表

小组姓名：	组别：	班级：	教学项目：
各位同学：请针对下列评价项目并参照“评价标准”，选择“A、B、C、D”结合小组评定和老师复评学习成绩，满分 100 分，汇总得到评价成绩			
评价项目	检核重点	小组评定	老师复评
1. 媒体矩阵方案	产品分析（20 分）		
	客户画像分析（20 分）		
	产品活动设计（20 分）		
	媒体聚合合理性（20 分）		
	媒体矩阵方案的达成度分析（20 分）		
2. 奖励			

注：如有某组学生某一方面表现特别突出，或有被老师和同学认可的创新性内容，可以视情况奖励，奖励分不超过 3 分。

测试与思考

一、单选题

1. 新媒体运营工作的起点是（　　）。

A. 用户画像　　B. 产品矩阵　　C. 运营策划　　D. 用户体系

2. 以下不属于企业新媒体内容运营七个核心环节的是（　　）。

A. 用户痛点挖掘　B. 选题规划　　C. 内容策划　　D. 内容传播

3. 短视频矩阵一般有两种，一种是横向矩阵，另一种是（　　）。

A. 纵向矩阵　　B. 上向矩阵　　C. 下向矩阵　　D. 平行矩阵

4. 新媒体技术在营销中得到广泛应用，通过媒介将企业（　　）和产品信息传递给潜在目标客户的过程。

A. 媒介　　B. 品牌　　C. 服务　　D. 数据

5. 自媒体矩阵是指一个自媒体平台通过多种（　　）、多种账号形式，在不同的平台和受众之间进行分发和传播，从而构建的一种多元化的自媒体生态体系。

A. 渠道　　B. 媒介　　C. 服务　　D. 数据

二、多选题

1. 新媒体技术包括（　　）、（　　）、（　　）、（　　）新媒体信息显示技术、新媒体信息存储技术、新媒体信息安全技术、新技术如虚拟现实等。

A. 图像与图形信息处理技术　　B. 声音信息处理技术

C. 视频信息处理技术　　D. 流媒体技术

2. 在社交平台发布信息的时候，应当注意（　　）。

A. 契合对应的时间点发布信息

B. 发布的所有内容均与自身品牌相关，语言风格也应契合品牌人格设定

C. 禁止出现错别字

D. 精心设计每一个细节并在发布前认真检查

3. 社交媒体的广告表现形式大体可以分为（　　）。

A. 开屏广告　　B. 图文广告

C. 视频广告　　D. 植入广告

E. 微博广告

4. 通过微信自身添加好友的方法有（　　）。

A. 通讯录　　B. 微信“发现”

C. 微信“摇一摇”　　D. 微信“附近的人”

5. 微信可以通过（　　）方法进行引流。

A. 口碑推广引流　B. 论坛引流　C. 社群引流　D. 互推引流

三、判断题

1. 借助热门话题来进行文案正文的编写是微博文案人员常用的一种写作方式。（　　）

2. 微博中的关联营销是指与其他微博品牌账号进行关联合作，通过生成话题围绕话题开展文案写作来引起受众的关注与兴趣。（　　）

3. 微博文案一般不采用与生活相关的话题或用户面临的问题、疑惑来作为内容输出。（　　）

4. 微博文案对图片、视频的大小和格式没有要求。（　　）

5. 新媒体销售文案要引起受众的消费兴趣，需要给出一个能够促使人立即购买的理由。（　　）

四、简答题

1. 简述新媒体技术。

2. 简述新媒体技术构成。

3. 简述短视频矩阵的优势。

4. 简述小红书矩阵的优势。

5. 简述抖音矩阵的优势。

五、案例分析题

京东旗下设有京东商城、京东金融、拍拍网、京东智能、O2O及海外事业部等，京东2013年正式获得虚拟运营商牌照；2014年5月在美国纳斯达克证券交易所正式挂牌上市；2016年6月与沃尔玛达成深度战略合作，1号店并入京东。京东也是中国最大的综合性电商平台之一，通过微信公众号、微博、抖音等新媒体平台进行宣传。其在微信公众号上推出了“京东快递”功能，用户可以通过微信公众号查询快递信息，这一功能得到了用户的广泛好评。此外，京东还在抖音上推出了“京东好物”短视频，通过短视频展示京东的商品，吸引了大量用户。

（案例来源：根据网络资料整理）

案例思考：

1. 请结合案例，试分析京东的媒体矩阵构成包括哪些媒介。

2. 请结合案例，试分析京东选取的媒介的优势。

第五章

品牌推广与数据分析

知识目标

◎了解品牌相关基础知识；

◎掌握品牌塑造与品牌定位的基础知识；

◎掌握线上推广的基本方式；

◎掌握推广引流与数据分析的理论基础。

技能目标

◎能够洞察市场环境变化的商业思维；

◎能够编制一份完整的品牌推广方案；

◎能够撰写一份具有商业价值的数据分析报告；

◎能够运用数据工具进行数据统计与分析。

素质目标

◎培养正确的商业价值观；

◎培养数据分析思维，强化创新意识；

◎培养正确宣传推广的职业道德；

◎传承中华商文化，培养文化自信。

案例导入

2008 年奥运会不仅是运动员争金夺银的战场，更是各大品牌一决雌雄的竞技场，诸多品牌不遗余力地成为奥运会的合作伙伴、赞助商和供应商，不仅仅看中这一全球顶级赛事的巨大魅力和空前影响力，更是看中 2008 年在中国的绝佳营销机会。我国乳品企业伊利通过大量线上线下活动，将“有我中国强”的传播理念进行空前的传播，对目前伊利在国人心目中的品牌美誉度都取得了不错的效果。应该说，伊利的奥运营销主题真正契合了国人的时代精神，这种精神在北京奥运这个环境下显得尤为夺目。因此，这是品牌借助民族精神传达的胜利，很好地迎合了中国消费者的奥运情怀。

（案例来源：根据网络资料整理）

案例思考

1. 试问一个企业为什么要赞助奥运？
2. 试问伊利乳业借助奥运会这一舞台是否实现了品牌推广？
3. 伊利乳业的奥运营销为何赢得国人的关注？

课堂互动

1. 你能想到哪些著名品牌？
2. 著名品牌的哪些优势引起了你的关注？
3. 你喜欢哪些品牌推广方式？
4. 你通过哪些渠道了解品牌信息？
5. 你认为网络平台数据是否重要？为什么？

第一节　集客引流与品牌推广

集客引流的根本目的是实现产品销售利润增长，实现产品转换，形成长期稳定销售业绩。集客引流最大的难点在于如何吸引消费关注，唤起消费者的关注，提升消费者的参与感。企业为了解决这一问题。现行企业会在产品入市时，进行品牌塑造，形成品牌定位，加大品牌推广力度，运用新媒体功能提升品牌信息渗透速度，加大产品宣传的深度与广度。快速提升消费者对品牌的认知，刺激消费决策的产生。

一、品牌建立与品牌识别

品牌（brand）是一种识别标志、一种精神象征、一种价值理念，是品质优异的核心体现。培育和创造品牌的过程也是不断创新的过程，自身有了创新的力量，才能在激烈的竞争中立于不败之地，继而巩固原有品牌资产，多层次、多角度、多领域地参与竞争。它是由品牌名称、品牌标志和商标组成的。

（一）品牌的定义

（1）品牌是指组织及其提供的产品或服务的有形和无形的综合表现，其目的是借以辨认组织产品或服务，并使之同竞争对手的产品或服务相区别。

（2）品牌是用来识别一种（一系列）产品或服务的名称、术语、标记、符号或图案，或是他们的相互组合，使之与竞争对手的产品或服务形成区别（市场营销专家菲利普·科特勒博士）。

（3）“品牌”是企业或品牌主体（包括城市、个人等）一切无形资产总和的全息浓缩，而“这一浓缩”又可以以特定的“符号”来识别；它是主体与客体、主体与社会、企业与消费者相互作用的产物。

一般认为，品牌是一种名称、术语、标记、符号或图案，或是它们的相互组合，用以识别某个销售者或某群销售者的产品或服务，并使之与竞争对手的产品和服务相区别。与品牌紧密联系的有如下一些概念：

品牌名：品牌中可以读出的部分——词语、字母、数字或词组等的组合。如海尔、TCL等。

品牌标志：品牌中不可以发声的部分——包括符号、图案或明显的色彩或字体。如小天鹅的天鹅造型，IBM的字体和深蓝色的标准色等。

品牌角色：是用人或拟人化的标识来代表品牌的方式，如海尔兄弟、康师傅等。

商标：受到法律保护的整个品牌、品牌标志、品牌角色或者各要素的组合。当使用商标时，要用“R”或“注”明示，意指注册商标。

（二）品牌的特征

1. 品牌是专有的品牌

品牌是用以识别生产或销售者的产品或服务的。品牌拥有者经过法律程序的认定，享有品牌的专有权，有权要求其他企业或个人不能仿冒、伪造。这一点也是指品牌的排他性。

2. 品牌是企业的无形资源

由于品牌拥有者可以凭借品牌的优势不断获取利益，可以利用品牌的市场开拓力、形象扩张力，资本内蓄力不断发展，因此我们可以看到品牌的价值。这种价值我们并不能像物质资产那样用实物的形式表述，但它能使企业的无形资产迅速增长，并且可以作为商品在市场上进行交易。

我国的品牌创造虽起步较晚，但国内的名牌发展较为迅速，像云南红塔集团的“红塔山”、浙江杭州的娃哈哈、山东青岛的海尔、四川绵阳的长虹集团等知名品牌的价值也很不菲。

品牌作为无形资产其价值可以有形量化，同时品牌可作为商品进行交易，例如有以品牌入股的形式组建企业，也有以品牌的号召进行特许经营，更有加盟到品牌门下，以图发展。

案例分析

由世界品牌实验室（World Brand Lab）主办的第二十届“世界品牌大会”在京举行，会上发布了2023年《中国500最具价值品牌》分析报告。

据了解，2023年《中国500最具价值品牌》的总价值超34.33万亿元，比去年增加3.35万亿元，增长幅度为10.84%。上述分析报告指出，从今年的《中国500最具价值品牌》区域分布来看，北京有87个品牌入选，名列第一；广东和山东分别有84个和45个品牌入选，位居第二和第三。根据入选品牌影响力范围大小，可按照全国性、世界性品牌进行划分，榜单中具有全国范围影响力的品牌有437个，占比87.40%；具有世界性影响力的品牌数为63个，占比12.60%，比去年略有增加。

上述分析报告显示，2023年《中国500最具价值品牌》排行榜中，共有来自食品饮料、轻工业、建材、传媒、纺织服装、医药、机械等在内的25个相关行业的品牌入选，其中食品饮料业是入选品牌最多的行业，共有83个品牌入选，占总入选品牌数的16.60%；入选品牌数量位居第二名到第五名的行业分别是轻工（45个）、建材（39个）、通信电子IT（36个）、传媒（31个）。

2023年是世界品牌实验室第20年连续发布《中国500最具价值品牌》分析报告，2004年品牌价值入选门槛仅为5亿元，上榜品牌的平均价值为49.43亿元。2023年的品牌价值入选门槛提高到了35.27亿元，上榜品牌的平均价值高达686.62亿元，增长幅度高达1 289.08%。

（案例来源：根据网络资料整理）

3. 品牌转化具有一定的风险及不确定性

品牌创立后，在其成长的过程中，由于市场的不断变化，需求的不断提高，企业的品牌资本可能壮大，也可能缩小，甚至某一品牌在竞争中退出市场。品牌的成长由此存在一定风险，对其评估也存在难度，对于品牌的风险，有时由于企业的产品质量出现意外，有时由于服务不过关，有时由于品牌资本盲目扩张，运作不佳，这些都给企业品牌的维护带来了难度，对企业品牌效益的评估也出现不确定性。

4. 品牌的表象性

品牌是企业的无形资产，不具有独立的实体，不占有空间，但它最原始的目的就是让人们通过一个比较容易记忆的形式来记住某一产品或企业，因此，品牌必须有物质载体，需要通过一系列的物质载体来表现自己，使品牌有形化。品牌的直接载体主要是文字、图案和符号；间接载体主要有产品的质量、产品服务、知名度、美誉度、市场占有率。没有物质载体，品牌就无法表现出来，更不可能达到品牌的整体传播效果。优秀的品牌在载体方面表现较为突出，如"可口可乐"的文字，可使人们联想到其饮料的饮后效果。

5. 品牌的扩张性

品牌具有识别功能，代表一种产品、一个企业，企业可以利用这一优点展示品牌对市场的开拓能力，还可以帮助企业利用品牌资本进行扩张。

（三）品牌的种类

品牌可以依据不同的标准划分为不同的种类：

1. 根据品牌知名度的辐射区域划分

根据品牌的知名度和辐射区域划分，可以将品牌分为地区品牌、国内品牌、国际品牌。

地区品牌是指在一个较小的区域内生产销售的品牌，例如，地区性生产和销售的特色产品。这些产品一般在一定范围内生产、销售，产品辐射范围不大，主要受产品特性、地理条件及某些文化特性影响，就像地方戏种秦腔主要在陕西、晋剧主要在山西、豫剧主要在河南等。

国内品牌是指国内知名度较高，产品辐射全国的产品。例如电器巨子——海尔、饮料巨子——娃哈哈。国际品牌是指在国际市场上知名度、美誉度较高，产品辐射全球的品牌，例如华为、可口可乐、麦当劳、奔驰、微软等。

2. 根据品牌产品生产经营的不同环节划分

根据产品生产经营的所属环节可以将品牌分为制造商品牌和经销商品牌。制造商品牌是指制造商为自己生产制造的产品设计的品牌；经销商品牌是经销商根据自身的需求，对市场的了解，结合企业发展需要创立的品牌。制造商品牌很多，如奔驰、长虹等。经销商品牌如“王府井”等。

3. 根据品牌来源划分

依据品牌的来源可以将品牌分为自有品牌、外来品牌和嫁接品牌。自有品牌是企业依据自身需要创立的，如本田、东风、全聚德等。外来品牌是指企业通过特许经营、兼并、收购或其他形式取得的品牌。

4. 根据品牌的生命周期长短划分

根据品牌的生命周期长短来划分，可以分为短期品牌、长期品牌。短期品牌是指品牌生命周期持续较短时间的品牌影响力，由于某种原因在市场竞争中昙花一现或持续一时；长期品牌是指品牌生命周期随着产品生命周期的更替，仍能经久不衰，永葆青春的品牌，如老字号全聚德、内联升等。也有些是国际长久发展而来的世界知名品牌，如可口可乐、奔驰等。

5. 根据品牌产品内销或外销划分

依据品牌产品是针对国内市场还是国际市场可以将品牌划分为内销品牌和外销品牌。世界各国在法律，文化、科技等宏观环境方面存在巨大差异，一种产品在不同国家市场上有不同的品牌，在国内市场上也有单独的品牌。品牌划分为内销品牌和外销品牌对企业形象整体传播不利，但由于历史、文化等原因，不得不采用，而对于新的品牌命名应考虑到国际化的影响。

6. 根据品牌的行为划分

根据品牌产品的所属行业不同可将品牌划分为家电业品牌，食用饮料业品牌、日用化工业品牌、汽车机械业品牌、商业品牌、服务业品牌、网络信息业品牌等几大类。

除了上述几种分类外，品牌还可依据产品或服务在市场上的态势划分为强势和弱势品牌；依据品牌用途不同，划分为生产资料品牌；等等。

7. 根据品牌的原创性与延伸性划分

根据品牌的原创性与延伸性可划分为主品牌、副品牌，如“海尔”品牌，现在有海尔冰箱、海尔彩电、海尔空调等，海尔洗衣机又分海尔小神童、海尔节能王，等等。另外也可将品牌分成母品牌、子品牌、孙品牌等，如宝洁公司的海飞丝、飘柔、潘婷等。

8. 根据品牌的本体特征划分

根据品牌的本体特征又可将品牌划分为个人品牌、企业品牌、城市品牌、国家品牌、国际品牌等。如名人属于个人品牌，哈尔滨国际冰雪节、宁波国际服装节、CBD节等属于城市品牌，金字塔、万里长城、故宫等属于国家品牌，联合国、奥运会、国际红十字会等属于世界级品牌。

9. 按照品牌层次理论

品牌可以分为四层——企业品牌、家族品牌、单一品牌（产品品牌）、品牌修饰。以“通用别克”这一系列的车为例，这里“通用”是企业品牌，别克是家族品牌，君威、赛欧、荣御是单一品牌，G 2.0、GS 2.5是品牌修饰。从红旗的历史来看，“红旗”现阶段只适合做单一产品品牌，不适合做包括高、中、低档轿车的企业品牌或家族品牌。

（四）品牌的作用

1. 产品或企业核心价值的体现

品牌是方便消费者或用户记忆商品的工具，商家不仅要将商品销售给目标消费者或用户，而且要使消费者或用户通过使用对商品产生好感，从而重复购买，不断宣传，形成品牌忠诚，使消费者或用户重复购买。消费者或用户通过品牌，通过对品牌产品的使用，就会围绕品牌形成消费经验，存贮在记忆中，为将来的消费决策形成依据。一些企业更为自己的品牌树立了良好的形象，赋予了美好的情感，或代表了一定的文化，使品牌及品牌产品在消费者或用户心目中形成了美好的记忆。

2. 识别商品的分辨器

品牌的建立是由于竞争的需要，是用来为识别某个销售者的产品或服务的。品牌设计应具有独特性，有鲜明的个性特征，品牌的图案、文字等与竞争对手的区别代表本企业的特点。同时，互不相同的品牌各自代表着不同形式、不同质量、不同服务的产品，可为消费者或用户购买、使用提供借鉴。通过品牌人们可以认知产品，并依据品牌选择购买。例如，购买汽车时有几种品牌可以选择：奔驰、沃尔沃、WEY、长安。每种品牌的汽车代表了不同的产品特性、不同的文化背景、不同的设计理念、不同的心理目标，消费者和用户便可根据自身的需要，依据产品特性进行选择。

3. 质量和信誉的保证

企业设计品牌、创立品牌、培养品牌的目的是希望此品牌能变为名牌，于是在产品质量上下功夫，在售后服务上做努力。同时品牌代表企业，企业从长远发展的角度必须从产品质量上下功夫，于是品牌，特别是知名品牌就代表了一类产品的质量档次，代表了企业的信誉。比如海尔，作为家电品牌，人们常会联想到海尔家电的高质量、海尔优质的售后服务等。再如耐克作为运动鞋的世界知名品牌，其人性化的设计、高科技的原料、高质量的产品也为人们所知。

树品牌、创名牌是企业在市场竞争的条件下逐渐形成的共识，人们希望通过品牌对产品、企业进行区别，通过品牌形成品牌追随，通过品牌扩展市场。品牌的创立、名牌的形成正好能帮助企业实现上述目的，使品牌成为企业有力的竞争武器。品牌，特别是名牌的出现，使用户形成了一定程度的忠诚度、信任度、追随度，由此使企业在与对手竞争中拥有了后盾基础。品牌还可以利用其市场扩展的能力，带动企业进入新市场；带动新产品打入市场；品牌可以利用品牌资本运营的能力，通过一定的形式（如特许经营、合同管理等形式）进行企业的扩张。总之，品牌作为市场竞争的武器常常会带来意想不到的效果。

4. 企业制胜的关键

品牌以质量取胜，品牌常附有文化、情感内涵，所以品牌给产品增加了附加值。同时，品牌有一定的信任度、追随度，企业可以为品牌制定相对较高的价格，获得较高的利润。品牌中的知名品牌在这一方面表现最为突出，如海尔家电，其价格一般比同等产品高；耐克运动鞋，比同等的安踏运动鞋高出几百元。

（五）品牌识别

品牌识别是所有可以用来建立巩固品牌权益与品牌形象的方法。涉及品牌与消费者的接触及消费者的品牌体验，可以影响与改变消费者的品牌认知与品牌态度。营销沟通渠道是重要的品牌资源，包括媒体广告、公共关系、人员推销、促销活动、直接营销、事件营销和内部员工沟通等。

品牌识别概念的不同用法包括：

（1）“Identity Card”（身份证）（可能是护照、支票簿、驾驶执照等）是一种表明我们是谁，不可转让的个人特征等的证明。当听到人们的“identity of opinion”（意见一致），是表示他们有相同的见解。

（2）第二种用法在传播领域中指那些出自同一来源并被转换成符号、信息和产品本身的东西。自从更多的品牌延伸和多样化，消费者面临着越来越多不同的品牌。如果每一产品及其相关传播都依循各自的路径，那么要保持所有这些路径都源自同一品牌较为困难。

当论及识别时，就引出了持久性和持续性的问题。证件是可更新的。虽然个人的地位和外貌会改变，但人的指纹却不会变。品牌的图案标志当然会发展变化，广告亦然，但随着时间的推移，品牌应有能力保持独特性和持久性。

（3）Identity的第三种含义是在于“Identity Crisis”（偶像危机）一词中。

（4）“cultural identity”（文化识别），这是人们以历史背景、价值观或对参与一个普通计划的看法的异同来分群，因而可以说社会小团体有一个很明显的识别特征。但他们的后代仍在寻找他们的识别。

二、集客视角下的品牌塑造

（一）品牌塑造

品牌塑造是指给品牌以某种定位，并为此付诸行动的过程或活动。品牌塑造是一个系统长期的工程，品牌知名度、美誉度和忠诚度是品牌塑造的核心内容。大企业可以凭借雄厚的财力、物力通过炒作、广告、大规模的公益和赞助等循序渐进地进行品牌塑造，通过建立品牌优势来刺激和吸引消费者的购买冲动。

为品牌塑造的文化是否合适，一般有两个标准：一是这种文化要适合产品特征，产品都有自己的特性，如在什么样的场景下使用，产品能给消费者带来什么利益等；二是这种文化要符合目标市场消费群体的特征，品牌文化要从目标市场消费群体中去寻找，要通过充分考察其思想心态和行为方式而获得。只有这样，这种品牌文化才容易被目标市场消费者认同，才能增强品牌力。

（二）品牌塑造的基本步骤

品牌形象塑造可采取“四步走”的路径，如图5-1所示。

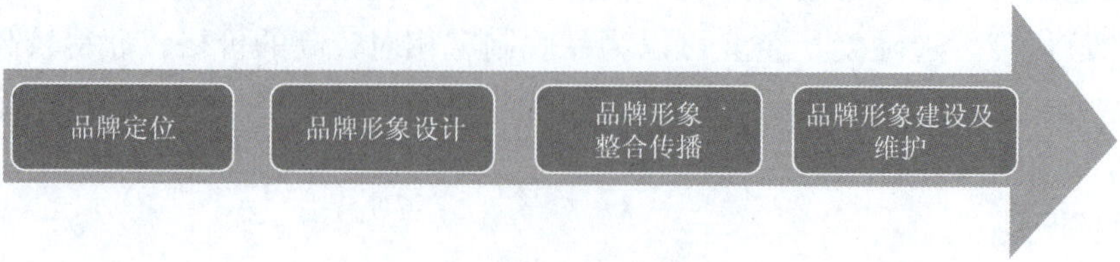

图 5-1　品牌塑造基本步骤

1. 品牌定位

1）品牌定位的含义

品牌定位是指企业在市场定位和产品定位的基础上，对特定的品牌在文化取向及个性差异上的商业性决策，它是建立一个与目标市场有关的品牌形象的过程。换言之，即指让某个特定品牌拥有某一个特性，从而确定一个适当的市场位置，使商品在消费者的心中占据一个特殊的位置，当某种需要突然产生时，随即想到的品牌，比如在炎热的夏天突然口渴时，人们会立刻想到“可口可乐”红白相间的清凉爽口。品牌定位的理论来源于营销大师杰克·特劳特首创的战略定位。

2）品牌的重新定位

随着市场状况变化及消费者对商品爱好的转向，企业应对品牌态势及时进行调整，如改变产品的品质、包装、设计配方。为此企业应当考虑品牌重新定位的收益、风险等情况。品牌重新定位是企业适应经营环境、市场竞争的需要，也是企业实施经营战略的需要。通过重新定位，企业及其产品在消费者心目中的形象得以改变，能够使企业获得更大的生命力。

（1）品牌重新定位的原因。

企业品牌之所以需要重新定位，是因为出现了需要重新定位的一些客观情况。这些情况大致可以归纳为以下几方面：

① 扭转原有定位存在的问题。品牌定位存在的问题，可能是原有品牌定位错误，也可能是原有品牌定位未能实现企业的营销目标或原有品牌定位模糊。

② 出于市场竞争的需要。市场竞争格局本身是影响品牌定位的重要因素，也是企业进行品牌重新定位的原因之一。

③ 目标人群的消费观念发生了变化。在现代生活节奏不断加快的今天，人们的消费观念也在悄悄地发生变化，原先赋予目标消费群体的品牌定位可能变得不合时宜。在这种情况下，企业品牌重新定位变得十分有必要。例如，保洁公司在开始进入中国市场时，将“飘柔”定位于二合一带给人们的方便和使头发柔顺的功效。但公司后来经过调查发现，人们最需要的是建立自信。因此，公司从2000年起开始对该品牌以自信为诉求重新进行定位。

④ 企业实施新战略的需要：一是原有品牌定位不利于企业新的市场战略的情况；二是企业为适应环境的变化而需要进行战略转型或调整。

（2）品牌重新定位的步骤。

在企业品牌重新定位的实施策略上，主要应了解品牌重新定位的几个步骤：

① 调查与分析评估，明确企业的竞争优势。在分析与评价企业原有品牌需要改变的原因基础上，从竞争对手、企业本身实力、消费者行为和市场状况等方面分析企业目前所面临的市场环境，同时需要重视消费者对品牌的认知和评价。

② 选择最具有品牌竞争力的定位。企业确立新的品牌定位，需要在调查分析的基础上，以获得最大限度的竞争优势为根本指针。为此，企业需要对重新定位的品牌在消费者的认可度、与企业形象的匹配和便于确立在竞争中的优势等方面加以权衡。

③ 制定整合营销传播方案，在不断传播中强化新的品牌形象。企业可以通过广告、促销、公关等多种手段和形式树立新的品牌理念，以使重新定位后的品牌形象尽快扎根于消费者心目中。

当然，由于品牌重新定位对企业生产经营战略影响极大，企业在进行品牌重新定位时，需要综合考虑各方面因素，特别是消费者的反映和可接受度。例如，可口可乐公司在1985年曾试图放弃一成不变的传统配方，改用消费者偏好口味更甜的软饮料要求的“可口可乐1号”，结果引起大量忠实客户的强烈抗议。最后，公司只得顺应顾客的习惯，恢复了原有配方，避免了更大的损失。

2. 品牌形象设计

品牌形象设计是指基于正确品牌定义下的符号沟通，它包括品牌解读及定义、品牌符号化、品牌符号的导入和品牌符号沟通系统的管理及适应调整四个过程，它的任务就是通过美善的符号沟通帮助受众储存和提取品牌印记。品牌形象设计的原则是根据消费者的感觉以及企业自身的审美和追求而进行的。

消费者购买商品的心理活动，一般总是从商品的认识过程开始的，而激烈竞争的市场上，品牌成为人们选择商品的重要依据，品牌也是人们地位、实力的象征。由此，品牌形象设计的意义就越来越大。品牌形象设计主要包括品牌的名称、标识物和标识语的设计，它们是该品牌区别于其他品牌的重要标志。品牌名称通常由文字、符号、图案或三个因素组合构成，涵盖了品牌所有的特征，具有良好的宣传、沟通和交流的作用。标识物能够帮助人们认知并联想，使消费者产生喜爱和偏好的消费心理；二是能强化名称和标识物。企业为使消费者在众多商品中选择自己的产品，就要利用品牌设计的视觉现象引起消费者的注意和兴趣。这样，品牌的真正意义才会显现出来，才会日渐走进消费者的心中。

因为人们对品牌的偏好大部分是从视觉中获得的，所以树立良好的品牌视觉形象是十分必要的，这也是确定品牌在消费者心中地位的有效途径。如何塑造良好的品牌视觉图像，其途径主要包括以下几个方面：

（1）品牌视觉形象必须是统一的，而且还要求稳定，不能随意变动，这是品牌吸引消费者的重要条件之一，主要表现在以下四个方面：一是文字的统一，要求品牌设计确定后文字是统一的，几十年甚至几百年都不变，如传承经典的品牌“全聚德、同仁堂”等，如图5-2

所示；二是图形的统一，品牌设计要求图形是统一的，不能常常更换图形，这样才有长久的品牌魅力。如海尔的兄弟图样等；三是颜色的统一，品牌设计要求颜色是统一的，既要有象征性，又要有品牌特征和生命力。将文字、图形、颜色的有机结合使品牌更加耀眼，且具有立体的视觉效果。由此可见，品牌的形象设计要结合消费者的心理需求，力图使品牌达到统一、稳定的视觉形象，具有简洁、易记的特点和良好的情结联想的效果。

图 5-2　品牌 LOGO 设计

（2）品牌定位反映了品牌的个性特征，没有个性的人容易被人忽视，没有个性的品牌同样被人们遗忘。品牌之所以成为名牌商品是因为其所营造的品牌个性影响着消费者。凡是成功的品牌都有准确的定位，如海尔品牌的高质高价定位，金利来的男人世界的定位等。

由于不同消费者群体有不同的消费心理和特征，同时，社会文化习俗和消费习惯也会对消费者产生影响。因此在品牌设计时，首先要对品牌进行定位，为其寻找一个精准的位置，然后运用品牌要素去占据和适应这个位置与市场的变化。

（3）品牌创新是品牌的生命力和价值所在，是获得品牌心理效应的重要举措，品牌创新包括重创品牌和品牌更新。一方面，任何产品都必须创立自己的品牌，使其成为名品，产品具有鲜明的品牌特征和特色才能吸引消费者；另一方面，已经创立的品牌也有更新再创造的问题。同时，品牌文化也是一个不可忽视的问题，一个品牌的文化传播和取向是企业品牌塑造的重心所在。

品牌中的文化传统部分是唤起人们心理认同的最重要的因素。有时甚至作为一种象征深入消费者心中，加强品牌的竞争能力，实质体现在品牌与文化传统的融合能力。一是品牌与文化传统的价值；二是品牌与消费者需求相融合，如海尔的无菌、保鲜，新飞的绿色概念都产生了积极的心理效应。

案例分析

眼下，国货消费热潮正持续升温。多个国货品牌正获得广阔成长空间，吸引了越来越多的年轻消费者。老国货品牌的翻红和新锐国货的崛起，折射出“中国制造”正不断向“中国质造”迈进，反映出消费需求和情感诉求的变化，更是文化自信的体现。消费者对国货的接纳和认可大幅度提升，传递了我国经济快速发展、民族品牌崛起的信号。产品物美价廉、性价比高，成了国货潮牌的“新标签”。

（案例来源：根据网络资料整理）

3. 品牌形象整合传播

品牌整合传播是指对品牌形象要素进行优化组合，通过媒体宣传推广的一站式综合服务。整合品牌传播的首要价值在于它提供一种全过程的管理，用以协调品牌资源，维持和促进企业发展。要制定一个整合品牌传播计划，首先需要采用一个战略的方法，这种方法强调建立和客户或者消费者之间更为稳固的联系。以下是成功实施整合品牌传播的步骤：

（1）品牌通常定义为通过创造顾客忠诚，以确保未来收入的一种关系。由此，整合品牌传播的起始点包括分析品牌所充当和能充当的角色，以确保获得更高的忠诚度。要评估品牌的价值，对企业战略的审视，以及顾客、雇员和关键股东等因素，都需要考虑进去。

该步骤对一些传统意义上关于商业发展关键驱动要素的假定提出了挑战。这些传统理念包括“价格是我们唯一的附加价值”“我们仅仅是一个产品提供商”“我们不能疏远了分销伙伴”等，这些理念需要进行重新审视。

（2）一直以来，执行管理层在寻求一个可以对营销传播的投资回报进行量化的工具，而得到的结论是仅仅被告知无法单独获得这类数据。在整合品牌传播的范式下，这种情况将会得到改观。整合品牌传播计划给管理人员提供一套和企业其他投入的资产相关的，用以判断品牌资产投资绩效的工具。一些公司通过品牌价值评估的方式来判断投入的绩效，这种方式得出一个以基准品牌价值为目标的测量方法。但是，在整合品牌传播过程中的价值“评估”并不需要计算出原始的数字。因为品牌价值评估可以识别出品牌价值的作用要素，它可以帮助显示或测量传播活动对品牌价值的影响效果，或者进行预测。

通过对从一个测量周期到另一个测量周期品牌价值相对变化的测量，我们可以客观地对建立和促进品牌方面所进行投入的回报进行量化，从而评估整合传播计划的整体效果。

（3）品牌的角色明确之后，接下来至关重要的一步是要找出关键的目标受众。要区分这种努力的优先次序，有必要辨别出哪些是驱使企业成功的受众，哪些仅仅是对企业的成功起一定的影响作用。

有时候，如果你成功地影响了核心受众，由此获得的企业绩效足以强大到激发那些起一定作用的受众的关注和反应。首要的挑战，在于要设计一个联系核心受众的品牌战略，和一个联系功能受众的传播计划。

（4）形成“大创意”，大创意是指独特的价值诉求。传播同质化信息是对资源的一种浪费，而传播意味深长的独特性则是成长的催化剂。大创意源于对受众需要、市场动态以及本企业商业计划的一种清楚理解。大创意与企业用以迎合关键受众需要的策略是相匹配的。

伟大的创意需要符合四个基本标准：符合受众需要、诉求区别于竞争对手、诚实可信，并且具备能够随着企业业务的发展而发展的内在张力。

（5）改变认知来获得大创意，一旦顾客形成了和品牌的忠诚关系，受众将逐渐被纳入这个过程中。在该过程中，新形成的感知可能妨碍对品牌独特承诺的反应能力。这种“感知障碍”需要有所突破，以传达“大创意”。

在这些障碍中，有一部分显得尤其难以克服。如果这种障碍是和认知关联的，可以通过增加信息的曝光度来解决这个问题。但是，如果遇到的是信任方面的问题，就需要改变目标受众看待品牌价值的态度。

（6）通过信息传播改变消费者认知，改变消费者对品牌的认知并不是一件容易的事情，它需要一种传播上的努力，这种努力需要具有穿透消费者每日因接触过载信息所形成的“防卫墙”的能力。要想获得他们的注意，传播者必须通过精心准备的信息以消除混乱，并促使他们改变心理预设。一个携带大创意的驱动性信息，可以在媒介预算适度的情况下获得良好的传播效果。在媒介投放之前，务必确认信息的准确性，这将有助于优化投入回报。

（7）利用媒介改变认知态度，一旦获得大创意，就需要使用合适的传播媒介。通常，在每一个卷入的阶段都需要使用个性化的媒介来适应受众的需要。广告和公关是建立品牌认知的有力工具，它们对品牌相关性的形成也有潜移默化的作用。接触频率高的媒体，间接的、直接的或者是互动的，对于品牌相关性和逐渐形成独特价值的感知，也很有帮助。一旦购买决策形成，直接互动是形成满意度和忠诚度最有效的手段。但是这么做也有一定的挑战性，需要平衡各种媒体的作用力量，以建立一种整合的、可以最有效地传播信息的媒体解决方案。

（8）确定最佳媒介组合，执行的最根本的挑战，在于确定最佳媒介组合以促使目标受众形成强烈的品牌忠诚度。诀窍是在有限的媒介预算的前提下，优化信息传播的力量。这将有助于产生一种驱动性的投入回报，并确保未来的收益。

创造性的媒介计划，用以合理使用媒介预算，将是影响成功的一个非常重要的技巧，特别是在第一年。然后，作为一个示范性的结果，在接下来的第二年及再往后，这将成为进行品牌投入的一个预算参考。

（9）效果测量，投入需要在清楚了解事实的前提下进行。在和其他投资的比较中，要使人相信整合品牌传播上的投入，是一种投资而非花销，就需要展示一个相应的令人满意的投入回报。通过定量的方法了解信息和媒体的传播效果，将有助于在接下来的几年中优化传播效果。

（10）从第五步开始，重复整个过程，整合品牌传播是一个有机的过程，通过积极地深入地展开传播过程，可以使之得到滋长并变得更加强大。测量了首次效果后，返回整合品牌传播活动的初始，并考虑进一步提升的机会。重新回到对信息的考量上，探求使他们更具有驱动性的机会；重新回到媒介计划上，考量是否到达目标受众；重新回到媒介预算上，考量这些预算是否被合理配置；最后，重新回到评估工具上，确定它们是否能有助于对推动和管理计划的深入了解。

4. 品牌形象建设及维护

品牌形象不可能一成不变或一劳永逸。品牌形象总是随着市场、消费者、竞争对手不断地在调整，因此，塑造品牌形象是一个随着社会环境和经营环境变化的动态过程，企业在塑造品牌形象之后，要适时、适当地做出更新的措施，保持或提升品牌形象在社会公众心中的地位。更新品牌形象的原因主要包括：

（1）改变原有错误品牌形象，由于部分企业接触品牌管理时间较短，品牌管理理论和实践基础薄弱，在品牌形象塑造方面的能力和经验不足，市场上产品与品牌形象不相符现象屡见不鲜，本应是面向儿童的产品却找青年明星做广告；在产品最初的品牌设计中可能因考虑不周，没有兼顾设计、品名的各有关影响因素，致使品牌名称不利于品牌传播。这对产品的销售、企业的发展是十分不利的，企业只有更新原有的品牌形象，才能取得进一步的发展。

（2）品牌形象老化是品牌发展的自然规律，其原因有内部因素和外部因素。内部因素是品牌管理不善，包括产品缺乏创新、质量不稳定、推广不及时等；外部因素是随着科技与信息的快速发展，消费者的价值观与生活形态也在不断变化，过去的产品已不能满足消费者变化的需求。企业必须适时、适当地更新品牌，改变品牌形象老化的局面。

（3）很多企业凭借一个拳头产品成功后，往往就只会以这单一的产品在市场上长期竞争；而且有些企业的宣传手段也十分单一，降价、优惠大赠送是其惯用的方法。然而在激烈的市场竞争中，讲究的是推陈出新，创新意识更是必不可少。通过丰富品牌形象，如开发新产品、采用新包装等，为品牌注入新的活力，树立丰富的品牌形象，才能吸引消费者的眼球，提高品牌竞争力。如可口可乐公司，虽然只提供可口可乐一种产品，但它不断追求产品成分的多样化，为消费者提供多种选择，消费者可以选择的“可口可乐”系列包括可口可乐、不含咖啡因可乐、健怡可口可乐、樱桃可口可乐，还有不属于可乐系列的产品如雪碧、芬达汽水等，这些产品的推出极大地丰富了产品的组合，为可口可乐家族注入了新的活力。

（4）有效抵制竞争对手的威胁，虽然品牌形象比产品或服务更难以模仿，但随着时间的推移，那些市场追随者或新进入者往往借助模仿手段，有意模仿那些市场占有率高、品牌知名度好的产品来混淆消费者，在一定程度上威胁着企业的市场份额。因此，适当更新品牌形象，保持与竞争对手的距离，防止被竞争对手利用或钻空子，才能保护原有的品牌形象。

（5）配合企业整体战略，品牌形象更新除了要改变陈旧的形象外，还可以是为了配合企业的整体战略。多数企业在发展到一定规模后，就会重新规划战略，如2002年，玉堂酿造总厂改制并更名为玉堂酱园有限公司，同时，整厂搬迁至新工业园，这种情况下，新品牌形象的推出，为老字号增添了新鲜活力。新世纪里，新体制、新观念、新厂房、新设备、新产品都通过新的品牌形象得到充分展现。

第二节　集客视角下的品牌推广

一、品牌推广

品牌推广是指企业塑造自身及产品品牌形象，使广大消费者广泛认同的系列活动和过程。品牌推广有两个重要任务，一是树立良好的企业和产品形象，提高品牌知名度、美誉度和特色度；二是最终要将有相应品牌名称的产品销售出去。

品牌推广是品牌树立、维护过程中的重要环节，它包括传播计划及执行、品牌跟踪与评估等。品牌创意再好，没有强有力的推广执行作支撑也不能成为强势品牌，而且品牌推广强调一致性，在执行过程中的各个细节都要统一。

品牌划分为导入期、成长期、全盛期和衰落期四个发展阶段，这四个阶段的提出将对企业的品牌推广具有许多现实意义。

1. 导入期

品牌的第一个发展阶段是导入期，导入期就是企业的品牌第一次面对顾客或第一次参与竞争的阶段。导入期也是企业刚刚引入品牌经营理念，且是一个全新的起点。导入期最典型的特点是：目标顾客出于对新品牌缺乏认知而谨慎选择；正因为是新品牌，顾客中会有首次试用者敢于尝试，这些试用者可能就是顾客群中的勇于接受新鲜事物者和意见领袖，也可能是品牌日后坚实的榜样；竞争对手此时正在观察和企图获取企业的市场意图，且尚未建立阻击计划；媒体或其他利益相关者可能也在密切注视品牌的推广过程和结果。概括和了解导入期的特点是为了帮助企业制订适合的推广计划和媒体投放策略，并能找准时机拥有一个较高的市场起点。

2. 成长期

首先，品牌在导入期阶段时，企业可能已经收集到顾客反馈回来的有关产品、定位和推广方式的信息，这些信息的及时收集十分有利于企业自我改进，而如果没有这些信息，或顾客不愿将自己的消费感受如实地告诉企业，这说明品牌可能已经进入死胡同。因此，在这一阶段，企业须对这些品牌要素进行重新审视并调整，以适应顾客或超越竞争者。

一般情形下，犹如进入产品生命周期的成长期一样，目标顾客会对该品牌的产品加以评头论足，产品现状的好与不好都会有传播的动力和空间。从实际状况来看，顾客反馈的这些信息具有一定的普遍性，因此企业应就该品牌产品的技术、外观、包装、品质和服务等产品成分，参考顾客反馈的信息和要求进行适应性或超前性调整。

目标顾客不仅会对企业的产品加以评论，而且会对品牌的市场定位、竞争个性定位和内涵定位有不同的反应。企业应根据市场表现和顾客的反馈信息进行应对：

一要重新审视品牌的目标市场定位，看是否定得过宽、过窄，抑或在某区域市场留有空白。

二要反思品牌的竞争个性是否与企业的经营能力和技术现状匹配，是否适应于品牌的内涵定位，是否独特和具有差异性。

三要检讨品牌的内涵定位中的属性、价值、利益、个性、文化和使用者特征等要素的不足，看是否有针对性和准确性。

3. 全盛期

品牌成长期犹如人的少年时期，各种曲折和磨难接踵而至，作为“监护人”的企业应为其谋求市场地位、塑造品牌个性、确立核心利益、持续提高知名度、提升美誉度和忠诚度。这是为了将来给企业带来长久收益的一种必要性投入。

4. 衰落期

首先，产品落伍问题不值得讨论，因为到了衰落期企业如果连产品存在的问题都发现不了，那么品牌很快消亡就非常正常。

品牌的竞争个性定位，在品牌的全盛期看来可能很合理，可是到了衰落期总会有它不合理的地方，这些不合理是导致品牌衰落的原因之一。实践经验告诉我们，品牌的竞争个性在各个不同时期的定位应是不同的。假设在导入期可能以一种挑战者的姿态参与竞争；到了成长期应回归到相对理性的状态，靠某些理性的品牌因素如价值先驱者等姿态来继续推动品牌的发展，而如依然延续着导入期的那种玩弄概念很可能使目标顾客感到企业的招式有限而产生消费麻木；到了全盛期单纯依靠那种理性的竞争个性已不足打动尚未开始关注的顾客，而应以一种相对权威或先进的竞争姿态参与竞争，如行业领先者或技术引领者等姿态可能对品牌提高跨行业穿透力不无益处。

二、品牌推广的三种方式

企业立足市场靠的是品牌的响应，任何一个初建的企业第一步就是打响企业品牌，让消费者知道你的存在。也就是说创业企业的首要工作就是创建品牌，推广品牌。品牌的推广方式有三种：

（一）消费者推广方式

品牌推广的消费者推广方式具体又分为样品、优惠券、现金折扣、特价包装、赠品、奖金、免费试用、产品保证、联合促销、销售现场展示和表演等推广方式。

（二）营业推广方式

营业推广方式是品牌推广中最具有针对性且形式灵活多样的，可以是一次性的，也可以是不定期的。在以下情况进行营业推广是非常有效的：

（1）品牌类似。品牌经营者有意利用心理学的方法在顾客心理上造成差异，形成本品牌的特色，这就需要大规模地进行推广活动，多采用营业推广方式。

（2）在新品牌刚上市的阶段。由于顾客对新品牌是陌生的，需要采用营业推广方式，促使广大消费者认知新品牌。

（3）品牌处于成熟期。为了维持品牌的市场占有率，营业推广方式被广泛采用。常用的营业推广方式主要有举办展览会、展销会、抽奖、时装表演等。

（三）交易推广方式

在品牌推广活动中，用于交易的资金要多于用于消费者的奖金。品牌经营者在交易中耗资是为了实现以下目标：

首先，交易推广可以说服零售商和批发商经营该品牌。由于货架位置很难取得，品牌经营者只有经常依靠提供减价商品、折扣、退货保证或免费商品来获得货架。一旦上了货架，就要保住这个位置，这样才有利于提高品牌知名度。

其次，交易推广可以刺激零售商积极地通过宣传商品特色、展示以及降价来推广品牌。品牌经营者可能要求在超级市场的人行道旁展示商品，或改进货架的装饰，或张贴减价优惠告示等。他们可根据零售商完成任务的情况向他们提供折扣。

由于零售商的权力越来越大，品牌经营者在交易推广上的花费有上升的趋势。任何一个竞争品牌如果单方面中止交易折扣，中间商就不会帮助他推销产品。在一些西方国家里，零售商已成为主要的广告宣传者，他们的主要收入来自品牌经营者的推广补贴。

案例分析

品牌具有温度——哈根达斯“营造爱的味道”情感定位

“爱我，就请我吃哈根达斯”。自1996年进入中国，哈根达斯的这句经典广告语像是一种“爱情病毒”迅速在北京、上海、广州、深圳等城市蔓延开来。一时间，哈根达斯冰激凌成了城市的时尚食品。

由于把自己贴上永恒的情感标签，哈根达斯从未为销售伤过脑筋。对于那些忠实的“粉丝”来说，吃哈根达斯和送玫瑰一样，关心的只是爱情。哈根达斯把自己的产品与热恋的甜蜜连接在一起，吸引恋人们频繁光顾。其店里店外散发的浓情蜜意，更增添了品牌的形象深度。哈根达斯的产品手册、海报无一不是采用情侣激情相拥的浪漫情景，以便将“愉悦的体验”这一品牌诉求传达得淋漓尽致。其专卖店内的装潢、灯光，桌椅的线条、色彩的运用也都在极力烘托这一主题。

自1921年在美国纽约布朗克斯市诞生之初，哈根达斯便被赋予了浪漫的情感元素。来自马达加斯加的香草代表着无尽的思念和爱慕，比利时纯正香浓的巧克力象征热恋中的甜蜜和力量，波兰亮红色的草莓代表着嫉妒与考验，来自巴西的咖啡则是幽默与宠爱的化身，哈根达斯利用这些取自世界各地的顶级原料，独创出各种别具风情的浪漫甜品，让唇齿间细腻香滑的味道，营造出恒久的爱的回味。

（案例来源：根据网络资料整理）

第三节　线上推广方式

线上推广就是利用互联网进行宣传推广活动。被推广对象可以是企业、产品、政府以及个人等。互联网技术不断发展催生出多样的线上推广方式，可分为常见推广方式和新形态推广方式。

一、常规推广方式

（一）SEO推广

目前企业 SEO推广是由网站优化、网络运营、媒体宣传结合的一种技术，而现在恰好就是媒体最为流行。搜索引擎推广的方法又可以分为多种不同的形式，常见的有登录免费分类目录、登录付费分类目录、搜索引擎优化、关键词广告、关键词竞价排名、网页内容定位广告等。搜索引擎在网络营销中的地位依然重要，并且受到越来越多企业的认可，搜索引擎营销的方式也在不断发展演变，因此应根据环境的变化选择搜索引擎营销的合适方式。

（二）E-mail推广

以电子邮件为主要的网站推广手段，常用的方法包括电子刊物、会员通信、专业服务商的电子邮件广告等。基于用户许可的E-mail营销与滥发邮件不同，许可营销比传统的推广方式或未经许可的E-mail营销具有明显的优势，比如可以减少广告对用户的滋扰、增加潜在客户定位的准确度、增强与客户的关系、提高品牌忠诚度等。根据许可E-mail营销所应用的用户电子邮件地址资源的所有形式，可以分为内部列表E-mail营销和外部列表E-mail营销，或简称内部列表和外部列表。内部列表也就是通常所说的邮件列表，是利用网站的注册用户资料开展E-mail营销的方式，常见的形式如新闻邮件、会员通信、电子刊物等。外部列表E-mail营销则是利用专业服务商的用户电子邮件地址来开展E-mail营销，也就是以电子邮件广告的形式向服务商的用户发送信息。许可E-mail营销是网络营销方法体系中相对独立的一种，既可以与其他网络营销方法相结合，也可以独立应用。

（三）互助推广

每个企业网站均可以拥有自己的资源，这种资源可以表现为一定的访问量、注册用户信息、有价值的内容和功能、网络广告空间等，利用网站的资源与合作伙伴开展合作，实现资源共享，共同扩大收益的目的。在这些资源合作形式中，交换链接是最简单的一种合作方式，调查表明也是新网站推广的有效方式之一。交换链接或称互惠链接，是具有一定互补优势的网站之间的简单合作形式，即分别在自己的网站上放置对方网站的Logo或网站名称，并设置对方网站的超链接，使得用户可以从合作网站中发现自己的网站，达到互助推广的目的。交换链接的作用主要表现在获得访问量、增加用户浏览时的印象、在搜索引擎排名中增加优势、通过合作网站的推荐增加访问者的可信度等方面。交换链接还有比是否可以取得直接效果更深一层的意义，一般来说，每个网站都倾向于链接价值高的其他网站，因此获得其他网站的链接也就意味着获得了合作伙伴或一个领域内同类网站的认可。

（四）信息发布

将有关的网站推广信息发布在其他潜在用户可能访问的网站上，利用用户在这些网站获取信息的机会实现网站推广的目的，适用于这些信息发布的网站包括在线黄页、分类广告、论坛、贴吧、博客网站、供求信息平台、行业网站等。信息发布是免费网站推广的常用方法之一，尤其在互联网发展早期，网上信息量相对较少时，往往通过信息发布的方式即可取得满意的效果，不过随着网上信息量爆炸式的增长，这种依靠免费信息发布的方式所能发挥的作用日益降低，同时由于更多更加有效的网站推广方法的出现，信息发布在网站推广的常用方法中的重要程度也有明显的下降，因此依靠大量发送免费信息的方式已经没有太大价值，不过一些针对性、专业性的信息仍然可以引起人们极大的关注，尤其当这些信息发布在相关性比较高的地方时。

（五）病毒式营销

病毒式营销是一种常用的网络营销方法，常用于进行网站推广、品牌推广等，病毒式营销利用的是用户口碑传播的原理，在互联网上，这种“口碑传播”更为方便，可以像病毒一样迅速蔓延，因此病毒式营销成为一种高效的信息传播方式，而且，由于这种传播是用户之间自发进行的，因此几乎是不需要费用的网络营销手段。

病毒式营销的范例是Hotmail.com。Hotmail是世界上最大的免费电子邮件服务提供商，在创建之后的1年半时间里，就吸引了1 200万注册用户，而且还在以每天超过15万新用户的速度发展，令人不可思议的是，在网站创建的12个月内，Hotmail只花费很少的营销费用，还不到其直接竞争者的3%。Hotmail 之所以爆炸式发展，就是由于利用了“病毒式营销”的巨大效力。病毒式营销的成功案例还包括Amazon、ICQ、eGroups等国际著名网络公司。病毒式营销既可以被看作是一种网络营销方法，也可以被认为是一种网络营销思想，即通过提供有价值的信息和服务，利用用户之间的主动传播来实现网络营销信息传递的目的。

（六）快捷网址

快捷网址即合理利用网络实名、通用网址以及其他类似的关键词网站快捷访问方式来实现网站推广的方法。快捷网址使用自然语言和网站统一资源定位符建立其对应关系，这对于习惯使用中文的用户来说，提供了极大方便，用户只需输入比英文网址更加容易记忆的快捷网址就可以访问网站，用自己的母语或者其他简单的词汇为网站“更换”一个更好记忆、更容易体现品牌形象的网址，例如选择企业名称或者商标、主要产品名称等作为中文网址，这样可以大大弥补英文网址不便于宣传的缺陷，因此在网址推广方面有一定价值。随着企业注册快捷网址数量的增加，这些快捷网址用户也可相当于一个搜索引擎，这样，当用户利用某个关键词检索时，即使与某网站注册的中文网址并不一致，同样存在被用户发现的机会。

（七）网络广告

网络广告指运用专业的广告横幅、文本链接、多媒体的方法，在互联网刊登或发布广告，通过网络传递到互联网用户的一种高科技广告运作方式。网络广告是主要的网络营销方法之一，在网络营销方法体系中具有举足轻重的地位，在网络品牌、产品促销、网站推广等方面均有明显作用。网络广告的常见形式包括：网页广告、关键词广告、分类广告、赞助式广告、E-mail广告等。网络广告所依托的媒体是网页、关键词广告属于搜索引擎营销的一种形式，E-mail广告则是许可E-mail营销的一种，可见网络广告本身并不能独立存在，需要与各种网络工具相结合才能实现信息传递的功能，因此也可以认为，网络广告存在于各种网络营销工具中，只是具体的表现形式不同。将网络广告通过网站推广给客户，具有可选择网络媒体范围广、形式多样、适用性强、投放及时等优点，适合于网站发布初期及运营期的任何阶段。

（八）综合网站

除了前面介绍的常用网站推广方法之外，还有许多专用性、临时性的网站推广方法，如有奖竞猜、在线优惠券、有奖调查、针对在线购物网站推广的比较购物和购物搜索引擎等，有些甚至建立一个辅助网站进行推广。

案例分析

2022 年全国网络零售市场销售数据

据国家统计局数据，我国网络零售市场总体稳步增长。2022 年全国网上零售额 13.79 万亿元，同比增长 4%。其中，实物商品网上零售额 11.96 万亿元，同比增长 6.2%，占社会消费品零售总额的比重为 27.2%。2022 年全国网络零售市场主要呈现以下特点：

一是部分商品品类销售实现两位数增长。在 18 类监测商品中，8 类商品销售额增速超过两位数。其中，金银珠宝、烟酒同比分别增长 27.3% 和 19.1%。

二是东北和中部地区增速较快。东北和中部地区网络零售额同比分别增长 13.2% 和 8.7%，比全国增速分别高出 9.2 和 4.7 个百分点。东部和西部地区网络零售额同比分别增长 3.8% 和 3%。

三是农产品网络零售增势较好。全国农村网络零售额达 2.17 万亿元，同比增长 3.6%。其中，农村实物商品网络零售额 1.99 万亿元，同比增长 4.9%。全国农产品网络零售额 5 313.8 亿元，同比增长 9.2%，增速较 2021 年提升 6.4 个百分点。

四是跨境电商发展迅速。海关数据显示，2022 年我国跨境电商进出口（含 B2B）2.11 万亿元，同比增长 9.8%。其中，出口 1.55 万亿元，同比增长 11.7%，进口 0.56 万亿元，同比增长 4.9%。

五是电商新业态新模式彰显活力。重点监测电商平台累计直播场次超1.2亿场，累计观看超1.1万亿人次，直播商品超9 500万个，活跃主播近110万人。即时零售渗透的行业和品类持续扩大，覆盖更多应用场景，加速万物到家。

（案例来源：根据网络资料整理）

二、新形态线上推广方式

（一）关键意见领袖

1. KOL理论

从营销学角度看，为企业宣传的专家或权威被称为关键意见领袖（Key Opinion Leader，KOL），通常被定义为：拥有更多、更准确的产品信息，且为相关群体所接受或信任，并对该群体的购买行为有较大影响力的人。

关键意见领袖是具有相对更高社会地位的个人或组织，在群体内作出重要决定时大都会听取他们的建议和意见。关键意见领袖的典范通常是政治人物，专栏作家与社交媒体名人。

所有的关键意见领袖都在其所属的领域内占有突出地位，他们的意见都是有价值并值得大众采纳的。这些有影响力的人物也被称为“影响者”，他们被视为真正的专家，作为独立的个体被大众信任，而不仅是代表某公司的公众人物。他们经常活跃在社交媒体与博客上，并与粉丝们保持积极的沟通交流，提升互动频率。

2. KOL的特征

1）持久介入特征

KOL对某类产品较之群体中的其他人有着更为长期和深入的介入，因此对产品更了解，有更广的信息来源、更多的知识和更丰富的经验。

2）人际沟通特征

KOL较常人更合群和健谈，他们具有极强的社交能力和人际沟通技巧，且积极参加各类活动，善于交朋结友，喜欢高谈阔论，是群体的舆论中心和信息发布中心，对他人有强大的感染力。

3）性格特征

KOL观念开放，接受新事物快，关心时尚、流行趋势的变化，愿意优先使用新产品，是营销学上新产品的早期使用者。

4）人口统计特征

KOL的人口统计特征视具体产品、经济和文化等因素而变化，比如，对于“时尚类产品”，他们一般年龄较轻、文化程度较高、收入较多、性别不限，居住在大中城市。

（二）关键意见消费者

1. KOC理论

关键意见消费者（key opinion consumer，KOC）一般指能影响自己的朋友、粉丝，产生消费行为的消费者。相比KOL，KOC的粉丝更少，影响力更小，优势是更垂直、更便宜。

2. KOC的特点

1）距离用户更近

KOC不同于KOL长期创作某一垂直领域的内容从而获得垂直营销力，KOC甚至不能称之为意见领袖，但却在垂直用户群体拥有较大的决策影响力，能够带动其他潜在消费者的购买行为。

在KOL发布的相关内容下面，KOC对产品信息的热门评论往往更能够体现普通用户的看法，也能够很大程度上影响用户最终决策行为。因此控评成为品牌种草营销中的重要运营动作。

2）更具有传播爆发力

KOC代表的就是腰部力量，虽然无法获得传播的大曝光，但能够实现用户的信息渗透，如果内容优质的话拥有更大概率实现低成本的传播爆发；而长尾代表的就是普通用户，通常处于被动接受营销信息、推荐信息的状态。

现在人们越来越有看热评的习惯，而热评的力量就是KOC传播价值的体现，甚至不少热评都能成为传播素材，拉动病毒化的品牌传播。对于集中在腰部的KOC而言，合作成本低，内容更具有真实感、说服力，与其他用户的黏性更大，会是未来品牌传播更好的推广合作标的。

KOC自己就是消费者，分享的内容多为亲身体验；他们的短视频更受信任；他们距离消费者更近，更加注重和粉丝的互动，由此KOC和粉丝之间形成了更加信任的关系。此外，他们的内容、文案虽然不精致，甚至有时候还很粗糙，但是因为真实所以信任，因为互动所以热烈，这样带来的结果是显而易见的，可以将曝光（公域流量）实现高转化（私域流量）。总结来看，KOC是粉丝的朋友，是具有“真实、信任”等特质的消费者 。

（三）大数据发掘 KOL 和 KOC

作为品牌方来说，如何花最少的钱，实现最好，最实在，最真实的营销效果就是“好猫”，这才是关键。如何根据品牌及产品的特点，预算等，选择合适的投放策略？

通过大数据在最短的时间内实现，实现方式概述如下：

（1）评估品牌、产品的属性及受众，制定初步营销方向和策略。

（2）通过海量大数据平台采集提及“品牌”相关全网主帖信息，及其高质量评论信息，排除官方广告信息，及其他无效信息。

（3）采集主帖动态数据，评估各平台，媒体（含传统媒体及自媒体），网站，相关信息流量效果。选择流量效果显著的网站及媒体平台，作为备选投放渠道。

（4）通过海量大数据平台清洗后的主帖数据，评论数据，采集对应的人物数据，可以根据：粉丝量，性别，年龄，地域，认证信息，账号类型等多方面维度选择，初步筛选出符合条件的垂直的KOL及真实的KOC名单。

（5）按照预算设置KOL和KOC投放比例及数量范围。

（6）联系待选的KOL，咨询报价；发布KOC招募通告，定向招募符合条件的KOC。沟通报价及需求，确定最终合作的KOL及KOC名单。

（7）发放试用赠品，设计营销内容。KOL对应产出PGC（专业生产内容）；KOC对应产生UGC（用户生产内容）。

（8）实时监测，分析传播渠道，各个账号的真实传播效果及产生的流量。对效果好的渠道及账号增加投放，对效果差的渠道及账号减少或取消投放。

（9）计费结算：KOL按曝光结算为主，KOC按其分享的专属二维码或口令产生的消费记录结算为主，按曝光结算为辅，或直接以赠送等价试用商品的形式结算。

（10）复盘营销效果，效果好的KOL及KOC，可长期合作，通过数据分析，不断优化营销策略，筛选精准的KOL及KOC，通过优势互补，最终实现高性价比的营销效果。

（四）UGC 模式

1. UGC概念

用户原创内容（user generated content，UGC）的概念最早起源于互联网领域，即用户将自己原创的内容通过互联网平台进行展示或者提供给其他用户。UGC是伴随着以提倡个性化为主要特点的Web2.0概念兴起的。UGC并不是某一种具体的业务，而是一种用户使用互联网的新方式，即由原来的以下载为主变成下载和上传并重。

简而言之，UGC模式就是调动网民的积极性去参与视频创作的热情，一般是企业通过活动，征集与企业相关的视频作品。在UGC模式下，网友不再只是观众，而是成为互联网内容的生产者和供应者。抖音、MySpace等网站都可以看作UGC的成功案例，社区网络、视频分享、博客和播客（视频分享）等都是UGC的主要应用形式。

2. UGC模式的特点

（1）用户既是受众又是传播渠道；

（2）传播力相对强；

（3）一般与其他主题活动配合开展；

（4）达到病毒传播效果的一种有效方式。

3. UGC模式的内容类型

UGC中内容的类型和表现形式存在着多样性和粒度的差异性。从粒度的差异性来看，不同的内容往往体现出用户在生成、创作和传播过程中任务的复杂度和投入的时间成本、设备成本、机会成本以及智力因素。比如，用户在线评级或评论比用户撰写博客要相对容易，用户生成标签的粒度比用户原创视频的粒度也要小得多。

Armstrong和Hagel将虚拟社区分为兴趣型社区、关系型社区、娱乐型社区和交易型社区。UGC中的内容可分为娱乐型、社交型、商业型、兴趣型和舆论型。其中：

（1）娱乐型内容主要指以大众娱乐、消遣为主要行为特征的用户创作如原创搞笑视频、微小说、网络原创音乐等。

（2）社交型内容主要指以建立个体间的相互关系为主要特征的产物如“顶”“踩”“关注”等情感性指针和“社交图谱”（social graph）、“人立方”等自主生成的关系结构图。

（3）商业型内容主要指和社会化商务相关的一系列内容，包括用户生成口碑、购物评论和众包竞赛等。

（4）兴趣型内容主要指以爱好交流、兴趣小组、信息/知识共享和沟通为主要特征的内容，如在线问答、公众科学（citizen science）、设计竞赛等。

舆论型内容主要指公众对社会新闻、突发事件、舆情等方面进行的报道、分析、传播和利用等，如意见领袖和观点挖掘。

（5）UGC中 C（Content）所指的内容，并不只是用户创作、发布、分享的显性内容，同时还包括一系列隐性内容，如用户身份、状态、关系和声誉等。当UGC的概念逐渐扩散到了组织和社会层面即融入了更多社群的元素这个过程也同时丰富了内容的隐性属性。

案例分析

PUGC 引流应用

PUGC（professional user generated content）指的是以 UGC 的形式，生产出接近 PGC 的专业内容。这一内容生产模式集合了 UGC 和 PGC 的双重优势，既有 UGC 的广度，又通过 PGC 生产专业化的内容用以更好地吸引和沉淀用户。该模式最早出现在在线音频生产领域。

2020 年，各类专业知识成为内容生产的热点。这类内容的生产往往采用的是 PUGC 模式，具有专业技能的创作者处于内容生产的核心地位。优质的内容创作者目前正成为各大视频平台提升用户黏性的重要因素之一。

部分主流媒体也在积极尝试 PUGC 这一内容生产模式。例如，厦门广电集团有一个 300 人的厦门广电拍客团，这些专业拍客会将一部分拍得的画面和素材发送给厦门广电集团。如何争取这些优质的内容创作者或许会成为主流媒体提升传播能力的下一个发力点。

（五）PGC 模式

专业生产内容（professional generated content，PGC）指由传统广电业者按照几乎与电视节目无异的方式进行制作，但在内容的传播层面，却必须按照互联网的传播特性进行调整的模式。

优酷土豆是最早发力于PGC的视频网站之一。“合力成就、快乐分享”这是优酷最新提出的分享精神，让PGC内容合伙人参与进来，并建立起完善PGC生态系统。优酷土豆集团高层强调，“一切内容合作都基于尊重原创，鼓励原创的原则”，旨在为PGC内容合伙人持续提供良好的服务。内容和体验永远都是留住用户最重要的方式，优酷已经与多个PGC团队合作制作自制内容。区别于视频行业的自制生态，PGC生态系统更关注PGC内容合伙人的原创品牌，优酷会充分调动资源去帮助他们打造原创品牌。

从内容上，PGC生态系统是从内容生产、内容推广、到品牌的形成、粉丝的汇聚，最终内容品牌被粉丝反哺并进行自推广的整套生态闭环。从商业上，优酷让优质内容形成品牌价值，再通过价值变现让创作者更专注内容创作。

（六）OGC 模式

职业生产内容（occupationally-generated content，OGC）通过具有一定知识和专业背景的行业人士生产内容，并领取相应报酬。

例如视频、新闻等网站中，以提供相应内容为职业（职务），如媒体平台的记者、编辑、版主，既有新闻的专业背景，也以写稿为职业领取报酬。

OGC的生产主体是从事相关领域工作的专业人员，其生产主体具有相关领域的职业身份，OGC内容的典型特征就是质量高，由于其内容生产掌握在专业职业人员手中，自然能给用户提供高质量的深度的内容。这与UGC良莠不齐的内容区分开来，即OGC不属于UGC，而是与UGC相对立。

案例分析

PGC 内容营销

2023 年兔年春节年味浓、人气旺，消费市场“开门红”，彰显着中国市场的潜力和韧性。数据显示，春节期间社交通信成为用户使用媒介主力，占全部用户比例的 77.6%。此外，电视、短视频使用频率也居高不下，其中 77.3% 的用户选择了电视媒介，是因为春晚的巨大影响力。截至 1 月 22 日 2 时，总台春晚全媒体累计触达 110.11 亿人次。大小屏跨屏联欢、多点开花。其中新媒体端的春晚直播观看规模超 1.88 亿人，同比增长 56.7%。其中，80.3% 的用户通过电视直播收看春晚，22.3% 通过网络直播，28% 的用户通过电视回看。多重观看模式形成了春晚融合传播的薪新模式，也让春晚这一大 IP 焕发了勃勃生机。

（案例来源：根据网络资料整理）

第四节　推广引流与数据分析

一、数据分析的含义

数据分析是指用适当的统计分析方法对收集来的大量数据进行分析，将它们加以汇总和理解并消化，以求最大化地开发数据的功能，发挥数据的作用。

数据分析在商业领域具有较强的应用性，可以直接将品牌推广、客户量、销售额等指标形成量化结果，是有目的地收集、整理、加工和分析数据，提炼有价值的信息的过程。根据有待解决的问题，将数据分析目的分为三类：现状分析、查找原因、预测趋势。

二、推广数据对象分析

常见的线上推广数据分析对象包括流量分析、销售分析、图文分析、执行分析四个分析维度。

（一）流量分析

流量分析即针对网点或店铺对页面浏览量、访客量、访问时间、跳出量、跳出率等流量数据进行分析，可以初步评估网点或店铺运营的基础情况。随着互联网技术的发展，移动商务技术的不断优化和智能手机应用的普及，越来越多的网友使用移动终端访问网络，流量分析变得尤为重要。流量分析主要研究以下几个指标：

1. 页面浏览量

页面浏览量通常是衡量一个网络新闻频道或网站甚至一条网络新闻的主要指标，它是评价网站流量最常用的指标之一，简称PV。监测网站PV的变化趋势和分析其变化原因是很多站长定期要做的工作。用户每刷新一次，页面浏览量即被计算一次。某站点总共被浏览的页面数量是重复累计的，同一个页面被重复浏览也会被计入PV。

2. 独立访客

独立访客就是独立IP访客，一般用两个数值标准来统计访问某网站的访客，即访问次数和独立访客数，访问次数和独立访客数是两个不同的概念。访问次数相当于一个展览会的访问人次，若某个参观者出入展馆10次，这10次都被记入访问次数中，相当于网络中的PV值；独立访客数则相当于带身份证参观展览会的访问人数，每一个出示身份证参观展览的人，无论出入几次，都只计作一次独立访问。

记录独立访客数的时间标准一般可为一天或一个月。按照国际惯例，独立访客数记录标准一般为“一天”，即一天内如果某访客从同一个IP地址来访问某网站n次，访问次数计作n，独立访客数则计作1。一般不计算年UV数。

3. 跳出率

观察关键词的跳出率可以得知用户对网站内容的认可度，或者说你的网站是否对用户有吸引力。而网站的内容是否能够对用户有所帮助，是否能留住用户，也可以直接从跳出率中看出来，所以跳出率是衡量网站内容质量的重要标准。

跳出率的计算公式为：

跳出率=访问一个页面后离开网站的次数/总访问次数

（二）销售分析

销售分析，即对销售推广产生的下单数量、支付比例、二次购买比例等进行分析，分析当前线上渠道的销售情况。俗语说：“销售不追踪，到头一场空”，可见销售分析的重要性。销售分析普遍存在的误区是只分析销售不好或者销售权重大的组织或个人。其实销售分析的目的是让落后的组织或个人变得好一些；让销售一般的组织或个人好起来；让销售较好的组织或个人变得更加卓越。

销售分析必须有依据。一般而言，销售分析的标准可以采用数据间的对比分析来确定，通过对比分析，找到差异。对比分析的标准可分为时间标准、空间标准、计划标准、特定标准。

（1）时间标准，即不同时间段的对比。同比是与前一年同一个时间段的数据进行对比分析，可以是季度、月、周、天；环比是和上一个时间段来对比（也有和下一个时间段对比的，称为后比），例如本月和上月，本周和上周对比；定基比是和某个指定的时期进行对比分析，例如将2022年每个月和2022年12月的销售额进行对比取值。

（2）空间标准，就是不同空间数据的对比，如将东北区和华东区或将北京和上海进行对比。其中，相似空间的对比对象必须是形态上比较接近；先进空间则是与同一种形态空间进行对比；例如上海和全国的数据对比，属于与扩大空间的对比。

（3）计划标准，这是一种人为标准。计划标准对比是销售分析中非常重要的标准之一，所有的绩效考核都是计划标准，例如实际销售额和销售目标的对比等。

（4）特定标准，主要指经验标准和理论标准。经验标准是在大量实践过程中总结出的值，而理论标准则是根据理论推断出来的值。

案例分析

数据化运营思维是高阶运营和低阶运营的分水岭

数据化运营其实是一种意识，一种思维，每一类运营人员都应该掌握，可以将其用于验证、优化自己的工作，始终保证自己走在以正确结果为导向的道路上。

目前相当一部分公司的数据化驱动程度尚处于初级阶段，它们的特征是用户处于原始积累阶段，数据收集层面不完整，只能解决局部的问题，尚未形成数据网络。这类公司没有专门负责数据开发的人员或产品经理。有的时候需要运营人员提出哪些数据需要监测。如果等公司成熟后再获取数据，那么初期的很多成绩是得不到量化的。对于此类公司，运营人员首先要利用好外部数据，例如基于微博、微信公众号、淘宝店、微店和社群的数据。特别是淘宝卖家后台，开通“生意参谋”后数据非常齐全。在使用各种工具之前，可以根据自己和公司需要的业务数据，请技术人员做成模板，方便提取；可以将数据作为日报、周报、月报的素材。

（资料来源：根据网络资料整理）

（三）图文分析

图文分析，即对新媒体内容平台的发布情况进行统计分析，包括微信公众号阅读量、微博转发量、今日头条文章推荐量等。借助图文分析，可以有效地对文章标题、文章内容、文章推广等进行评估。

图文分析的关键指标包括送达人数、图文页阅读人（次）数、分享转发人（次）数、收藏人数、评论数、点赞数、阅读来源等。通过这些指标，即可得出相对指标，

互动率 = 互动数 / 阅读次数，转发率 = 转发数 / 阅读次数

评论率 = 评论数 / 阅读数，点赞率 = 点赞数 / 阅读数等

通过这些数据并结合阅读量，运营人员可以对文章的传播渠道、传播节奏、传播效果有一个直观、准确的判断，还可以预估判断后续推出的图文内容的传播效果。

（四）执行分析

执行分析，即对团队的日常执行工作进行统计与评估，包括文章撰写速度、客服响应效率、软文发布频率等，也就是常说的关键绩效指标（key performance indicator,KPI）。KPI是通过对组织内部流程的输入端、输出端的关键参数进行设置、取样、计算、分析，衡量流程绩效的一种目标式量化管理指标，是把企业的战略目标分解为可操作的工作目标的工具，是企业绩效管理的基础。KPI可以使部门主管明确部门的主要责任，并以此为基础，明确部门人员的业绩衡量指标。建立明确的切实可行的KPI体系，是做好绩效管理的关键。关键绩效指标是用于衡量工作人员工作绩效表现的量化指标，是绩效计划的重要组成部分。运用KPI对销售目标达成进行分析与评估。

案例分析

“啤酒与尿布”的故事产生于20世纪90年代的美国沃尔玛超市中，沃尔玛的超市管理人员分析销售数据时发现了一个令人难以理解的现象：在某些特定的情况下，“啤酒”与“尿布”两件看上去毫无关系的商品会经常出现在同一个购物篮中，这种独特的销售现象引起了管理人员的注意，经过后续调查发现，这种现象出现在年轻的父亲身上。

在美国有婴儿的家庭中，一般是母亲在家中照看婴儿，年轻的父亲前去超市购买尿布。父亲在购买尿布的同时，往往会顺便为自己购买啤酒，这样就会出现啤酒与尿布这两件看上去不相干的商品经常会出现同一个购物篮的现象。如果这个年轻的父亲在卖场只能买到两件商品之一，则他很有可能会放弃购物而到另一家商店，直到可以一次同时买到啤酒与尿布为止。沃尔玛发现了这一独特的现象，开始在卖场尝试将啤酒与尿布摆放在相同的区域，让年轻的父亲可以同时找到这两件商品，一次购买两件商品，而不是一件，从而获得了很好的商品销售收入，这就是“啤酒与尿布”故事的由来。

当然“啤酒与尿布”的故事必须具有技术方面的支持。1993年美国学者Agrawal提出通过分析购物篮中的商品集合，从而找出商品之间关联关系的关联算法，并根据商品之间的关系，找出客户的购买行为。艾格拉沃从数学及计算机算法角度提出了商品关联关系的计算方法——Aprior算法。沃尔玛从20世纪90年代尝试将Aprior算法引入POS机数据分析中，并获得了成功，于是产生了“啤酒与尿布”的故事。

（案例来源：根据网络资料整理）

三、数据分析发展规律及研究方法

数据分析是为了提取有用信息和形成结论而对数据加以详细研究和概括总结的过程。数据分析的数学基础在20世纪早期就已确立，但直到计算机的出现才使得实际操作成为可能，并使得数据分析得以推广。数据分析是数学与计算机科学相结合的产物，在现阶段，数据分析应用逐渐扩展到市场营销、电子商务、会计学等领域，提升了数据应用的广度与宽度。

数据又称观测值，是实验、测量、观察、调查等的结果。数据分析中所处理的数据分为定性数据和定量数据。只能归入某一类而不能用数值进行测度的数据称为定性数据。定性数据中表现为类别，但不区分顺序的，是定类数据，如性别、品牌等；定性数据中表现为类别，但区分顺序的，是定序数据，如学历、商品的质量等级等。

四、数据分析的意义

数据分析，首先要考虑目标受众与分析目标，对营销领域而言，数据分析的意义体现在以下几个方面。

（一）了解运营质量，及时自查运维问题

营销工作从单一的线下销售向O2O相融合方式转化，线上线下都成为营销主要渠道。对于集客而言，线上引流、账号推广、视频推广、直播引流、粉丝价值分析、线上平台运营等这些工作的价值以及对营销目标的达成度，都需要通过数据量化的结果来分析与判断。对于

运营质量数据，不同的平台关注点不同，目前大部分企业都需要关注的运营数据包括流量数据、粉丝数据、阅读量数据、活动转发与评论数据等，通过动态数据的变化，对营销目标指标达成进行跟踪，及时发现企业运作过程中存在的问题，适度调整与改进，不断对企业内部运维进行优化。

（二）通过高效运营模式建立自我诊断机制

通过对企业运营阶段性数据进行分析，以访客量、销售时间等显性指标为依据，及时了解企业经营过程中存在的问题，通过建立起包括组织、流程、方法、工具、数据等在内的预算管理体制，并正确、有效地运用这一重要管理模式，为企业发展提供重要依据，使企业能够高效规范地运营。

（三）预测市场发展方向、合理规避运营风险

通过数据分析，从数据中发现信息的规律性，可以帮助企业预测未来发展趋势与行业动态，做出具有针对性的决策，从而使得运营活动具有前瞻性，及时规避运营风险。现阶段百度、腾讯等互联网大厂都已经开发出大量数据，网友可以直接登录相应网站查看。通过对数据进行分析解读，有助于判断内容、活动、推广是否要与网络热点结合。

常见的行业相关大数据包括百度指数、新浪微指数、微信指数、头条指数、淘宝指数等。以百度指数为例，百度指数是百度推出的一个可以查某个关键词搜索趋势，以及与关键词相关的用户需求等。据统计，百度指数PC版可查到2006年至今的网民搜索数据；移动端可查到2011年至今的网民搜索数据，存储的数据可谓海量，所以对于市场研究及商业决策起到了支撑作用。但需要注意的是并不是每个关键词都有指数，一般中长尾中搜索量小的都没有。

（四）控制运营成本、提高运营效率

企业进行营销工作，一方面需要关注销售额的增长与品牌价值的提升，另一方面需要及时关注运营成本的投入，尤其是广宣成本。企业精准投放广告是控制成本的关键所在。因此，企业需要分析用户所分布的城市、购买数量、销售额及阅读时间、常用应用方式、惯用机型、阅读习惯等维度。每次广告投放前都要综合近期的投放情况进行调整与优化，确保精准投放以控制成本。

（五）评估运营成效、促改营销方案

每个营销方案都是企业根据以往经验与数据结果而制定的工作规划，设定一个时间周期，需要对数据进行分析与评估。一方面，分析最终完成的数据，可以反推方案中目标的可行性；另一方面，分析过程性的数据，可以及时发现方案制定后在执行过程中存在的问题。作为下阶段营销方案制定的重要参考意见。

五、数据分析类型

数据分析严格按数据逻辑进行分析对比，在统计学领域，有学者将数据分析划分为描述性统计分析、探索性数据分析以及验证性数据分析；其中，探索性数据分析侧重于在数据中发现新的特征，而验证性数据分析则侧重于已有假设的证实或证伪。

（一）探索性数据分析

探索性数据分析是指为了形成值得假设的检验而对数据进行分析的一种方法，是对传统

统计学假设检验手段的补充。该方法由美国著名统计学家约翰·图基（John Tukey）命名。

（二）定性数据分析

定性数据分析又称定性资料分析、定性研究、质性研究资料分析，是指对诸如词语、照片、观察结果之类的非数值型数据（或资料）的分析。

（三）离线数据分析

离线数据分析用于较复杂和耗时的数据分析和处理，一般通常构建在云计算平台上，如开源的HDFS文件系统和MapReduce运算框架。Hadoop机群包含数百台乃至数千台服务器，存储了数PB乃至数十PB的数据，每天运行着成千上万的离线数据分析作业，每个作业处理几百MB到几百TB甚至更多的数据，运行时间为几分钟、几小时、几天甚至更长。

（四）在线数据分析

在线数据分析又称联机分析处理，用来处理用户的在线请求，它对响应时间的要求比较高（通常不超过若干秒）。与离线数据分析相比，在线数据分析能够实时处理用户的请求，允许用户随时更改分析的约束和限制条件。与离线数据分析相比，在线数据分析能够处理的数据量要小得多，但随着技术的发展，当前的在线分析系统已经能够实时地处理数千万条甚至数亿条记录。传统的在线数据分析系统构建在以关系数据库为核心的数据仓库之上，而在线大数据分析系统构建在云计算平台的NoSQL系统上。如果没有大数据的在线分析和处理，则无法存储和索引数量庞大的互联网网页，就不会有当今的高效搜索引擎，也不会有构建在大数据处理基础上的微博、博客、社交网络等的蓬勃发展。

六、数据流量分类

（一）私域流量

1. 私域流量的含义

私域流量是指从公域（平台、媒体渠道、合作伙伴等）引流到自己私域（官网、客户名单）以及私域本身产生的流量（访客）。私域流量可以进行二次以上链接、触达、发售等市场营销活动，获取数据。私域流量和域名、商标、商誉一样属于企业私有的经营数字化资产。私域是指运营客户的能力，已经成为企业和品牌最核心的能力之一。在数字经济时代，企业的核心目标是要从产权的高度真正去重视和拥有“客户”这个最有价值的资产，并不断提升自己为每个客户创造更丰富价值的能力。

2. 私域的主要特点

（1）获取难度，取决于公域流量来源，如淘宝店铺、京东、拼多多、线下门店以及抖音、微博，日常的老客户和粉丝积累决定了私域流量汇聚难度。

（2）黏性高，用私域流量的典型代表——微信好友进行说明，只要一个客户是微信好友，可以通过发消息、发朋友圈的手段，将信息自由、反复、稳定地传递给他。但是想要添加到很多精准的客户很难，所以，微商随之诞生。微商就是让普通人变成微商品牌的分销商，而每个人都会有自己已有的私域流量（亲朋好友），所以这些微商分销商就能够通过自己已有的私域流量，直接进行营销信息的传递。

3. 私域流量的判断标准

穆胜博士提出"AIE标准"的流量才是私域流量。

（1）可自由触达（accessibility），这意味着私域流量的拥有者可以直接接触到流量。

从这个意义上说,微信公众号、服务号、微博、抖音等平台上的粉丝都不能算作私域流量。真正的私域流量还是主要存在于微信个人号。基于微信的IM属性，一对一的信息推送、一对多的社群运营（群控），都是私域流量运营的天然手段。

（2）聚集流量的方式是"IP化"的，这意味着企业连接流量的方式是一个对用户足以形成影响的IP。

现实一点的方式是做"品牌人格的实体化（形成个人IP）"，变成有温度的专家渗透到社交圈。这种角色可能是购物助手（了解货品）、专家（了解领域）、KOL（文化引领）、KOC（行为引领）等，甚至是能够与用户深度交流、有温度的个人伙伴。没有人希望微信朋友圈里有一个"功能化"的品牌客服，只有个人IP才是社交网络里的有效节点。

（3）具有耐受性（endurance），这意味着流量不会轻易离开。其标准是检验连接的稳固性。流量之所以不会离开：一方面是因为连接是基于社交平台，而不是微博那种偏信息流平台的社交平台，道理很简单，只要有人际连接就有"人情世故"，关系就相对稳定。另一方面是因为连接必须给对方提供价值，即使是在朋友圈里发货品广告，也需要流量（用户）认可这些信息的价值。

案例分析

一切产品皆服务，一切服务皆内容，内容即流量，流量即销量。企业要想在客户关系中赢得好感，保持黏性，进而创造新的商业价值，就需要在内容营销上有所作为。宝马中国就建设了一个覆盖用户全生命周期的在线数字化内容平台，在线整合和链接各种媒体资源和热点资讯，并导入车企的各种营销素材，为经销商提供适配的多样化营销内容素材库（文章、图片海报、短视频等），提供多样的便捷的定制化制作模板。经销商可以"编辑"和"创作"内容，大幅提升经销商的内容生产力和内容输出质量。

（案例来源：根据网络资料整理）

用户互动是指企业要及时、有效地响应用户,精准判断客户意向,包括用户主动咨询问题时的及时答复、朋友圈点赞、评论等。

很多公司员工在微信群朋友圈上单纯发布公司动态、产品信息，以为这样就能和用户有效互动，殊不知这其实还是硬性广告，因为依然无法了解谁看了内容，用户画像是什么，用户是否真正对产品和服务感兴趣。

所以，和用户互动绝不仅仅是单方面地向用户提供信息，互动的灵魂是得到用户的即时反馈。也就是说，需要知道用户对你感兴趣的点，这样才能精准营销。

（二）公域流量

1. 公域流量的含义

公域流量又称平台流量，它不属于单一个体，而是被集体所共有的流量，是商家通过淘宝、京东、拼多多、携程、大众点评、美团、饿了么、猪八戒这些平台进行销售所获取的流量。

2. 公域流量的特点

这一类平台的特点是流量是属于各个平台的，商家入驻后通过搜索优化、参加活动、花费推广费以及使用促销活动等方式来获得客户和成交。

公域流量运营的核心是要熟练掌握平台规则，根据平台的发展规律顺势运营。

七、数据分析报告

数据分析报告是通过对项目数据全方位的科学分析来评估项目的可行性，为投资方决策项目提供科学、严谨的依据，降低项目投资的风险。数据分析报告是项目可行性判断的重要依据。任何企业都是建立在开发项目基础上的。

（一）数据分析报告的具体目标

构建数据分析报告的具体步骤包括以下三个方面：

（1）进行总体分析。从项目需求出发，对项目的财务、业务数据进行总量分析，把握全局，形成对被分析项目的财务、业务状况的总体印象。

（2）确定项目重点，合理配置项目资源。在对被分析的项目总体掌握的基础上，根据被分析项目的特点，通过具体的趋势分析、对比分析等手段，合理地确定分析的重点，协助分析人员做出正确的项目分析决策，调整人力、物力等资源达到最佳状态。

（3）总结经验，建立模型。通过选取指标，针对不同的分析事项建立具体的分析模型，将主观的经验固化为客观的分析模型，从而指导以后项目实践中的数据分析。

（二）数据分析报告的设计原则

（1）规范性原则。数据分析报告中所使用的名词术语一定要规范，标准统一、前后一致，基本上要与前人所提出的相一致。

（2）重要性原则。数据分析报告一定要体现项目分析的重点，在项目各项数据分析中，应该重点选取真实性、合法性指标，构建相关模型，科学专业地进行分析，并且反映在分析结果中对同一类问题的描述中，也要按照问题的重要性来排序。

（3）谨慎性原则。数据分析报告的编制过程一定要谨慎，体现在基础数据需要真实完整，分析过程需要科学、合理、全面，其分析结果可靠，建议内容实事求是。

（4）鼓励创新原则。科技是在不断发展进步的，必然有创新的方法或模型从实践中摸索总结出来，数据分析报告要以这种创新思维为基础，运用科学的数据分析工具，提炼有价值的数据结论。

总之，一份完整的数据分析报告，应当围绕目标确定范围，遵循一定的前提和原则，系统地反映行业分析的全貌，从而推动该行业的进一步发展。

八、数据分析报告的使用工具

（一）通用性工具

常见通用性工具为Excel与SPSS系统。其中，按广泛应用程度来讲，Excel最为广泛。它是微软Office软件中一个具有数据分析、数据统计功能的办公软件，可以对已收集到的数据进行数据处理、分析统计并进行辅助决策。

SPSS系统应用相较Excel来讲，其专业性与逻辑性的体现尤为明显。该软件最早用于统计学，后来应用于管理学、营销学、医学、会计学等专业领域，其功能为分析运算、数据挖掘、预测分析和决策支持任务等相关数据统计分析。

SPSS是世界上最早采用图形菜单驱动界面的统计软件，其最突出的特点就是操作界面友好，输出结果美观。它几乎将所有的功能都以统一、规范的界面展现出来，使用Windows的窗口方式展示各种管理和分析数据方法的功能，使用对话框展示出各种功能选择项。用户只要掌握一定的Windows操作技能，精通统计分析原理，就可以使用该软件应用于商业分析。

（二）专项性工具

专项性常见工具为网站分析工具、商业智能分析工具及大数据分析工具等。网站分析工具是指收集网站运营数据，为网站优化提供数据支持的工具。网站分析工具主要包括百度统计、CNZZ统计、站长工具、Google Analytics、Adobe Analytics等，可以进行网站流量、来源、路径、转化等多方面的统计分析，为网站运营者提供数据支持。

商务智能分析工具中Gephi主要适用于如社交传播路径等网络关系的分析；Qlik适用于数据源进行合并、搜索、可视化和分析等方面；Tableau、数加（DataV）则在数据可视化表达方面比较突出。

（三）系统性工具

系统性工具为平台自主研发的数据统计工具。如阿里系和京东两大主流电商平台配套的分析工具分别为生意参谋和京东商智。微信、微博、今日头条等平台也都具有完整、系统的统计功能。利用后台自带的数据分析工具，新媒体运营者可以直观地看到用户增长、后台互动等数据。

除以上平台自带的分析工具外，系统性工具还包括第三方分析平台工具。它是非官方平台自带的、需要官方平台授权后才可以使用的数据分析工具，一旦授权完毕，后续操作与自媒体分析工具类似，可直接通过网站查看。

素养园地

2021年7月21日向河南捐赠5 000万物资一事冲上热搜后，鸿星尔克因捐款出圈。数据显示，2021年7月15至21日，即宣布5 000万元捐赠前一周，在淘宝直播平台上，鸿星尔克官方旗舰店直播间每日观看人次均不到1万。7月22日，其直播间的观看人次突破200万。到了7月23日，观看人次已近900万，高达882.6万。7月23日凌晨，鸿星尔克总裁吴荣照赶往直播间劝大家理性消费。

2022年7月30日，鸿星尔克宣布向福建省残疾人福利基金会捐赠1亿元的款物，用于帮助困难残疾群体。2022年7月30日，“鸿星尔克再捐1个亿”的词条冲上热搜。突如其来的热度也带火了鸿星尔克直播间，2022年7月31日晚9点左右，近17万人涌入鸿星尔克直播间，不少粉丝留言提及此次捐款。同时，被捐赠方福建省残疾人福利基金会官方微信发文称，鸿星尔克庄严承诺再捐出总价值1亿元的物资和善款，设立“鸿星有爱助残同行”项目。

良好品牌形象是一张耀眼的“名片”，让消费者对企业与品牌建立更深厚的信任感，提升消费者对产品的关注，激发消费行为的产生。鸿星尔克以新时代企业的身份反哺社会、服务家园的职业精神，拉近了企业与消费者之间的距离，以不忘初心、牢记使命的责任感践行新时代企业的责任情怀。

（案例来源：根据网络资料整理）

实训实战

1. 工作任务及评价标准

以小组为单位，各小组选择一个知名品牌，并在品牌中选择一款爆品，以短期集客引流为目的，设计一个线上推广方案。评价标准见表5-1。

表 5-1 “线上推广方案”评价标准

评价项目	检核重点	A（20～25 分）	B（14～19 分）	C（0～13 分）
线上推广计划的可行性和预期成效	是否按照集客活动的主要方式制定计划，集客计划的可行性如何（25 分）	完全按照集客活动的方式制定计划，集客计划完全可行	不完全按照集客活动的方式制定计划，集客计划可行性差	没有按照集客活动的方式制定计划，没有可行性
	预期成效（25 分）	可以达到预期成效	预期成效不明显	没有达到预期成效

2. 工作流程评价（见表5-2）

表 5-2 “线上推广方案”评价表

姓名：	组别：	学号：		
各位同学：请针对下列评价项目并参照“评价标准”，选择“A、B、C”自行评定学习表现，满分 50 分，结合小组评定和老师复评，汇总得到评价成绩。				
评价项目	检核重点	自评	小组评定	老师复评
1. 线上推广计划的可行性和预期成效	是否按照线上的主要方式制定计划，线上计划的可行性如何（25 分）			
	预期成效（分）			
2. 奖励				

注：如有某组学生某一方面表现特别突出，或有被老师和同学认可的创新性内容，可以视情况奖励，奖励分不超过 5 分。

测试与思考

一、单选题

1. 目前许多企业都有销售、采购人员常年在外奔波。这些人员在推销产品、采购原料的同时，可以了解到许多商品的市场信息、产品质量信息和（　　）。

A. 用户信息　　B. 信息交流　　C. 数据分析　　D. 用户需求信息

2. 会议收集有关信息的主要形式包括：订货会、（　　）与展销会。

A. 车展　　B. 调度会　　C. 地摊经济　　D. 网购

3. (　　) 是一种新的商业信息处理技术，其主要特点是对商业数据库中的大量业务数据进行抽取、转换、分析和其他模型化处理，从中提取辅助商业决策的关键性数据。

A. 调查分析　B. 数据分析　C. 信息共享　D. 数据挖掘

4. 数据关联是数据库中存在的一类重要的可被发现的知识。若两个或多个变量的取值之间存在某种规律性，就称为 (　　)。

A. 关联　B. 沟通　C. 分析　D. 数据

二、多选题

1. 数据流量分为 (　　)。

A. 公域流量　B. 私域流量　C. 数据流量　D. 可视化流量

2. 推广数据对象分析，其包括 (　　)。

A. 流量分析　B. 销售分析　C. 图文分析　D. 执行分析

3. 品牌形象塑造可采取“四步走”的路径，即包括 (　　)。

A. 品牌定位　B. 品牌形象设计

C. 品牌形象整合传播　D. 品牌形象建设及维护

4. 品牌的先后不同时期划分为 (　　) 四个发展阶段。

A. 导入期　B. 成长期　C. 全盛期　D. 衰落期

5. 数据分析报告的使用工具，其包括 (　　)。

A. 平台性工具　B. 通识性工具　C. 专业性工具　D. 系统性工具

三、判断题

1. 根据长时记忆中提取的信息所进行的判断，也具有被弯曲的可能性。(　　)

2. 品牌是一种识别标志、一种精神象征、一种价值理念，是品质优异的核心体现。(　　)

3. 数据分析是为了提取有用信息和形成结论而对数据加以详细研究和概括总结的过程。(　　)

4. 数据挖掘是指从大量的数据中通过算法搜索隐藏于其中信息的过程。(　　)

5. 专项类常见工具为网站分析工具、商业智能分析工具及大数据分析工具。(　　)

四、简答题

1. 简述品牌的特征。

2. 简述品牌识别的概念。

3. 简述线上推广的主要方式。

4. 简述数据分析报告的设计原则。

五、案例分析题

伊利年初携手演员李现及奥运健将苏炳添录制短视频，提出“朝气向前”的品牌宣言。

与此同时，在抖音上，伊利联动各种类型的意见领袖发布内容，引导大众展现自己；在微信公众号上，伊利与真实故事计划等对标年轻人群的头部自媒体进行内容共创；在微博上，开展“朝气向前”话题，在短时间内阅读数达 3.3 亿，讨论 107 万。让伊利和“朝气向前”概念深度捆绑，践行朝气、年轻、正能量的品牌路线，让伊利能够更好地融入年轻群体。

作为北京 2022 年冬奥会和冬残奥会官方唯一乳制品合作伙伴，借助这一优势，伊利录制短视频，深挖奥运精神与后疫情时代民众对体育、竞技高涨的热情，在社交媒体上联动明星和大 V，获取更多曝光。伊利在春节期间，还在北京、张家口等地打造线下快闪店，用户可以体验冰壶挑战、VR 滑雪，沉浸式新奇体验引发民众热情。伊利品牌营销在年轻消费群体的基础上全民辐射，线上线下联动，引发民众自主参与，提升话题热度，打造热点事件营销。

案例思考：

1. 根据以上素材，伊利运用了哪些方式进行品牌推广？
2. 集客推广数据对企业发展具有哪些作用？

第六章

集客视角下的引流策略

知识目标

◎掌握线上引流的基本类型；

◎掌握线上引流的基本策略；

◎掌握集客创意设计理论。

技能目标

◎能够根据商业场景选用合适的集客手段；

◎能够运用营销方式，设计线上引流方案；

◎能够科学、合理地提出集客创意方案。

素质目标

◎培养兴商爱商的商业价值观；

◎培养线上营销思维，强化创新意识；

◎培养线上销售的职业道德；

◎培养文化自信。

案例导入

由于消费者大量向线上迁移，线下客流呈现持续性下跌趋势，但是线下损失的客流并未100%被电商获取，而这就为O2O市场提供了增长的空间。于是在线下零售增长接近停滞，线上增长趋于平缓的2021年，新兴消费形式O2O异军突起，其增长速度已经远远超过了电商。

O2O的突飞猛进，离不开生鲜品类的功劳。生鲜由于其保鲜时间短，依赖本地库存、购买频率高以及线上占比低等特点，是O2O保持高增速的主要原因。数据显示，2021年生鲜电商交易规模达4 658.1亿元，同比增长27.92%，同时，2021年生鲜电商行业渗透率达7.91%。在未来，随着人均可支配收入和消费支出的提高，生鲜又作为生活必需品，预计到2025年中国生鲜O2O市场规模将达到6.8万亿元。当然机遇总是伴随着挑战的，虽然O2O市场具备低获客成本、低供应成本、低运营成本等一系列优势，但是随着竞争者的疯狂涌入，使得多家头部企业也连年处于亏损状态。

而竞争者的涌入除了分散了客流，还带来了市场乱象，出现了服务参差不齐、商品质量无法把控等等问题。未来很长一段时间，在O2O行业都不会出现一家独大的情况，而想要在这个领域分得一杯羹，接下来就需要靠在商品品类和质量的把控、供应链能力提升以及区域的精细化运营这三个领域下功夫来打造差异化服务。零售行业数字化转型进程加快，智慧零售成增长新突破口。

案例思考

1. 试问O2O相融合的背景下，线上销售的优势有哪些？
2. 试问线上引流推广的主要方式有哪些？

课堂互动

1. 你是否有线上购物的经历？
2. 你经常在哪个线上平台购物？
3. 你喜欢哪些线上推广方式？

第一节　线上引流策略

一、社群营销

基于移动互联网终端的发展与变革，“全民微商”一词的出现，预示着微店、微信等App已成了线上销售的主战场。聊天群成了产品推广的主渠道。一群有着共同兴趣、爱好的用户聚集在一起，并产生了营销传播行为，社群营销因此产生。

社群营销的渠道包括不限于微博、微信群、QQ群等，只要是有同好聚集的场地，无论是线上还是线下，都可以产生社群及进行社群营销，而社群营销的关键也在于同时拥有权威的、令人信服的意见领袖及活跃的、具备购买力的社群用户。社群在用户关系维系、激活用户消费、提高复购率及裂变“带货”方面都有着极强的影响力，社群营销也因此成为各企业常用的产品营销策略。

（一）社群营销的含义

社群营销是在网络社区营销及社会化媒体营销基础上发展起来的用户连接及交流更为紧密的网络营销方式。网络社群营销的方式，主要通过连接、沟通等方式实现用户价值，营销方式人性化，不仅受用户欢迎，还可能成为继续传播者，从而通过社群化的信息传播实现集客引流。

例如，小米的快速崛起是离不开其社群营销的。小米主要通过三个方式聚集粉丝：利用微博获取新用户；利用论坛维护用户活跃度；利用微信做客服。开发MIUI时，让用户参与其中，提出建议和要求，由工程师改进。这极大地增强了用户的主人翁感。

又如，盘点瑞幸咖啡采用社群营销的方式进行裂变：第一种做法是首单免费：可以通过下载App免费获得一杯饮料，从而实现拉新。而邀请的新用户通过自己的链接下单后老用户也可以免费得一杯，这就大大增加了分享率，甚至会有用户专门建群进行分享领券。第二种做法是每周5折，即关注官方微信，每周通过IP植入赠送五折优惠券。第三种做法是下单送券，每次购买分享后可由20人领取优惠券，老用户可享受1.8折至6.8折不等。可以说，下单送券的方式既能提高分享频次和获客量级，又能进一步刺激消费和提升留存。

（二）社群营销的特点

1. 以用户为中心、以口碑为媒介

社群营销以目标人群的多向互动、沟通为核心，社群成员既是信息的发起者，也是传播者和分享者，用户的使用体验、看法、态度会直接影响营销效果。社群成员对产品的点评会转化为持久的口碑效应，当越来越多的群成员在社群里表达自己对产品的看法、态度并分享给志同道合的人时，强烈的认同感就会在圈里产生，同时引起非社群成员的关注与传播。

2. 品牌传递的信息更具体、目标人群更加可控

维系社群的纽带是对价值观的高度认同，这种归属感首先建立在对品牌认可的基础之上。社群成员通过与企业的互动，参与产品的设计、加工、制造过程，建立对产品或服务质量的动态评估，进一步增强了对品牌的忠诚度。同时，由于与社群成员的关系更加紧密，企业对目标消费人群的信息掌握得更加准确，数据分析更加精准，客户人群更加可控。

案例分析

美团外卖的社群营销活动

美团外卖的《加盟餐厅招募》社群营销活动是一个以邀请加盟餐厅为主要目的的活动。通过美团外卖的社交媒体账号，美团外卖邀请了自己的粉丝来推荐适合的餐厅加盟美团外

卖。同时，美团外卖也给予推荐者一定的奖励。

这个活动的亮点在于它将社交媒体的力量和招募加盟餐厅的需求结合在了一起，利用了现有的社交媒体平台和美团外卖的品牌影响力，以及用户对美团外卖的信任度，增加了加盟餐厅的数量，从而进一步扩大了美团外卖的市场份额。

此外，美团外卖还特别针对微信公众号的用户推出了专门的活动，通过用户在微信公众号里填写资料并提交加盟申请，来吸引更多的潜在加盟餐厅。

总体来说，这个社群营销活动利用了社交媒体的力量和美团外卖的品牌影响力，以及针对微信公众号用户的定制化服务，让用户更方便地推荐和加盟美团外卖，提高了活动的效果和用户体验。

（案例来源：根据网络资料整理）

3. 企业和消费者在互动中实现共赢

在社群营销中，社群成员可以通过其他成员的推荐或者企业提供的产品体验机会来判断产品是否符合自己的需求，实现理性消费，甚至可以参与产品生产流程并获得成就感；企业通过经营社群，既可以推广产品，又可以了解消费者的爱好、需求、兴趣，了解目标消费人群对产品及服务的看法和意见，为下一步的产品设计、营销方式提供参考。

4. 网络社群营销具有多样性

其传播信息的方式呈现多样化，包括图片、文字、音频和视频等多种形式；所传播信息的内容包括理性信息和感性信息、正面信息和负面信息、真实信息和虚假信息、共识性信息和个性化信息、专业性信息和业余性信息。

（三）社群营销的类型

国内一些品牌也已经开始了网络社群营销，根据目前出现的形式，可以归纳为四种类型：

1. 品牌+使用情景

代表为“诺基亚 + 摄影”。这是Nokia的经典战役，通过N系列确立了Nokia摄影手机的绝对领导定位。类似的组合也有“索爱+音乐”。

2. 品牌 + 目标群体最爱

代表为“可爱多+明星”。用明星和音乐的元素来诠释可爱多的情感价值。这种组合要将“目标群体需要什么”和“品牌能够给什么”相互匹配，形成的组合才比较自然。

3. 品牌+生活方式

代表为“立顿+电影”。立顿作为茶饮品的绝对老大，持续通过网络来巩固品牌认知和消费者关系。其在猫扑、爱粉丝网站发起的“我的影茶生活”，将“立顿奶茶+好心情+电影”联系在一起。网站的论坛里，消费者不仅可以反馈自己使用立顿奶茶的感受，还可以分享自己看过的电影。

4. 品牌+Web 2.0

代表为所有利用博客、视频来吸引消费者的品牌。因为博客和视频太受欢迎了，成本又太低了，所以似乎任何品牌都可以和博客搭上边。但实际上，能够真正利用好的这些Web 2.0工具的品牌很少。“梦龙 + 博客”是一个成功，因为它将产品特征和品牌诉求的“双面”和博客的主题很好地进行了结合。同时，“Polo + 乐活空间”也很好地将Polo主张的激情和快乐与“乐活”联系在一起。

综上所述，做社群营销的加法组合前提是将品牌核心价值和消费者利益相结合，如果脱离这两点，则难以形成和消费者的共鸣，网络社群也就难以维持。

案例分析

目标顾客可控下的社群营销

张阿姨是山东省一家上市零售企业的员工，负责超市中蔬菜类的销售工作，张阿姨为人亲和，认真负责，服务每一位客户时，都亲切周到，每日哪些蔬菜新鲜、哪些适合做菜、哪些适合煲汤，张阿姨总是向身边的客户娓娓道来，认真推荐。从而积累了一批忠实的粉丝，很多顾客为了更好地了解产品，都留下了张阿姨的微信号，方便购买。

张阿姨为方便客户购物，建立了线上微信群，在群内及时推荐新鲜蔬菜、蔬菜组合，提出健康小食谱。实时推送产品信息，在特殊时间段进行秒杀、买赠等小活动，在微信群内得到了一致好评，日均销售额达 2 万元，最高客单达 300 元。张阿姨利用自己的客户资源，选用线上平台，按客户需求进行关联，实现了线上引流销售。

通过张阿姨的案例可以看到社群营销通过线上引流方式带动销售的要点：

（1）精准定位客群，建立纽带，即建立微信群或 QQ 群等，方便互动和交流。针对自己的产品定位，利用各种抽奖或优惠等小技巧先找到第一批客户，聚集起来。

（2）做好社群日常互动和交流。客户不能冷落，否则就会去往别处了。要每日在群内保持和客户的互动交流，让客户更加了解你想要营销的东西。

（3）增加社群平台的曝光率，让更多人知道，让越来越多的人知道就更加容易吸引客群了，可以让利优惠让社群中的人帮助宣传。

（4）扩大社群，实现客户的不断裂变。进行社群营销，目的就是客户的引流和裂变，这样会让营销更加简单，因此一定要在原来社群的基础上扩大社群，实现客户的裂变。

（5）培养忠实的粉丝，增强凝聚力。现在的营销模式讲究粉丝效应，因此一定要充分了解人们的喜好来培养粉丝感情。

（6）明确社群的最终目的，和客户成为朋友，消除陌生感与距离感。社群的终极目的其实不是营销，而是和客户成为朋友，当你们成为朋友之后，营销自然就水到渠成了。

（案例来源：根据网络资料整理）

（四）社群营销策略

在获取客户成本越来越高、流量红利逐渐消失的背景下，私域流量出现在人们的视野之中。私域流量可大幅降低企业的流量获取成本，社群作为私域流量的重要承接和运营入口，可以将流量沉淀到企业可自主控制的渠道中，实现企业与用户的直接对话及细分市场内流量的精准经营，便于企业进一步挖掘用户的潜在需求。

1. 促进“社群经济”建设

社群为用户提供了一种全新的交互体验，运营良好的社群可以令社群用户产生最大化的归属感与满足感，社群用户之间通过相同或相似的消费需求、购买习惯等属性，建立起较为紧密的情感联系，形成社群关系。当社群中开始出现商品或是服务的分享与供应信息时，便意味着该社群关系向经济效益转化，具备了社群经济的雏形。随着商品价值实现链条的逐步完善，商家、企业、用户之间的交互水平达到一定的高度，社群经济便初具规模。

2. 注重社群用户有效转化与留存

为了促进社群经济的快速发展，建立稳定的社群关系，尽快获得转化利润，企业通过组织社群活动，以加强与用户的沟通交流，加深彼此之间的信任程度。在此基础上，不定期发布与产品相关的内容，采用文本、图片、视频、音频等方式，采取图文混排，制作主题式视频、音频，通过高频率地呈现产品信息，强化社群用户对产品的印象，促使用户产生购买行为。但用户的购买并不是营销行为的完结，完成用户留存、粉丝裂变及产品复购，才算完成社群营销的完整流程。从用户情感链接的建立到信息共享、体验分享，再到消费欲望的生成、消费行为的发生、产品价值的体现及消费体验的反馈等，完成一个完整的营销闭环模式。

案例分析

茅台镇酒社群营销新成效

茅台镇酒的社群营销主要通过微信公众号、微博、抖音等平台展开。其中，微信公众号“茅台镇老酒馆”是茅台镇酒的主要线上平台，拥有数万粉丝。公众号内容包括酒文化介绍、酒品推荐、茅台镇旅游攻略、历史文化故事等，以及定期组织茅台镇古镇探秘、品酒交流等活动，增加与粉丝的互动和黏性。微博和抖音上，茅台镇酒同样推出了一系列有趣、有料、有质感的内容，例如旗袍秀、手工泥塑茅台酒、茅台酒文化故事等。

除了线上平台，茅台镇酒还通过线下场景和社群营销结合，增加了消费者的互动和参与感。比如，茅台镇酒的门口有一只叫“小醉”的大黄狗成为茅台镇酒的形象代言，经常会在微信公众号和微博上出现，引发网友热议和分享。

茅台镇酒的社群营销取得了明显的成效，吸引了大量粉丝关注，提升了品牌影响力，也带动了线下销售，并形成了茅台镇酒文化的传承。

3. 注重用户数据分析

随着大数据技术不断发展，以及在多领域的普及应用。商业企业可以通过大数据分析系统或工具获取更多的用户消费数据，通过对数据筛选、比对、分析的结果作为依据，提高信息推送的精准度。运用社群为企业提供直接可触达用户的平台，加强社群内交流互动频率，提升销售转化能力。

案例分析

电子商务法规范线上交易

近年来，国家层面对微商进行了法规监管，从打击传销、朋友圈造假到2019《电子商务法》正式实施；从2020年1月，第一届中国微商大会在北京落下帷幕，到2020年7月15日国家发改委等部门联合发布《关于支持新业态新模式健康发展 激活消费市场带动扩大就业的意见》的文件，都预示着微商是符合社会发展趋势的。微商模式也会逐步规范，未来微商将成为网商中最具影响力的商业模式之一。

（五）社群营销的常见方式

1. 微商

微商是基于移动互联网的空间，以社交软件为工具，以人为中心，以社交为纽带的新商业，也是社群营销的一种常见方式。微商=消费者+传播者+服务者+创业者。微商的特性是从事小型商业活动的个体或团队，利用微博、微信等新媒体媒介从事商业活动。目前主要的微商运营模式包括代理模式、平台模式、自营模式、个人模式等。

（1）微商的代理模式是主流微商模式，通过代理层级的设计，如常见的四级代理（董事、总代理、一级代理、二级代理）及利益分配设计（如发展代理有提成、下级拿货有提成），让代理赚取批发的价差，并以拿货量建立严密的代理机制。

不管是做微商品牌还是做微商代理，都要对微商的代理模式有透彻了解，如此才能把利益打造成驱动力和增长力。

而做微商品牌或微商运营则需要精通更多的规则：①选品，微商的主推产品利润要高、受众要广、复购率也要高，例如面膜、护肤品、彩妆等；②制定微商模式和代理制度；③做营销布局和营销培训；④熟悉产品供应链、美工、文案、运营推广，等等。

（2）平台模式微商就是品牌产品的分销电商，这种微商模式也很常见，通过购买商品或缴纳代理费成为代理，通过分享购买链接和锁定下级代理获取返点。

（3）自营模式微商就是商家在自己的微信朋友圈做零售，也是非常普遍的辅助销售方式。这种模式对引流能力要求很高，需要资金和资源，也需要专业运营团队。

（4）个人微商往往以个体为单位，不断选择爆款单品，推给朋友圈，把客户从朋友圈的好友中筛选出来，然后更换产品，如此反复。

这种微商对个人能力要求也较高，要做好就必须打造一个高质量的朋友圈，对选品有足够的敏锐度，更重要的是，个人要打造好品牌。

（5）淘宝微商就是淘宝店主发展微商渠道，以求开辟第二战场，避免过于依赖淘宝。淘宝店做微商是非常有优势的，从电商转到社交电商适应更快，而且在电商运营、产品、美工、活动等方面都有大量成熟经验，转做微商是可以快速启动的。

（6）其他微商，微商涵盖的范围是非常广的，利用微信做渠道、做品牌、做产品、做传播的都在微商之内，比较典型的如微信公众号、微信群的付费课程和知识付费服务，例如逻辑思维、各类技能培训付费课和付费社群（微信群）等。

无论微商模式如何发展演变、创新升级，微商的根本仍然在于会说话的好产品、自传播的渠道设计、垂直人群的服务，绝脱离不了商业的本质。

2. 知识付费

知识付费的现象主要指知识的接收者为所阅览知识付出资金的现象。知识付费让知识的获得者间接为向知识的传播者与筛选者给予报酬，而不是让参与知识传播链条的人通过流量或广告等其他方式获得收益。2016年被称为“知识付费元年”。随着“得到App”“知乎live”“分答”等不同模式的知识付费类产品开始在市场上崭露头角，知识付费成为一种重要的发展趋势，与之相关的内容创业成为风口。

二、自媒体营销

社会化网络平台已成为线为销售的主战场。线上交易平台成了产品推广的主渠道。随着网上销售的不断变革，自媒体营销的概念油然而生。自媒体营销就是利用社会化网络、在线社区、博客、百科、短视频、微博、微信、今日头条、百度、搜狐、凤凰、UC等平台或者其他互联网协作平台和媒体来传播和发布资讯，从而形成的营销、销售、公共关系处理和客户关系服务维护及开拓的一种方式。一般自媒体营销工具包括：论坛、短视频、微博、微信、今日头条、百度、搜狐、凤凰、UC、博客、SNS社区，内容、图片和视频通过自媒体平台或者组织媒体平台进行发布和传播。

（一）自媒体的含义

自媒体是指普通大众通过网络等途径向外发布他们本身的事实和新闻的传播方式。自媒体英文为We Media，是普通大众经由数字科技与全球知识体系相连之后，一种提供与分享他们本身的事实和新闻的途径，是私人化、平民化、普泛化、自主化的传播者，以现代化、电子化的手段，向不特定的大多数或者特定的单个人传递规范性及非规范性信息的新媒体的总称。自媒体发展主要分为四个阶段：2009年新浪微博上线，引起社交平台自媒体风潮；2012年微信公众号上线，自媒体向移动端发展；2012—2014年门户网站、视频、电商平台等纷纷涉足自媒体领域，平台多元化；2015年至今，直播、短视频等形式成为自媒体内容创业新热点。

（二）自媒体的特点

1. 平民化、个性化

作家丹・吉尔默给自己的专著《自媒体》起的副标题是“草根新闻，源于大众，为了大众”。这便道出了自媒体最根本的特点——平民化。从“旁观者”转变成“当事人”，每个平民都可以拥有一份自己的“网络报纸”（博客）、“网络广播”或“网络电视”（播客），“媒体”仿佛一夜之间“飞入寻常百姓家”，变成了个人的东西。人们自主地在自己的“媒体”上“想写就写”“想说就说”，每个“草根”都可以利用互联网来表达自己想要表达的观点，传递他们生活中的阴晴圆缺，构建自己的社交网络。有学者形象地将此描述为“全民DIY”：“简单来说，DIY就是自己动手制作，没有专业的限制，想做就做，每个人都可以利用DIY做出一份表达自我的‘产品’来。”自媒体成了平民大众张扬个性、表现自我的最佳场所。

2. 门槛低、运作简单

对电视、报纸等传统媒体而言，媒体的运作无疑是一件复杂的事情。它需要花费大量的人力和财力去维系。并且，一个媒介的成立，需要经过国家有关部门的层层核实和检验，其测评严格，门槛极高，让人望而生畏，几乎是“不可能的任务”。但是，在这个互联网文化高度发展的时代，我们坐在家中就可以看到世界上各个地方的美丽风景，就可以欣赏到最新的流行视听，就可以品味到各大名家的激扬文字，互联网似乎让“一切皆有可能”，平民大众成立一个属于自己的“媒体”也成为可能。

在像新浪博客、优酷播客等所有提供自媒体的网站上，用户只需要通过简单的注册申请，根据服务商提供的网络空间和可选的模板，就可以利用版面管理工具，在网络上发布文字、音乐、图片、视频等信息，创建属于自己的“媒体”。拥有自媒体，不需要你投入任何成本，也不要求你有任何的专业技术知识。其进入门槛低，操作运作简单，让自媒体大受欢迎，发展迅速。

3. 交互性强、传播迅速

没有了空间和时间的限制。得益于数字科技的发展，任何时间、任何地点，我们都可以经营自己的“媒体”，信息能够迅速地传播，时效性增强。作品从制作到发表，其迅速、高效，是传统的电视、报纸媒介所无法企及的。自媒体能够迅速地将信息传播到受众中，受众也可以迅速地对信息传播的效果进行反馈，自媒体与受众的距离为零。

4. 内容良莠不齐

个人有千姿百态，代表着个人的自媒体也有良莠不齐。人们可以自主成立“媒体”，当媒介的主人，发布的信息也完全是按照自己的意愿随心所欲地编辑。这些信息有的是对生活琐事的流水账式的记录，有的是对人生境遇的深刻感悟的集锦，有的是对时事政治的观察评论，有的是对专业学问的探索与思考。这就表明了在自媒体上发表信息的随意。

优秀的自媒体可以让受众得到生活的启发或者有助于事业的成功，让人们发现生活的意义与价值。但大部分的自媒体只是一些简单的“网络移植”，记录一些简单的内容。

5. 可信度低

网络自媒体的数量庞大，其拥有者也大多为普通群众，网络的隐匿性给了网民“随心所欲”的空间。有的自媒体过分追求新闻发布速度或者说为了追求点击率而忽略了新闻的真实性，这就导致了自媒体所传播的信息的可信度低。

6. 相关法律不规范

让个体声音得到充分释放的同时，势必也会让一些与宪法、社会道德规范相悖的声音得以散播。自媒体从宪法上来看是个人言论自由权的延伸，从一诞生就受到了诸多法律的限制。作为一种权利，自媒体当然有很多的界限是不能突破的。虽然我国目前有很多法令管制网上活动，但是还只是停留在对网站的管理上，这些法令就显得不够全面。如何在法律上对自媒体进行规范与引导，迫切需要全社会来共谋良策。

网民应该学习在这个言论最自由的地方如何作负责任的表述，行使权利的同时不忘义务，使我国自媒体朝着健康的方向发展。

（三）自媒体表现方式

自媒体内容的主要表现形式有文字、图片、音频、视频等，这使得自媒体内容的呈现形式丰富多样。运营自媒体的核心和关键在于优质内容，只有品质优良的内容才会受到人群的追捧、关注及转载，而流量变现也就变得更加容易。

（四）自媒体的特性

（1）个性化。这是自媒体最显著的一个特性。无论是内容还是形式，创业者在创办自媒体平台时一定要给用户提供充足的个性化选择的空间。

（2）碎片化。这是整个社会信息传播的趋势，受众越来越习惯和乐于接受简短的、直观的信息，创业者在创办自媒体平台时应该顺应这种趋势。

（3）交互性。这也是自媒体的根本属性之一。其实受众使用自媒体的核心目的还是为了满足沟通和交流的需求，创业者要在自己的平台上给用户提供充分的分享、探讨、交流、互动等多元化体验。

（4）多媒体。一提到自媒体，大家往往首先想到的是微博，但微博仅仅是自媒体的一种模式而已，不但微博本身可以给使用者提供文字、图片、音乐、视频、动漫等多种选择，创业者也可以创办出文字之外的，以图片、音乐、视频、动漫等为主题的自媒体平台。

（5）群体性。自媒体的一个重要特点是受众是以小群体不断聚集和传播信息的，创业者可以针对专门的群体创办自媒体平台，如针对游戏爱好者、音乐爱好者、影视爱好者、汽车爱好者、学生群体等。

（6）传播性。无法有效快速传播，自媒体就没有价值和意义。创业者在创办自媒体平台时一定要为使用者提供充足的传播手段和推广渠道。

（五）自媒体运营原则

在自媒体运营中，要遵循以下原则：

（1）多样性。自媒体平台类型众多且不断推陈出新，这边刚刚熟悉了官方微博的运营，那边微信公众平台又粉墨登场了。面对多样化的自媒体形式，需要保持对新媒体的敏感度，勇于探索尝试，一旦有新的自媒体平台出现，就积极响应加入其中。

（2）真实性。在通过自媒体平台发布信息时要力求准确，与网友沟通时要客观真诚，面对网友质疑时要实事求是。

（3）趣味性。内容的真实并不影响在自媒体平台上体现一定的趣味性，包括发布趣味性的内容和策划趣味性的活动。

（4）持续性。自媒体的本质是媒体，需要获得越来越多的媒体受众。自媒体用户的增长不可能一蹴而就，只能依靠高质量且持续更新的内容，依靠不断组织的有创意的活动，才能不断积累，获得用户的稳定增长，保持自媒体影响力不断扩大。

三、微信营销

微信营销指商家利用微信的渠道、技术和资源开展以实现营销目标的一对一创新营销模式。微信不存在距离的限制，用户注册微信后可与周围同样注册的“朋友”形成一种联系，用户订阅自己所需的信息，商家通过提供用户需要的信息推广自己的产品，从而实现点对点的营销。

（一）微信营销的特点

1. 点对点精准营销

微信拥有庞大的用户群，借助移动终端、天然的社交和位置定位等优势，每个信息都是可以推送的，能够让每个个体都有机会接收到这个信息，继而帮助商家实现点对点精准化营销。

2. 形式灵活多样

（1）位置签名。商家可以利用“用户签名档”这个免费的广告位为自己做宣传，附近的微信用户就能看到商家的信息。

（2）二维码。用户可以通过扫描识别二维码身份来添加朋友、关注企业账号；企业则可以设定自己品牌的二维码，用折扣和优惠来吸引用户关注，开拓O2O的营销模式。

（3）开放平台。通过微信开放平台，应用开发者可以接入第三方应用，还可以将应用的Logo放入微信附件栏，使用户可以方便地在会话中调用第三方应用进行内容选择与分享。例如，美丽说的用户可以将自己在美丽说中的内容分享到微信中，可以使一件美丽说的商品得到不断的传播，进而实现口碑营销。

（4）公众平台。在微信公众平台上，每个人都可以用一个QQ号码打造自己的微信公众号，并在微信平台上实现和特定群体的文字、图片、语音的全方位沟通和互动。

3. 强关系的机遇

微信的点对点产品形态注定了其能够通过互动的形式将普通关系发展成强关系，从而产生更大的价值。通过互动的形式与用户建立联系，互动就是聊天，可以解答疑惑，也可以讲故事，用一切形式让企业与消费者形成朋友的关系。

（二）微信营销的模式

1. 互动式推送微信营销

商家通过一对一的推送方式，与用户展开个性化的互动活动，为用户提供更直接的互动体验。例如，星巴克开展微信营销活动，用户可以通过关注品牌添加为好友，用户用微信表达心情，品牌即可根据用户的发送的心情进行互动回应，让用户有不一样的互动体验。

2. 活动式微信营销

商家可以通过漂流瓶的方式开展微信活动，如招商银行的“漂流瓶”微信活动。商家在进行推广时可以增加某一时间段的“漂流瓶”数量，增加用户获取的频率，还可以借助这个活动模式向用户发送不同的文字，或者是语音小游戏，也可以产生很好的营销效果。

3. 社交分享

进行微信营销活动，将品牌融入微信活动中，通过用户分享开展营销活动。商家也可以借助对话沟通的方式来开展营销活动，拉近品牌与用户之间的距离。

4. 线上与线下营销

企业商家还可以通过微信为用户提供电子会员，通过线上活动获取线下门店的会员优惠和服务，或者是利用产品折扣和优惠来吸引用户关注，从而实现线下与线上的结合，开展O2O营销模式。

（三）微信营销思维

1. 病毒式传播

助力营销是病毒式传播的一种，它是通过朋友间的不断转发支持，实现快速传播和全民关注。助力思维通常的方式是，技术公司在制作活动微网页时，添加助力一栏。用户参加活动时，在活动页面上输入姓名、手机号码等信息后，点击报名参与，即进入具体活动页面。用户如想赢取奖品，就要转发至朋友圈并邀请好友助力，获得的好友助力越多，获奖的概率也就越大。为发挥助力者的积极性，也可以让参加助力的好友抽奖。就这样，因为有大奖的吸引，可以通过报名者与其众多好友的关注和转发，达到广泛传播的目的。

2. 抢红包思维

抢红包思维，顾名思义就是为用户提供一些具有实际价值的红包，通过抢的方式吸引社会积极参与，引起强烈关注，找到潜在客户，并实施针对性营销。抢红包的思维方式比较适合电商企业，客户得到红包后即可在网店中消费，这样一来，既起到了品牌推广作用，又拉动了商城销售。

抢红包思维营销一般由商家提供一笔总体金额，由此分散出N个不同金额的红包。想要参与的用户首先需要关注并填写注册信息，成为某商家的会员，然后到活动页面领取红包，并在指定时间内抵扣消费。

3. 流量思维

互联网时代，流量为王，网站如果没有流量，就是“无源之水，无本之木”。而对手机上网族而言，流量就像“人之于水，车之于油”。因此，抓住消费者的痛点，也就抓住了营销的根本。流量思维的基本思想是转发送流量，用户只要转发某家公司或某个产品的微网页，就可以得到一定的流量。

如果你每天准备送出1万元流量，那么按每人2元包5 MB流量业务来计算，每天将有5 000人受益，而为抢流量转发的可能会达到1万人甚至更多。试想，如有1万人转发活动微网页，以每个转发者平均拥有300个朋友计算，每天就有300万人在关注活动。1万元让1万人参与活动，同时获得300万人的关注，这就是流量思维的魅力。如果你的品牌想要实现快速传播，你就可以使用流量思维。

4. 游戏思维

游戏思维的概念很简单，就是通过游戏的转发传播来认识某个品牌。在微信的战略发展方向中，游戏与社交是其重点，足见游戏在移动互联网中的地位。微信小游戏的普遍特点是设计新颖且呆萌，规则简单却不单调，可以在短短几分钟内吸引到大量用户。

5. 节日思维

逢年过节，互致问候是中国人的良好传统。在经历了书信、电话和短信贺年祝节后，今年开始，微信祝福逐渐流行，一段语音、几句文字、一个视频，简单却温暖。节日思维，就是利用节假日人们相互送祝福的机会，在微信文字或视频中植入品牌形象，恰到好处地进行传播推广。

6. 大奖思维

“重赏之下，必有勇夫”。自古以来，奖与赏是很多人难以拒绝的诱惑。在当下的微信营销中，给奖甚至给大奖，是媒体和企业用得最多的招数，实力雄厚的，用房子或车子作为大奖；实力稍弱的，也常常用手机、门票、电影票和旅游券等作为奖品，而且效果良好。

7. 众筹思维

众筹是指用团购或预购的形式，向用户募集项目资金的模式。相对于传统的融资方式，众筹更为开放，更为灵活。对圈子的精准把握是微信适合众筹最核心的竞争力。

四、微博营销

（一）微博营销的含义

微博营销是指通过微博平台为商家、个人等创造价值而执行的一种营销方式，也是指商家或个人通过微博平台发现并满足用户的各类需求的商业行为方式。微博营销以微博作为营销平台，每一个听众（粉丝）都是潜在的营销对象，企业利用更新自己的微博向网友传播企业信息、产品信息，树立良好的企业形象和产品形象。每天更新内容就可以跟大家交流互动，或者发布大家感兴趣的话题，来达到营销的目的。

该营销方式注重价值的传递、内容的互动、系统的布局、准确的定位，微博的火热发展也使得其营销效果尤为显著。微博营销涉及的范围包括认证、有效粉丝、朋友、话题、名博、开放平台、整体运营等。自2012年12月后，新浪微博推出企业服务商平台，为企业在微博上进行营销提供一定帮助。

（二）微博营销的优点

（1）门槛低、成本小、效果好。一般发布140个字以内的信息，远比发布博客容易，对于同样效果的广告则更加经济。与传统的大众媒体（报纸、流媒体、电视等）相比受众同样广泛，前期一次投入，后期维护成本低廉。

（2）传播效果好、覆盖广。微博信息支持各种平台，包括手机、计算机与其他传统媒体。同时传播的方式有多样性，转发非常方便。利用名人效应能够使事件的传播量呈几何级放大。

（3）针对性强、便于维护与反馈。微博营销是投资少、见效快的一种新型的网络营销模式，其营销方式和模式可以在短期内获得最大的收益。

（4）手段多样化、人性化。从技术上，微博营销可以同时利用文字、图片、视频等多种展现形式。从人性化角度上，企业品牌的微博本身就可以将自己拟人化，更具有亲和力。

（5）开放性。话题广泛、拘束较少，其特点是最大化地开放给客户。

（6）拉近距离。在微博上面，政府可以和民众一起探讨，明星可以和粉丝们互动，微博其实就是在拉近距离。

（7）传播速度快。微博最显著的特征之一就是其传播迅速。一条微博在触发微博引爆点后短时间内互动性转发就可以抵达微博世界的每一个角落，达到短时间内最多的目击人数。

（8）便捷性。微博编辑简单，审核便捷，从而节约了大量的时间和成本。

（9）高技术性、浏览页面佳。微博营销可以借助许多先进的多媒体技术手段，从多个维度对产品进行描述，从而使潜在消费者更形象直接地接受信息。

（10）互动性强。能与粉丝即时沟通，及时获得用户反馈。

（三）微博营销的缺点

（1）需要有足够的粉丝才能达到传播的效果，人气是微博营销的基础。应该说在没有任何知名度和人气的情况下通过微博营销的难度很大。

（2）由于微博里新内容产生的速度太快，所以如果发布的信息粉丝没有及时关注到，就很可能被埋没在海量的信息中。

（3）传播力有限。由于一条微博文章只有几十个字，所以其信息仅限于在信息所在平台传播，很难像博客文章那样，被大量转载。同时由于微博缺乏足够的趣味性和娱乐性，所以一条信息也很难像开心网中的转帖那样，被大量转贴（除非是极具影响力的名人或机构）。

案例分析

大V市场价值分析

大V号是微博运营中极具价值的体现，微博上经过个人认证的名人就成为众多普通微博用户追捧的对象，他们拥有数以百万计甚至数以千万计的粉丝，在微博传播中有着重要的影响力。国内的微博服务商，如新浪、腾讯、网易等都有个人认证服务，它们经过个人认证的微博用户，在其微博昵称后都会附有类似于英文大写字母“V”的图标，因此，在这个过程中，经过个人认证并拥有众多粉丝的微博用户便被网友称为“大V”。大V发布的信息具有一定的影响力，同样也带来了巨大的价值。

（案例来源：根据网络资料整理）

五、微店营销

微店是电子商务创业的新模式。众所周知，由于这几年电子商务的飞速发展，在淘宝开办自己小店的成本越来越高，竞争越发激烈，盈利空间日益收窄。而由于B2C模式的高门槛、高投入，垄断情形已经非常普遍。普通人进入电子商务的创业机会越来越少。微店的目的在于发动每个顾客，建立属于他们的购物社交，让他们做主，才能从根本上让零售企业与每个顾客建立起长期的亲密关系。微店的出现，也必将重新定义实体零售行业在全渠道时代的意义。

（一）微店的含义

微店，私域开店模式，本质上就是提供让微商玩家入驻的平台，类似PC端建站的工具，其不同于移动电商的App，主要利用HTML5技术生成店铺页面，更加轻便，商家可以直接装修店铺，上传商品信息，还可通过自主分发链接的方式与社交结合进行引流，完成交易。

（二）微店运营发展

2013年，微店开始崛起。2014年1月，电商导购App口袋购物推出“微店”。2014年5月，腾讯微信公众平台推出“微信小店”。2014年10月，京东拍拍微店完成升级测试，并与京东商城系统实现全面打通，开始大规模招商。2015年上半年移动开店平台，包括微盟萌店，1号V店，拍拍小店等，平台微商着力于用户运营，微店、微盟萌店、微商店等用户规模相继突破千万级。

后来，京东微店、淘宝微店也入局，行业内如微盟等各类微店更是纷纷涌现。

（三）微店运营模式

在各类微店中主要分为两类模式：一类为B2C模式，如京东微店，直接通过商家对接消费者；另一类微店类似于C2C模式，多面向个体。其中C2C模式居多。

（1）平台类型，如微信小店、京东拍拍微店、淘宝微店、口袋购物微店、微商店。

（2）主打服务型，如微盟、京拍档、各大电商平台自己推出的微店（主要服务于开放平台，一方面立足自身的购物App，主打中心化移动电商；一方面借助微店形成去中心化移动电商的布局）。

（3）个人类型，主要是一些个人推出的一种创建微商城的工具。

六、短视频营销

在各种新媒体平台上播放的、适合在移动状态和短时休闲状态下观看的、高频推送的视频内容，融合了技能分享、时尚潮流、社会热点、街头采访、公益教育、广告创意、商业定制等主题。由于内容较短，可以单独成片，也可以成为系列栏目。

（一）短视频的含义

短视频即短片视频，是一种互联网内容传播方式，一般是在互联网新媒体上传播的时长在5 min以内的视频；随着移动终端普及和网络的提速，短平快的大流量传播内容逐渐获得各大平台、粉丝和资本的青睐。目前短视频主流平台包括抖音、快手、西瓜视频和淘宝卖家秀等。

案例分析

净化短视频传播内容、树立正确的信息交互观念

2021年12月15日，中国网络视听节目服务协会发布了《网络短视频内容审核标准细则》(2021)，针对网络视听领域存在的不足和薄弱环节，分别对开展短视频服务的网络平台以及网络短视频内容审核的标准进行规范。

其主要针对泛娱乐化、低俗庸俗媚俗问题的新表现，以及泛娱乐化恶化舆论生态、利用未成年人制作不良节目、违规传播广播电视和网络视听节目片段、未经批准擅自引进播出境外节目等问题。详细规定了“危害中国特色社会主义制度的内容”“分裂国家的内容”等短视频内容不得发布，有则必究。

（二）短视频的算法机制

短视频营销是在互联网技术支持下产生的一种运营模式，通过定量数据精细客户画像，准确判断用户的消费习惯与消费偏好。然后选出用户感兴趣的短视频，并推荐给对应客户。

基于大数据运算进行内容推荐的短视频平台，也将会成为一种必然发展趋势。明确的

目标客户、准确显性的客户标签是制作短视频内容的重要依据，更可以获取流量倾斜。目前在短视频平台进行内容营销的时代，一些小众、极具识别度的内容获得了极高推荐与流量效应。原因就是短视频内容具有细化垂直特征。

短视频算法机制包括三个方面：短视频与用户匹配程度、短视频的热度、短视频发布时间。

（三）短视频的要素

制作一个精良的短视频作品应包含五个要素：内容价值、画质清晰、优质标题、音乐配合、多维融合。

1. 内容价值

一个优质的短视频作品的第一要素为内容价值，也是一个好的作品的基础。内容价值是指短视频给用户提供某种价值，引起用户深度讨论，得到价值与理解上的共鸣。

2. 画质清晰

短视频的第二要素是画质清晰，它决定了一个短视频带给用户的体验。如出现短视频拍摄画质不清晰，即使内容质量高，也不会形成引流效应。目前市面上很多短视频的画质都在追求品质，画面清晰度也符合消费升级的需要，播放介质不同，对短视频画质和尺寸的要求具有一定要求，如：长视频在PC端播放，需要适合PC端显示器尺寸大小设计，满足平台播放的需要。提高短视频播放质量，提升消费群体关注，实现引流效果达成。

3. 优质标题

短视频的第三要素是优质标题，它决定了短视频的打开率，也是吸引关注的第一步。想要增加短视频的打开率，提升关注度，短视频的标题是决定性因素。

优质的标题具有两个关键点：

（1）满足受众的需要，考虑受众对内容的认知，标题结合内容做好定位。

（2）了解清晰获得平台精准推荐的规则，短视频的转发率、播放量、评论量和读完率，这些综合因素都决定了平台是否会继续推荐视频的关键，优质的标题在提升消费关注与数据指标的同时，也可以增加平台推送的频率，实现长期引流效应生成。

4. 音乐配合

短视频的第四要素是音乐配合，决定了短视频的基调。短视频本身是一种视听的表达方式，配乐作为声音元素的重要组成部分，可以提升短视频作品的质量，更好地呈现短视频内容。选择短视频配乐具有三个要点：

（1）尽量把短视频中人物的动作放在音乐节奏上，使音乐与画面协调统一，将各元素融合起来，突出短视频所呈现的重点。

（2）挑选的音乐内容应与短视频相适应，加强短视频作用的感染性，提升消费者的视觉+听觉感知，起到引流作用，增加产品曝光度。

（3）模仿优秀作品。以优秀作品为蓝本，研究作品设计的重点，提升短视频作品质量。

5. 多维融合

短视频的第五个要素是多维融合，是决定短视频综合价值的呈现。

目前，优秀的短视频作品会在文案撰写、表演形式、拍摄手法、剪辑设计和后期合成处理等流程都力求做到精益求精。一个好的短视频作品能够提升引流量，在短期内会形成集客效应，为企业发展带来商机。

（四）短视频平台的特点

1. 互联网平台用户基数大

短视频作为一种新媒体传播形式，具有广泛的客户群体，例如：抖音、快手等主流的短视频用户人数。短视频平台帮助大量的企业和商家进行一站式的产品营销，增加了销售渠道，大大提高了企业和商家的产品营销效率。

2. 创作门槛低，人人都是自媒体

短视频内容制作流程简单，技术设备要求也不高，只需具备网络、手机两个条件便能轻松完成视频内容的生产与发布。另外，短视频“随走随拍”的方式有效降低了对拍摄要求的限制。在拉低进入门槛的同时针对用户需求，加上短视频的内容丰富性和很强的交互性，使得这一娱乐形式适合大众参与，大大促进了短视频的创作与传播。

3. 碎片化娱乐，便捷传播方式

视频作为一种信息的载体，相对于文字、图片与声音具有更高的传播能力、内容密度和更强的感染力，便于大脑提取信息，而短视频短小便捷的传播形态，适应了紧张忙碌的生活节奏下信息消费场景的碎片化。

短视频新闻时长短、节奏鲜明、趣味性强，可以在用户碎片化的时间空隙内寻找生存空间，用户可充分利用自身所拥有的时间间隙，随时随地浏览短视频新闻，碎片式消费新闻内容。

4. 富有感染力，吸引用户传播

短视频将文字、图像、音乐各类元素有效融合起来，将所需传达的新闻内容形象地展示在人们面前。短视频可以将抽象词语转换为具体视频，使受众更直观、更形象地理解新闻内容，更易吸引受众注意，提升浏览兴趣，调动思维活跃程度，做到新闻内容的高效接收，从而吸引用户加入信息的传播过程之中。

5. 传播速度快，影响范围较大

短视频平台的兴起使新闻流通渠道得以扩充，使信息活跃程度得以提升，使传播者与受众间的互动得以加强。短视频的精与简，适合现在快节奏的生活，方便了用户在社交平台上的分享，使得信息的传播速度和传播范围极大增强，影响不断扩大。

6. 精准算法，推送人群更精确

精准推送是指新媒体根据对大数据的信息化处理从而将人们想看的新闻、视频、段子、商品等置于优先位置。根据不同用户使用、观看、浏览、购买等一些操作进行大数据分析，之后发送给用户想要使用、观看、浏览、购买等操作的精准推送，该推送经大数据分析，很大程度上会是用户想要的内容。

短视频平台通过算法精准推送满足了人们多元化、个性化的信息需求。通过定制化、智能化的信息传播机制，实现了用户与信息的快速精确匹配，大大降低了信息传播和获取的成本，为生活带来便利。但是，算法推荐在带来高效与便捷的同时，也引发了诸如大量低俗劣质信息的推送、大数据杀熟等乱象。

7. 社交属性强，便于信息交互

短视频传播能够同时满足参与者的围观心态和自我表露诉求，通过分享聚合在一起，通过平台自由交谈，短视频平台建立了一种情感连接模式，成为新的社交场所，同时，点赞、留言转发、私信、直播等无门槛的技术应用使得人们的交流环境和社交场景得以重塑，让用户敢于、乐于表达和展示自己，便于网络信息的不断交互。

例如，2017年，短视频上流行起海底捞“鸡蛋虾滑油面筋”的吃法，让不少吃货为之流口水。而后陆续出现的“番茄牛肉饭”“最好吃的蘸料”等海底捞网红吃法，更是刷爆了短视频，更有网友吃海底捞就是为了体验短视频吃法。短视频让海底捞又火了一把，2017 年客流量超过了 1.03 亿人次，而海底捞也根据短视频网红吃法，打造出了新菜单，让不少吃货惊喜不已。

8. 精简干练，易于用户分享

在短视频软件中，大部分的视频时长在一分钟左右，除此之外，还能够兼顾内容更新快的特点，使人们在生活的碎片化时间就能够使用短视频来获取最近的新闻内容。

例如，一个介绍COCO奶茶配方的短视频获得了二十多万点赞量，不少网友前往COCO门店下单同款，由此，COCO奶茶销量有所上升。在短视频的助力下，COCO也迅速做出回应，将网红款奶茶作为一个单独的产品设置在外卖点单的目录上，当顾客前来线下门店购买时，也会询问是否需要短视频同款。COCO的积极回应，无疑是看到了短视频带来的商机。

9. 用户转化率高

短视频平台上带有营销属性的短视频内容，往往采用的是软广告的方式，具有一定的趣味性，掩盖了“广告”本身的属性，降低了产品广告引发用户反感的风险，让品牌推广更加自然、用户的接受度更高。

例如，OPPO主打的是年轻市场，自然不会错过短视频这一出色的短视频App。2018年4月，OPPO联合短视频举办了一个“原来你是酱紫的”挑战赛。此次挑战赛依旧少不了短视频达人的参与。借助短视频达人自带的粉丝效应，再加上海量的短视频用户，获得高曝光率自然不在话下。挑战赛开启仅3天，即创下12.4万参与人次的纪录，产出超过14.1万条原创视频，视频总播放量高达7.8亿。此外，OPPO还和短视频联合定制了“星空紫面具”贴纸，贴纸颜色来源于 OPPO R15 的星空紫特别版。

短视频采用的是视频与文字配合的形式，更大程度上地对事件进行表述，削弱了新闻本身枯燥与单一的特点。不仅如此，大部分的短视频软件都具备一键分享的附加功能，能够分享到朋友圈或者是别的社交软件，提升了新闻的传播效率。同时，短视频能够随时随地进行新闻内容的分享，在紧急事件发生时，能够及时反馈，用简短的视频对事件进行阐述报道，易于用户进行分享和传播。

七、直播带货

（一）直播带货的含义

直播带货是指通过一些互联网平台，使用直播技术进行近距离商品展示、咨询答复、导购的新型服务方式，或由店铺自己开设直播间，或由职业主播集合进行推介。

一方面，“直播带货”互动性更强、亲和力更强，消费者可以像在大卖场一样，跟卖家进行交流甚至讨价还价；另一方面，“直播带货”往往能做到全网最低价，它绕过了经销商等传统中间渠道，直接实现了商品和消费者对接。特别是对网红主播而言，直播的本质是让观众们看到广告，需要通过“秒杀”等手段提供最大优惠力度，才能吸引消费者，黏住消费者。

（二）直播带货的特点

1. 高效性

例如，许多农产品滞销，县长、市长们走进直播间，为自家农产品代言，解决滞销问题。体现了高效性。

2. 多样性

各电商平台开启“带货”模式，为刺激消费复苏，带货形式多样，以符合不同消费群体的需求。各个直播平台存在定位和内容上的差异，直播主要包括综合类、电商类、教育类、会议类等。如：抖音、快手等平台以综合类直播内容为主；蘑菇街等平台以电商类直播为主；钉钉、腾讯会议平台以会议类为主。企业通过直播开展新媒体营销时，可以根据所营销产品的属性来选择合适的平台。

3. 时效性

5 h吸引3 200万用户、5 min超万支口红销量，类似场景在直播平台屡见不鲜；证明“直播带货”能在短时间实现精准引流。

4. 交互性

与其他营销方式相比，直播营销是指企业通过视频直播的形式开展营销活动，更具真实感及及时互动性，视频直播的形式能够满足用户直观感受产品特性、参与其他用户的互动，以及与主播进行实时互动的需求。不同于电视直播的信息单向性传播及互动延迟等情况，在新媒体平台的直播活动中，用户可以随时参与直播，以文字或视频连线的形式与主播团队进行实时双向互动。

5. 娱乐性

直播平台的内容以娱乐、生活等领域的内容为主。同时，视频与文字相比，其信息含量与密度相对更低。受早期直播平台氛围与视频直播自身特点的影响，目前视频直播的内容更偏向于娱乐化、生活化的内容。

（三）直播带货平台

1. 淘宝直播

定位于“消费类直播”手淘平台，截至2016年6月，女性观众占绝对的主导，比例约为80%，而每晚8点至10点不仅是收看直播最踊跃的时段，同时也是用户们最愿意下单的时间。

2. 抖音

抖音短视频是由今日头条孵化的一款音乐创意短视频社交软件，该软件于2016年9月20日上线，是一个面向全年龄的音乐短视频社区平台。用户可以通过这款软件选择歌曲，拍摄音乐短视频，形成自己的作品；软件也会根据用户的爱好来更新用户喜爱的视频。抖音App是一款社交类的软件，用户可以通过抖音短视频App分享生活，同时也可以在这里认识更多的朋友，了解各种奇闻趣事。

抖音的目标用户可以分为三类：

（1）网红型用户——内容生产者。抖音前期招募了300人左右的网红种子用户，进行统一培训视频内容创作，并吸引有强烈自我表达意愿的网红参与，他们对音乐和创意视频制作、剪辑有着极高的热情，希望自己的作品可以曝光给更多的人。

（2）追随型用户——内容次生产者。这类用户欣赏那网红型达人精彩的作品，也渴望自己能够拍摄出同样炫酷的视频，所以他们需要在平台寻找他们心中的明星，追随他们，向他们学习，参与抖音的挑战话题。

（3）浏览型用户——内容消费者。这就是大部分群众，主要是内容的消费和分享者，上平台只是想寻找、浏览精彩的作品，丰富自己的碎片时间。这类用户可以为平台带来大部分的日活跃用户数量，并且也是前两种类型用户的广大群众基础。

3. 快手

快手是北京快手科技有限公司旗下的产品。快手的前身叫“GIF快手”，诞生于2011年3月，最初是一款用来制作、分享GIF图片的手机应用。2012年11月，快手从纯粹的工具应用转型为短视频社区，用于作为用户记录和分享生产、生活的平台。后来随着智能手机的普及和移动流量成本的下降，快手在2015年以后迎来市场机会。在快手上，用户可以用照片和短视频记录自己的生活点滴，也可以通过直播与粉丝实时互动。快手的内容覆盖生活的方方面面，用户遍布全国各地。在这里，人们能找到自己喜欢的内容，找到自己感兴趣的人，看到更真实、有趣的世界，也可以让世界发现真实有趣的自己。

平台多元化促进了直播带货的快速发展，为企业提供了丰富的引流渠道，为利润最大化奠定了坚实的基础。

（四）直播平台的营销策略

直播平台的营销策略主要包括以下三种：

1. 推销式

推销式营销是指主播运用一定的方法与技巧，通过沟通、说服与帮助等手段，使用户接受其建议、观点、愿望、形象等信息的活动总称。在推销式直播营销中，有几个关键性的营销步骤。

（1）提出问题。挖掘用户的痛点与需求点，提出场景化的解决方案，促使用户产生购买行为。主播通过日常的聊天抛出问题，并引导用户对问题进行讨论，以此活跃直播间的氛围，为后续自然带出推荐的产品做铺垫。

（2）放大问题。通过典型的场景和案例，突出用户的痛点与需求点。

（3）引入产品。以解决问题为出发点，通过引入产品，解决上述提出的问题。

（4）提升高度。详细地讲解产品，并在行业、品牌、原料、售后等方面突出产品的附加值。此时，主播应尽力展示产品丰富的文化底蕴与自身的专业性，促使用户对自己和产品产生信任。

（5）降低门槛。在直播营销过程中，解决了“用户为何要买”的问题后，主播还需要解决“用户为何要在此时此地购买”的问题，当用户明确自己的需求，且对主播及其推介的产品产生信任后，主播若想让用户快速做出购买决策，可以尝试提供一定的福利，以促成用户下单。

2. 体验式

体验式营销（experiential marketing）首先由学者伯德·H·施密在其所写的《体验式营销》一书中提出。体验式营销是指主播通过看、听、用及各种参与手段，充分刺激和调动用户的感官、情感、联想等感性因素和理性因素的营销方式。

电商的兴起和直播的风靡，对体验式直播营销提出了更高的要求和新的挑战。

（1）增强主播与用户的互动性。互动是情感交流的过程，主播应多了解用户的需求点与关注点，增强关于用户体验的信息反馈。直播营销团队和主播要与用户积极地进行互动，耐心解答用户提出的问题，在互动的过程中了解用户的消费需求，满足用户的情感需求。

（2）换位思考，引导用户进行感性消费。直播过程中，主播应多了解用户需求，可以围绕用户关心的问题展开讨论。

（3）提供个性化的传播内容和消费场景，满足用户多元化的需求。主播可以提供个性化的传播内容，搭建个性化的消费场景，帮助用户更快地找到自己的兴趣点，增加忠实用户的比例，为用户提供更加长效的视频直播服务。

3. 植入式

植入式营销是指将产品及服务中具有代表性的视听品牌符号融入影视或舞台作品中的广告方式，给用户留下深刻的印象，以达到营销目的。它是随着电影、电视、游戏等媒体形式的发展而兴起的，由于用户对广告有天生的抵触心理，把产品融入这些视听内容的做法往往比硬性推销的效果好得多。在直播环境中，主播可以在介绍直播场景中的人、事、物时，自然插入商家的产品或服务信息，以达到潜移默化的宣传效果。

第二节　集客视角下的营销方式

一、营销软文

软文实际上存在于大众媒体中，是以新闻报道形式发布的广告。能掩盖其付费服务性质，混淆广告和新闻报道之间的界限，以达到使读者将付费服务误以为客观报道的目的。与硬广告相比，软文的精妙之处在于一个“软”字，其特点是通过文中带有“嵌入式广告”的文字，让读者受到感染，从而树立产品品牌，提高产品知名度。

（一）营销软文概念

营销软文主要是通过文章的情感和产品关键词来打动客户，让客户知道你做什么产品，信任你，这也属于情感攻击，情感营销让客户认同你的人品和产品。软文要有情感，比较真实地表达自己，让别人通过文章信服你，从而引起别人的共鸣。

（二）新媒体宣传方式演变

1. 从“粗放投放”到“精准投放”

首先，这是一个大数据的时代，媒体已经不再是简单的信息传递平台，而更多地会成为能够沉淀大量用户访问行为的数据仓库。特别是随着移动智能设备和移动应用的普及，人们在媒体平台上浏览信息时便沉淀下大量的行为数据。

2. 从"硬性宣传"到"软性宣传"

如今，互联网媒体平台的属性也发生着翻天覆地的变化，就拿现在的视频网站来说，已经不再仅仅是一个播放平台，而如爱奇艺、腾讯视频等早已有了自制节目的能力，甚至这些视频网站还涉足电视剧、电影等交叉性传统文化产业的生产。这就使得作为互联网媒体平台的视频网站自主性加强，广告不再以强硬的展示方式植入节目，而是在软性营销层面具有更多的操作空间。

3. 从"单一传递"到"双向互动"

尽管目前企业认识到移动端的广告价值，但是大多数企业在进行营销时仍然在电视、计算机、移动终端和平面媒体等多个媒介平台上单纯地进行海量广告的投放，相互之间割裂，没有联系。然而随着手机等移动设备和微信、支付宝等移动应用的快速崛起，现在已经是一个多屏互动的时代。很多人应该还记得春晚上的摇一摇领红包活动，人们边看春晚边摇一摇领红包，变成了春晚独特的风景线，这也使得参与其中给用户发红包和优惠券的企业们赚足了眼球，提高了曝光率，这便是一个典型的多屏互动营销案例。

4. 从"信息轰炸"到"深度影响"

这是一个人人皆是自媒体的时代。微信用户每天在微信平台上平均要阅读五六篇文章，而且80%的阅读量来自朋友圈。而今日头条、一点资讯等新的媒体平台的崛起也表明，这已经是一个碎片化阅读的时代，媒体正在快速去中心化。在媒体去中心化之后，新媒体广告正在成为品牌和用户的连接器，通过信息、渠道、服务、体验等各个方面影响着用户，并与之产生互动，广告不再只是简单的品牌曝光，而是需要有足以带来用户心智变化的深度影响力量。

（三）新媒体软文的定义

软广和硬广是相对的，不是直白的广告表达方式都可以称为软广。而文字形式的软广，即为软文。软文的定义有两种，一种是狭义的，另一种是广义的。

1. 狭义的定义。指企业花钱在报纸或杂志等宣传载体上刊登的纯文字性的广告。这种定义是早期的一种定义，也就是所谓的付费文字广告。

2. 广义的定义。指企业通过策划在报纸、杂志或网络等宣传载体上刊登的可以提升企业品牌形象和知名度，或可以促进企业销售的一些宣传性、阐释性文章，包括特定的新闻报道、深度文章、付费短文广告、案例分析等。

（四）新媒体软文常见方式

软文虽然千变万化，但是万变不离其宗，主要有以下几种方式：

（1）悬念式。悬念式又称设问式，核心是提出一个问题，然后围绕这个问题自问自答。通过设问引起话题和关注是这种方式的优势。但是必须掌握火候，首先提出的问题要有吸引力，答案要符合常识，不能作茧自缚、漏洞百出。

（2）故事式。通过讲一个完整的故事带出产品，使产品的"光环效应"和"神秘性"给消费者心理造成强暗示，使销售成为必然。讲故事不是目的，故事背后的产品线索是文章的关键。听故事是人类最古老的知识接受方式，所以故事的知识性、趣味性、合理性是软文成功的关键。

（3）情感式。情感一直是广告的一个重要媒介，软文的情感表达由于信息传达量大、针对性强，当然更可以叫人心灵相通。情感最大的特色就是容易打动人，容易走进消费者的内心，所以“情感营销”一直是营销百试不爽的灵丹妙药。

（4）促销式。促销式软文常常跟进在上述几种软文见效时——“一天断货三次，厂家告急”这样的软文或者是直接配合促销使用，或者造成产品供不应求的假象，通过“攀比心理”“影响力效应”多种因素来促使客户产生购买欲。

（5）新闻式。所谓事件新闻体，就是为宣传寻找一个由头，以新闻事件的手法去写，让读者认为就仿佛是昨天刚刚发生的事件。这样的文体有对企业本身技术力量的体现，但是，告诫文案要结合企业的自身条件，多与策划沟通，不要天马行空地写，否则多数会造成负面影响。

（6）诱惑式。实用性、能受益、占便宜这三种属于诱惑式软文，这种软文对读者是有帮助的，所以使访问者主动地点击或者到处寻找。因为经常能给访问者解答一些问题，或者告诉访问者一些对他有帮助的东西。这里面当然也包括一些打折的信息等，这就是抓住了部分消费者爱占便宜的一个心理。

上述七类软文绝对不是孤立使用的，是企业根据战略整体推进过程的重要战役，如何使用就是布局的问题了。

（五）营销文案的特点及发展规律

在移动商务快速发展的环境下，用户习惯发生了颠覆式的变化，营销行为也在发生重构，新媒体营销文案呈现以下特点与发展规律：

1. 从“单一”传播到“多维度”自媒体

互联网是一个开放度高、互动性强的环境，尽管主流发生的仍是品牌生产内容或是专业生产内容，但如今用户对网络的需求不仅是简单地获取信息，而是渴望从旁观者的角度向参与者转化，主动参与的意愿逐渐加强。

随着互联网从中心化走向去中心化，传统的“高门槛”文案也发生了变化，现在人人都可以是写手。移动互联网时代，只要你有才、有品、有料，在某一领域足够专业或有一技之长，能够熟练使用微博、微信等社交媒体工具，坚持文案创作，便都有可能成为意见领袖。

2. 从传统渠道投放向新媒体互动传播转化

从纸媒到新媒体，从电视到网络视频，从计算机到手机，文案送达用户的渠道发生了巨大变化，整体而言体现出以下几点不同：

（1）受众阅读习惯不同。新媒体与传统纸媒的受众大部分均为受教育者，较高的文化素质使得他们对新闻信息的摄入有强烈需求，但偏爱新媒体阅读的多为城市中的年轻居民，他们生活节奏快、阅读时间有限，具有追求时尚、新鲜的心理倾向，所以多习惯快速的、碎片化的阅读。纸媒受众多为老一辈知识分子或者各行业精英，比如党政机关干部、老教师、商界领袖等，他们幼时便养成阅读印刷刊物的习惯，对信息的介入较为主动，往往有合适的时间及地点进行长时间的慢速阅读。

（2）传播媒介特质不同。新媒体传播媒介的受众不仅是接受者，还是参与者。作为一种交互式媒体，互联网凭借其技术上的优势，改变了传播者与受众之间“点对面”的传播，两者之间可以极其方便地随时交流想法，不受地域和场所限制。这种一点对多点、横向与纵向交织的多元化互动交流关系使每个人都可以发布信息。所以新媒体所使用的文案不可避免地具有网民的心理倾向和叙述习惯，自由随性，具有口语化倾向。

3. 从标准化语言向网络用语时尚多元转化

随着新媒体发展的日益成熟，新媒体文案逐渐突破传统的语言规范，在语法、句型、词汇等多个层面形成了不同于传统纸媒的特征。

（1）紧跟时代潮流。新媒体文案具有新颖、潮流的特点，满足网络用户的需求，随着互联网发展，带动了新的网络用语的出现，如流行语、缩略词、方言等，生动活泼，新颖多样。容易形成话题效应，提升互动交流频率，以实现引流的效果。

（2）多元立体化表现形式。新媒体不仅可以使用文字，同时可以使用表情、图片、音频、视频等表现形式进行信息交互。弥补传统媒介单一宣传的不足，新媒体的多样性表现形式更具有立体化与多元化的特点。

（3）语言表达自然轻松。相较于传统媒介，新媒体语言风格更为轻松、自由与开放。新媒体的报道往往感情强烈。口语化特点显著，极容易拉近互动双方的关系，提升沟通与交流的效率。

（六）新媒体营销文案的类型

新媒体最大的革新就是传播方式由集团对受众的传播变成了受众的自发点击和内容设计。在此基础上，传统的营销文案已经不再能赢得受众的青睐。新媒体在文案方面具有更多的呈现方式，也为宣传提供了更多的媒介。总而言之，新媒体营销文案写作的主流特征就是重视标题的吸引力，或是具有内容化的故事，或是互动参与性强的推广，以充分满足受众的好奇心和获取信息的便捷性作为其宗旨。目前以新媒体平台类型作为文案分类标准的做法并不合适。按照新媒体文案营销的不同目的，可以将文案类型分为：营销型文案、品牌营销型文案、活动营销型文案与导购销售型文案。

1. 按营销目的分类分为：销售文案与传播文案

企业的所有营销文案都服务于销售领域，但为了更好地区分文案类型，可根据企业营销的主要目的分为销售文案与传播文案。

（1）销售文案，即能够立刻带来销售的文案，如商品销售时介绍商品信息的文案，为了提升销售而制作的引流广告图片等。

（2）传播文案，即为了扩大品牌影响力的文案，如企业品牌故事，企业节假日情怀营销文案等，不同的文案类型，写作创意方法也各有不同，销售文案需要能够立即打动人，并促使产生立即行动，而品牌传播文案则侧重于是否能够引起人的共鸣，引发受众自主自发传播。

2. 按篇幅长短分类：长文案和短文案

按照文案篇幅长短，可分为长文案和短文案，长文案一般为长微博、微信公众号文章、头条文章等，短文案通常指仅为140字的微博文案或短小的微信朋友圈文案等类型。通常来讲，长文案需要构建强大的情感情景，而短文案则在于快速触动，表现核心信息。

3. 按广告植入方式分类：软广告和硬广告

软广告即不直接介绍商品或服务而是通过其他方式代入的广告形式，如在案例分析或故事情节中植入品牌广告。受众不容易直接觉察到软广告的存在，它具有隐藏性。硬广告则相反，是以直白的内容发布到对应的渠道媒体上，广而告之。

4. 按渠道及表现方式不同分类

传播渠道不同，文案的表现形式也有不同，按渠道可分为微信推文、微博文案、头条号文案、百家号文案等。如微信公众号支持多种形式的文案表现，包括文字、图片语音图文、视频等。

二、事件营销

20世纪90年代后期，互联网技术变革与发展给事件营销带来了巨大契机。通过网络，一个热点事件或者一个热议话题可以更快速地进行二次传播，进而引起关注，成功的事件营销案例开始大量出现。

（一）事件营销的基础概念

事件营销（event marketing）是企业通过策划、组织和利用具有新闻价值、社会影响力以及名人效应的人物或事件，吸引媒体、社会团体和消费者的兴趣与关注，以求提高企业或产品的知名度、美誉度，树立良好的品牌形象，并最终促成产品或服务销售目的的手段和方式。简单地说，事件营销就是通过把握新闻的规律，制造具有新闻价值的事件，并通过具体的操作，让这一新闻事件得以传播，从而达到广告的效果。

（二）事件营销的特点

1. 具有相关性

企业和品牌在开展事件营销时，需要在事件本身捕捉新闻价值，了解产品相关性。企业和品牌要想提高事件本身的新闻价值，则要在产品相关性方面削弱目标效果，以减少在传播过程中发布广告的嫌疑，要想借助事件本身的新闻价值直接增加产品或品牌的曝光量，事件的新闻价值会降低，在开展时间营销活动时，新媒体营销从业人员需从产品的实际特性出发，延展策划出具有较高新闻价值的事件。

2. 注重客户心理需求

事件营销的目的是促使用户消费行为的产生，其关键是所运用的事件能否满足用户的心理需求。在策划时间营销时，需要关注目标用户的区域特点与差异、年龄层次、社会角色、收入水平等。通过数据筛选与分析，精准客户画像，以满足客户的需求喜好为出发点，策划满足客户心理需求与关注的事件营销。

3. 关联热点、捕捉大流量事件

与社会热点相关的新闻事件往往具有较高的新闻价值，因社会热点受到用户的关注度极高，这样的新闻事件自带大流量属性，形成引流效应。所以，将产品与容易吸引大流量的新闻事件进行关联可以有效地增加产品或品牌的曝光量。

4. 具有趣味性、娱乐性

在浏览新闻事件时，部分用户会对趣味、娱乐的信息表现出较强的好奇心。无重点、不突出主题的新闻事件通常不能吸引用户的关注，也无法形成有效的传播效应。

三、口碑营销

菲利普·科特勒将21世纪的口碑传播定义为：由生产者以外的个人通过明示或暗示的方法，不经过第三方处理、加工，传递关于某一特定或某一种类的产品、品牌、厂商、销售者，以及能够使人联想到上述对象的任何组织或个人信息，从而导致受众获得信息、改变态度，甚至影响购买行为的一种双向互动传播行为。

口碑营销是企业在调查市场需求的情况下，为消费者提供他们所需要的产品和服务，同时制定一定口碑推广计划，让消费者自动传播公司的产品和服务的良好评价，让人们通过口碑了解产品、树立品牌，最终达到企业销售产品和提供服务的目的。

（一）口碑营销的含义

口碑营销又称病毒式营销，其核心内容就是能“感染”目标受众的“病毒体”——事件，“病毒体”威力的强弱则直接影响营销传播的效果。口碑源于传播学，由于被市场营销广泛地应用，所以有了口碑营销。传统的口碑营销是指企业通过朋友、亲戚的相互交流将自己的产品信息或者品牌传播开来。

（二）口碑营销的特征

口碑是目标，营销是手段，产品是基石。但事实上，口碑营销一词的流行来源于网络，其产生背景是博客、论坛这类互动型网络应用的普及，有效利用口碑优势能提升引流效果。口碑营销的主要特征表现在以下几个方面：

（1）产品定位。营销人员希望口碑营销能够超越传统营销方法，但是如果营销的产品消费者不喜欢，很容易产生负面的口碑效果，结果不但没有起到促进作用，甚至导致产品提前退出市场。

（2）传播因子。传播因子具有很强的持续性、故事性，能够吸引消费者持续关注，并且容易引申和扩散。

（3）传播渠道。营销模型决定着传播渠道，传播渠道的选择主要由产品目标用户群特征决定，除了传统媒体和网络媒体，最具有影响力和最适合口碑营销的渠道是博客、论坛和人际交互。

（4）受众。口碑传播一个最重要的特征就是可信度高，因为在一般情况下，口碑传播都发生在朋友、亲戚、同事、同学等关系较为密切的群体之间，在口碑传播过程之前，他们之间已经建立了一种长期稳定的关系。相对于纯粹的广告、促销、公关、商家推荐、家装公司推荐等而言，可信度要更高。

（三）口碑营销的三个步骤

1. 口碑营销第一步——引导

赶潮流者是产品消费的主流人群，即使他们是最先体验产品的可靠性、优越性的受众，也会第一时间向周围朋友圈传播产品本身的质地、原料和功效，或产品的企业、周密的服务信息等，进而引发别人跟着去关注某个新产品、一首流行曲或是新业务。

引导消费精英群体，口碑组合化、扩大化，就能拉动消费，使产品极具影响力。的确，像宝洁、五粮液等品牌公司，在口碑营销上一直在努力，一方面调动一切资源来引导消费者的购买欲；另一方面，大打口碑营销组合拳，扩大受众群，降低运营成本，扩大消费。

2. 口碑营销第二步——价值

传递信息的人没有诚意，口碑营销就是无效的，失去了口碑传播的意义。任何一家希望通过口碑传播来实现品牌提升的公司必须设法精心修饰产品，提高健全、高效的服务价值理念，以便达到口碑营销的最佳效果。

当消费者刚开始接触一个新产品，他首先会问自己：‘这个产品值得我广而告之吗？’有价值才是他们在市场上稳住脚跟的通行证，因此他们所“口碑”传播的必须是值得自己信赖的有价值的东西。当某个产品信息或使用体验很容易为人所津津乐道，产品能自然而然地进入人们茶余饭后的谈资时，我们认为产品很有价值，因此也有益于口碑的形成。

传播的产品有价值对于企业来说就需要企业要有合理的导向，让市场尝鲜者有关注的侧重点和对产品的正确的理解才能充分表达企业产品的价值。

3. 口碑营销第三步——回报

当消费者通过媒介、口碑获取产品信息并产生购买时，他们希望得到相应的回报，如果营利性企业单位提供的产品或服务让受众的确感到物超所值，进而会顺利、短期地将产品或服务理念推广到市场，实现低成本获利的目的。

案例分析

1984年，张瑞敏正式接任海尔厂长一职之时，厂里的情况非常不乐观，产品滞销、设备落后、职工懈怠，此外还有高达147万元的负债。而他从上任收到的第一份大礼就是来自工人的五十三份请调报告。人说新官上任三把火，但是当时的厂里内忧外患之下，张瑞敏要烧的可不止三把火，他先是出台了严格的管理规定，稳住内部之后就亲自带团队出国考察。每天连轴转，白天与厂商洽谈，晚上开会讨论，迅速选定一家德国的高质量冰箱生产线，进行引进的同时确立了企业的第一代标志，海尔兄弟。后又马不停蹄地组织厂里的设备更新和新技术学习，下达了当年施工、当年引进、当年安装、当年投产的死命令。袖子一挽，他跟工人一样干活，从生产研发到厂房改建都能看到他的身影。

短短十个月就完成了从引进到出产的过程，1985年5月，厂里生产出了第一台四星级电冰箱。新产品迅速打开了销路，当年不仅还完了所有的负债，还实现了107万元的盈利。新产品的大获成功并没有让张瑞敏放松神经，他始终坚持质量上的精益求精，因此在他收到用户来信，反映厂里生产的冰箱存在问题的时候，第一时间组织了相关的管理人员对仓库里的冰箱进行了检查，发现其中的76台冰箱确实存在不合格的问题。

对于这些不合格的产品，有人提出可以将其作为福利，以较为便宜的价格销售给企业员工，因为这些冰箱不合格的原因大多数是不会对使用造成影响的外观划伤问题，但是张瑞敏直接否决了这一提议并做出了将这些不合格产品全部砸掉的决定。他将全场员工召集到一起，谁生产的不合格冰箱就由谁亲自当众砸毁，而他本人挥起了第一锤。

（案例来源：根据网络资料整理）

四、情感营销

（一）情感营销的含义

情感营销就是把消费者个人情感差异和需求作为企业品牌营销战略的核心，通过借助情感包装、情感促销、情感广告、情感口碑、情感设计等策略来实现企业的经营目标。

在情感消费时代，消费者购买商品所看重的已不是商品数量的多少、质量好坏以及价钱的高低，而是为了一种感情上的满足、一种心理上的认同。情感营销从消费者的情感需要出发，唤起和激起消费者的情感需求，诱导消费者心灵上的共鸣，寓情感于营销之中，让有情的营销赢得无情的竞争。

例如，可口可乐的“Share a Coke”活动中采用情感营销策略，将消费者的名字印在瓶子上，鼓励人们与朋友、家人分享一瓶可乐。这个活动不仅增加了销售额，还让消费者感受到了品牌的关怀和亲近感。

又如，Dove的“真实美丽”活动旨在打破传统美丽标准，鼓励女性接受自己的身体和外貌。Dove通过广告和社交媒体平台分享真实的故事和照片，让消费者感受到品牌的真诚和关怀。

总之，情感营销是一种通过情感共鸣来吸引消费者的营销策略。它不仅仅是一种营销手段，更是一种与消费者建立情感联系的方式。

（二）情感营销的特点

1. 营销借助文化、文化源于情感

文化是物质文明和精神文明的总和与积淀。由于消费观念的变化和消费水平的提高，人们购买商品不单纯是为了满足生活的基本需求，而且还需要获得精神上的享受。这表现为消费者对产品的需要不仅停留在功能多、结实耐用上，更需求消费的档次和品位，要求产品能给人以美感和遐想，即“文化味”要浓，能集实用、装饰、艺术、欣赏、情感于一体。这就要求商品应有精神内涵和文化底蕴，归根结底就是要求商品要有情感因素，从而刺激其购买欲望。果真如此，则该商品已经升华为一种有情感和灵性的活物，而不再仅仅是一种干枯呆板的物体了。

当今，不少有头脑的企业家慧眼独具，心有灵犀，充分利用中国悠久的文化进行营销活动，从而打动了消费者的情感。情感是人类的内在意识，看不着也摸不着，唯有借文化才能抒发。“红豆”“杜康”“孔府家酒”等商家洞察到消费者情感的需求，利用文化因素，通过提供商品或服务以尽量满足这种需求而使然。所以，借助文化打开市场营销之门是适合人们的情感需求，符合时代潮流的一种新型经营方式。

2. 情感需求与追求个性

当一个消费者选购某种品牌时，通常认为他必然遵从理性选择。而当同一个消费者放弃购买该品牌时，人们便以为该商品质量低劣，设计粗糙，等等，其实未必，消费者是否购买不单取决于理性选择，还取决于心理与情感因素。

随着市场经济的繁荣和人们生活水平的提高，品牌的感性层面正越来越受到消费者关注，成为他们评价商品的依据。商品提供给人们的不仅仅是满足生理需求的物质利益，还有满足心理需求的精神利益。精神利益可以使消费者找到感情的寄托、心灵的归宿。

3．情感需求与新潮时尚和浪漫情怀

每个时代都有一部分人站在时尚之最前列，他们对于文化及社会风俗的新潮流具有敏锐的感知能力和接受能力。与此同时他们在实际生活中还具有很强的感染力和传播力，随时向周围散发着最新的时尚感觉。

4．情感需求与商品的品位和艺术

瑞典的纯粹伏特加酒是一种无色、无味、无芳香的乙醇饮料。最初曾因价格昂贵、造型丑陋、斟酒费劲、没有品位等原因引起消费者的反感，导致销路不畅。后来商家在品位上大做文章，提高了该酒的品位和艺术形象，使之成为消费者借以显示身份和地位的名酒，满足了那些追求品位的高端消费者的情感需求。品牌从感性上寻求突破，不惜重金聘请优秀摄影师、画家在酒瓶上创立了一幅富有感染力、诱惑力和审美价值的印刷广告，塑造了一个高雅、智慧、自信、神秘的品牌形象，赋予消费者一种自信、自如、高雅的感觉。通过质朴的画面、精湛的艺术，巧妙地反映出“纯粹伏特加”酒瓶的高超质感和品位，给消费者以莫大的艺术享受，使其在欣赏酒瓶造型、品味品牌名称的同时，自然而然地将广告的质感情趣迁移到纯粹伏特加酒，使其备受消费者的喜爱。

综上所述，情感营销必将成为市场营销观念发展的一种新趋势。情感营销的成功开展应包括诸如情感产品、情感包装、情感品牌、情感广告、情感价格、情感服务和情感环境等方面的基本内容。

（三）情感营销的定位

情感因素是人们接收信息渠道的“阀门”，在缺乏必要的“丰富激情”的情况下，理智处于一种休眠状态，不能进行正常的工作，甚至产生严重的心理障碍，对周围世界表现为视而不见、听而不闻。只有情感能叩开人们的心扉，引起消费者的注意。

企业在客户服务管理总体战略指导下，在充分了解顾客需求的前提下，要不断地以情感取胜，同时在引导消费者做出购买决定时，更要用自己周到而独特的服务手段使客户对自己的产品从情感上、心理上产生认同。

事实上，情感定位的最高境界是通过对产品或服务各要素及营销过程注入情感，把原本没有生命的东西拟人化，赋予其感性色彩，从而唤起消费者的共鸣。

情感定位可以通过多方面来实现，可以通过商品的命名、设计及宣传方式等手段体现出来。

1．商品命名中的情感定位

红豆集团以其富有人情味、质量上乘、款式多样的“红豆”衬衣，在市场竞争中脱颖而出。红豆的崛起与其拥有一个令人倍感亲切的商标名称有关。唐代诗人王维有诗云：“红豆生南国，春来发几枝。愿君多采撷，此物最相思。”正是由于“红豆”二字能勾起人们的相思之情，以红豆命名的产品一经问世，便受到不同层次的消费者青睐：老年人把红豆衬衫看作吉祥物；年轻的情侣用它相互馈赠；海外华人看到它倍感亲切。由此可以看到商标命名中的情感魅力。

2. 商品设计中的情感定位

美国著名的制鞋商塞浦路斯公司，在企业濒临倒闭时，聘请了一位叫弗兰克·罗里的心理学家担任总经理，成功运用了情感设计使企业起死回生。

弗兰克·罗里认为，现在的消费者买鞋不单为了防寒和防湿，其廉价与高质已不足以打开销路；为了促销，唯有使鞋子像演员一样，赋予其不同的个性，不断以鲜明的形象“参加演出”。于是，塞浦路斯公司便致力于设计各种富有情感色彩的鞋子，推出“男性情感型”“女性情感型”“优雅情感型”等各类鞋子。这种别出心裁的定位设计为该公司创造了前所未有的销售高峰。

3. 商品宣传中的情感定位

每年世界各地出品的手表款式不可胜数，就连一些著名的制造商也备感推销不易。然而，20世纪80年代中期，瑞士梅花手表公司推出的“梅花情侣表”却大受欢迎。梅花手表公司认为：要想在日新月异、精彩纷呈的手表市场上赢得消费者，必须赋予产品一种新思想、新定位，让消费者对企业的宣传心悦诚服，并主动地评判你产品的与众不同。于是，他们选择了情侣配对的广告诉求。这种巧妙的诉求定位能引起相恋的青年男女心理共鸣，并由此对商品一见钟情。

情感定位的关键是要在各种定位要素中融入某种让人心动的人情味，使消费者在感情上引起共鸣。这种感情应是真情实感，而不是企业一厢情愿的矫情。一旦顾客知道企业在利用他们的感情做生意，产生的欺骗感情将对产品本来的好感一扫而光。

（四）情感营销策略

1. 情感设计

人们还需要商品能够更多地符合自己的情感。这就要求生产企业必须迎合现代消费者的心理，多设计开发具有个性化、情感化的商品，增加商品的文化附加值。

2. 情感包装

情感包装除了满足保护商品、便于携带、便于使用、美化商品、促进销售的基本作用之外，还要求赋予商品不同的风格和丰富的内涵，引起消费者不同的情感感受，博得其好感和心理认同。

3. 情感商标

一件商品若想吸引消费者，并定位在消费者心目中，就必须有一个响亮的名字，这一点越来越引起企业领导者的重视。那么，如何设计一个好的商标呢？首先，商标要注意简洁、明了，易于识别和记忆，使商标能在一瞬间吸引顾客的注意，易看、易理解、易记忆，给人以美感；二是商标也要讲求艺术，商标设计要新颖别致、寓意深刻、富含人情味。

4. 情感广告

情感广告通常会使产品形象上升到一个全新的高度，也自然消解了消费者对广告的本能抵触。消费者首先是感动和情感共鸣，继而引发现实的或潜在的消费需求，经营者便在顾客的情感体验和满足中达到自己的目的。如上海家化的可蒙孩儿面大王的广告词是“十个妈妈八个爱”，给人的感觉是他们卖的不是护肤品，而是奉献了爱心。

5. 情感价格

情感价格是指能满足消费者情感需要的价格，注重价格与消费者自身的情感需要相吻合。为了表示尊师重教，1997年各大航空公司推出暑假期间乘坐飞机凭教师证可以享受六折优惠的活动，此举大受教师们的欢迎。航空公司实行价格优惠活动，既提高了飞机的上座率，又圆了很多教师的蓝天梦，增进了航空公司与教师之间的感情联络。

又如国庆节前后，很多商场打出“进价销售”“无利销售”“全部商品大优惠”的招牌，一时间商场人满为患，营业额骤增，消费者在价格上切身感到自己被厚爱了一回。

6. 情感公关

公关在企业营销中的作用已被越来越多的企业所认识，运用公关树立企业及其产品形象，已经成为企业营销战略的重点。情感公关要求企业要设身处地地为顾客着想，设法加强与顾客的感情交流，通过调查问卷等形式，使消费者参与到企业的营销活动中来，让消费者对企业及其产品从认识阶段升华到情感阶段，最后达到行动阶段。让顾客有一种可靠感、安全感，使企业与顾客之间保持一种融洽、和谐的关系，从而达到促销的目的。

7. 情感服务

商界有一个响亮的口号，叫“二次竞争”，意思是说，第一次竞争的战场是在销售点，那么第二次竞争便是售后服务。生产企业力图用最具诱惑力、竞争力的承诺来劝购，并通过承诺的及时、足量兑现来塑造企业及品牌形象，提高消费者的忠诚度，使本企业与其竞争对手形成明显的服务差异，增强企业的营销效果，获得差异化竞争优势。当然，这种承诺应该是真诚的、严肃的、可行的，做到情真意切。

8. 情感环境

营造舒适、优雅的营销环境，能给消费者带来愉悦的心情，感官的享受，让消费者产生一种无形的亲切感，消费者在不知不觉的微笑服务中，既购买了原来就想买的商品，又购买了一些进门前本不打算买的商品。

任何人都无法否认情感在营销中的特殊作用。情感体现着人类文明、道德观念、民族精神，在深厚的文化土壤中散发出来的人类情感具有无限的感召力。那种在祖国、家乡、信仰、时尚等情感因素牵引下的企业营销行为，得到了无数消费者最优厚的回报。

（五）情感营销的优势

1. 情感营销能营造更好的营销环境

营销环境既可能给企业带来威胁，也可以带来机遇。营销环境制约着企业的生存和发展。企业应重视良好营销环境的利用和营造。传统的营销方式专注于企业和消费者之间的商品交换关系，企业营销往往跟消费者获得使用价值和企业获得利润联系在一起，使消费者的满意度打了折扣。

随着情感消费时代的到来，消费行为从理性走向感性，消费者在购物时更注重环境、气氛、美感，追求品位，要求舒适，寻求享受。情感营销不仅重视企业和消费者之间的买卖关系的建立，更强调相互之间的情感交流，因而致力于营造一个温馨、和谐、充满情感的营销环境，这对企业树立良好形象、建立良好人际关系、实现长远目标是非常重要的。

2. 情感营销能提高消费者的品牌忠诚度

现在的市场竞争日益激烈，是否有优秀的品牌已成为企业竞争成败的重要因素。一个好的品牌能建立顾客偏好，吸引更多的品牌忠诚者。但是品牌忠诚的建立除了有过硬的产品质量、完美的产品市场适应性和营销推广策略外，在很大程度上与消费者的心理因素有很密切的关系。情感营销正是以攻心为上，把顾客对企业品牌的忠诚建立在情感的基础之上，满足顾客情感上的需求，使之得到心理上的认同，从而产生偏爱，形成一个非该企业品牌不买的忠实顾客群。

3. 情感营销是战胜竞争对手强有力的武器

市场如战场，市场竞争犹如战场上的战斗那样激烈无情。市场竞争，实质就是与同行争夺顾客。争夺顾客除了注意商品质量上乘、包装新颖、价格公道外，更重要的是要实施情感营销。通过服务顾客，对顾客真诚、尊重、信任，处处为顾客着想，从而赢得顾客的好感和信任；通过优质的服务，不断提高企业声誉，树立企业良好的形象，这样，企业在市场竞争中必然取胜。

（六）情感营销的弊端

1. 情感营销可能导致资源的浪费

情感营销可能会使经营者过多地注重商品的包装等外在的表现形式而忽略实质性的问题，造成社会资源浪费。

2. 情感营销可能有害于社会风尚

情感营销可能会给青少年一代灌输讲名牌、爱攀比、赶时髦而不注重自身素质培养的不健康的思想，对社会的道德风尚和精神文明建设产生消极影响。

3. 情感营销可能会导致经济结构失调

因为情感产品利润丰厚，大量商家一味想讨好部分消费者，进行大量生产，导致这类产品过剩，而其他产品生产量相对减少，不能全面满足消费者的需要，导致经济结构失调。

4. 情感营销还可能导致消费的过热势头，不利于经济的健康发展

众所周知，人心无边。情感营销正是强调从人的内心给予满足，殊不知这是永无止境的。消费者一味地想得到心理上的平衡，别人有的，我也要拥有，而忽略了目前个人、家庭、社会的经济承担能力，造成消费超前和过度的趋势。这是一种不正常的经济行为，将不利于社会经济的健康发展。

五、互动营销

（一）互动营销的含义

互动营销是指企业在营销过程中充分利用消费者的意见和建议，用于产品的规划和设计，为企业的市场运作服务。互动营销的实质就是充分考虑消费者的实际需求，切实实现商品的实用性。互动营销能够促进相互学习、相互启发、彼此改进，尤其是通过“换位思考”会带来全新的观察问题的视角。主要的营销方式有付费搜索广告、手机短信营销、网络广告营销、博客、即时聊天工具和电子邮件市场营销等，主要借助互联网技术实现营销人员和目标客户之间的互动。

（二）互动营销的步骤

1. 精准定位目标客户

能够通过对客户信息的分析，根据客户的消费需求与消费倾向，应用客户分群与客户分析技术，识别业务营销的目标客户，并为合理地给客户匹配适合的产品提供支撑。

2. 建立完备的客户信息数据

在强大的数据库基础上把与客户接触的历史信息进行有效的整合，并且基于客户反馈与客户接触的特征，为增强和完善客户接触记录提供建议，为新产品开发和新产品营销提供准确的信息。

3. 促进客户的重复购买

通过客户的消费行为，结合预测模型技术，有效地识别出潜在的营销机会，为促进客户重复购买的营销业务推广提供有价值的建议。

4. 有效地支撑关联销售

通过客户消费特征分析、消费倾向分析、产品组合分析，有效地为进行关联产品销售和客户价值提升提供主动营销建议。

5. 建立长期的客户忠诚

结合客户价值管理，整合客户接触策略与计划，为建立长期的客户忠诚提供信息支撑，同时能够有效地支撑客户维系营销活动的执行与管理。

6. 实现顾客利益的最大化

实现顾客利益最大化，需要稳定、可靠、性价比高的产品，便捷快速的物流系统支持，长期稳定的服务，实现对顾客心灵的感化和关怀。顾客权益的最大化是互动营销设计的核心理念，欺骗、虚假等手段只能使企业的互动营销走向灭亡。

（三）互动营销的特点

1. 互动性

互动营销主要强调的是商家和客户之间的互动。一般都是前期的策划，然后对某一话题，网络营销公司的幕后推手开始引导，接着网友就开始参与其中，这是比较常规的互动。互动性是互动营销发展的关键，在企业营销推广的同时，更多信息应该融入目标受众感兴趣的内容之中。认真回复粉丝的留言，用心感受粉丝的思想，更能唤起粉丝的情感认同，这就像是朋友之间的交流一样，时间久了会产生一种微妙的情感连接，而非利益连接。像官网、企业微博、微信公众平台等媒介营销，可称之为泛自媒体营销，它是基于泛自媒体的概念创建的一个具有专业性及权威性的营销模式，指在自己掌握的“账号”渠道上传播自己的信息，从而获得外界对自己的一个关注及认可的行为。

2. 舆论性

互动营销主要是通过网民之间的回帖活动，间接或直接地对某个产品产生了正面或者负面的评价。但其中舆论领袖的作用也在彰显其重要地位。在市场竞争日益激烈的情况下，舆论领袖对企业的品牌口碑作用在未来依然不可小觑。

3. 眼球性

互动营销主要是吸引网民的眼球，如果一起互动营销事件，不能吸引眼球，那么无疑这起互动营销事件是失败的。互联网本身就是眼球经济，如果没有网友的关注，就谈不上互动。当然想要获得很多的互动效果，不应仅仅考虑眼球经济，更为重要的是定位要精准。假设自己为广告行业，那么就围绕一些目标顾客关注的相关信息来发布，这样吸引到的目标顾客大多是潜在的消费群体。一旦你的“粉丝”质量提高了，那对于企业而言，更容易从其身上转化出商业价值。

4. 热点性

互动营销有两种事件模式，一种是借助热点事件来炒作，另一种是自己制造事件来炒作。自己制造事件，基本上也是以热点形式来制造事件，因为网络营销公司要想把事件炒作好，引起网民的关注，无疑需要抓住网民内心的需求，也就是网民上网喜欢做的事情，或者他们对什么事情比较感兴趣。

5. 营销性

互动营销一般都是为了达到某种营销目的而针对事件进行炒作和互动。一般都是网络营销公司借助互动营销来帮助客户传达企业的品牌或者促进产品的销售。

第三节　集客创意与计划

一、合理的集客创意构思

如何构思一个有创意的集客主题，要解决这个问题，就要求在构思过程中有足够的广度和深度。在正式进入设计作业的阶段之前，设计者必须对上述设计对象所要建立的形象进行确认后，才着手进行。

（一）设计创意构思主题的分类

依据对设计对象的规模、品牌印象、经营内容、服务性质、产品特色以及设计技术层面等特性的分析，在标志设计的题材中寻找最适用的主题。设计创意构思主题的分类有以下几个方面：

（1）以企业或品牌名称的字首为题材。

（2）以企业或品牌的字首、图形组合为题材。

（3）以企业的经营理念为出发点的创意构思。

（4）以地域、民俗和历史文化为特色的创意构思。

（5）以企业文化和精神理念为核心的创意构思。

（6）以服务受众对象为宗旨的创意构思。

案例分析

故宫文创设计

故宫文创能在起步较晚的情况下后来居上都是得益于互联网。网络不仅让对文物感兴趣的年轻人可以直接接触到故宫文物，更重要的是打开了文物资源利用方式的“脑洞”。失去了实用性的传统手工艺就必然要被时代淘汰吗？并不尽然。

故宫文创与百雀羚合作出彩妆，与六福合作出珠宝，与内联升合作出布鞋，高密的剪纸，朱仙镇的木版年画，故宫+传统文化IP的开发，形成极具特点的创意思路，所设计出的产品创造出了一年10亿的销售额。结合传统文化设计创意，在市场中形成鲜明定位，其现代价值蕴藏着巨大的市场潜能。

（案例来源：根据网络资料整理）

（二）创意构思的依据

创意构思的过程不是凭空想象而产生的，应该依据以下几点：

（1）依靠调查研究信息资料的提炼浓缩。

（2）依靠平时知识的积累，包括美学、语言学、市场学、经济学、营销学、心理学等多方面的知识。

（3）依靠设计者对艺术表现技巧的灵活掌握。没有灵活多变的技巧就不可能准确表达出设计者的创意。

（4）依靠设计者长期不断地积累经验。大量地实践可以从中掌握一些设计规律，提高审美和联想能力。

素养园地

与自媒体平台迅速发展形成鲜明对比的是，我国目前尚未制定直接对自媒体监管的法律法规，也未建立起一套完善的条例制度规范自媒体平台。治理自媒体的法律建设步伐未能充分回应现实所提出的制度要求。当前，我国关于自媒体平台治理的法律文件包括《国家突发公共事件总体应急预案》《关于深化政务公开加强政务服务的意见》《互联网出版管理暂行规定》《互联网新闻信息服务管理规定》《互联网电子公告服务管理规定》《全国人大常委会关于维护互联网安全的决定》等。

在自媒体行业发展受阻的情况下，各地方也通过设立地方性法规等形式对自媒体法律问题进行规制，但是由于互联网规模广泛，使得异地侵权问题难以解决，地方性质的法律规范因缺乏国家统一标准而形同虚设。再者由于我国疆土辽阔，各地区经济发展水平与社会发展现状依旧存在较大的差异，统一标准的建立要兼顾每个地区的发展水平，不能一蹴而就，这使得立法上困难重重。

我国现存的关于自媒体的立法多为低层次立法，不具有权威性。在司法实践中，我国常用行政管制代替法律管制，这是由于我国对于该类法律问题没有作出具体的法律管制行为规范，使得法律管制难以运用到实践中去。我国对于自媒体多为管制态度，只对禁止性的行为作出了明确的规定，而并未就其发展做出合理规定，这使得该行业的发展缺乏一定的法律指引，使得自媒体没能被科学有效地利用。

2020年7月29日起，国家网信办在全国范围内开展为期3个月的进一步加强“自媒体”基础管理专项治理行动，促进“自媒体”健康有序发展。重点完善“自媒体”账号内容生产和运营的行为规范，优化平台运行规则；强化技术治网能力建设，为规范管理提供支撑；建立健全正向激励机制，引导鼓励“自媒体”运营主体生产高质量信息内容。

（案例来源：根据网络资料整理）

实训实战

1. 工作任务及评价标准

以小组为单位，各小组选择一个知名品牌，并在品牌中选择一款爆品，以短期集客引流为目的，设计一个集客计划。评价标准见表6-1。

表 6-1 “制定集客计划”评价标准

评价项目	A	B	C	D
调查对象基本情况分析（20分）	分析调查对象年龄结构、需求特征、可接受价格、其他情况分析（15～20分）	分析调查对象年龄结构、需求特征、可接受价格、其他情况分析（缺一项）（9～14分）	分析调查对象年龄结构、需求特征、可接受价格、其他情况分析（缺两项）（4～8分）	分析调查对象年龄结构、需求特征、可接受汽车价格、其他情况分析（缺三项以上）（0～3分）
集客方式选取与应用（10分）	集客方式选取的合理性，集客方式应用的效果评价清晰、观点鲜明（8～10分）	集客方式选取较合理，集客方式应用的效果评价较清晰，观点较鲜明（5～7分）	集客方式选取较不合理，集客方式应用的效果评价较不清晰，观点较不鲜明（2～4分）	集客方式选取不合理，集客方式应用的效果评价不清晰，观点不鲜明（0～1分）
集客活动主题（20分）	集客活动主题鲜明，吸引目标群体关注，定位合理（15～20分）	集客活动主题较鲜明，能够吸引目标群体关注，定位较合理（9～14分）	集客活动主题较不鲜明，未能充分吸引目标群体关注，定位存在问题（4～8分）	集客活动主题不鲜明，未能吸引目标群体关注，定位不合理（0～3分）
集客活动安排（20分）	活动时间、活动地点、活动方式具有较强可行性，创意性强（15～20分）	活动时间、活动地点、活动方式具有可行性，创意性较强（9～14分）	活动时间、活动地点、活动方式存在一定的可行性，创意性不强（4～8分）	活动时间、活动地点、活动方式未具可行性，无创意性（0～3分）
集客海报设计思路（10分）	清晰阐述集客海报设计的思路，明确设计亮点（8～10分）	较清晰阐述集客海报设计的思路，明确设计亮点（5～7分）	较不清晰阐述集客海报设计的思路，能说明设计理念（2～4分）	集客海报设计的思路阐述不清楚，无设计理念（0～1分）
集客活动设计的可行性分析（20分）	集客活动设计具有较强的逻辑性，具有商业价值，可行性高（15～20分）	集客活动设计具有一定的逻辑性，具有一定的商业价值，可行性较高（9～14分）	集客活动设计结构不完整，不具有逻辑性，未具有商业价值，可行性不高（4～8分）	集客活动设计逻辑性差，不具有商业价值，无可行性（0～3分）

2. 工作流程评价（见表6-2）

表 6-2 “制定集客计划”评价表

<table>
<tr><td colspan="4">小组姓名：　　　　　　　　组别：　　　　　　　　班级：　　　　　　　　教学项目：</td></tr>
<tr><td colspan="4">各位同学：请针对下列评价项目并参照“评价标准”，选择“A、B、C、D”结合小组评定和老师复评定学习成绩，满分 100 分，汇总得到实作评价成绩。</td></tr>
<tr><th>评价项目</th><th>检核重点</th><th>小组评定</th><th>老师复评</th></tr>
<tr><td rowspan="6">1. 制定集客计划</td><td>产品基本情况分析（20 分）</td><td></td><td></td></tr>
<tr><td>集客方式选取与应用（10 分）</td><td></td><td></td></tr>
<tr><td>集客活动主题（20 分）</td><td></td><td></td></tr>
<tr><td>集客活动安排（20 分）</td><td></td><td></td></tr>
<tr><td>集客海报设计思路（10 分）</td><td></td><td></td></tr>
<tr><td>集客活动设计的可行性分析（20 分）</td><td></td><td></td></tr>
<tr><td>2. 奖励</td><td colspan="3"></td></tr>
<tr><td>总　计</td><td colspan="3"></td></tr>
</table>

注：如有某组学生某一方面表现特别突出，或有被老师和同学认可的创新性内容，可以视情况奖励，奖励分不超过 3 分。

测试与思考

一、单选题

1. 第一代社区（　　），英文简称 BBS，又名网络社区。

A. 论坛　　B. 知乎　　C. 微网站　　D. 微博

2. 下面明显属于自媒体发展繁荣期的代表平台是（　　）。

A. 博客　　B. 微博　　C. 微信　　D. 直播平台

3. BAT 是中国三大互联网巨头，它们是（　　）。

A. 百度、阿里巴巴、淘宝　　B. 博客、阿里巴巴、腾讯

C. 百度、阿里巴巴、腾讯　　D. 百度、亚马逊、腾讯

4. 精准定制类手机新闻客户端会根据个人的阅读习惯定向推荐内容，下面属于这一类的客户端为（　　）。

A. 腾讯新闻　　B. 网易新闻　　C. 新浪新闻　　D. 今日头条

5. SEM 是指（　　）。

A. 搜索引擎营销　B. 搜索引擎优化　C. 搜索引擎建设　D. 搜索引擎调整

二、多选题

1. 数据流量的分类，其包括（　　）。

A. 公域流量　　B. 私域流量　　C. 数据流量　　D. 可视化流量

2. 推广数据对象分析，其包括（　　）。

A. 流量分析　　B. 销售分析　　C. 图文分析　　D. 执行分析

3. 品牌形象塑造可采取“四步走”的路径，即包括（　　）。

A. 品牌定位　　B. 品牌形象设计

C. 品牌形象整合传播　　D. 品牌形象建设及维护

4. 品牌的先后不同时期划分为（　　）四个发展阶段。

A. 导入期　　B. 成长期　　C. 全盛期　　D. 衰落期

5. 数据分析报告的使用工具，其包括（　　）。

A. 平台性工具　　B. 通识性工具　　C. 专业性工具　　D. 系统性工具

三、判断题

1. 自媒体内容是由自媒体人自行决定的。（　　）

2. 自媒体内容的主要表现形式有文字、图片、音频、视频等，这使得自媒体内容的呈现形式具有多样性。（　　）

3. 运营自媒体的核心和关键在于形式，只有品质优良的内容才会受到人群的追捧、关注及转载，而流量变现也就变得更加容易。（　　）

4. 新出现的媒体形态都可以被称为新媒体。（　　）

5. 微信是国内第一款移动互联网即时聊天工具。（　　）

四、简答题

1. 简述自媒体营销的含义。

2. 简述社群营销的含义。

3. 简述直播带货的优势。

4. 简述互动营销的步骤。

5. 简述网络直播遇到了哪些机遇和挑战。

五、案例分析题

2019 年，度小满发起了公益项目“小满助力计划”，通过企业贴息的方式，为农村地区有梦想的产业带头人提供免息贷款支持，足迹遍布重庆、陕西、福建等地，帮助许多农户走上了产业致富的道路。如今，农户们的产业迎来丰收，度小满希望借助央视网的影响力，通过开展公益助农直播，提升农产品品牌知名度，打破农产品销售的区域限制，为农户提供从产到销的全面帮扶，用数字化方式助力当地特色产业可持续发展。度小满携手央视网启动 2022 中国农民丰收节助农公益直播。在第五届农民丰收节来临之际，度小满携手央视网共同举办了“恰逢好时光”2022 中国农民丰收节助农公益直播，为近 20 款公益助农产品进行直播带货。本次公益直播的所有农产品都来自“小满助力计划”的帮扶地区。

案例思考：

1. 请结合案例，试分析“直播行业”在我省地方经济发展方面可以发挥的作用。

2. 请结合上述案例谈一谈，如何通过职业教育助力地方经济发展。

第七章

集客视角下的客户价值与服务质量

知识目标

◎掌握客户识别的方式；

◎掌握客户审核标准；

◎掌握客户分级的方式；

◎掌握客户满意度分析方式与测评方法；

◎掌握客户忠诚相关基础理论；

◎掌握服务质量的相关理论；

◎掌握处理客户纠纷的方法。

技能目标

◎能够进行客户价值有效性分析；

◎能够科学、有效地进行客户等级划分；

◎能够量化测评客户满意度；

◎能够量化测评客户忠诚度；

◎能够有效处理客户纠纷。

素质目标

◎正确认识现代服务业的从业原则；

◎培养服务至上、合法营商的职业观念。

案例导入

星巴克的客户价值分析

星巴克公司从1971年西雅图的一间咖啡零售店，发展成为国际最著名的咖啡连锁店品牌，创造了一个企业扩张的奇迹。

星巴克这个名字源自著名小说家赫尔曼·梅尔维尔的小说《白鲸》中一位处事极其冷静，极具性格魅力的大副，他的嗜好就是喝咖啡。梅尔维尔在美国和世界文学史有很高的地位，但其著作的读者并不算多，主要是受过良好教育、有较高文化品位的人士。因此，星巴克咖啡的名称暗含其对客户的定位——有一定社会地位、有较高收入、有一定生活情调的人群。这一消费群体普遍收入较高，对价格并不敏感，对咖啡厅的整体环境氛围要求很高，对品牌价值有一定的要求，并且他们希望自己的商务会谈在一个优雅、拥有良好氛围的环境中进行。星巴克的这种有所为有所不为的经营方式取得了巨大的成功，它追求的不是客户的数量而是客户的质量，是特定人群对于星巴克咖啡的“客户忠诚度”。

（案例来源：根据网络资料整理）

案例思考

1. 试问星巴克的目标客户具有哪些特点？
2. 试问星巴克所追求的是客户数量，还是客户质量？

课堂互动

请结合实际，价值高的客户会为企业带来哪些优势？

第一节　客户价值分析

一、客户识别

随着数字经济发展，客户已经成为企业盈利的制胜关键，在市场竞争激烈的环境下，客户出现了对产品与服务的差异化选择，形成了个性化、多样化的消费特点。客户的选择是指企业对服务对象的选择，即究竟选择与什么样的对象建立客户关系。为了精准集客，实现有效的客户集群，引导消费，合理分析客户价值是必要条件。尤其是在买方为主导的市场环境下，客户个性化差异呈现尤为明显，具有自由选择企业、产品和服务的特点。而企业是不能选择客户的，绝大多数时候企业是等待客户的光顾与选品选购的。

从另外一个角度来分析，即使在买方为主导的市场条件下，卖方在选择客户上同样具有主动权。其具体原因如下：

（一）精准画像，锁定目标客户

首先，基于客户存在差异需求，需求个性化决定不同的客户会在不同的企业购买产品。

例如，劳斯莱斯是世界顶级的轿车之一，可是并不是每个人都具备这种购买力，对没有足够购买力的人来说，他就不是劳斯莱斯品牌的目标顾客。其次，企业的资源如人力、财力、物力、生产能力、时间等都是相对有限的，这就说明企业在运营决策的时候，要考虑企业能做什么、应该做什么，需要精准选择企业生产运作的方向。这也表明没有哪家企业能够提供市场上需要的所有产品及服务，此外，竞争者的客观存在，也决定了任何一家企业都不可能为所有的购买者提供产品或服务。

总之，由于需求的差异性变现、企业资源的有限性使用，以及竞争者的客观存在，使每个企业能够有效地服务客户的类别和数量是有限的，只能从市场中攫取一部分购买者成为购买本企业产品或服务的实际客户。既然如此，企业就没有必要在那些不愿意购买或者没有购买能力的非客户身上浪费时间、精力和金钱。精准客户画像，识别锁定目标客户并为之提供所需的产品与服务，形成自己的产品定位，就能避免花费在非客户上的成本，从而减少企业资源的浪费。

（二）细分客户价值

在现代服务领域内常有“客户是上帝”“客户诉求应得到满足”“客户基数越大越好”等观点。但深入研究发现，以上观点在特定的条件下，强调客户的重要性时可以这么界定，但是不等于所有客户都能带来比较优越的客户价值；因为有些客户不仅没有带来收益转化，还可能会让企业蒙受损失。事实上，客户之间是存在差异的，每个客户为企业带来的价值收益是不一样的，而且，有些客户所带来的收益为负值，是运营中的“麻烦的制造者”，还可能出现干扰日常运营的极端现象，或者破坏经营环境，或者提出不合理的要求等影响发展的情况。因此，无论企业如何努力地解决问题，都不能令他们满意。有的客户还会给企业带来负面的风险与舆论，如信用风险、资金风险、违约风险等，并且有时候这些风险可能超过其为企业带来的价值。因此，细分客户价值，准确抓取目标顾客为其提供有效的产品与服务，可以实现产品销售这一目标，同样，也会提升集客引流的有效性。

总之，客户数量不是衡量企业获利能力的唯一指标，而是客户质量的重要性已经在一定程度上高过了客户数量，在很大程度上决定着企业盈利的大小。因此，企业应当放弃任何客户对企业都是有价值的想法，而专注服务于真正有价值的客户，这是提升产品销售转化的关键所在。

扩展知识

80/20 法则

帕累托法则（又称 80/20 法则、关键少数法则、二八法则）是罗马尼亚管理学家约瑟夫·朱兰提出的一条管理学原理。该法则以意大利经济学家维尔弗雷多·帕累托的名字命名。帕累托于 1906 年提出了著名的关于意大利社会财富分配的研究结论：20%的人口掌握了 80%的社会财富。这个结论对大多数国家的社会财富分配情况都成立。

（三）不选择客户可能造成企业定位的模糊

若企业不选择客户，那么有可能客户会共存于同一家企业，可能会造成企业定位模糊、目标顾客界定不准确等情况，导致客户对企业的印象产生混乱。例如，一个为专业人士或音乐发烧友生产高保真音响的企业，同时也推出“大众音响”产品，那么说明该企业细分市场不准确、定位模糊，这对企业发展来说无疑是有危害的，因为这样会破坏它生产高档音响的专业形象，形成消费者对企业认知上的偏差，很难形成集群效应。同样，五星级酒店在为高消费的客户提供高档服务的同时，也为低消费的客户提供廉价的服务，就可能令客人对这样的五星级酒店产生疑问。

如果企业精准产品定位，合理主动地选择特定客户，明确客户定位，就能够树立鲜明的企业形象。例如，日本的雷克萨斯汽车定位在高档市场，而同集团的丰田汽车定位在中档市场。又如，新加坡航空公司、汉莎航空公司定位在高端市场，以航线网络的全方位服务和品牌优势为商务乘客服务；而美国西南航空公司和西方喷气航空公司定位在低端市场，为价格敏感型旅客提供服务，实现对不同客户的产品与服务上的满足。

案例分析

2016年2月1日，中国国际航空、东方航空、南方航空、海南航空、春秋航空五家航空公司在三亚签署《关于共同营造文明乘机大环境的联合声明》，合力对不文明游客采取限制措施。按照此声明，五家航空公司将建立“旅客不文明行为记录”档案，将对扰乱航空公司航空运输秩序的行为进行行政处罚、刑事处罚，或将在民航、旅游等相关行业管理机构有过不文明记录的旅客列入其中；建立信息共享机制，航空公司将因扰乱航空运输秩序受到行政处罚、刑事处罚的事件信息，通报给民航、旅游等相关行业主管部门和行业协会；在信息保存期限内，五家航空公司对列入“旅客不文明记录”档案的相关当事人采取一定的强制限制措施。

（案例来源：根据网络资料整理）

二、客户审核标准

（一）什么样的客户是“优质客户”

企业在选择目标客户时会优先选择“优质客户”，那什么样的客户是“优质客户”呢?“优质客户”指的是能够给企业带来高利润、高价值、高贡献，且占用企业的资源少、给企业带来的风险小的客户。菲利浦·科特勒将优质客户定义为：能不断产生收入流的个人、家庭或公司，其为企业带来的长期收入应该超过企业长期吸引、销售和服务该客户所花费的可接受范围内的成本。

一般来说，“优质客户”通常要满足以下几方面的条件：

（1）能够保证企业盈利，提升产品转化率。“优质客户”最基本的条件是能够给企业带来盈利，至少是给企业带来的收入要比企业为其提供产品或者服务所花费的成本高。

此外，“优质客户”对价格的敏感度低，付款及时，有良好的信誉。

（2）能够对产品与服务满意，提升产品满意度。“优质客户”的购买欲望强烈、购买力强、购买频率高，有足够大的需求量和资金来购买企业提供的产品或者服务，特别是对企业的高利润产品的购买数量多。

案例分析

Keep是一款具有社交属性的App，致力于提供健身教学、跑步、骑行、交友及健身饮食指导、装备购买等一站式运动解决方案。Keep的产品定位为“你的移动健身教练，随时随地练就完美身材”。Keep的目标客户群集中在年轻的女性身上，特别是年轻的上班族和大学生群体，她们往往接受过先进的教育，有经济基础，在压力巨大的城市中生活，对健身意识的觉醒较早，而且对健身的需求更大，愿意在健身上付费。

（案例来源：根据网络资料整理）

（3）能够降低服务成本，提升产品收益率。所谓的服务成本较低是相对而言的，而不是绝对数据上的比较，例如大客户与小客户的服务成本一样，大客户为企业带来产品收益率高于小客户，那么相对于大客户而言，小客户的服务成本增加了。

（4）能够控制经营风险，扩大发展前景。客户的经营现状是否正常、是否具有成长性、是否具有核心竞争力、经营手段是否灵活、管理是否有章法、资金实力是否足够、分销能力是否强大、合作关系是否良好，以及国家的支持状况、法律的限制情况等都对客户经营风险有很大的影响。企业只有对客户的发展背景与前景进行全面、客观的分析，才能对客户有一个准确的判断。

（5）愿意与企业建立长期的伙伴关系。“优质客户”能够正确处理与企业的关系，合作意愿强，忠诚度高，助力企业做长期规划，通过提出新的要求友善地引导企业怎样超越现有的产品或服务，从而提高企业的服务水平。

例如，银行选择好的贷款客户的标准大致有：法人治理结构完善，组织结构与企业的经营战略相适应，机制灵活、管理科学；有明确可行的经营战略，经营状况良好，经营能力强，与同类型客户相比，有一定的竞争优势；有可供抵押的资产，贷款风险小；财务状况优良，财务结构合理，现金回流快；产品面向稳定增长的市场，与供应商和分销商的合作良好；属于国家重点扶持或鼓励发展的行业，符合产业技术政策的要求。

（6）具有一定的市场号召力、影响力，提升企业美誉度。还有一类“优质客户”，虽然他们的订单量相对来说并不是很多，但由于他们有较好的市场影响力、知名度和龙头示范作用，能给企业带来非常好的市场形象，提升企业的美誉度。毫无疑问，这样的客户也是优质客户，因为它是具有战略价值的客户。

案例分析

建立稳定合作，促进长久发展

济南九阳电器有限公司是一家从事新型小家电研发、生产与销售的民营企业，目前已发展成全国最大的家用豆浆机生产厂家。九阳公司在选择经销商时，并不是一味地求强求大，而是要求经销商满足三个条件：

一是经销商要具有对公司和产品的认同感。九阳公司认为，经销商只有对企业和企业的产品产生认同、才会重视厂家的产品和市场，才会将企业的产品作为经营的主项，主动投入所需的人力、物力、财力、自觉施行企业营销策略，与企业保持步调一致。

二是经销商要具有负责的态度。经销商要对产品负责、对品牌负责、对市场负责。那些虽然实力较强但缺乏负责态度的经销商，不在九阳公司的选择范围内。

三是经销商要具备一定的实力。九阳公司在评价经销商的实力时采用一种辩证的标准，即只要符合九阳公司的需要，能够保证公司产品的正常经营即可，并不要求资金最多，关键是双方建立起健康的合作伙伴关系。

（资料来源：根据网络资料整理）

（二）什么样的客户是“低值客户”

通过以上“优质客户”的标准，可以总结出“低值客户”的定义，即只向企业购买很少一部分产品或者服务，但要求却很多，花费了企业高额的服务费用，使企业为其消耗的成本远远超过他们给企业带来的收入；不讲信誉，给企业带来呆账、坏账、死账及诉讼等，给企业带来负效益；让企业做不擅长或做不了的事，分散企业的注意力，使企业改变方向，与自身的战略和计划相脱离。

应当注意的是，“优质客户”与“低值客户”是相对而言的，只要具备一定的条件，他们之间是有可能相互转化的，“优质客户”可能会变成“低值客户”，“低值客户”也可能会变成“优质客户”。因此，企业要用动态的眼光来评价客户，及时全面地掌握、了解与追踪客户的动态，如客户的资金周转情况、资产负债情况、利润分配情况等，及时做出相应的调整。

（三）小客户可能是“优质客户”

在什么样的客户是“优质客户”的标准上，要从客户的终身价值来衡量。然而，许多企业缺乏战略思维，只追求短期利益和眼前利益，而不顾长远利益，只是着眼于眼前能够给企业带来多少利润，很少去考虑客户在未来可能带来多少利润。因此，一些暂时不能带来利润甚至有些亏损，但长远来说，很有潜力的小客户没有引起企业足够的重视，甚至往往被遗弃，更不要说得到企业对其的扶持。

事实上，小客户不等于劣质客户，有些小客户能够给企业带来较多的利润，实现较大的贡献，而占用企业的资源较少、给企业带来的风险也较小。因此，过分关注眼前客户给企业带来的利润，很可能会错失未来的大客户、“优质客户”。

例如，在20世纪80年代初，个人计算机的市场空间狭小，目标顾客基数很小，那时IBM最有价值的客户是主机用户，因此，IBM并未将重点放在个人计算机这个小市场上。然而，个人计算机市场却是在近20年中增长最快的市场之一，并且几乎主宰了整个计算机市场。微软因生产个人计算机软件而成为世界上最大的公司之一，戴尔、联想和许多其他公司则因为生产个人计算机而享誉全球。相反，IBM则错失良机，在个人计算机市场上越来越落后于竞争对手，最终不得不主动出局。

可见，小客户有可能是“优质客户”。对客户的评判要具有科学性、长远性，不能只看目前的表象，不能只根据某一时点的表现就轻易否定、盲目抛弃，而要用动态的眼光，看趋势、看潜力，合理评估市场动态与消费需求。

三、选择目标客户的基本思路

在对客户细分的基础上，选择目标客户是科学合理的方式，对各细分客户群的消费特点、盈利水平、需求潜力及趋势等方面进行评估、分析、预测，再根据各细分下客户群的自身情况、竞争状况选择和确定一个或几个细分客户群作为自己的目标对象。一般来说，企业选择目标客户应遵循以下一个或几个选择目标客户的基本思路：

（一）选择与企业定位一致的客户

企业选择目标客户要从现实出发，要根据企业自身的定位，如经营项目、经营目标来选择目标顾客，选择与企业定位一致的目标客户。

例如，小米科技有限责任公司成立于2010年3月3日，是一家专注于智能硬件和电子产品研发的全球化移动互联网企业，同时也是一家专注于高端智能手机的企业。“为发烧而生”是小米的产品概念。“让每个人都能享受科技的乐趣”是小米公司的愿景。小米公司应用了互联网开发模式开发产品，用极客精神做产品，用互联网模式略过中间环节，致力于让全球每个人都能享用来自中国的优质科技产品。小米公司创造了用互联网模式开发手机操作系统、发烧友参与开发改进的模式，将最新的移动通信技术运用到每台手机，并且通过公司网站在线销售，超高性价比使每款产品都成为消费者关注的焦点。在小米手机刚上市时，客户定位为年轻用户（18～35岁），大多为理工科背景，拥有一定的网络知识，习惯于网络购物和从网络获取信息，易接受新事物，有个人的消费主见。

再如，vivo致力于专为时尚的城市主流年轻群体打造拥有卓越外观、专业级音质享受、极致影像的乐趣、惊喜和愉悦体验的智能产品，品牌价值是科技和时尚，品牌精神是敢于追求极致，持续创造惊喜。这样的品牌定位，与目标客户（即年轻群体）追求乐趣、充满活力、年轻时尚的文化基因完全契合。

案例分析

叮咚买菜是一款自营生鲜平台及提供配送服务的生活服务类App。主要提供的产品有蔬菜、豆制品、水果、肉禽蛋、水产海鲜、米面粮油、休闲食品等。由上海壹佰米网络科技有限公司运营并开发。叮咚买菜的目标客户以25～45岁的城市白领和三口之家为主。这个客群有几个特点：时间稀缺，更加看重便利性和品质的稳定性，一旦形成购买习惯很容易复购。

用户既可以通过叮咚买菜App下单，也可以通过微信小程序下单，十分方便。在价格方面，叮咚买菜与周边菜场超市持平，而且没有配送费，适合经常做饭的家庭使用。

（案例来源：根据网络资料整理）

（二）选择“优质客户”

优先选择“优质客户”来经营，这样才能够给企业带来盈利。

例如，完美日记的品牌理念是倡导年轻一代不被外界标签束缚，积极地探索人生更多的可能性，遇见更优秀的自己，主要通过微信群、小红书、微博等App进行社群营销。完美日记将目标客户定位为18～28岁的年轻女性，是刚刚走进大学或职场的美妆领域新人。其特点是追求时尚，爱好多元，对新事物的接受度很高；文化程度高，受互联网、智能手机、平板计算机等科技产品影响很大，可以说是与互联网一起成长的一代；乐于分享，当他们使用完美日记的产品后，会在社交软件上分享使用感受，这就对完美日记进行了免费的宣传，为其带来更多同类型用户。

案例分析

屈臣氏经过多年的观察，发现在日益同质化竞争的零售行业，如何锁定目标客户群至关重要。屈臣氏在调研中发现，亚洲女性会用更多的时间逛街购物，她们愿意投入大量时间去寻找更便宜或更好的产品。最终屈臣氏将中国的主要目标市场锁定在 18 ～ 35 岁月收入较高的女性。

屈臣氏认为这个年龄段的女性消费者最富有挑战精神，她们喜欢用最好的产品，寻求新奇体验，追求时尚，比较注重个性，有较强的消费能力，但时间紧张，不太喜欢去大卖场或大超市购物，追求的是舒适的购物环境，这与屈臣氏的定位非常吻合。

为了锁定这些“优质客户”，在选址方面，最繁华的一类商圈，如有大量客流的街道或大商场是屈臣氏的首选，机场、车站或白领集中的写字楼等地方也是考虑对象。在店内经营上屈臣氏更有讲究，在屈臣氏销售的产品中，药品占 15%，化妆品及护肤用品占 35%，个人护理品占 30%，剩余的 20% 是食品、美容产品及衣饰品等。

为了方便“优质客户”，屈臣氏将货架的高度从 1.65 m 降低到 1.40 m，并且主销产品在货架的陈列高度一般为 1.3 ~ 1.5 m。在商品的陈列方面，屈臣氏注重其内在的联系和逻辑性，按化妆品、护肤品、美容用品、护发用品、时尚用品、药品、饰品、化妆工具、女性日用品的分类顺序摆放，并且在不同的分类区域会推出不同的新产品和促销商品，让客户在店内不时有新发现，从而激发“优质客户”的兴趣。

（案例来源：根据网络资料整理）

（三）选择有潜力的客户

企业选择客户不应局限于客户当前对企业盈利的贡献，还要考虑客户的成长性及未来对企业的贡献。对于当前利润贡献低，但是有潜力的小客户，企业要积极提供支持和援助，尽管满足这些小客户的需求可能会降低企业的当前利润。

例如，麦当劳通过调查发现，去哪个餐馆吃饭并不全是由父母所决定，往往父母会尊重孩子的意见，那么只要吸引一名儿童，就等于吸引了两位大人。因此，麦当劳决定将目标市场主要定位在儿童和家庭成员。为此，麦当劳在各个分店设了游乐区及专门为孩子提供生日聚会的服务项目，同时，店内的食谱不断推陈出新，以满足小客户们日益变化的口味。

企业支持客户在很大程度上也是在支持自己，因为只有客户发展了，才可能对企业的产品或服务产生越来越大的需求。所以，企业一旦发现了可以从“蚂蚁”变为“大象”的有潜力的客户，就应该给予重点支持和培养，甚至可以考虑与管理咨询公司合作，从而提升有潜力的小客户的“品质”。这样，潜力客户在企业的关照下成长壮大后，它们对企业的产品或者服务的需求也将随之膨胀，也许还会对培养它们的企业产生感情，有更强的忠诚度。在几乎所有优质客户都被各大企业瓜分殆尽的今天，这显然是企业赢得优质客户的好途径。

（四）选择“与之匹配”的客户

1. 企业与客户级别不匹配所产生的问题

企业如果选择了不匹配的客户，尽管提供的服务很好，但由于双方的实力过于悬殊，也会产生消费者购买力不足或消费者对产品接受程度不高等情况。这样的客户虽然容易开发，勉强建立了供需关系，企业也会吃力不讨好，因为这类服务成本较高，维持关系的难度也较大。

不对等的供需关系不会带来良好的交易结果，反而会产生很多麻烦，在现实中，有些企业一心想服务于大客户，动辄宣称自己可以满足大客户的任何要求。但由于双方实力的不对等，企业对于大客户提出的要求很难完成，只能降低标准或放松制衡。在面对大客户提出的苛刻条件时，还可能放弃管理的主动权，从而无法对大客户的潜在风险进行有效控制，结果一旦这些大客户出现问题，企业也将面临无法承受的后果。

事实上，每个客户都有自己的价值判断，从而决定自己与哪家企业建立紧密联系。然而，许多企业没有意识到这一点，总是把自己的意愿强加于客户，最终导致双方的损失。

例如，一家不知名的生产汽车配件的公司打算把目标客户锁定为大型汽车制造厂，企图尽快达到盈亏平衡，但经过几年的努力都未成功，因为这些大型汽车制造厂根本看不上这家企业，双方合作不在一个定位上，大型汽车制造厂不相信其产品和服务。无奈之下，该企业转向一些中小型汽车制造厂，而这些中小型的汽车制造厂也正在寻找物美价廉、产品性价比高且未被大型汽车制造厂锁定的供应商，于是双方建立了长期稳定的关系，最终实现双赢结果。

总之，客户并非越大越好，也不是越小越好，企业选择客户时应采用稳健与保险的方式，双方在各自的领域，如资金、技术、品牌等方面都有吸引对方的优势和魅力，可以相互取长补短，且具有平等合作、互不轻视的基础。

2. 企业如何寻找“与之匹配”的客户

企业要结合客户的综合价值与企业对其服务的综合能力进行分析，然后找到两者的交叉点。具体可分为如下三个步骤：

（1）评价目标客户价值，分析与企业提供的产品是否匹配。企业要判断目标客户是否有足够的吸引力，是否有较高的综合价值，是否能为企业带来较大的收益，可以从几个方面进行分析：客户向企业购买产品或者服务的总金额；客户扩大需求而产生的增量购买和交叉购买等；客户的无形价值，包括规模效应价值、口碑价值和信息价值等；客户为企业带来的风险，如信用风险、资金风险、违约风险等；企业为客户提供产品或者服务需要耗费的总成本。

（2）评价企业自身能力，分析与企业提供的产品是否匹配。企业必须衡量一下自己是否有足够的综合能力去满足目标客户的需求。

（3）价值能力分析。寻找客户的综合价值与企业的综合能力两者的结合点。也就是说，要将价值足够大、值得企业去开发和维护的，同时企业也有能力去开发和维护的客户作为企业的目标客户。

第二节　客户等级划分

一、客户分级

（一）客户分级的考量

（1）不同客户群体会带来不同的价值。尽管我们要注重每个客户，但是由于不同客户群体的购买力、购买欲望、服务（维系）成本等存在着差异，不同的客户能给企业带来的收益是不同的，对企业而言，带来更高收益的客户群体比其他级别的客户群体更有价值。

Meridien Research研究机构指出，一个企业的客户群中，前10%客户约占企业利润的150%，后30%客户消耗了50%的利润。

以上研究结果表明个体客户带来的价值是不同的，有的客户提供的价值可能比其他客户高10倍，而有的客户则不能给企业带来多少利润，甚至还会吞噬其他客户带来的利润。

案例分析

携程旅行客户等级划分

携程旅行作为中国领先的综合性旅行服务公司，向超过3亿会员提供集无线应用、酒店预订、机票预订、旅游度假、商旅管理及旅游资讯在内的全方位旅行服务，被誉为互联网和传统旅游无缝结合的典范。

携程是按照等级分来划分客户等级的。等级分是根据客户在携程的个人账户近12个月内的订单消费情况、任务活动完成情况及信誉记录来综合计算得出的相应分值。携程旅行将客户分为：钻石会员，综合计算等级分达到10 000且信誉记录良好；铂金会员，综合计算等级分达3 000且信誉记录良好；黄金会员，综合计算等级分达到300且信誉记录良好；普通会员，综合计算等级分低于300(注册即可得)。由普通会员升级为黄金会员的门槛较低，以“门槛低+权益多”为吸引点，可培养出更多的黄金会员。此外，会员等级的有效期限为60天，有效期结束后，系统会根据客户当前的等级分重新划分会员等级。

（案例来源：根据网络资料整理）

（2）对企业有限的资源，应按客户价值进行分配。由于任何一家企业的资源都是有限的，因此把企业资源平均分配到不同价值客户的做法是不经济、不科学的，还会引起大客户的不满。

现实中有些企业对所有的客户一视同仁，无论是大客户，还是小客户，无论是能带来盈利的客户，还是根本无法带来盈利甚至造成亏损的客户，都平等对待。从而导致企业成本增加，利润降低，效益下降。

小客户享受大客户的待遇，小客户自然没有意见，而大客户就会心理不平衡感到不受重视，他们轻则满腹牢骚，重则不满甚至叛离。如果这个时候竞争对手乘虚而入，为这些最能盈利的大客户提供更多的实惠，就可以轻而易举地将他们“挖”走，毕竟买方市场下大客户的选择面很宽。

可见，企业不能平均对待大客户和小客户，不能“眉毛胡子一把抓”。因为那样做，不但大客户不满意，甚至有提升潜力的小客户也不愿意成为大客户。

（3）客户分级是客户沟通与满意的重要基础。客户沟通应当根据客户价值的不同采取不同的沟通策略，因此，区分不同客户的价值是进行客户沟通的前提。

实现客户满意也要根据客户的不同采取不同的策略，因为每个客户给企业带来的价值不同，他们对企业的预期也会有差别，满意标准也会不一样。为企业创造主要利润、带来较大价值的关键客户会希望得到有别于普通客户的待遇，如更贴心的产品或服务，以及更优惠的条件等。

如果企业能够找出这些带来丰厚利润的、最有价值的客户，并且把更多的资源用在为他们提供优质的产品和针对性的服务上，就很可能提高他们的满意度。

例如，企业将客户分级，并针对不同级别给予不同待遇。美国第一联合国家银行的客户服务中心采用的Einstein系统能在计算机屏幕上用颜色来区分客户的级别。例如，红色标注的是不能为银行带来盈利的客户，对他们不需要给予特殊、优先的服务，利率不得降低，透支也不准通融；绿色标注的是能为银行带来高盈利的客户，需多加满足，并给予额外的服务。

花旗银行把客户市场细分为不同的类别，然后采用针对性的服务方式，如对大众市场提供各种低成本的电子银行，对高收入阶层则提供多种私人银行业务。

（二）怎样对客户分级

企业对客户的选择由于是在开发客户之前，因此判断客户的“优值”与“低值”只能用科学的理论或经验去判断、推测。企业对客户的分级则是在开发客户之后，判断客户价值的高低要用事实、用数据，如消费金额、消费频率、消费档次、信用状况、利润贡献等来衡量。企业根据客户为企业创造的价值，按由小到大的顺序排列，将客户分为四个层级：

1. 重要客户

重要客户是企业的核心客户，一般占企业客户总数的20%，但企业80%的利润靠他们贡献。重要客户是客户金字塔中最高层的客户，是能够给企业带来最大价值的客户。

重要客户往往是产品的重度用户，他们为企业创造了绝大部分的利润，而企业却只需支付较低的服务成本；他们对价格不敏感，也乐意试用新产品，还可帮助企业介绍客户，为企业节省开发新客户的成本；他们不但有很高的当前价值，而且有巨大的增值潜力，其业务总量在不断增大，未来在增量销售、交叉销售等方面仍有潜力可挖。可以说，企业拥有重要客户的多少，决定了其在市场上的竞争地位。

2. 次重要客户

次重要客户是除重要客户以外给企业带来最大价值的前20%的客户，一般占客户总数的19%。

次重要客户，也许是企业产品或者服务的大量使用者，也许是中度使用者，他们对价格的敏感度比较高，因此为企业创造的利润和价值没有重要客户那么高。他们为了降低风险，可能会同时与多家同类型的企业保持长期联系，他们也在积极地为本企业介绍新客户，但在增量销售、交叉销售而言，其潜力还可进一步挖掘。

3. 普通客户

普通客户是除关键客户之外的为企业创造最大价值的前50%的客户，一般占客户总数的30%。普通客户包含的客户数量较大，但他们单个人带来的价值比不上单个关键客户。对于此类客户，企业只需提供常规服务。

4. 小客户

小客户是客户金字塔中最底层的客户，指除了重要客户、次重要客户、普通客户外剩下的客户，其数量庞大，但其单个人带来的价值往往很小，甚至没有。对于这类客户，企业只需维护最基本的服务。

二、如何有效管理各级客户

客户分级管理是指企业依据客户带来价值的多少对客户进行分级，对不同级别的客户提供不同的服务。同时，积极提升各级客户的级别。

（一）重要客户的管理与服务

重要客户是企业可持续发展最重要的保障之一，因此重要客户的管理在企业管理中处于重要的地位。重要客户管理的成功与否，对整个企业的经营业绩具有决定性的影响。

一般来说，企业与重要客户的关系需要花费较大的代价，才能进入稳定、良好的状态，然而竞争对手，总是瞄准这些客户并伺机发动“进攻”，一旦失去重要客户，企业的生产经营就会受到伤害。因此，企业必须认真维护与重要客户的关系，牢牢地抓住重要客户这个龙头，才能保证企业持续稳定地发展。对此，企业应加强以下几个方面的建设：

1. 成立专门机构服务于重要客户

目前，许多企业对重要客户都比较重视，经常由管理高层亲自出面处理与这些客户的关系，但是这样势必分散高层管理者的精力。如果企业成立一个专门服务于关键客户的机构，便可一举两得一方面可使企业高层不会因为频繁处理与关键客户的关系而分散精力，能够集中精力考虑企业的战略和重大决策；另一方面也有利于企业对重要客户的管理系统化、规范化。专门机构的具体工作如下；首先，为企业高层提供准确的重要客户信息，协调技术、生产、企划、销售、运输等部门，根据重要客户的要求设计不同的产品和服务方案。

其次，负责联系重要客户，利用客户数据库分析每位重要客户的交易历史，注意了解重要客户的需求和采购情况，及时与重要客户就市场趋势、合理的库存量进行商讨。

再次，关注重要客户的动态，并强化对重要客户的跟踪管理，对出现衰退和困难的重要客户要进行深入分析，必要时伸出援手。当然，也要密切注意其经营状况、财务状况、人事状况的异常动向等。

此外，对重要客户的服务是一项涉及多部门、要求非常细的工作，需要企业各部门的协同，各个部门和员工都要以整体利益为重，主动承担责任，追求协同效率和效果的最大化。

例如，花旗银行各分支机构普遍设有公关部专门负责联系客户，每个重要客户在公关部都有专职的客户经理，他们负责与重要客户联系，跟踪重要客户的生产、经营、财务、发展等情况，协调和争取银行的各项资源，及时了解并受理重要客户的服务需求。

2. 集中优势资源服务于重要客户

为了进一步提高企业的盈利水平，企业可根据二八法则反向操作，即为 20%的客户付出 80%的努力。企业要将有限的资源用在前20%的最有价值的客户身上，用在能为企业创造80%利润的关键客户身上，具体操作方法如下：

首先，企业应该准确预测重要客户的需求，主动提供售前、售中、售后的全程、全面、高档次的服务，包括专门定制的、精细化的服务，甚至邀请重要客户参与企业产品或服务的研发、决策，从而更好地满足重要客户的需要。其次，要集中优势资源提高对重要客户的服务力，如在销售旺季到来之前，要协调好生产及运输等部门，保证在旺季对重要客户的供应，避免出现因缺货而降低重要客户的满意度。当出现供货紧张的情况时，要优先保证重要客户的需要，使他们坚信本企业是他们最好的供应商或服务商，从而提高重要客户的满意度。

例如，某电话电报公司采用高新科技手段，将不同层次的客户分配给各个彼此独立的服务中心，分别为他们提供不同的服务并收取不同的费用，但客户对其中的差别一无所知。当客户呼叫服务中心时，系统能迅速甄别出客户类型，根据客户给企业带来的价值不同，迅速把客户呼叫转接到不同的服务中心。对于带来利润的客户，服务时间没有限制，唯一的目标是满足客户的需要。对于利润低的客户，目标是服务时间尽量缩短，降低成本，公司专门对与该类型客户打交道的服务代表进行培训，从而使这些客户感觉享受到的仍然是高水准的服务。

再次，企业要增加给关键客户的财务收益，为他们提供优惠的价格和折扣以及为关键客户提供灵活的支付条件和安全便利的支付方式，并且适当放宽付款时间限制，甚至允许关键客户可以延迟一定时间付款，目的是奖励关键客户的忠诚，提高其流失成本。

又如，目前航空公司均实行多等级舱位的定价方法，并且还制定了不同的退改规则。一般来说，高票价旅客因各种原因弃乘的负效用会更大，所以高票价旅客主动乘机的意愿会更加强烈；而低票价旅客因各种原因弃乘的效用相对会小一些，所以低票价旅客主动乘机的意愿稍小。为此，航空公司在制定退改规则时，高票价旅客退改规定相对宽松，这是航空公司对其更大负效用的一种补偿和鼓励；而低票价退改规则较为严格，是航空公司对其较小负效用的一种制约，以更多地避免座位虚耗。

当然，也许有些重要客户并不看重优惠，而看重企业带给他们的超值服务，他们更需要的是对其地位和身份的特别关心。例如，在机场的贵宾候机室里体验贵宾的感觉，优先免费使用新推出的业务等，都会使关键客户觉得自己与众不同，从而产生一种优越感。为此，企业可实行VIP制，创建VIP客户服务通道，更好地为关键客户服务，这对巩固企业与关键客户的关系，提高重要客户的忠诚度将起到很好的作用。

3. 加强有效沟通与情感交流，促进双方合作关系

企业与客户之间不仅仅是一种买卖关系，还是合作关系、双赢关系。企业应利用一切机

会加强与重要客户的沟通和交流，让重要客户感觉到双方合作稳定、有效。

（1）制订拜访计划，加强与重要客户沟通。一般来说，有着良好业绩的企业营销主管每年大约有1/3工作时间在拜访客户中度过，其中重要客户正是他们拜访的主要对象。对重要客户的定期拜访，有利于熟悉重要客户的经营动态，并且能够及时发现问题和有效解决问题。在与客户的沟通中，要根据客户给企业带来价值的不同进行“分级沟通”，即针对客户的不同级别实施不同级别的沟通：对重要客户，每个月打一次电话，每季度拜访一次；对次要客户，每季度打一次电话，每半年拜访一次；对普通客户，每半年打一次电话，每年拜访一次；对小客户，每年打一次电话或者根本不必打电话和拜访。

（2）经常性地征求重要客户的意见。企业高层经常性地征求关键客户的意见将有助于增加重要客户的信任度。例如，每年组织一次企业高层与重要客户之间的座谈会，听取重要客户对企业的产品、服务、营销、产品开发等方面的意见和建议，以及对企业下一步的发展计划进行研讨等，这些都有益于企业与关键客户建立长期、稳定的战略合作伙伴关系。为了随时了解重要客户的意见和问题，企业应适当增加与其沟通的次数和时间并且提高沟通的有效性。

（3）及时有效地处理重要客户的投诉或抱怨。客户的问题体现了客户的需求，无论是投诉或是抱怨，都是寻求答案的标志。处理投诉或抱怨是企业向重要客户提供售后服务必不可少的环节之一，企业要积极建立有效的机制，优先、认真、迅速、有效及专业地处理重要客户的投诉或抱怨。

（4）充分利用多种手段与重要客户沟通。企业要充分利用包括移动互联网在内的各种手段与重要客户建立快速、双向的沟通渠道，不断地、主动地与重要客户进行有效沟通，真正了解他们的需求，甚至了解他们的客户的需求或能影响他们购买决策的群体的偏好，只有这样才能够与重要客户建立更加密切的联系，促使重要客户成为企业的忠诚客户。企业还应利用一切机会，例如，重要客户开业周年庆典，或者重要客户获得特别荣誉之时，或者重要客户有重大商业举措时，表示祝贺与支持，这些都能加深企业与关键客户之间的感情。

案例分析

建设银行客户分级

建设银行是我国国有四大行之一，有着庞大的用户群体。建设银行 VIP 等级主要分为总行级钻石卡客户、总行级白金卡客户和分行级金卡客户，其他的为普卡客户，以下为详细情况：

第一种是钻石卡，总资产大于 1 000 万、在建行资产不低于 300 万的用户，是总行级钻石卡用户。

第二种是总行级白金卡，需要满足以下规定条件之一即可：在建设银行的月均存款达到了 50 万元；个人在建设银行的贷款达到了 100 万元；个人到建设银行购买国债、基金、保险的金额达到了 50 万元；使用建设银行信用卡，连续两年消费达到了 10 万元；使用建设银行卡来购买外汇，月交易额达到了 80 万美元。

第三种是分行级金卡，需要满足以下规定条件之一即可；在建设银行的月均存款达到

20 万元；在建设银行贷款的金额达到了 50 万元；在建设银行购买国债、基金以及保险的金额达到了 20 万元；使用建设银行信用卡，连续两年消费金额达到 10 万元；通过建设银行卡，个人买卖外汇的月交易额达到 40 万美元。成为建设银行的 VIP 客户，可以在全国建设银行网点的理财中心或者理财窗口享受到 VIP 服务，会有专职的客户经理来为客户提供理财服务，同时也能享受到一系列的优惠政策。

总之，不同客户带来的价值不同，企业的资源又是有限的，因此企业只有对客户进行分级管理，才能强化与高价值客户的关系，降低为低价值客户服务的成本，也才能在达到客户满意的同时实现企业利润的最大化。

（案例来源：根据网络资料整理）

（二）普通客户的管理

1. 培养有升级潜力的普通客户

对于有潜力升级为重要客户的普通客户，企业可以通过引导、创造、增加普通客户的需求，鼓励普通客户购买更高价值的产品或者服务，来提升普通客户创造的价值，提高他们的贡献度。

为此，企业要设计鼓励普通客户增加消费的项目，如常客奖励计划，对一次性或累计购买达到一定标准的客户给予相应级别的奖励，或者让其参加相应级别的抽奖活动等，以鼓励普通客户购买更多的产品或服务。

企业还可根据普通客户的需要扩充相关的产品线，或者为普通客户提供“一条龙”服务，以充分满足他们的潜在需求，这样就可以增加普通客户的购买量，提升他们的层级，使企业进一步获利。

案例分析

美国家居装修用品巨头 Home Depot 锁定两大潜力客户群——想要大举翻修住家的传统客户和住宅小区与连锁旅馆的专业维护人员。为此公司刻意在卖场内增加设计博览区，展示了运用各种五金、建材与电器组成的新颖厨房、浴室，采用系列产品装修的高档样品房。

这些设计中心为客户提供可能需要的一切产品和服务，包括装修设计服务和装修用品。此外，还提供技术指导、员工培训、管理咨询等附加服务。

由于 Home Depot 为客户提供了“一条龙”服务，增加了客户对企业的需要，也因此增强了客户与企业的联系，伴随着客户级别的提升，企业的利润也提升了。

此外，为了使普通客户能够顺利地升级为关键客户，企业还有必要采用一定方法帮助普通客户提升实力，进而增加对企业的需求和贡献。例如，企业可以成为普通客户的经营管理顾问，帮助他们评估机会、威胁、优势与劣势，制订现在与未来的市场发展规划，包括经营定位、网点布局、价格策略、促销策略等，同时，通过咨询、培训、指导，以传、帮、带等方式帮助普通客户提高经营管理水平。

总之，对于有升级潜力的普通客户，企业要制订周密、可行的升级计划，通过一系列的努力，使普通客户也能为企业创造更多的价值。

（案例来源：根据网络资料整理）

2. 降低没有升级潜力的普通客户的服务成本

针对没有升级潜力的普通客户，企业可以采取“维持”战略，在人力、财力、物力等方面不再增加投入，甚至减少促销努力，以及要求普通客户以现金支付甚至提前预付。另外，还可以缩减对普通客户的服务时间、服务项目、服务内容。

3. 小客户的管理

克里斯·安德森首次提出了“长尾”这个概念，在存储空间足够大、流通渠道足够畅通的背景下（互联网背景为在线产品提供了无限的存储空间和便捷的流通渠道），那些之前销量不佳的冷门产品（利基产品）重获新生，都能找到其对应的顾客，其组合起来的份额可与热卖品份额相当甚至更多。

将这一理论进一步延伸得出：只要存储和流通的空间足够大，需求量小、非主流的产品所共同占据的市场份额可以和那些需求量大的主流产品占据的市场份额相匹敌甚至更大，即如果能够把大量市场价值相对较小的部分都汇聚起来将可能创造更大的经济价值。所以可以看出小客户也是极具价值的。

“二八定律”强调“抓大放小”，重视作为单个个体的大客户的价值；而“长尾理论”告诉我们，不要忽视众多小客户的集体力量和贡献，企业应该重视管理小客户，从而为企业带来更大的利润。

（1）培养有升级潜力的小客户。企业应该给予有升级潜力的小客户更多的关心和照顾，帮助其成长，挖掘其升级的潜力，从而将其培养成为普通客户甚至关键客户，那么伴随着小客户的成长，企业的利润就可以不断得到提升。

例如，基于市场消费需求具有动态性这一特征，要注重客户群体有效培养。例如：目前还是小客户的大学生，未来可能在就业后会成为“优质客户”，招商银行就看到了这一点。招商银行的信用卡业务部一直把在校大学生作为业务推广的重点对象之一，尽管他们当前的消费能力有限，信贷消费的愿望不强烈，盈利的空间非常小，但招商银行还是频繁进驻大学校园进行大规模的宣传促销活动，运用各种优惠手段刺激大学生开卡，并承诺每年只要进行六次刷卡消费，无论金额大小，都可以免除信用卡的年费，甚至还推出了各种时尚、炫彩版本的信用卡，赢得了广大年轻客户群体的青睐。通过前期的开发和提升，当大学生毕业以后紧随而来的购房、购车、结婚、生子、教育等大项消费需要分期付款和超前消费时，招商银行巨大的利润空间便开始显现。

（2）提高没有升级潜力的小客户的服务价格。对于没有升级潜力的小客户，有的企业拒绝为之提供服务，不与他们联系和交易，这种做法不可取。因为如果企业直接、生硬地把小客户“扫地出门”或“拒之门外”，可能会引发小客户向其他客户或者亲戚朋友表达他们的不满，从而给企业形象造成不良的影响。被“放弃”的小客户还可能投诉企业，而且媒体、行业协会等社会力量也有介入的可能性，企业就会产生负面舆论。此外，小客户帮助企业创造和形成了规模优势，在降低企业成本方面功不可没。聚沙可以成塔，保持一定数量的小客户是企业实现规模经济的重要保证，是企业保住市场份额、保持成本优势、遏制竞争对手的重要手段。如果企业放弃这些低价值的小客户，任其流失到竞争对手那边，就可能失去成本优势。

总而言之，针对没有升级潜力的小客户，企业也不能简单地把他们淘汰，但可以通过提高服务价格、降低服务成本的办法来提升小客户的价值。具体可通过下面几种方式实现：

首先，针对小客户的服务价格，或对以前免费服务的项目收取一定的费用或向小客户推销高利润的产品。

其次，适当限制为小客户提供服务的内容和范围，压缩、减少为小客户服务的时间。比如从原来的每天服务改为每周提供一天服务，从而降低成本、节约企业的资源。

最后，运用更经济、更省钱的方式提供服务。比如从原来的人工服务改为自助服务，或者从原来的线下销售转为线上销售，这样不仅保证了销售收入，也减少了成本，提高了利润水平。例如，银行通过减少分支机构的数量，以及用ATM机代替柜员，从而降低服务成本。

美国前进保险公司是一家专营摩托车保险等高风险业务的公司。该公司发现并非所有的摩托车驾驶员风险都高。一般来说，年轻车手比年龄大的车手风险高，为此，该公司对年轻车手的定价便较高，对年龄大的车手定价较低。该公司还发现，许多喜欢飙车的车手往往爱光顾街头路边的保险代理处，为了避开这类客户，公司鼓励自己的代理人把办事处设在僻静的写字楼里，远离交通干道。同时，公司通过直邮广告，主动争取那些年龄较大的摩托车手的业务。

（三）坚决淘汰劣质客户

实践证明，并非目前所有的客户关系都值得保留。劣质客户蚕食着企业的利润，与其让他们消耗企业的利润，还不如及早终止与他们的关系，压缩、减少直至终止与其的业务往来，以减少利润损失，使企业的资源能够投入到其他客户群体中。例如，银行对信用状况差、没有发展前途的劣质客户采取停贷、清算等措施淘汰劣质客户。

适时终止与没有价值、负价值或者前景不好的客户的关系，企业才能节省有限的资源去寻找和服务于能够更好地与企业的利润、成长和定位目标相匹配的新客户和老客户。

总之，企业针对不同级别的客户采取分级管理和差异化的激励措施，可以使关键客户享受企业提供的特殊待遇，并激励他们努力保持这种地位；同时，刺激有潜力的普通客户向关键客户看齐，刺激有潜力的小客户向普通客户甚至关键客户看齐，坚决淘汰劣质客户，这样就可以让不同级别的客户分别为企业创造更多的价值，即对客户进行分级管理的理想境界。

第三节　客户满意度分析与测评

一、客户满意概述

集客引流不是以产品销售出去为最终结果，而是注重销售后，消费者对产品及服务的态度，如产品的实际感知高于期望感知，说明消费者对产品满意度高，体验感强，对产品具有一定的好感度，提升产品流动效果。相反地，如产品实际感知低于期望感知，说明消费者对产品满意度低，体验感不佳，制约产品流通效果。

（一）客户满意的定义

客户满意是客户得到满足后的一种心理反应，是客户对产品和服务的特征或产品和服务本身满足自己需要的程度的一种判断，判断的标准是看这种产品或服务满足客户需求的程度。换句话说，客户满意是客户对所接受的产品或服务过程进行评估，以判断是否能达到他们所期望的程度。

亨利·阿赛尔认为："客户满意取决于商品的实际消费效果和消费者预期的对比，当商品的实际效果达到消费者的预期时，就导致了满意。否则，就会导致客户不满意。"

菲利普·科特勒认为：满意是指个人通过对产品的可感知效果与他的期望值相比较后所形成的愉悦或失望的感觉状态。

综上所述，客户满意是一种心理活动，是客户的主观感受，是客户的预期被满足后形成的状态。当客户的感知没有达到预期时，客户就会不满、失望；当感知与预期一致时，客户是满意的；当感知超出预期时，客户就感到物超所值，就会非常满意。

案例分析

满足客户需求、提升满意度

英国裤袜国际连锁公司的主人米尔曼开始只经营男士领带，且营业额不大。后来她发现不仅是男士，妇女也要求购物方便、快捷，她们往往不愿为购买一双长筒袜而挤进百货商场，而愿意只花几分钟在一家小店购得，从此开始经营袜子商店。米尔曼对顾客的各种心理摸得很清楚，十分注重经营速度、方便顾客和周到服务，尽管价格上略高于百货商场，但周到的服务足以弥补价格较高的不利因素，而且还绰绰有余。米尔曼创建第一家袜子商店时，资金不足 10 万美元，经过多年的经营，现已成为世界上最大的妇女裤袜零售专业连锁公司，在英国已有上百家分店，在欧美其他国家有 30 多家分店，销售额已近亿美元。米尔曼的公司的发展，靠的就是向顾客提供快捷、方便和周到的服务。

（案例来源：根据网络资料整理）

（二）客户满意的内涵

客户满意包括三个层次：

（1）产品满意，是指企业产品带给顾客的满足状态，包括产品的内在质量、价格、设计、包装、时效等方面的满意。产品的质量满意是构成顾客满意的基础因素。

（2）服务满意，是指产品售前、售中、售后以及产品生命周期的不同阶段采取的服务措施令顾客满意。这主要是在服务过程的每一个环节上都能设身处地地为顾客着想，做到有利于顾客、方便顾客。

（3）社会满意，是指顾客在对企业产品和服务的消费过程中所体验到的对社会利益的维护，它要求企业的经营活动要有利于社会文明进步。

（三）客户满意的判断

客户是否满意一般可以通过下面几个指标来判断：

1. 美誉度

美誉度是客户对企业或者品牌的褒扬程度。借助美誉度，可以知道客户对企业或品牌所提供的产品或服务的满意状况。一般来说，持褒扬态度、愿意向他人推荐企业及其产品或者服务的，肯定对该企业或该品牌提供的产品或服务是非常满意或者满意的。

2. 知名度

知名度是客户知名消费或者购买某企业或某品牌的产品或服务的程度。如果客户在消费或者购买过程中放弃其他选择而知名购买、非此不买，表明客户对该企业或该品牌的产品或服务是非常满意的。

3. 忠诚度

忠诚度是客户消费了某企业或某品牌的产品或服务之后，愿意再次重复购买的程度。如果客户持续购买，一般表明客户是满意的；如果客户不再购买而改购其他企业或品牌的产品或服务，表明客户很可能是不满意的。通常来说，客户对该企业或该品牌的重复购买次数越多，表明客户的满意度越高，反之则越低。

4. 容忍度

容忍度是指客户在购买或者消费了某企业或某品牌的问题产品或服务之后对产品与服务的包容、容忍的程度。一般来说，客户容忍度越高，表明客户越满意，反之则越不满意。例如，当产品或者服务出现问题时，客户如果仍然能表现出容忍的态度（既不投诉，也不流失），表明这个客户对该企业或该品牌肯定不是一般的满意。如，当某企业或某品牌的产品或服务的价格上调时，如果客户表现出很强的承受能力，也表明客户对该企业或该品牌肯定不是一般的满意；相反，如果客户立即流失，一般说明客户对该企业或该品牌的满意度不够高。

5. 购买金额

购买金额是指客户购买某企业或某品牌的产品或者服务的金额。一般购买产品或服务的金额越少，频次越低，则表明客户的满意度越低。反之，对产品或服务的购买金额越大，表明客户对该企业或品牌的满意度越高。

6. 购买决策时间的长短

通常客户的购买决策越迅速，购买决策时间越短，说明他对该企业或该品牌的满意度越高；反之，则可能说明他对该企业或该品牌的满意度越低。

总之，客户满意是一种暂时的、不稳定的心理状态，为此企业应该经常性地测试，如可经常性地在现有的客户中随机抽取样本，向其发送问卷或打电话，向客户询问:对企业的产品或服务是否满意?如果满意，达到了什么程度?哪些方面满意?哪些方面不满意?对改进产品或者服务有什么建议?如果客户的满意度普遍较高，那么说明企业为客户提供的产品或者服务是受欢迎的，企业与客户的关系是处于良性发展状态的，企业就应再接再厉；反之，企业则需多下功夫、下大力气改进产品或者服务。

（四）客户满意的意义

1. 客户满意是客户忠诚的基础

一般来说，客户满意度越高，客户的忠诚度就会越高；客户满意度越低，客户的忠诚度就会越低。从客户的角度来讲，没有理由让自己继续接受不满意的产品或者服务，也就是说，企业如果上一次不能够让客户满意，就很可能得不到客户的再次眷顾与垂青。可见，客户满意是形成客户忠诚的基础，是保持老客户的最好方法。

2. 客户满意是企业战胜竞争对手的最好手段

客户及其需要是企业建立和发展的基础，如何满足客户的需要是企业成功的关键。如果企业不能满足客户的需要而被竞争对手满足，那么客户很可能就会流失，投靠到能让他们满意的其他企业中去。随着市场竞争的加剧，有了更加充裕的选择空间，企业竞争的关键是谁更能够让客户满意，因为“如果我们不关照客户，那么别人是会代劳的”。谁能更好地、更有效地满足客户的需要，让客户满意，谁就能够营造竞争优势，从而战胜竞争对手、赢得市场。如著名企业家亨利·福特所说：“最有效、最能满足客户需求的企业，才是最后的生存者。”

3. 客户满意是企业取得成功的必要条件

客户满意可以节省企业维系老客户的费用，同时客户满意的口头宣传还有助于降低企业开发新客户的成本，并且树立企业的良好形象。有调查数据表明：平均每个满意的客户会把他满意的购买经历告诉至少12个人，在这12个人里，在没有其他因素干扰的情况下，有超过10个人表示一定会光临；平均每个不满意的客户会把他不满意的购买经历告诉20个人以上，而且这些人都表示不愿接受这种恶劣的服务。一个满意的客户会引发8笔潜在的生意，其中至少有一笔成交，一个不满意的客户会影响25个人的购买意愿。可以说，客户满意是企业持续发展的基础，是企业取得成功的必要条件。

总之，客户满意是维护客户关系的最重要因素，在完全竞争的市场环境下，没有哪家企业可以在客户不满意的状态下得到发展。所以，企业想要维护客户关系，就必须努力让客户满意。

二、客户满意度分析

（一）客户满意度

客户满意度是对顾客满意程度的衡量指标。常常通过随机调查获取样本，以顾客对特定满意度指标的打分数据为基础，运用加权平均法得出相应结果。客户满意度管理是20世纪90年代兴起的营销管理战略，不仅要求了解外部顾客的满意度，而且要求了解内部顾客，即员工的满意度状况，从而揭示企业在顾客价值创造和传递方面存在的问题，并以实现全面的顾客满意为目标，探究、分析和解决这些问题。

（二）客户感知价值

客户感知价值是顾客在感知到产品或服务的利益之后，减去其在获取产品或服务时所付出的成本，从而得出的对产品或服务效用的主观评价。

1. 客户感知价值对客户满意度的影响

如果企业提供的产品或者服务的实际感知价值超过客户预期，客户就会满意或者非常满意。而如果感知价值达不到客户预期，客户就会不满意。

2. 影响客户感知价值的因素

影响客户感知价值的因素有客户总价值和客户总成本两大方面，即一方面是客户从消费产品或服务中所获得的总价值，包括产品价值、服务价值、人员价值、形象价值等；另一方面是客户在消费产品或服务中需要耗费的总成本，包括货币成本、时间成本、精神成本、体力成本等。

总结来说，客户感知价值与产品价值、服务价值、人员价值、形象价值成正比，与货币成本、时间成本、精神成本、体力成本成反比。

（1）产品价值是由产品的功能、特性、品质、品种、品牌与式样等所产生的价值，它是客户需要的中心内容，也是客户选购产品的首要因素。在一般情况下，产品价值是决定客户感知价值大小的关键因素和主要因素。产品价值高，客户的感知价值就高；产品价值低，客户的感知价值就低。

假如产品的质量不稳定，即使企业与客户建立了某种关系，这种关系也是脆弱的，很难维持下去，因为它损害了客户的利益。所以，企业应保持并不断提高产品的质量，这样才能提升产品价值，进而提升客户的感知价值，使客户关系建立在坚实的基础上。

假如产品缺乏创新、样式陈旧或功能落伍，跟不上客户需求的变化，客户的感知价值就会降低，客户自然就不会满意，甚至转向购买新型的或者更好的同类产品或服务。

此外，随着收入水平的提高，客户的需求层次也有了很大的变化，面对日益繁荣的市场，许多客户产生了对品牌的需求。因此，企业可通过塑造品牌形象为客户带来更大的感知价值。

（2）服务价值是指伴随产品实体的出售，企业向客户提供的各种附加服务，包括售前、售中、售后的产品介绍、送货、安装、调试、维修、技术培训、产品保证，以及服务设施、服务环境、服务的可靠性和及时性等因素所产生的价值。

服务价值是构成客户总价值的重要因素之一，对客户的感知价值影响也较大。服务价值高，客户的感知价值就高；服务价值低，客户的感知价值就低。虽然再好的服务也不能使劣质的产品成为优等品，但优质产品会因劣质服务而失去客户。例如，有些企业的服务意识淡薄，服务效率低，对客户冷漠、不礼貌、不友好、不耐心；客户的问题不能得到及时解决，咨询无人理睬、投诉没人处理等都会导致客户的感知价值降低。企业只有不断提高服务质量，才能使客户的感知价值得到提高。

总之，优异的服务是提升客户感知价值的基本要素与不可缺少的部分，出色的售前、售中、售后服务对于增加客户总价值和减少客户的时间成本、体力成本、精神成本等方面的付出具有极其重要的作用。

（3）人员价值是指企业领导及全体员工的经营思想、经营作风、工作效率、业务能力、应变能力等所产生的价值。例如，一个综合素质较高的工作人员会比综合素质较低的工作人员为客户创造更高的感知价值。此外，工作人员是否愿意帮助客户、理解客户，以及工作人员的敬业精神、响应时间和沟通能力等因素也会影响客户的感知价值。凯马特是美国一家著名的大型折扣连锁商店。虽然它的卖场很大，店里陈列的商品品种繁多、价格便宜，但客户如果想找店员询问有关问题却不是件容易的事，因为，为了节约人工成本，这里的店员很少，客户在这里虽然满足了购买便宜商品的欲望，但是无法感受到店员对他们的关心，于是在客户心中就产生了被冷落的感觉。也就是说，客户在这里得不到多少人员价值，影响了客户对凯马特的满意度。

（4）形象价值是指企业在社会公众中形成的总体形象所产生的价值，它在很大程度上是产品价值、服务价值、人员价值三个方面综合作用的反映和结果，以及企业的品牌、价值观念、管理哲学等产生的价值，还包括企业领导及其员工的经营行为、道德行为、态度作风等产生的价值。

企业形象价值高，将有利于提升客户的感知价值。如果企业形象在客户心目中较好，客户就会谅解企业的个别失误。相反，如果企业原有的形象不佳，经营过程中存在不合法、不道德、不安全、不健康和违背社会规范的行为，那么任何细微的失误也会造成客户的极大反感。

（5）货币成本是客户在购买、消费产品或服务时必须支付的金额，是构成客户总成本的主要的和基本的因素，是影响客户感知的重要因素。客户在购买产品或服务时，无论是有意还是无意，总会将价格与其消费所得相比较，希望以较小的货币成本获取更多的实际利益，以保证自己在较低的支出水平上获得较大的满足。即使一个企业的产品或服务再好，形象再好，如果需要客户付出超过其预期价格很多才能得到，客户也不会愿意。因此，如果客户能够以低于预期价格的货币成本买到较好的产品或服务，那么客户感知价值就高，反之，客户的感知价值就低。

（6）时间成本是客户在购买、消费产品或服务时必需花费的时间，它包括客户等待服务的时间、等待交易的时间、等待预约的时间。在相同情况下，客户所花费的时间越少，购买的总成本就越低，客户的感知价值就越高。相反，如果客户所花费的时间越多，购买的时间成本就越高，客户的感知价值就越低。因此，企业必须努力提高效率，在保证产品和服务质量的前提下，尽可能减少客户的时间支出，从而降低客户购买的总成本，提高客户的感知价值。

如今，对客户服务反应时间的长短已经成为某些行业，如快餐业、快递业和报业成功的关键因素。如麦当劳为了突出“快”字，柜台中的服务员要身兼三职——照管收银机、开票和供应食品，客户只需排一次队，就能取到他所需要的食物。

（7）精神成本是指客户在购买产品或服务时必须耗费的精神。在相同情况下，精神成本越低，客户付出的总成本就越低，客户的感知价值就越高；相反，精神成本越高，客户的感知价值就越低。

一般来说，客户在一个不确定的情况下购买产品或者服务，都可能存在一定的消费风险。例如，预期风险，即当客户的预期与现实不相符时，就会有失落感，产生不满；形象风险或心理风险，如客户担心购买的服装太前卫会破坏自己的形象，或担心购买价格低的产品被人取笑，或购买价格高的产品又会被人指责炫富等；财务风险，即购买的产品是否物有所值、保养维修的费用是否太高、将来的价格会不会更便宜等；人身安全风险，如某些产品的使用可能隐含一定的风险，这些可能存在的消费风险，都会导致客户精神成本的增加，如果企业不能降低客户的精神成本，就会降低客户的感知价值。

例如，同一个月份，甚至同一星期内购买的商品，仅差一天或者几天，价格就不一样，这会让客户时常担心今天买会不会亏了，明天会不会更便宜，从而增加了客户的精神成本和负担，降低了客户的感知价值。又如，旅馆不守信用，旅客预订的客房无法按时入住，而旅馆没有任何补偿行为，这也会增加旅客的精神成本，从而降低客户的感知价值。

据研究，一般交易活动中买卖双方的情绪热度呈现出两条迥然不同的曲线:卖方从接触买方开始，其热忱便不断升温，到签约时达到巅峰，等收款后便急剧降温、一路下滑；然而，买方的情绪却是从签约开始逐渐上升，但总是在需要卖方服务的时候，才发现求助无门，这往往是买方产生不满的根源。如果买方始终担心购买后，卖方的售后服务态度会一落千丈，那么就会犹豫是否要购买。

（8）体力成本是指客户在购买、消费产品或服务时必须耗费的体力。在相同情况下，体力成本越低，客户的感知价值就越高；相反，体力成本越高，客户的感知价值就越低。

在紧张的生活节奏与激烈的市场竞争中，客户对购买产品或服务的方便性要求也在提高，因为客户在购买过程的各个阶段均需付出一定的体力。如果企业能够通过多种渠道减少客户为购买产品或服务而花费的体力，便可降低客户购买的体力成本，进而提升客户的感知价值。

（三）客户预期

客户预期是指客户在消费之前对产品价值、服务价值、人员价值、形象价值、货币成本、时间成本、精神成本、体力成本等方面的主观认识或期待。

1. 客户预期对客户满意的影响

不同的人在接受同一产品或者服务时，有的人感到满意，而有的人却感到不满意。究其原因，是他们的预期不同。

下面的例子说明了客户预期对客户满意是有重要影响的:

客人A、B、C同时进入一家餐厅消费，三位客人对餐厅的预期分别是a、b、c，并且$a>b>c$，假设餐厅为他们提供的服务都是b。

消费后，A对餐厅感觉不满意，因为A在消费前对餐厅抱有很大的预期，其预期值为a，但是他实际感受到的餐厅服务只是b，而$a>b$，也就是说，餐厅所提供的产品和服务没有达到A客人的预期值，使其产生失落感，所以A客人对餐厅是不满意的。

B客人在消费前的预期值为b，而他实际感受到的餐厅服务刚好达到了他心中的预期，所以其对餐厅是满意的。

C客人在消费前的预期值为c，而在消费过程中，餐厅服务达到了b，而$b>c$，也就是说餐厅所提供的产品和服务不但达到而且超过了C客户的预期值，从而使 C客户产生“物超所值”的感觉，所以其对餐厅非常满意。

也就是说，如果企业提供的产品或者服务达到或超过客户预期，那么客户就会满意或很满意。而如果达不到客户预期，那么客户就会不满意。

2. 影响客户预期的因素

客户预期不是与生俱来、一成不变的，而是动态变化的。一般说来，影响客户预期的因素有以下几个方面：

（1）不同的客户由于性别、年龄、身份及消费能力等的差异会产生不同的价值观需求、习惯、偏好等，进而面对同样的产品或者服务会形成不同的预期。

（2）客户在购买某种产品或服务之前往往会结合他以往的消费经历、消费经验对即将购买的产品或服务产生一个心理预期值。例如，客户过去吃一份快餐要10元，那么他下次再去吃快餐可以接受的价格，即对快餐的价格预期值也是10元；如果过去吃一份快餐只要5元，那么他下次再去吃快餐可以接受的价格，即对快餐的价格预期值就是5元。

又如，以往打热线电话在10 s之内就能够接通，如果有一次超过20 s仍无人接听就会难以接受；反之，以往热线电话很难打进，现在1 min内就会被受理，客户的感觉就会比较好。

当没有消费经历和消费经验的客户看到别人消费后，也会影响他的预期：如果看上去感觉不错就会形成较高的预期，如果看上去感觉不好则会形成较低的预期。

此外，一般来说，新客户与老客户对同一产品或服务的预期往往不同，新客户由于没有消费经历、消费经验而往往预期过高或过低，而老客户由于有丰富的消费经历、消费经验而使预期比较稳定。

（四）如何让客户满意

客户预期和客户感知价值是影响客户满意度的重要因素。那么，如果企业能把握客户预期，并且让客户感知价值超出客户预期，就能够实现客户满意。

如果客户的感知价值达到或超过客户预期，客户就会满意或很满意；而如果客户的感知价值达不到客户预期，客户就会不满意。因此，为了确保实现客户满意，企业必须把握客户预期。当企业能够把握客户预期时，就可以控制和降低实现客户满意的成本，只要让客户感知价值稍稍超出客户预期一点，就能够事半功倍地获得客户满意，这是实现客户满意最经济的思路。企业要把握客户的预期可以通过两个路径：一是了解当前客户的预期；二是引导客户的预期。

1. 了解客户当前预期

企业可以通过各种市场调查的方式了解客户当前对企业提供的产品价值、服务价值、人员价值、形象价值、货币成本、时间成本、精神成本、体力成本等方面的预期。充分了解客户当前的预期可以使企业让客户满意的措施有的放矢、事半功倍。

2. 引导客户预期

如果客户预期过高，一旦企业提供给客户的产品或服务的感知价值没有达到客户预期，客户就会失望和不满；但如果客户预期过低，可能就没有兴趣来消费企业的产品或服务了，会转而选择其他同类企业的产品购买。由此可见，客户预期过高、过低都不好，企业必须主动出击，引导客户产生良好而又合理的预期。

引导客户产生良好的预期包括以下几方面：

（1）努力提供优质的服务，使客户形成良好预期。客户的价值观、需求、习惯、偏好等属于企业不可控的因素，企业可以作为的余地和机会不大。但是，如果企业能够认真做好当前的工作，从小事做起、从细节做起，努力使客户获得美好的体验，长此以往就能够使客户获得积极的、正面的消费经历，从而使客户形成对企业的良好预期。

（2）通过广告引导预期。“小罐茶”在面市时打出了“小罐茶，大师作”的广告语，声称小罐茶的制茶工艺来自中国八大泰斗级制茶大师，这样有利于形成客户对小罐茶是高端茶的预期。

案例分析

三家企业通过广告语引导客户产生良好预期

肯德基的广告语：美味安全，高质快捷；营养均衡，健康生活；立足中国，创新无限。京东的广告语：多仓直发，极速配送；正品行货，精致服务；天天低价，畅购无忧；网购上京东，省钱又放心。三只松鼠的牛肉干广告语：五香手撕牛肉，够辣够劲道；非常美味的牛肉干，让爱吃的你随时尽享大口吃肉的快感；好肉，牛后腿肉，嚼劲十足；好吃，肉中藏筋，硬度适中；好色，秉承原色，货真价实；内蒙古传统工艺风干，精心烘烤，原汁原味；精心秘制卤料，久火慢炖而成，味道香浓，闻之让人想流口水的好味道。

以上三家企业主要通过企业文化、理念、宗旨、制度、规则、价格、包装、环境等来引导客户形成良好预期。一般来说，客户对价格高的产品或服务的预期高，而精美的包装、优美的环境、高档的装修、现代化的设施与装备等有形展示也会形成客户的良好预期。如果服务机构处在繁华的地段、服务人员统一着装及标准化的服务也会有利于形成客户的良好预期。此外，企业获得的证书、奖状、荣誉称号等也都会增强客户的良好预期。

引导客户产生合理的预期，客户的预期如果过高将给企业实现客户满意造成一定的困难，所以企业要想办法引导客户形成合理的预期。企业只能宣传与承诺能够做得到的事，这样可以避免客户产生不切实际的过高预期。并且，如果企业在宣传与承诺时恰到好处且留有余地，使客户的预期保持在一个合理的状态，那么客户感知就很可能轻松地超越预期，客户就会因感到“物超所值”而对企业十分满意。

（案例来源：根据网络资料整理）

三、客户满意度测评体系

（一）客户满意度指数

1989年，费耐尔，提出把顾客期望、购买后的感知、购买的价格等因素组成一个计量经济学模型，即费耐尔逻辑模型。这个模型把顾客满意度的数学运算方法和顾客购买商品或服务的心理感知结合起来。以此模型运用偏微分最小二次方求解得到的指数，就是顾客满意度指数。

（二）客户满意度测评指标体系的原则

建立顾客满意度测评指标体系，必须遵循以下几条原则：

1. 建立的客户满意度测评指标体系必须是顾客认为重要的

“由客户来确定测评指标体系”是设定测评指标体系最基本的要求。要准确把握客户的需求，选择顾客认为最为关键的测评指标。

2. 测评指标必须能够控制

客户满意度测评会使顾客产生新的期望，促使企业采取改进措施。但如果企业在某一领域还无条件或无能力采取行动加以改进，则应该暂时不采用这方面的测评指标。

3. 测评指标必须是可测量的

客户满意度测评的结果是一个量化的值，因此设定的测评指标必须是可以进行统计、计算和分析的。

4. 考虑竞争者的特性

建立客户满意度测评指标体系还需要考虑到与竞争者的比较，设定测评指标时要考虑到竞争者的特性。

客户满意度指数模型基于这样一种理论，即客户满意度同客户在接受服务前的期望和在接受服务中及接受服务后的感受有密切关系。此外，客户满意度的高低将会导致两种基本结果：客户抱怨和客户忠诚。

据图7-1所示，客户满意度指数模型中主要包括六个变量，即客户期望、感知质量、感知价值、客户满意度、客户忠诚和客户抱怨。其中，客户期望、感知质量、感知价值决定着客户满意的程度，是系统的输入变量，也称为前提变量。客户满意度指数的第一个前提变量是客户期望。期望是客户在自我评价过程中的重要依据，对客户满意度有较大影响。客户期望来源于客户需求、客户的购买历史以及客户个人的经历、当前产品或服务的质量和价值等多方面信息的集成。客户期望的高低同时还与客户自身收入水平、价值观念、对事物的判断能力有关。客户期望会随着时间不断变化和更新。

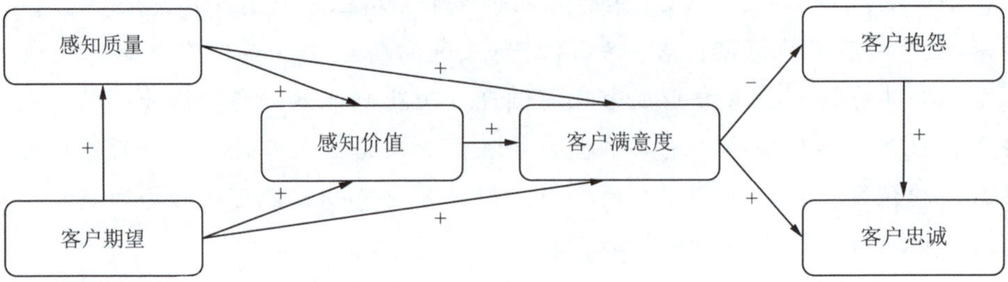

图 7-1　客户满意度指数理论模型

注：+、− 分别代表正向和负向的反馈。

客户满意度指数的第二个前提变量是客户对价值的感知。客户对质量的感知取决于产品或服务对客户要求的满足程度以及满足这些要求的可靠程度。

（三）客户满意度量化

客户满意度测评的本质是一个定量分析的过程，即用数字去反映顾客对测量对象的属性的态度，因此需要对测评指标进行量化。顾客满意度测评了解的是顾客对产品、服务或企业的看法、偏好和态度，通过直接询问或观察的方法来了解顾客态度是很困难的。利用某些特殊的态度测量技术进行量化处理，将会使那些难以表达和衡量的“态度”客观又方便地表示出来，这种态度测量技术所运用的基本工具，就是所谓的“量表”。量表的设计包括两步。第一步是“赋值”，根据设定的规则，对不同的态度特性赋予不同的数值；第二步是“定位”，将这些数字排列或组成一个序列，根据受访者的不同态度，将其在这一序列上进行定位。量表中用数字表征态度的特性是出于两个目的：首先，数字便于统计分析；其次，数字可以使态度测量活动本身变得容易、清楚和明确。

1. 李克特量表简介

李克特量表是一种用于测量态度的量表工具。它是由美国社会心理学家李克特于1932年在原有的总加量表基础上改进而成的。该量表由一组陈述组成，每一陈述有“非常同意”“同意”“不一定”“不同意”“非常不同意”五种回答，分别记为5、4、3、2、1，每个被调查者的态度总分就是他对各道题的回答所得分数的加总，这一总分可说明他的态度强弱或他在这一量表上的不同状态。

2. 李克特量表应用基本步骤

（1）收集大量（50～100条）与测量的概念相关的陈述语句。

（2）有研究人员根据测量的概念将每个测量的项目划分为“有利”或“不利”两类，一般测量的项目中有利的或不利的项目都应有一定的数量。

（3）选择部分受测者对全部项目进行预先测试，要求受测者指出每个项目是有利的或不利的，并在下面的方向-强度描述语中进行选择，一般采用“五个维度”量表：

a. 非常同意　b. 同意　c. 不确定　d. 不同意　e. 非常不同意

（4）对每个回答给一个分数，如从非常同意到非常不同意的有利项目分别为5、4、3、2、1分，对不利项目的分数就为1、2、3、4、5。

（5）根据受测者的各个项目的分数计算代数和，得到个人态度总得分，并依据总分多少将受测者划分为高分组和低分组。

（6）选出若干条在高分组和低分组之间有较大区分能力的项目，构成一个李克特量表。如可以计算每个项目在高分组和低分组中的平均得分，选择那些在高分组平均得分较高并且在低分组平均得分较低的项目。

3. 李克特量表的优点

表格底层框架容易设计；使用范围比其他量表应用度广泛，可以用来测量其他一些量表所不能测量的某些多维度的复杂概念或态度。李克特量表比同样长度的量表具有更高的信度。李克特量表的五种答案形式使回答者能够较为便捷地标出对应位置。

4. 李克特量表的缺点

相同的态度得分者可能具有十分不同的态度形态。因为利克特量表是用一个项目的总分代表一个人的赞成程度，它可大致上区分个体间谁的态度高，谁的低，但无法进一步描述他们的态度结构差异。

（四）测评指标权重的确定

客户满意度指数测评体系反映测评对象的质量水平状况和特征，而每一个测评指标的变化对客户满意度指数变化的影响程度有所不同。反映影响程度的重要性尺度是权重。权重的确定与分配是测评指标体系设计中非常关键的一个步骤，对于是否客观、真实地反映客户满意度指数起到至关重要的作用。

权重的确定方法主要包括主观赋权法和客观赋权法。

1. 主观赋权法

客户满意度指数测评体系确定后，测评人员可以根据经验与知识体系，直接、主观地赋予各项指标的权重。当然，这种主观赋权法并不是随意设想的，选定的测评人员应该具备丰富的理论知识和长期的实践经验。

2. 客观赋权法

客观赋权法与主观赋权法不同，不由测评人员赋予指标权重，而是根据调查所得的数据，通过相互比较后客观地确定各项指标的权重。

（1）直接比较法。在同级指标集内以“重要程度最小的指标”为基础，其他指标与之相对。预设表7-1中，经济性为测评指标中的最小值。依其重要程度按从小到大的顺序排列，设立比较倍数，经济性为1、特性为2.5、功能性为3.0、安全性为3.5。其经济性、特性、功能性、安全性共计10。

表 7-1　直接比较法分析表

测评指标	重要程度最小（倍数）	比较倍数	权重
经济性	1	1	1/10=0.1
特性		2.5	2.5/10=0.25
功能性		3.0	3/10=0.3
安全性		3.5	3.5/10=0.35
合计	10		1.00

（2）对偶比较法。对偶比较法是把所有要比较的刺激配成对，然后一对一对地呈现，让被试者依据刺激的某一特性进行比较，并对这种特性在两个刺激中的哪一个上表现得更为突出做出判断。因为每一刺激都要分别和其他刺激比较，假如以n代表刺激的总数，那么配成对的个数是$n(n-1)/2$。然后依它们各自明显于其他刺激的百分比的大小排列成序，即可制成一个顺序量表。

5. 客户满意度测评指标体系

客户对价值的感知是指客户认为产品或服务的一定的价格水平应该与其质量水平相对应。因此，客户对价值的感知与客户对产品或服务质量的感知有紧密的联系。

如图7-2所示，实际上建立满意度测评指标体系，主要是设定测评指标体系中的三级指标和四级指标。三级指标是一个逻辑框架，在各行业原则上都是可以运用的。对某一具体产品或服务的客户满意度测评的实际操作中，应该根据客户对产品或服务的期望和关注点具体选择、灵活运用。测评指标体系的四级指标是由三级指标展开而来，是客户满意度测评中直接面对客户的指标，它是和客户满意度测评问卷中的问题相对应的。

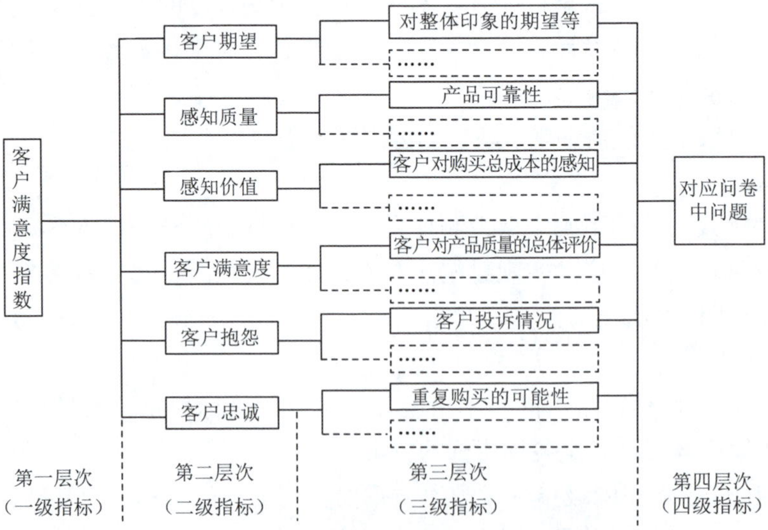

图 7-2　客户满意度指数测评指标体系层次图

第四节　客户忠诚分析

一、客户忠诚概述

（一）客户忠诚度的含义

客户忠诚营销理论是在流行于20世纪70年代的企业形象设计理论和20世纪80年代的客户满意理论的基础上发展而来的。其主要内容可表述为：企业应以满足客户的需求和期望为目标，有效地消除和预防客户的抱怨和投诉，不断提高客户满意度，促使客户的忠诚，在企业与客户之间建立起一种相互信任、相互依赖的“质量价值链”。

客户忠诚度又可称为客户黏度，是指客户对某一特定产品或服务产生了好感，形成了“依附性”偏好，进而重复购买的一种趋向。

具体来说，客户忠诚就是对偏爱产品和服务的深度承诺，在未来一贯地重复购买并因此而产生的对同一品牌或同一品牌系列产品或服务的重复购买行为，而不会因市场情景的变化和竞争性营销力量的影响产生转移行为。

有些学者认为可把客户忠诚细分为行为忠诚、意识忠诚和情感忠诚。对于企业来说，如果客户只有意识忠诚或者情感忠诚，却没有行为忠诚，那就没有直接意义，企业能够从中获得多少收益是不确定的，而只有行为忠诚才能够给企业带来实实在在的利益。因此，企业不会排斥虽然意识不忠诚、情感不忠诚，却行为忠诚的客户，因为他们实实在在地、持续不断地购买企业的产品或服务，帮助企业实现利润。不过，企业应当清醒地认识到，意识不忠诚、情感不忠诚的客户难以做到持久的行为忠诚。理想的“客户忠诚”是行为忠诚、意识忠诚和情感忠诚三合一，同时具备这三个特点的客户是企业难能可贵的资产。

案例分析

“IBM就是服务！”这是IBM公司一句响彻全球的口号，是IBM成功的三大基石，也是IBM质量文化的精髓所在。

IBM从客户的要求出发，在销售产品的同时，帮助用户安装调试、排除故障、定期检修、培养技术人员，及时解答他们提出的各种技术问题，提供产品说明书和维修保养的技术资料，听取使用产品后的评价意见等。通过多种多样的全方位服务，使用户达到100%的满意，从而建立起企业有口皆碑的信誉，营造出独特的IBM质量文化。

为了保持与顾客的经常性联系，IBM每月定期评估顾客的满意程度，其评估结果对员工及资深主管的报酬多少和职位升降具有相当大的影响，并且每隔90天，他们还要做一次员工服务态度调查。此外，IBM总部的高级主管也要按公司规定拜访客户。IBM认为，一个人如果不了解客户的需要和想法，就根本不可能制定出受客户欢迎的服务策略。

IBM还提出了“增值销售和延伸销售”的概念。“增值销售和延伸销售”是指产品售出后为客户提供专家咨询，不断改进产品性能，为客户提供最新的科技成果和情报资料，不断开拓售出产品的应用范围等，从而延伸销售增值链。IBM宣称，他们每接受一位客户（不论生意大小)，都要为这个客户提供高品质的服务，使客户从中受益。

IBM 反对以各种方式向客户提供过分昂贵或不适合客户的产品。即使客户提出要购买某些产品，如果 IBM 经调查确认这些产品不适合客户需求，它也会冒着失去这笔生意的危险向客户提出建议，劝其购买更适宜的产品。IBM 认为，只有这样才能保证公司上下真正为客户着想，才能保证与客户保持最良好的关系，从而提高公司的声誉和形象，促进产品的销售。

（案例来源：根据网络资料整理）

（二）客户忠诚的判断标准

1. 客户重复购买的次数

在一定时期内，客户重复购买某种品牌产品的次数是判断客户忠诚程度的重要指标之一。一般来说，客户对某品牌产品重复购买的次数越多，说明对这一品牌的忠诚度越高，反之则越低。有些企业为了便于识别和纳入数据库管理，将客户忠诚以量化连续购买次数的消费行为作为重要指标，但现实中不同消费领域、不同消费项目的购买频率有很大差别。例如，有的产品或服务，客户一生可能会消费几千次甚至更多，而有的产品或服务，客户一生可能只能消费几次甚至一次。因此，不能一概而论，不能简单地用次数来判断客户是否忠诚，更不能跨消费领域、跨消费项目进行比较。

2. 客户对竞争品牌的态度

一般而言，对某种品牌忠诚度高的客户会自觉地排斥其他品牌的产品或服务。因此，如果客户对竞争品牌的产品或服务有兴趣并有好感，就表明他对该品牌的忠诚度较低，反之则说明他对该品牌的忠诚度较高。

3. 客户对价格的敏感程度

一般而言，客户对价格都是非常重视的，但这并不意味着客户对价格变动的敏感程度都相同。事实表明，对于喜爱和信任的产品或者服务，客户对其价格变动的承受能力较强，反之，对价格的敏感度较低。而对于不喜爱或存疑的产品或者服务，客户对其价格变动的承受力较弱，反之，对价格的敏感度偏高。因此，企业可以依据客户对价格的敏感程度来衡量其对品牌的忠诚度。所以，对价格的敏感程度较高，说明客户对该品牌的忠诚度偏低：对价格的敏感程度较低，说明客户对该品牌的忠诚度偏高。

4. 客户对产品或服务质量的承受能力

任何产品或服务都可能出现不同方面的问题，可能是质量或服务方面。即使是名牌产品或服务也很难避免。在客户对该品牌的忠诚度较高的前提下，一旦出现质量问题时，他们会表现出宽容、谅解和协商解决的态度，对产品与服务具有一定的包容性；如果客户对品牌的忠诚度较低，一旦产品出现质量问题时，客户会觉得自己的正当权益被侵犯，进而会产生强烈的不满，甚至会升级，通过法律方式进行解决。当然，运用这一指标时，要注意区别质量问题的性质，清晰地划分有待解决问题的重点与客户诉求，从中吸取教训，为产品升级、改良提供依据。

5. 客户购买金额的多少

客户购买金额的多少是判断客户忠诚程度的重要指标之一，客户对某一品牌支付的费用占购买同类产品支付的费用总额的比值如果高，即客户购买该品牌的比重大，说明客户对该品牌的忠诚度高。反之则说明客户的忠诚度较低。

6. 客户挑选时间的长短

客户购买前往往都要经过对品牌的对比与挑选，但由于信赖程度的差异，对不同品牌的挑选时间是不同的。通常，客户挑选的时间越短，说明他对该品牌的忠诚度越高，反之则说明他对该品牌的忠诚度越低。

（三）客户忠诚的意义

1. 客户忠诚可确保企业收获长期收益

“客户满意”不等于“客户忠诚”，如果企业能实现“客户满意”，不能实现“客户忠诚”，自己没有稳定的客户群，经营收益就无法确定。假设某企业每年的客户流失率是10%，每个客户平均每年带来100元的利润，吸收一个新客户的成本是80元。现在企业决定实施客户忠诚计划，将客户流失率从10%降低到 5%，该计划的成本是每个客户20元。

例如，分析一家零售企业的客户终身价值的变化情况：每年流失10%的客户，意味着平均每个客户的保留时间约为10年，每年流失5%的客户，即平均每个客户的保留时间约为20年。

忠诚计划实施前，平均每个客户的终身价值为：

10年 × 100元/年−80元=920元

忠诚计划实施后，平均每个客户的终身价值为:

20年 × (100元/年−20元/年)−80元=1 520元

通过实施客户忠诚计划，平均每个客户的终身价值增加了600元，即平均每个客户给企业创造的价值增加了600元。

可见，只有忠诚的客户才会持续购买企业的产品或服务，才能给企业带来持续的收益。

2. 使企业的收入增长并获得溢价收益

忠诚客户因为对企业的信任与喜爱，而会重复购买企业的产品或者服务，还会放心地增加购买量，或者增加购买频率。他们还会对企业的其他产品连带地产生信任，当产生对该类产品的需求时，会自然地想到购买该品牌的产品，从而增加企业的销售量，为企业带来更大的利润。

忠诚客户会很自然地对该企业推出的新产品或新服务产生信任，愿意尝试，因而他们往往是新产品或新服务的早期购买者，从而为企业的新产品或新服务的上市铺平了前进的道路。

忠诚客户对价格的敏感度较低、承受力强，比新客户更愿意以较高价格来接受企业的产品或服务，而不是等待降价或不停地讨价还价。由于他们信任企业，所以购买贵重产品或者服务的可能性也较大，因此忠诚客户可使企业获得溢价收益。

3. 降低企业成本

（1）随着企业间为争夺客户而展开的竞争日趋白热化，导致企业争取新客户需要花费较多的成本，如广告宣传费用、销售费用等，还有大量的登门拜访及争取新客户的人力成本、时间成本和精力成本等。因此，企业开发新客户的成本非常高，而且这些成本还呈现不断攀升的趋势。所以，对于许多企业来说，最大的成本就是开发新客户的成本。比起开发新客户，留住老客户的成本要相对低很多，特别是客户越“老”，其维系成本越低，有时候一些定期的回访或者听取他们的抱怨就能有效。即使是激活一位中断购买很久的"休眠客户"的成本，也要比开发一位新客户的成本低得多。曾有一项研究表明：吸引一个新客户要付出700元，而维系一个老客户只需要120元。也就是说，获得一个新客户的成本是维系一个老客户的成本的5～6倍。可见，如果企业的忠诚客户多了，客户忠诚度提高了，就可以降低企业开发新客户的成本。

（2）由于忠诚客户比新客户更了解和信任企业，且忠诚客户与企业已经形成合作伙伴关系，彼此之间已经达成一种信用关系，所以交易的惯例化可使企业大大降低搜寻成本、谈判成本和履约成本，从而最终使企业的交易成本降低。

（3）服务老客户的成本比服务新客户的成本要低很多。例如，在客户服务中心的电话记录中，新客户的电话往往要比老客户多得多，这是因为新客户对产品或者服务还相当陌生，需要企业提供更多服务，而老客户因为对产品或者服务熟悉程度高，因此不用花费企业太多的服务成本。

由于企业了解和熟悉老客户的预期和接受服务的方式，所以可以更容易、更顺利地为老客户提供服务，并且可以提高服务效率和减少员工的培训费用，从而降低企业的服务成本。

（4）降低经营风险、提高运营效率。据统计，如果没有采取有效的措施，企业每年要流失10%～30%的客户，这样造成的后果是企业经营的不确定性增加了，风险也增加了。

忠诚的客户群体和稳定的客户关系，可使企业不再疲于应付因客户不断改变而带来的需求变化，有利于企业制订长期规划，集中资源去为这些稳定的、忠诚的客户提高产品质量和完善服务体系，并且降低经营风险。

企业能够为老客户提供熟练的服务，不但意味着效率会提高，而且失误率会降低，事半功倍。此外，忠诚客户易于亲近企业，能主动向企业提出改进产品或服务的合理化建议，从而提高企业决策的效率和效益。

（5）获得良好的口碑效益。随着市场竞争的加剧，各类广告信息的泛滥，人们面对大量让人眼花缭乱、难辨真假的广告无所适从，对广告的信任度也在大幅度下降。而"口碑"是比广告更具有说服力的宣传，人们在进行购买决策时，往往越来越重视和相信亲朋好友的推荐，尤其是已经使用过产品或消费过服务的人的推荐。

忠诚客户是企业及其产品或服务的有力倡导者和宣传者，他们会将对产品或服务的良好感觉介绍给周围的人，主动地向亲朋好友推荐，甚至积极介绍其关系范围内的人购买，从而帮助企业增加新客户。

一项调查表明，一个高度忠诚的客户平均会向5个人推荐企业的产品和服务，这不但能节约企业开发新客户的费用，而且可以在市场拓展方面产生乘数效应。可见，忠诚客户的正面宣传是难得的免费广告，可以使企业的知名度和美誉度迅速提高，通过忠诚客户的口碑还能够塑造和巩固良好的企业形象。

（6）客户忠诚度高的企业，能够获得客户数量的增长，从而壮大企业的客户队伍。

例如，假设有三家公司，A公司的客户流失率是每年5%，B公司的客户流失率是每年10%，C公司的客户流失率是每年 15%，三家公司每年的新客户增长率均为15%。

那么A公司的客户存量将每年增加10%，B公司的客户存量将每年增加5%，C公司的客户存量则是零增长。这样一来，7年以后A公司的客户总量将翻一番，14年后B公司的客户总量也将翻一番，而C公司的客户总量将始终不会有实质性的增长。

（7）随着企业与忠诚客户关系的延续，忠诚客户带来的效益呈递增趋势，这样就能够为企业的发展带来良性循环：客户忠诚的企业，增长速度快，发展前景广阔，可使企业员工树立荣誉感和自豪感，有利于激发员工士气：客户忠诚的企业获得的高收入可以用于再投资、再建设、再生产、再服务，也可以进一步提高员工的待遇，进而提升员工的满意度和忠诚度；忠诚员工一般都是熟练的员工，其工作效率高，可以为客户提供更好的、令其满意的产品或者服务，这将更加稳固企业的客户资源，进一步强化客户的忠诚；客户忠诚的进一步提高，又将增加企业的收益，给企业带来更大的发展，从而进入良性循环。

二、影响客户忠诚的因素

（一）客户忠诚的两种常见类型

不满意客户依然对企业保持忠诚主要有两种类型：

1. 惰性忠诚。惰性忠诚是指客户尽管对企业的产品或者服务不满，但是由于本身的惰性而不愿意去寻找其他供应商或者服务商。对于这种忠诚类型的客户，如果其他企业主动出击提供更好的服务，将很容易将他们挖走。

2. 无奈忠诚。无奈忠诚是指在卖方占主导地位的市场条件下，或者在不开放的市场条件下，尽管客户不满却因为别无选择，找不到其他替代品，不得已只能忠诚。例如，市场上仅有一个供应商，在这样的垄断背景下，尽管不满意，客户也只能别无选择地忠诚，因为根本没有其他的机会和条件。

虽然惰性忠诚和无奈忠诚能够为企业留住客户，但企业切不可因此放任不管，还是应尽可能提高自身产品和服务质量，因为不满意的忠诚是靠不住的、很脆弱的，一旦时机成熟，这类不满意客户就会毫不留情地离开。

从以上的分析来看，客户忠诚很大程度受客户满意度的影响，但不是绝对的，企业要想实现客户忠诚，除了让客户满意外，还得考虑影响客户忠诚的其他因素，并且采取相应的措施。

（二）客户因忠诚能够获得多少利益

追求利益是客户的基本价值取向。调查结果表明，客户一般也乐于与企业建立长久关系，其主要原因是希望从忠诚中得到优惠和特殊关照，如果能够得到，就会激发他们与企业建立长久关系。如果老客户没有得到比新客户更多的优惠和特殊关照，就会抑制他们的忠诚，这样老客户会流失，新客户也不愿成为老客户。因此，企业能否提供忠诚奖励将影响客户是否持续忠诚。

然而，当前仍然有许多企业总是把最好、最优惠的条件提供给新客户，甚至有的企业利用大数据“杀熟”，而使老客户的待遇还不如新客户，这其实是鼓励“后进”，打击“先进”，是一种倒退，将大大损害客户的忠诚度。试想如果一个人对待有十年交情的老朋友还不如新结识的朋友，那么有谁会愿意和这样的人做长久的朋友?其实，新客户的“素质”是个未知数，企业不知道他们将会带来什么，而老客户伴随着企业历经风雨，是企业的功臣。

企业切不可喜新厌旧，否则只会让老客户寒心，受伤害的他们将不再忠诚而最终流失。而新客户看到老客户的下场也会望而却步，因为老客户今天的境遇就是新客户明天会遇到的问题。所以，企业要让老客户得到更多的实惠，享受更多的奖励，这样才会激励客户对企业的忠诚。

（三）客户的信任和情感

1. 信任因素

由于购买行为存在一定的风险，君子不立危墙之下，客户为了避免和减少购买过程中的风险，往往倾向于与自己信任的企业保持长期关系。研究显示，信任是构成客户忠诚的核心因素，信任使重复购买行为的实施变得简单易行，同时也使客户对企业产生依赖感。

2. 情感因素

如今，情感对客户忠诚的影响越来越不容忽视，这是因为企业给予客户利益，竞争者也同样可以提供类似的利益，但竞争者难以攻破情感深度交流下建立的客户忠诚。

企业与客户一旦有了情感交互，两者就会从单纯的买卖关系升华为休戚相关的伙伴关系。当客户与企业的感情深厚时，客户就不会轻易背叛，即使受到其他利益的诱惑也会顾及与企业的感情。

加拿大营销学教授杰姆·巴诺斯通过调查研究指出，客户关系与人际关系有着一样的基本特征，包括信任、信赖、社区感、共同目标、尊重依赖等内涵，企业只有真正站在客户的角度，给客户以关怀，与客户建立超越经济关系之上的情感关系，才能赢得客户的心，赢得客户的忠诚。

3. 客户的归属感

假如客户感到自己被企业重视、尊重，有很强的归属感，就会不知不觉地依恋企业，因而忠诚度就高。相反，假如客户感觉自己被轻视，没有归属感，忠诚度就低。

例如，穷游网保持客户黏性的方式是其丰富实用的旅游咨询和服务，以及良好的社区气氛。穷游网将后台加工制作的集成式攻略单列为一个板块，将客户生成的攻略和客户间的问答互动一起放入论坛板块。注册网友拥有自己的主页，可以进行发帖、上传照片、问答等，也可以给其他用户发私信。注册网友在穷游网上免费得到了其他网友提供的旅游信息，然后在自己亲身体验之后又回到网站分享自己的旅游经历，这样使客户具有强烈的归属感，从而吸引了众多客户对穷游网持续的关注与忠诚。

4. 客户的转换成本

转换成本指客户从一个企业转向另一个企业需要面临多大的障碍或增加多大的成本，是客户为更换企业所需付出的各种代价的总和。

转换成本可以归纳为以下三类:一类是时间和精力上的转换成本，包括学习成本、时间成本、精力成本等；另一类是经济上的转换成本，包括利益损失成本、金钱损失成本等；还有一类是情感上的转换成本，包括个人关系损失成本、品牌关系损失成本。相比而言，情感转换成本比起另外两个转换成本更加难以被竞争对手模仿。

转换成本是客户不忠诚的一个阻力，如果客户从一个企业转向另一个企业，会损失大量的时间、精力、金钱、关系和感情，那么即使目前他们对企业不是完全满意，也会慎重考虑，不会轻易转换。例如，企业实行累计优惠计划，那么频繁、重复购买的忠诚客户就可以享受奖励，而如果客户中途放弃合作就会失去即将到手的奖励，并且原来积累的利益也会因转换而失效，这样就会激励客户对企业的忠诚。

必须认识到，如果企业仅仅靠提高转换成本来维系客户的忠诚，而忽视为客户创造价值和利益，将会使客户处于无奈的境地。一旦其他企业提供了更好的服务或产品，客户则很可能会流失。

5. 客户对企业的依赖程度

如果两个企业之间的关系不是表层的关系，而是深层的、高级的、相互渗透的关系，那么分开就不是件容易的事了。经验表明，客户购买一家企业的产品越多，对这家企业的依赖就越大，客户流失的可能性就越小，就越可能忠诚。例如，360安全公司通过网上智能升级系统，及时为使用其产品的客户进行升级，并且可免费下载一些软件，从而增强了客户对其的依赖性。

另外，企业与客户双方的合作关系紧密，企业提供的产品或者服务渗透到客户的核心业务中间，企业的产品或者服务具有显著的独特性与不可替代性，那客户对企业的依赖程度就高，忠诚度也就高；反之，客户对企业的依赖程度就低，当它一旦发现更好、更合适的企业，便会毫不犹豫地离开。

总而言之，如果一个企业对客户来说并不是首选，那么客户忠诚也无法呈现。反之，如果客户离不开企业，离不开企业所提供的产品与服务，那么客户则会保持忠诚。例如，目前智能手机盛行，已成为人们生活中必不可少的工具。但手机上的App太多，占用手机内存大，不便于使用已经成为痛点，如果一个App可以集合多个功能，使用功能更便捷，显然会赢得客户的青睐。美团App 就集合了团购、外卖、打车、单车、酒店、机票、车票等诸多业务，即吃住行都能用美团App解决，这就使用户在不知不觉中离不开美团，渐渐忠诚于美团。

当然，企业还可与客户通过交叉持股或者双方共同成立合资、合伙或合作企业等形式，建立双方共同的利益纽带，这样彼此就不容易分开了。

6. 企业对客户的忠诚度

忠诚应该是企业与客户之间双向的、互动的，不能追求客户对企业的单向忠诚，而忽视了企业对客户的忠诚。

假如企业对客户的忠诚度高，一心一意地为客户着想，能够不断为客户提供满意的产品或者服务，就容易获得客户的忠诚。相反，若企业不能持续地为客户提供满意的产品或服务，那么客户的忠诚度就会降低。

7. 员工对企业的忠诚度

通过研究发现员工的满意度、忠诚度与客户的满意度、忠诚度之间呈正相关。这就像孙子兵法中所说，攘外必先安内。一方面，使内部员工满意、忠诚才能愉快地、熟练地提供令客户满意的产品和服务；另一方面，员工的满意度、忠诚度会影响客户对企业的评价，进而影响其对企业的忠诚度。

此外，有些客户之所以忠诚于某家企业，主要是因为与之联系的员工的出色表现，如专业、高效、熟练，以及与他们建立的良好私人关系。因此，如果这个员工离开了这家企业，客户就会怀疑该企业是否仍能满足他们的需要，尤其是在一些特别依赖员工个人表现的企业，如名医、名师等特殊员工的忠诚对客户忠诚的影响尤其显著。

8. 客户自身因素

客户的自身因素也会影响客户忠诚。例如，客户遭遇某种诱惑或某种压力；客户需求出现转移，如客户原来喝饮料，现在注意保健而改喝牛奶，如果饮料生产企业不能及时满足客户新的需求，客户就不会继续忠诚；客户因为搬迁、成长、衰退、破产；客户重要当事人的离职、退休等，如客户的采购主管、采购人员、决策者的离职等；有的客户由于信念、性格等原因天生就没有忠诚感，很容易转投其他品牌，要让这样的客户忠诚显然是非常困难的。以上这些是客户本身因素造成的，是企业无法改变的客观存在。

总而言之，影响客户忠诚的因素诸多，主要包括客户满意程度、客户因忠诚能够获得多少利益、客户的信任和情感、客户是否具有归属感、客户的转换成本、企业与客户业务联系的紧密程度、企业对客户的忠诚度、员工对企业的忠诚度、客户自身因素等。客户是否具备忠诚性，有时是单一因素作用影响的结果，有时是多个因素共同作用影响的结果。

三、如何实现客户忠诚

在影响客户忠诚的因素分析中了解到，企业必须排除一切妨碍和不利于客户忠诚的因素，强化推动和有利于客户忠诚的因素，双管齐下，就能实现客户忠诚。

（一）努力实现客户满意

客户满意度越高越长效，其忠诚的可能性就越大，而且只有最高等级的满意度才能实现最高等级的忠诚度。为此，企业应当追求让客户满意，甚至非常满意。

例如，某公司在进行客户满意度的评估中发现，不仅满意与购买意愿相关，而且非常满意的客户的再购率是满意客户的6倍。为了追求客户完全满意，该公司承诺在客户购买后三年内如果有任何不满，公司保证为其更换相同或类似的产品，一切费用由公司承担，这样就确保了相当多的客户愿意持续忠诚于企业。

案例分析

海尔集团追求客户满意

中国标准化研究院顾客满意度测评中心联合清华大学经济管理学院中国企业研究中心，共同发布了2023年产品顾客满意度调查结果。在电视领域，海尔满意度得分最高。这是自2003年顾客满意度调查出炉以来，海尔电视累计19年用户满意度第一，是行业唯一。

海尔之所以能19年保持用户满意度第一，其实是源于用户的信赖，一方面得益于海尔电视在原创科技方面的持续创新，并通过智慧观影、智慧互联等场景满足用户日益多元化的需求；另一方面也离不开海尔电视在服务领域的探索，从前置设计、安装调试到用户关怀，持续满足用户的需求，拓宽增长空间，升级服务，以全流程服务满足需求。用户满意背后还有海尔电视服务的持续引领。海尔品牌追求客户完全满意的做法换来的正是客户对海尔品牌的高度忠诚。

（案例来源：根据网络资料整理）

（二）奖励客户忠诚

企业想要赢得客户忠诚，就要对忠诚客户进行奖励，奖励的目的就是让客户从忠诚中受益和得到激励，从而使客户在利益驱动下对企业忠诚。

1. 财务奖励

财务奖励也称为老主顾营销规划，指向经常或大量购买的客户提供奖励，目的是促使现有客户对企业的忠诚。财务奖励的形式主要有折扣、积分、赠品、奖品等优惠和好处，以此来表示对老客户的关爱，奖励他们重复购买。

由于获得新客户要比留住老客户的成本大得多，因此企业总是希望能够拥有越来越多的老客户，并且通过老客户吸引更多的新客户。为此，企业可给老客户更多的优惠，从而发展长期的客户关系。比较典型的是通过建立会员制给会员一定的优惠价格。一般来说，会员一次性支出的会费远小于以后每次购物所享受到的超低价优惠，还可享受其他特殊服务，如定期收到有关新到货品的样式、性能、价格等资料，以及享受送货上门的服务等。

案例分析

MaBelle钻饰是香港利兴珠宝公司推出的大众钻饰品牌，公司自1993年成立以来，目前已经在香港开设了46家分店，其产品深受时尚人士青睐。

MaBelle的母公司利兴集团成立于1949年，刚开始时从事宝石进口和批发生意，在世界各地收购优质宝石和玉石，销往亚洲市场。从1966年开始，利兴由原有的宝石及玉石生意改为专营进口和批发钻石生意，旗下拥有Mabros、Falconer等高端钻饰品牌。1993年，利兴集团的高层经过市场调查，发现几乎市场上所有的钻饰品牌都在中高端竞争，大众市场基本上是空白。于是，他们推出了MaBelle钻饰，成为香港首间开放式的钻饰连锁店，专售价格相对便宜的钻石首饰。MaBelle以款式多样、时尚为主要卖点，将流行元素融入传统的钻石，独特、自由、轻松的购物模式使钻饰在香港大众化。当年推出的千元价格的黄钻更是在香港创造了钻饰消费的潮流。但是公司高层管理人员清醒地意识到，价格绝对不能成为MaBelle的核心竞争力。顾客只因为价格便宜而购物，并不能令顾客的忠诚度上升。不断创新的设计是MaBelle与其他品牌区别的主要特征，而与顾客建立情感上的沟通，赋予顾客与众不同的优越感，才能为企业创造更多的价值。

目前，MaBelle在香港拥有30多万会员，这些会员大部分是20～40岁的白领女性和专业人士。一般来说，顾客购买了一定数额的MaBelle钻饰就可能注册为“VIP俱乐部”会员。公司对销售员工的要求是，必须定期通过电子邮件、电话、手机短信等方式和顾客建立个人关系，这种私人关系无疑增进了顾客对公司的情感。MaBelle还定期为会员举办关于“选购钻石的知识”以及“钻饰款式”方面的讲座，增加了顾客对企业产品的了解。MaBelle还经常为“VIP俱乐部”会员安排与钻饰无关的各种活动，根据公司掌握的不同会员的年龄、职业和兴趣等，邀请会员参与这些活动。例如，情人节为年轻情侣筹办浪漫的酒店情人节晚会；为职业和兴趣相近的会员安排酒店茶点聚餐；节假日为年轻会员安排一日游等。

香港的生活节奏非常快，人们的学习、工作很紧张，人际交往比较少，这些活动不但给会员提供了难忘的生活体验，而且还帮助他们开拓交际圈，通过俱乐部结识了不少朋友。很多会员参加过一些活动后，都邀请自己的亲友也加入 MaBelle 的俱乐部，真正起到了“口耳相传”的效果。

（案例来源：根据网络资料整理）

2. 其他配套奖励

这里的其他配套奖励是指特权、优待、机会、荣耀等财务利益以外的奖励。例如，为了提高分销商的忠诚度，企业可以采取以下措施:

（1）可授予分销商独家经营权。如果能够作为大企业或名牌产品的独家经销商或者代理商，可以树立分销商在市场上的声望和地位，有利于提高分销商的积极性和忠诚度。

（2）为分销商培训销售人员和服务人员。特别是当产品技术性强，推销和服务都需要一定的专门技术时，这种培训就显得更加重要。如美国福特汽车公司在向拉美国家出售拖拉机的过程中，为其经销商培训了大批雇员，培训内容主要是拖拉机和设备的修理、保养和使用方法等。此举使福特公司加强了与其经销商的联系，提高了经销商在拖拉机维修服务方面的能力，也迅速扩大了福特公司拖拉机的经销量。

（3）为分销商承担经营风险。如某企业明确表态：只要分销商全心全意地经营本企业的产品，就保证不让其亏本；在产品涨价时，对已开过票还没有提走的产品不提价；在产品降价时，分销商已提走但还没有售出的产品，按新价格冲红字。这样就等于给分销商吃了定心丸，敢于在淡季充当蓄水池，提前购买和囤积，使企业的销售出现淡季不淡，旺季更旺的局面。

（4）向分销商提供信贷援助。如允许延期付款、赊购，当分销商规模较小或出现暂时财务困难时，这种信贷援助就显得更为宝贵。

（5）企业可以出资做广告，也可以请分销商在当地做广告，再由企业提供部分甚至全部资助，以及提供互购机会，既向分销商推销产品又向分销商购买产品。

第五节　集客视角下的服务质量

一、服务质量概述

服务质量是集客引流效果达成的重要促进因素，也是服务营销的核心。无论是有形产品的生产企业还是服务业，服务质量都是企业在竞争中的制胜的法宝。服务质量的内涵与有形产品质量的内涵有区别，消费者对服务质量的评价不仅要考虑服务的结果，而且要涉及服务的过程。服务质量应被消费者所识别，得到消费者认可。服务质量的构成要素、形成过程、考核依据、评价标准均有其不同于有形产品的内涵。

服务质量是产品生产的服务或服务业满足规定或潜在要求（或需要）的特征和特性的总和。特性是用以区分不同类别的产品或服务的概念，如旅游有陶冶人的性情给人愉悦的特性，旅馆有给人提供休息、睡觉的特性。特征则是用以区分同类服务中不同规格、档次、品位的概念。服务质量最表层的内涵应包括服务的安全性、适用性、有效性和经济性等一般要求。

预期服务质量即顾客对服务企业所提供服务预期的满意度。感知服务质量则是顾客对服务企业提供的服务实际感知的水平。如果顾客对服务的感知水平符合或高于其预期水平，则顾客会获得较高的满意度，从而认为企业具有较高的服务质量，反之，则会认为企业的服务质量较低。从这个角度看，服务质量是顾客的预期服务质量同其感知服务质量的比较。

预期服务质量是影响顾客对整体服务质量的感知的重要前提。如果预期质量过高，不切实际，则从某种客观意义上说他们所接受的服务水平是很高的，他们仍然会认为企业的服务质量较低。

案例分析

优质服务实现销售转化

一个时装店有一位60多岁的女销售员，她一年销售的鞋子价值近500万元。她因出色的服务质量而成为当地的传奇人物，顾客总是慕名而来，也满意而去。走进这家商店，经常看到不少女士在等她，她们不仅每隔一段时间就到那里去买鞋，而且当准备出差或旅行时也去她那里，寻觅一双舒适美观的鞋。女士们喜欢去她那里买鞋并非那里的鞋特别时髦，也不是店里的设施特别讲究，而是这位销售员给予她们的关注和服务，当她接待顾客时，会使顾客感到好像她的生活中除你之外再没有任何人似的。如果这双鞋客户穿着不合适或不好看，她是不会卖的。她进库房拿出来挑选的鞋，有时可多达300双。每次客户试穿一双，她都陪着照镜子，而且，她有时会帮客户穿上脱下。这样做，自有她的服务理念："人们都希望生活中有些令人高兴的事，而大部分女士，她们到我这里来，所需要的正是热情周到的服务。"这种服务理念像一块强大的磁石，吸引了众多忠实的顾客。

（案例来源：根据网络资料整理）

预期质量受四个因素的影响：即市场沟通、企业形象、顾客口碑和顾客需求。

（1）市场沟通

包括广告、直接邮寄、公共关系以及促销活动等，直接为企业所控制。这些方面对预期服务质量的影响是显而易见的。例如，在广告活动中，一些企业过分夸大自己的产品及所提供的服务，导致顾客心存很高的预期，然而，当顾客一旦接触企业则发现其服务质量并不像宣传的那样，这样使顾客对其感知服务质量大打折扣。

（2）企业形象和顾客口碑间接地受企业控制

这些因素虽受许多外部条件的影响，但基本表现为与企业绩效的函数关系。

（3）顾客需求是企业的不可控因素

顾客需求的千变万化及消费习惯、消费偏好的不同，决定了这一因素对预期服务质量的巨大影响。

二、服务质量的构成要素

服务质量既是服务本身的特性与特征的总和，也是消费者感知的反应，因此服务质量既由服务的技术质量、职能质量、形象质量和真实瞬间构成，也由感知质量与预期质量的差距体现。技术质量是指服务过程的产出，即顾客从服务过程中所得到的东西。例如宾馆为旅客休息提供的房间和床位，饭店为顾客提供的菜肴和饮料，航空公司为旅客提供的飞机、舱位等。对于技术质量，顾客容易感知，也便于评价。

职能质量是指服务推广的过程中顾客所感受到的服务人员在履行职责时的行为、态度、穿着、仪表等给顾客带来的利益和享受。职能质量完全取决于顾客的主观感受，难以进行客观的评价。技术质量与职能质量构成了感知服务质量的基本内容。

形象质量是指消费者企业在社会公众心目中形成的总体印象。它包括企业的整体形象和企业所在地区的形象两个层次。企业形象通过视觉识别、理念识别、行为识别等系统多层次地体现。顾客可从企业的资源、组织结构、市场运作、企业行为方式等多个侧面认识企业形象。企业形象质量是顾客感知服务质量的过滤器。如果企业拥有良好的形象质量，些许的失误会赢得顾客的谅解；如果失误频繁发生，则必然会破坏企业形象；倘若企业形象不佳，则企业任何细微的失误都会给顾客造成很坏的印象。

真实瞬间则是服务过程中顾客与企业进行服务接触的过程。这个过程是一个特定的时间和地点，这是企业向顾客展示自己服务质量的时机。真实瞬间是服务质量展示的有限时机。一旦时机过去，服务交易结束，企业也就无法改变顾客对服务质量的感知；如果在这一瞬间服务质量出了问题也无法补救。真实瞬间是服务质量构成的特殊因素，这是有形产品质量所不包含的因素。

服务生产和传送过程应计划周密，执行有序，防止棘手的“真实的瞬间”出现。如果出现失控状况并任其发展，出现质量问题的危险性就会大大增加。一旦真实的瞬间失控，服务质量就会退回到一种原始状态。服务过程的职能质量更是深受其害，质量进一步恶化。

三、服务质量的测定标准

服务质量的测定是服务企业对顾客感知服务质量的调研、测算和认定。从管理角度出发，优质服务必须符合以下标准：

（1）规范化和技能化。顾客相信服务供应方；职员营销体系和资源有必要的知识和技能；规范作业；解决顾客疑难问题（有关产出标准）。

（2）态度和行为。顾客感到服务人员（一线员工）用友好的方式主动关心照顾他们，并以实际行动为顾客排忧解难（有关过程标准）。

（3）可亲近性和灵活性。顾客认为服务供应者的地理位置、营业时间、职员和营运系统的设计和操作便于服务，并能灵活地根据顾客要求随时加以调整（有关过程标准）。

（4）可靠性和忠诚感。顾客确信，无论发生什么情况，他们都能够依赖服务供应者的职员和营运系统；服务供应者能够遵守承诺，尽心竭力满足顾客的最大利益（有关过程标准）。

（5）自我修复。无论何时出现意外，服务供应者将迅速有效地采取行动，控制局势，寻找新的可行的补救措施（有关过程标准）。

（6）名誉和可信性。顾客相信服务供应者经营活动可以依赖，物有所值，相信它的优良业绩和超凡价值可以与顾客共同分享（有关形象标准）。

在六个标准中规范化和技能化与技术质量有关，名誉和可信性与形象有关，它可充当过滤器的作用。而其余四项标准，即态度和行为、可接近性和灵活性、可靠性和忠诚感、自我修复，都显然与过程有关，代表了职能质量。

与服务感知质量相关的服务监督是可感知控制。如果顾客对消费毫无控制能力，他们就会感到不满足。例如，如果厂商剥夺了顾客的监督控制权力，那么在其他情况下可以忍受的拥挤和等待也会引起火山爆发。顾客想有这样一种感觉，他对服务交易有一定的控制能力，不会总是受到厂商摆弄。如果这种需求得以满足将大大提高满意程度。管理者应该认真考虑建立监督控制机制。

可感知的控制和自我修复之间的关系是显而易见的。如果有突发事件发生，例如航班因技术原因晚点，由于缺少监督，顾客丧失对局势的控制能力，很快会造成一种紧张不安的气氛。如果航空公司职员能够迅速、及时、有效地向候机乘客说明缘由，并告知晚点的准确时间，乘客们即使不喜欢这种事件，但是毕竟对情况有所了解，有了一定的控制能力，这要比他们一无所知要好得多。自我修复，就不单是告诉乘客目前的困境，至少也要为乘客解决必要的生活问题。

四、服务质量测定的方法

（一）服务质量测定评分量化方式

（1）测定顾客的预期服务质量；

（2）测定顾客的感知服务质量；

（3）确定服务质量，即：服务质量=预期服务质量-感知服务质量。

（二）服务质量的评分量化方法

（1）选取服务质量的评价标准；

（2）根据各条标准在所调查的服务行业的地位确定权重系数；

（3）对每条测量指标设计4～5道具体问题；

（4）制作问卷；

（5）发放问卷，请顾客逐条评分；

（6）对问卷进行综合统计；

（7）用消费者期望值模型分别测算出预期质量和感知质量；

（8）感知质量离预期质量差距大，服务质量差，相反，则服务质量好。

五、服务质量差距的管理

经过长期营销实践，美国服务问题专家建立了一个差距分析模型，专门用来分析质量问题的根源。

首先，模型说明了服务质量是如何形成的。模型的上半部涉及与顾客有关的现象。期望的服务是顾客的实际经历、个人需求以及口碑沟通的函数。另外，也受到企业营销沟通活动的影响。

实际经历的服务，在模型中称为感知的服务，它是一系列内部决策和内部活动的结果。在服务交易发生时，管理者对顾客期望的认识，对确定组织所遵循的服务质量标准起到指导作用。

实际感知 > 期望感知　　客户满意

实际感知 < 期望感知　　客户不满意

当然，顾客亲身经历的服务交易和生产过程是作为一个与服务生产过程有关的质量因素，生产过程实施的技术措施是一个与服务生产的产出有关的质量因素。

（一）五种质量差距

分析和设计服务质量时，这个基本框架说明了必须考虑哪些步骤，然后查出问题的根源。要素之间有五种差距，也就是所谓的质量差距。质量差距是由质量管理前后不一致造成的。最主要的差距是期望服务和感知（实际经历）服务差距，五种差距以及它们造成的结果和产生的原因分述如下：

1. 管理者认识的差距（差距1）

该差距指管理者对期望质量的感觉不明确。产生的原因有：

（1）对市场研究和需求分析的信息不准确；

（2）对期望的解释信息不准确；

（3）没有需求分析；

（4）从企业与顾客联系的层次向管理者传递的信息失真或丧失；

（5）臃肿的组织层次阻碍或改变了在顾客联系中所产生的信息。

2. 质量标准差距（差距2）

该差距指服务质量标准与管理者对质量期望的认识不一致。原因如下：

（1）计划失误或计划过程不够充分；

（2）计划管理混乱；

（3）组织无明确目标；

（4）服务质量的计划得不到最高管理层的支持。

第一个差距的大小决定计划的成功与否。但是，即使在顾客期望的信息充分和正确的情况下，质量标准的实施计划也会失败。出现这种情况的原因是，最高管理层没有保证服务质量的实现。质量没有被赋予最高优先权。治疗的措施自然是改变优先权的排列。今天，在服务竞争中，顾客感知的服务质量是成功的关键因素，因此在管理清单上把质量排在前列是非常必要的。

总之，服务生产者和管理者对服务质量达成共识，缩小质量标准差距，远比任何严格的目标和计划过程重要得多。

3. 服务交易差距（差距3）

该差距指在服务生产和交易过程中员工的行为不符合质量标准，这是因为：

（1）标准太复杂或太苛刻；

（2）员工对标准有不同意见，例如一流服务质量可以有不同的行为；

（3）标准与现有的企业文化发生冲突；

（4）服务生产管理混乱；

（5）内部营销不充分或根本不开展内部营销；

（6）技术和系统没有按照标准为工作提供便利。

可能出现的问题是多种多样的，通常引起服务交易差距的原因是错综复杂的，很少只有一个原因在单独起作用，因此治疗措施不是那么简单。差距原因粗略分为三类：管理和监督；职员对标准规则的认识和对顾客需要的认识；缺少生产系统和技术的支持。

4. 营销沟通的差距（差距4）

该差距指营销沟通行为所作出的承诺与实际提供的服务不一致。产生的原因是：

（1）营销沟通计划与服务生产不统一；

（2）传统的市场营销和服务生产之间缺乏协作；

（3）营销沟通活动提出一些标准，但组织却不能按照这些标准完成工作；

（4）有故意夸大宣传，承诺过多的倾向。

引起这一差距的原因可分为以下两类：

（1）外部营销沟通的计划与执行没有和服务生产统一起来。

建立一种使外部营销沟通活动的计划和执行与服务生产统一起来的制度。例如，至少每个重大活动应该与服务生产行为协调起来，达到两个目标：

① 市场沟通中的承诺要更加准确和符合实际；

② 外部营销活动中做出的承诺能够做到言出必行，避免夸夸其谈。

（2）在广告等营销沟通过程中往往存在承诺过多的倾向。可以通过完善营销沟通的计划加以解决。另外，管理上严密监督也很有帮助。

5. 感知服务质量差距（差距5）

该差距指感知或经历的服务与期望的服务不一样，它会导致以下后果：

（1）消极的质量评价（劣质）和质量问题；

（2）口碑不佳；

（3）对公司形象的消极影响；

（4）丧失业务。

差距5也有可能产生积极的结果，它可能导致相符的质量或过高的质量。感知服务差距产生的原因可能是本部分讨论的众多原因中的一个或者是它们的组合，当然也有可能是其他未被提到的因素。

差距分析模型指导管理者发现引发质量问题的根源，并寻找适当的消除差距的措施。差距分析是一种直接有效的工具，它可以发现服务提供者与顾客对服务观念存在的差异。明确这些差距是制定战略、战术以及保证期望质量和现实质量一致的理论基础。这会使顾客给予质量以积极的评价，提高顾客满意度。

（二）影响服务质量的因素分析

质量的四个来源，即设计、生产、交易与顾客的关系——这些方面的管理方法也影响着顾客感知的质量。服务的技术质量与买卖双方有关的职能质量都会受到这些因素的影响。

产品或服务的设计影响着技术质量。这是职能质量的一个来源。例如，顾客或潜在的顾客可能参与设计过程。这可以改进技术质量，但对职能质量也有影响。顾客会认为卖主对他们非常重视，能够尽力解决他们的问题。这就是相互作用过程中职能质量的作用。

顾客对质量的期望是在自己经历企业所提供服务之前。顾客对企业的形象可以有多种认识，它对质量的作用就像一个过滤器。一个声誉良好的形象是一个遮掩物，即使有一些消极的形象，它们也不会显得那么突出。顾客感知的质量是对期望和实际经历进行比较的结果，它必须考虑组织的形象问题。

管理者必须研究和理解企业各种职能对质量的影响。质量来源涉及方方面面，生产只是其中之一。在设计、生产、交易中以及计划和管理组织中参与买卖交易的员工在技术和职能两方面都不能顾此失彼。

六、服务承诺

服务承诺亦称服务保证，是一种以顾客为尊、以顾客满意为导向，在服务产品销售前对顾客许诺若干服务项目以引起顾客的好感和兴趣，招徕顾客积极购买服务产品，并在服务活动中忠实履行承诺的制度和营销行为。

（一）服务承诺的内容

（1）服务质量的保证；

（2）服务时限的保证；

（3）服务附加值的保证；

（4）服务满意度的保证等。

（二）企业常用的服务承诺

例如，“顾客只要不满意，无论何种原因，都可以全额退款。”“存取款只用一分钟，保证不延误时间。”

服务承诺制的实行有利于企业提高服务质量，满足消费者需求并令其满意，提高企业自身的形象。服务程度直接影响着一个企业的成功和失败，而服务保证能落到实处就会拥有顾客的信任，同时，企业也会获得意想不到的收入。

（三）实行服务承诺的措施

（1）制订高标准。可以是无条件的满意度保证，也可以针对例如运送时间等的单项服务，无条件保证的好处是，不论时间如何变化，顾客所期待的与实际得到的服务都能保持一致。

（2）不惜付出相当的赔偿代价。不管提出什么保证，赔偿代价都要有相当的意义，才能吸引心存不满的顾客主动前来抱怨，有效地挽回失望的顾客，刺激企业吸取失败的教训。不痛不痒的保证等于没有保证。

（3）特别情况特别处理。一家餐厅的员工在客人食物中毒之后，拿着免费餐券要补偿对方，结果严重得罪了客人。可想而知，餐厅如果还想跟这位火冒三丈的客人重修旧好，需要的当然是比免费餐券更有意义的东西，这时，应随时通知较高层次的主管出面处理，他们一方面可采取适当措施，更可以借此机会，实际了解顾客所遭受的不幸。

（4）提供简洁的保证。企业的服务保证，必须言简意赅，让顾客一看便知。

（5）简化顾客申诉的程序。提供服务要多花一些心思与代价，尽量减少申诉过程的不便，才不致既流失顾客，又失去从申诉中学习改善的机会。

（6）将服务满意度列入企业发展的经济指标。在现代服务营销活动中，由于人们的价值观、时间观念的进步，企业推行服务承诺的必要性更强烈，顾客对企业推行服务承诺的期待也更强烈，服务承诺成为企业提高服务质量不可分割的组成部分。

第六节　处理客户纠纷

一、客户投诉的原因

（一）产品或服务的质量问题

客户投诉的一个重要原因是企业的产品或服务质量没有达到标准，或者经常出现故障。例如，现在诸多企业给客户提供多样化的服务，网络覆盖不断扩大，接通率提高，掉线率下降。若某企业提供的通信服务功能不多，或者经常掉线，那么客户的埋怨就会不断增加，从而产生投诉。

（二）服务态度或服务方式问题

若企业服务人员对待客户冷漠、粗鲁，或者表示出不屑，甚至不礼貌，客户就会感觉没有得到尊重。一些企业的服务僵化、被动，没有迅速、准确地处理客户的问题，服务人员缺乏耐心，对客户的提问和要求表示烦躁，或者引起客户的误解，这些都可能导致客户的投诉。

（三）受骗上当

企业在广告中过分夸大宣传产品的某些性能，引诱客户上当，造成客户预期的落空；或者企业对客户做了某种承诺而没有兑现，使客户的预期没有得到满足都会导致客户投诉。例如，有的商场承诺包退包换，但是一旦客户提出退换要求时，商场总是找理由拒绝。

二、为什么要重视客户的投诉

（一）投诉的客户很可能是忠实的客户

有期待才会有投诉，客户肯花时间来投诉，说几句怨言，发几句牢骚，表明他们对本企业抱有“恨铁不成钢”的心态。调查表明，一般投诉的客户只占全部客户的5%，95%的不满意客户是不会投诉的，他们只会停止购买，或是转向其他竞争品牌，与企业的竞争对手交易，而且还会散布对企业不利的信息，这些客户根本不给企业解决问题的机会。

由此可见，企业应该感谢这些投诉的客户，因为他们把不满告诉了企业，而不是告诉他们的亲朋好友，表明他们对企业仍然有信心，他们期待企业能够“浪子回头”。因此，可以说那些肯投诉的客户很可能是企业的忠实客户。

（二）投诉会带来宝贵的信息

客户投诉的确是件令企业头痛的事，但是如果换个角度来看，客户是产品或服务最直接的使用者和消费者，所以他们是最权威的评判者，最具有发言权。客户抱怨或者投诉是客户对企业的产品或者服务不满的正常反应，是客户对产品或服务的期待及信赖落空而产生的不满及愤怒,它揭示了企业经营管理中存在的缺陷。因此，客户投诉可为企业提供重要线索，使企业能够及时了解和改进产品或服务的不足之处。

客户投诉还蕴藏着巨大的商机，因为它可以帮助企业产生开发新产品、新服务的灵感，许多知名的大企业在开发产品方面都得益于客户的抱怨。例如，美国宝洁公司通过“客户免费服务电话”倾听客户的意见，并且对其进行整理与分析研究，许多改进产品的设想正是来源于客户的投诉和意见。又如，海尔可以洗地瓜的洗衣机正是在客户提出洗衣机无法洗地瓜这一“无理”要求下开发出来的新产品。

松下公司创业初期，创始人松下幸之助偶然听到几个客户抱怨现在的电源都是单孔的，使用起来很不方便。松下幸之助得到启发，马上组织力量进行研发，很快就推出了“三通”插座，可以同时插几个电器，投放市场后取得了巨大成功，也为松下公司的进一步发展积累了丰厚的资金。对此，松下幸之助总结说：“客户的批评意见应视为神圣的语言，任何批评意见都应乐于接受。”

案例分析

投诉带来的商机

某客户向沙发厂投诉，由于沙发的体积相对较大，而仓库的门较小，搬进、搬出都很不方便，还往往会在沙发上留下划痕。两个月后，沙发厂研制出可以拆卸的沙发，不仅节省库存空间，而且给客户带来了方便，这个创意正是从客户的投诉中得到的。一次偶然的机会，某商场老板听到两位客户投诉卫生纸太大，细问原因，原来是低档宾馆的住宿客人素质较低，每次放在卫生间里可用几天的卫生纸，往往当天就没了，造成了宾馆成本的上升。商场老板听后受到启发，立即从造纸厂订购了大量小卷卫生纸，并派人到各个低档宾馆推销，结果受到普遍的欢迎。

（案例来源：根据网络资料整理）

（三）妥善处理投诉可阻止客户的流失

有些企业在处理客户投诉时常常表现出不耐烦、不欢迎，甚至流露出反感的情绪，这是一种危险的做法。因为这样往往会使企业丧失宝贵的客户资源。

如果企业对客户的投诉处理不当，那么投诉客户不仅会流失到竞争对手那边，还会将其不满广为传播，从而容易引发其他客户的流失。同时，由于客户的口碑效应，企业在吸引新客户时的难度会加大，而且公司的信誉也会下降，发展受到限制，甚至生存受到威胁。相反，客户投诉的成功处理可以带来回头客业务。因为客户常常依靠企业处理投诉的诚意和成效评判一个企业的优劣，如果投诉的结果令客户满意，他们会对企业留下好印象。

有研究表明，不投诉的客户只有9%会再上门，投诉的客户有15%会再上门，投诉得到解决的客户则有54%会再上门，如果投诉可以迅速得到处理和解决，则有82%的客户会再上门。可见，有投诉不一定是坏事，关键是看怎样应对。

世界上没有任何一个企业敢保证自己的产品永远不会出现失误。从这个角度来讲，客户投诉在所难免。企业要与客户建立长期的相互信任的伙伴关系，就要妥善处理客户的抱怨或投诉，把处理投诉视为一个弥补产品或者服务欠佳造成的损失，以及挽回不满意客户的机会，以此来恢复客户对企业的信赖、避免引起更多纠纷。此外，企业还可以将处理投诉作为促进自身进步和提升与客户关系的契机。

三、处理客户投诉的四部曲

1. 让客户发泄

客户是给企业带来利润的人，是企业的衣食父母，企业不应将客户视为争辩或斗智的对象。当企业不顾客户感受，而一味想在口头上占据上风，那就是失去客户的时刻。因此，当客户来投诉时，企业应该热情地招呼对方，真诚地对待每一位前来投诉的客户，并且体谅对方的语气——客户投诉时态度难免会过于激动。心理专家说，人在愤怒时，最需要的是情绪的宣泄，所以企业要让投诉的客户充分发泄心中的不满乃至愤怒。

客户在发泄情绪时，企业的服务人员要注意聆听和认同两个环节。

（1）聆听，即要做一个好的聆听者，不轻易打断客户说话。聆听时要注意用眼神关注客户，使他感觉到自己、自己的话、自己的意见被重视，从而鼓励他说出心里话。在客户讲述的过程中，服务人员应不时点头，用“是的”“我明白”“我理解”表示对投诉问题的理解。此外，还可以复述客户说过的话，以澄清一些复杂的细节，更准确地理解客户所说的话。

（2）认同客户所说的话。客户投诉时，最希望自己能得到同情、尊重和理解，因此这时候要积极地回应客户所说的话。表示认同的常用语有:“您的心情我可以理解”“您说的话有道理”“是的，我也这么认为”“碰到这种状况我也会像您那样”。我们在与客户沟通的过程中应始终抱着积极、诚恳的态度，这样才会使客户的不满情绪降低很多。

2. 记录投诉要点、判断投诉是否成立

在接到客户投诉时，服务人员应将投诉要点记录下来。要记录的内容包含:投诉人、投诉对象、投诉内容、何时投诉、客户购买产品的时间、客户的使用方法、投诉要求、客户希望以何种方式解决问题、客户的联系方式等。在记录的同时，要判断投诉是否成立，投诉的理由是否充分，投诉的要求是否合理。

如果投诉成立，企业的确有责任，就应当首先感谢客户，可以说“谢谢您对我说这件事”“非常感谢，您使我有机会为您弥补损失”，要让客户感到他和他的投诉是受欢迎的，他的意见很宝贵。一旦客户受到鼓励，往往还会提出其他的意见和建议，从而给企业带来更多有益的信息。如果投诉不能成立，也要用婉转的方式使客户认清是非曲直，耐心解释，消除误会。

3. 提出并实施可以令客户接受的方案

处理投诉最重要的一步就是着手为客户解决问题，要站在客户的立场来找到解决问题的方案并迅速采取行动。

首先，要马上纠正引起客户投诉的错误。反应快表示企业在严肃、认真地处理这件事，客户会感到自己受到了足够的重视。其次，根据实际情况处理客户的要求，提出解决投诉的具体方案，如退货、换货、维修等服务细节提出解决方案时，要注意用建议的口吻，然后向客户说明它的好处。如果客户对方案不满意，可以询问他的意见。再次，抓紧实施客户认可的解决方案。

4. 跟踪服务

处理投诉后，企业还应进行后续追踪，可以通过电话或微信，甚至登门拜访的方式了解事情的进展是否如客户所愿，调查客户对投诉处理方案实施后的意见，如果客户仍然不满意，就要对处理方案再进行修正，重新提出他们可以接受的方案。

跟踪服务体现了企业对客户的诚意，会给客户留下很深、很好的印象，客户会觉得企业很重视他提出的问题，是真心实意地帮他解决问题。此外，通过跟踪服务对投诉者进行回访，并告诉他，基于他的意见，企业已经对有关工作进行了整改，以避免类似的投诉再次发生，这样不仅有助于提升企业形象，而且可以把客户与企业的发展密切联系在一起，从而提高客户忠诚度。

四、提高处理客户投诉的质量

（一）建立便捷的投诉途径

据调查，90%～98%的不满意消费者从不抱怨，他们仅仅是转到另外一家，或者是因为怕麻烦，或者是因为商品价值太低而不愿浪费时间和精力，还有的是因为不知道如何投诉。而如果客户不将心中的不满讲出来，企业就很可能不知道自己哪里出错了，从而一错再错，结果是引起更多客户的不满。

因此，为了确保不满意的客户能够向企业提出自己的意见，就要想办法降低客户投诉的“门槛”，为客户提供各种便利的投诉途径，如开通免费投诉电话、24小时投诉热线或者网上投诉等，并保持途径的畅通，让客户投诉变得简单。此外，企业还可设置意见箱、建议箱、电子邮箱及微信公众号等，为客户提供便捷的投诉通道。

总之，企业要创造条件方便客户投诉和提意见，并且尽可能降低客户投诉的成本，减少其花在投诉上的时间、精力和金钱等。

（二）建立完善的投诉系统

企业应建立完善的客户投诉系统，对每一位客户的投诉及处理都要做出详细的记录，包括客户投诉的内容、处理投诉的过程及结果、客户是否满意等。这样做的目的是全面收集、统计和分析客户的意见，不断改进客户投诉的处理办法，并将获得的信息整理后传达给其他部门，以便及时总结经验和教训，为将来更好地处理客户投诉提供参考。此外，要对投诉的处理过程进行总结与综合评价，提出改进对策，不断完善企业的客户投诉系统。

（三）奖励客户投诉

企业还可设立奖励制度，鼓励客户投诉。例如，顺丰速运就保证，客户选择“次日达”业务，如未能按时到达，未履行承诺，企业鼓励客户投诉，以帮助企业分析原因，解决问题。

（四）提高一线员工处理投诉的水平

一线员工往往是客户投诉的直接对象，然而目前许多企业不注重这方面的培训，员工处理客户投诉凭的是经验和临场发挥，缺乏平息客户怨气的技巧。企业应当利用各种形式，对一线员工进行培训，教会他们掌握处理客户投诉的技巧，使一线员工成为及时处理客户投诉的重要力量。此外，要赋予一线员工一定的权力，使他们在处理一些无法预见的问题时有相对大的自主权，以便对客户提出的意见和建议做出迅速的反应，从而保证为客户提供良好的服务。

（五）警钟长鸣，防患于未然

首先，分析客户投诉的原因，查明造成客户投诉的具体责任人，并对直接责任人和部门主管按照有关规定进行处罚，必要时将客户投诉及相关处理结果在企业内部进行通报，让每一个员工都知道这件事，以避免这类错误再度发生。其次，提出有效的、可防止投诉问题再次发生的措施，不断改进企业工作中的缺陷。总而言之，企业要认真对待客户投诉，敞开心扉，与客户进行平等沟通交流，那么企业与客户之间就没有打不开的心结。

素养园地

重新认识现代化服务业、树立正确的职业观念

有人对销售人员说：“你就是干这个伺候人的活儿的”“这是你应该做的”，其语言表达透视着轻视与傲慢。这一现象的产生，往往是人们对现代化服务运作存在理解上误区，同样对销售人员工作权责存在错误认知。在第三产业阶段发展进入成熟阶段后，现代化服务业从业标准趋于规范化，在从事现代化服务领域工作的人，首先要明确现代化服务的两个主要的标准，一是买卖双方是平等关系；二是产品交易是等价关系。树立正确的职业观念是促进现代化服务业发展的催化剂。

（案例来源：根据网络资料整理）

实训实战

1. 工作任务及评价标准

A公司近期调查发现，客户投诉率从上季度的1%上升到本季度的3%，主要投诉原因为：企业员工态度不好、维修进度拖沓，请以小组为单位，设计一个完整、有效地处理突发性事件的方案，针对性地解决以上问题。其方案中需包含但不限于：处理突发性事件的基本流程图、所采用的处理技巧、反馈机制等。评价标准见表7-2。

表 7-2 “客户异议与投诉”评价标准

符号向度	A（20 ～ 25 分）	B（14 ～ 19 分）	C（9 ～ 13 分）	D（4 ～ 8 分）	E（0 ～ 3 分）
1. 处理突发性事件的流程（25 分）	处理突发性事件完全按着基本流程操作	处理突发性事件流程与基本流程存有偏差	处理突发性事件流程与基本流程存有一定偏差	处理突发性事件流程与基本流程存有较大偏差	处理突发性事件流程与基本流程完全不相符
2. 处理突发性事件的技巧（25 分）	按照处理突发性事件的技巧操作，处理问题的效果甚好	按照处理突发性事件的技巧操作，处理问题的效果一般	按照处理突发性事件的技巧操作，处理问题的效果甚微	不能按照处理突发性事件的技巧操作，处理问题的效果甚微	不按照处理突发性事件的技巧操作，问题无法处理
3. 客户维护的反馈机制（25 分）	建立客户维护的反馈机制合理	建立客户维护的反馈机制较合理	建立客户维护的反馈机制较不合理	建立客户维护的反馈机制不合理	无法建立客户维护的反馈机制
4. 小组汇报（25 分）	逻辑性强，内容完整，有多媒体视频资料	具有一定的逻辑性，内容较完整，有多媒体视频资料	具有一定的逻辑性，内容不完整，有多媒体视频资料	逻辑性较差，内容不完整，有多媒体视频资料	逻辑性较差，内容不完整，无多媒体视频资料

2. 工作流程评价（见表7-3）

表 7-3 “客户异议与投诉”评价表

<table>
<tr><td colspan="3">团队名称：　　　　　　　　　　组员：
班级：　　　　　　　　　　　　考评时间：</td></tr>
<tr><td colspan="3">各位同学：
1. 请各位同学针对下列评价项目并参照“评价标准”，于自评字段打“A、B、C、D、E”其中一项后，再请老师复评。
2. 自评选择 A 或 E 的同学，请在备注写明理由。</td></tr>
<tr><td rowspan="2">评价项目</td><td colspan="2">自评与老师复评</td></tr>
<tr><td>自　评</td><td>老师复评</td></tr>
<tr><td>1. 处理突发性事件的流程（25%）</td><td></td><td></td></tr>
<tr><td>2. 处理突发性事件的技巧（25%）</td><td></td><td></td></tr>
<tr><td>3. 客户维护的反馈机制（25%）</td><td></td><td></td></tr>
<tr><td>4. 小组汇报（25%）</td><td></td><td></td></tr>
<tr><td colspan="3">备注</td></tr>
</table>

测试与思考

一、单选题

1. 对于客户价值的分析与评价，常用“二八原理”，这个原理指的是（　　）。
   A. VIP 客户与普通客户通常呈 20∶80 的比例分布
   B. 企业利润的 80%或更高是来自 20%的客户，80%的客户给企业带来的收益不到 20%
   C. 企业的内部客户与外部客户的分布比例为 20∶80
   D. 企业利润的 80%来自 80%的客户，20%的客户给企业带来 20%的收益
2. 在期望－实际感知模型中，期望感知等于实际感知，客户表现为（　　）。
   A. 客户流失　B. 客户基本满意　C. 客户不满意　D. 客户忠诚
3. 现代化服务的含义为（　　）。
   A. 等价交换与非平等关系　B. 等价交换与平等关系
   C. 非等价交换与平等关系　D. 非等价交换与非平等关系
4. 以下（　　）不能作为客户不满意调查的信息获取渠道。
   A. 现有客户　B. 潜在客户　C. 已失去客户　D. 竞争者客户
5. 在日益激烈的市场竞争环境下，企业仅靠产品的质量难以留住客户，解决客户纠纷，成为企业竞争制胜的另一张王牌为（　　）。
   A. 产品　B. 服务　C. 竞争　D. 价格

二、多选题

1. 客户的满意是由（　　）因素决定的。
   A. 客户的预期和感知　B. 客户的抱怨和忠诚
   C. 产品的质量和价格　D. 产品的性能和价格
2. 以下影响客户满意度的因素是（　　）。
   A. 客户预期　B. 客户心情　C. 客户性别　D. 客户年龄
3. 客户服务类型包括（　　）。
   A. 售前　B. 售中　C. 售后　D. 维护
4. 通过客户满意度调查表获取信息，其静态客户关系分类为（　　）。
   A. 客户关系　B. 客户满意　C. 客户忠诚　D. 客户管理
5. 通过客户满意度调查表获取信息，客户满意包括（　　）方面。
   A. 理念满意　B. 行为满意
   C. 视听满意　D. 产品满意
   E. 服务满意

三、判断题

1. 客户满意与否不会对客户忠诚产生影响。（　　）

2. 忠诚的客户一定来源于满意的客户，满意的客户一定是忠诚的客户。（ ）

3. 维持老客户的成本大大高于吸引新客户的成本。（ ）

4. 要提高客户满意度，可以引导甚至修正客户对企业的预期。（ ）

5. 客户满意是一种心理活动，是客户的需求被满足后形成的愉悦感或状态，是客户的主观感受。（ ）

四、简答题

1. 影响客户满意的因素有哪些？

2. 如何让客户满意？

3. 客户忠诚的含义是什么？意义是什么？

4. 影响客户忠诚的因素有哪些？

五、案例分析题

从 1903 年第一辆哈雷摩托车诞生到今天，哈雷经历了战争、经济衰退、萧条、罢工、买断和回购、国外竞争等种种洗礼，但它直面这些考验并善于把握这些考验所带来的市场机会，使其能绝处逢生，迎来更好的发展。

100 多年来，哈雷以其超凡的生命力和脱俗的竞争力，创造出了让人目不暇接的世界摩托车制造行业一连串的“唯一”——百年来唯一一家始终不离摩托车制造老本行的企业；唯一规模最大、生产时间最长的 V2 缸摩托车生产者，等等。由于它浓缩了激情、自由、狂热的独特品牌个性，最终登峰造极地幻化为一种品牌文化、一种生活方式，因此也创造出一个世界品牌的神话。

哈雷百年辉煌的一个主要因素是它从制造哈雷摩托车开始，就不仅仅致力于摩托车的设计与生产，而是在精心营造一种独具特色的“哈雷文化”。一个世纪的沉浮，一个世纪的文化沉淀，孕育出丰富灿烂的哈雷文化——自由、神圣和男子气概等，一直作为哈雷品牌的精神要义，令无数的哈雷车迷们为之倾倒。

哈雷公司始终坚持质量第一的信念，其对产品质量的要求是苛刻的，在工业化批量生产、追求规模效应的今天，哈雷公司仍然坚持手工工艺和限量生产，从而使每一辆哈雷车的品质都很过硬，给每一位车迷都留下坚固、耐用、物有所值的满足感。奔放洒脱、彰显个性、张扬自我、崇尚自由，创造了一个将人性与产品融为一体的精神象征，树立了品牌文化的魅力。

案例思考：

1. 哈雷摩托是怎样管理客户预期的？

2. 哈雷摩托是怎样超越客户预期的？

3. 客户为什么会对哈雷摩托满意？

参考文献

[1] 林海 . 新媒体营销 [M]. 北京：高等教育出版社，2020.

[2] 乔辉，麻天骁 . 新媒体营销与运营 [M]. 北京：中国工信出版集团 ,2021.

[3] 倪莉莉，郑伶俐 . 新媒体营销与案例分析 [M]. 北京：中国工信出版集团 ,2022.

[4] 苏朝辉 . 客户关系管理：客户关系的建立与维护 [M].5 版 . 北京：清华大学出版社 ,2021.